Einführung in die neuere deutsche Literaturwissenschaft

Ein Arbeitsbuch

Begründet und fortgeführt bis
zur 6. Auflage von
Dieter Gutzen, Norbert Oellers und
Jürgen H. Petersen

8., neu bearbeitete Auflage

von
Jürgen H. Petersen
und
Martina Wagner-Egelhaaf

unter Mitarbeit
von Dieter Gutzen

ERICH SCHMIDT VERLAG

Bibliografische Information der Deutschen Nationalbibliothek
Die Deutsche Nationalbibliothek verzeichnet diese Publikation in der
Deutschen Nationalbibliografie; detaillierte bibliografische Daten
sind im Internet über http://dnb.d-nb.de abrufbar.

Weitere Informationen zu diesem Titel finden Sie im Internet unter
ESV.info/978 3 503 09880 4

1. Auflage 1976
2. Auflage 1977
3. Auflage 1979
4. Auflage 1981
5. Auflage 1984
6. Auflage 1989
7. Auflage 2006
8. Auflage 2009

ISBN: 978 3 503 09880 4

Dieses Papier erfüllt die Frankfurter Forderungen der Deutschen
Nationalbibliothek und der Gesellschaft für das Buch bezüglich der
Alterungsbeständigkeit und entspricht sowohl den strengen
Bestimmungen der US Norm Ansi/Niso Z39.48-1992 als auch der
ISO Norm 9706

Satz: Danuvia, Neuburg
Druck: Strauss, Mörlenbach

Inhalt

Vorwort zur 7. Auflage

Die siebente Auflage der *Einführung*, die nunmehr sechzehn Jahre nach der vorhergehenden vorliegt, trägt den veränderten Zuständen an den deutschen Universitäten ebenso Rechnung wie neueren Strömungen im Bereich der Literaturtheorie, der Methodologie und der Interpretationsverfahren. Die Grundkonzeption des Buches, die von den zwischenzeitlich ausgeschiedenen Co-Autoren Norbert Oellers und Dieter Gutzen zusammen mit Jürgen H. Petersen entwickelt wurde, hat sich in einem Maße bewährt, das es nahelegte, die Form eines Arbeitsbuches mit beigegebenem Übungsmaterial und ausformulierten Arbeitsaufgaben beizubehalten und so weit wie möglich die Situation der Studierenden am Beginn ihres Studiums zu berücksichtigen. Sie ist heute fachlich noch schwieriger als früher und zwingt entsprechend stärker zu vereinfachten Sacherläuterungen. Deshalb wurde das Kapitel I *Einleitung* als Orientierungshilfe bei der Begegnung mit dem Fach an den Anfang gesetzt, das Kapitel II *Textausgaben* kompakt und hinsichtlich der für jede/n Anfänger/in besonders problematischen kritischen Ausgaben knapp und möglichst einfach gehalten und das der elementaren Textanalyse gewidmete Kapitel III *Textinterpretation* mit nur wenigen Ergänzungen (epische Du-Form) aus den vorausgehenden Auflagen der *Einführung* übernommen. Auch der Abschnitt über die *Poetik* wurde in ein Arbeitskapitel verwandelt, das zum praktischen Umgang mit literarischen Texten beitragen kann und nicht ins bloß Theoretische führen soll.

Andererseits wurde Positivismus, Geistesgeschichte und werkimmanenter Betrachtungsweise kein eigenes Kapitel mehr zugestanden, weil diese Methoden heutzutage keine herausragende Rolle mehr spielen. Allerdings kann man auch nicht völlig auf eine Kennzeichnung ihrer Wesensmerkmale verzichten, da sie viele Grundfragen des Umgangs mit Literatur diskutiert und ausformuliert haben. Deshalb kommen sie in den Kapiteln V, VI und VII vor. Da Dieter Gutzen zum Kapitel VI einiges beigetragen hat, wird er in der neuen Auflage als Mitarbeiter geführt. Die Literaturpsychologie spielt heute eine allenfalls periphere Rolle und blieb deshalb unberücksichtigt. Dafür weist das Buch in den Kapiteln VII, VIII und IX auf neuere und neueste theoretische und methodische Ansätze hin und versucht die Studierenden wenigstens mit den neuen Prinzipien jener heute viel diskutierten und teils schon in die Praxis umgesetzten Überlegungen bekannt zu machen, von denen sie im universitären Alltag immer wieder hören. Im Einzelnen sind in das VII. Kapitel *Text, Struktur, Zeichen* die früheren Kapitel zur werkimmanenten Interpretation, zur geistesgeschichtlichen Literaturwissenschaft (teilweise) und zum Strukturalismus eingegangen. Am Anfang stehen werkimmanente Verfahren, d. h. Verfahren, die ihren Blick primär auf den ‚Text selbst' richten. In diesem Rahmen wird die das literaturwissenschaftliche Vorgehen bis heute prägende Tradition der Hermeneutik vorgestellt, auf deren Grundlage sich die sogenannte werkimmanente Interpretation herausbildete. Als werkimmanent werden aber auch andere Verfahren, die sich am Text selbst orientieren, wie der New Criticism, die Explication de texte und der Formalismus diskutiert. Vom Formalismus geht der Weg über den Strukturalismus zum Poststrukturalismus, der in der jüngeren Literaturwissenschaft zu neuen Verfahren der Textlektüre geführt hat. Steht am Anfang des Kapitels das ‚Verstehen' eines literarischen Textes, so wird am Ende des Kapitels dargestellt, warum Texte in poststrukturalistischer Perspektive nicht oder zumindest nicht eindeutig zu verstehen sind. Und da es darum geht, auch das ‚Nicht-Verstehen', das literarische Texte hervorrufen, zu verstehen, bilden die im VII. Kapitel beleuchteten literaturwissenschaftlichen Theorien und Methoden einen systematischen Zusammenhang.

Das Kapitel VIII *Text, Kultur, Medien* rückt die Beziehungen des literarischen Textes zu seinen sogenannten ‚Kontexten' in den Blick. Es erklärt die ‚kulturwissenschaftliche Wende', die in den letzten Jahrzehnten die traditionellen Fachgrenzen der Literaturwissenschaft erweitert und im Hinblick auf inter- oder transdisziplinäre Fragestellungen geöffnet hat. Leitbegriffe dieser Debatte werden ebenso erläutert wie prominente theoretisch-methodische Ansätze, z. B. die Diskursanalyse oder der New Historicism. Außerdem geht es in diesem Kapitel um das Verhältnis der Literatur zu anderen Medien und darum, wie Literaturwissenschaft als Medienwissenschaft verstanden werden kann.

Im Kapitel IX *Literaturwissenschaft und Gender Studies* wird die Entwicklung der literaturwissenschaftlichen Geschlechterforschung dargestellt und gezeigt, in welcher Weise bzw. in welch verschiedenen Weisen die Kategorie ‚Geschlecht' in die Textanalyse produktiv einbezogen werden kann.

Da die Vermittlung literaturwissenschaftlichen Rüstzeugs kein Selbstzweck ist, sondern den selbständigen Umgang der Studierenden mit literarischen Texten aller Art zum Ziel hat, stellt sich die Frage, in welchem Maße die zur Sprache gebrachten Untersuchungsaspekte und textanalytischen Kategorien nicht nur auf kleinere, sondern auch auf umfangreichere Werke angewandt werden können. Wir haben dieser Frage insofern Rechnung getragen, als wir die nach unseren Erfahrungen am ehesten bei den Studierenden in den Anfangssemestern zu erwartenden Textkenntnisse berücksichtigt haben. Vor allem Goethes Die *Leiden des jungen Werther* in der zweiten Fassung von 1787 wurde immer wieder herangezogen, aber auch sein *Götz von Berlichingen* (in der Fassung von 1773), Fontanes *Effi Briest* (1894/95) und Döblins *Berlin Alexanderplatz* (1929) eignen sich neben vielen anderen Werken als Untersuchungsobjekte. Es ist durchaus zu überlegen, ob man diese oder andere größere literarische Texte einzelnen Einführungssequenzen zugrundelegt und so die Möglichkeit eröffnet, auch umfangreichere Dichtungen in das Arbeitsmaterial mit einzubeziehen.

Osnabrück/Münster, im März 2005
Jürgen H. Petersen
Martina Wagner-Egelhaaf

Vorwort zur 8. Auflage

Die größten Neuerungen der achten Auflage betreffen das Layout bzw. die Änderung des Satzprogramms mit der Herausnahme der meisten Bilder sowie der Aufgabe der Stichwörter am Rand. An ihre Stelle ist die erhebliche Ausweitung des Fettdrucks der Schlüsselbegriffe getreten. Die Register mussten neu gefasst werden, neben Fehlerkorrekturen und Ergänzungen in der Bibliografie wurden natürlich auch kleinere Überarbeitungen, sprachliche Präzisierungen und einige Erweiterungen vorgenommen. Diese betreffen allerdings fast ausschließlich den Abschnitt *b)* innerhalb des Kapitels III,1 und beziehen sich auf die genauere Abgrenzung der Erzählformen untereinander, die erweiterte Beschreibung der Du-Form sowie die Neueinfügung des Figuren-Erzählens als vierter Erzählform. Außerdem fanden einige Übungstexte zusätzlich Aufnahme. Drucktechnisch wurde manches verändert, vor allem ließen sich die Arbeitsteile farblich stärker gegen die darstellenden Partien absetzen, was den Leserinnen und Lesern den Umgang mit dem Buch erleichtern soll. Auf inhaltliche und methodische Neuerungen konnten wir indes verzichten, weil es keinen Anlass für eine gravierende Überarbeitung gab. Nach wie vor findet das Buch seinen Zuspruch nicht nur inhaltlicher Schwerpunktsetzungen, sondern auch besonders seiner Anschaulichkeit sowie der eingearbeiteten Übungs- und Arbeitsmaterialien wegen. Daran soll sich auch in Zukunft nichts ändern, zumal sich die akademischen Anforderungen mehr und mehr an den Schulabgängern und Schulabgängerinnen orientieren müssen, deren Gymnasialzeit immer kürzer und deren Ausbildung immer begrenzter wird.

Osnabrück/Münster, im Juli 2009
Jürgen H. Petersen
Martina Wagner-Egelhaaf

I Einleitung

Wer sich mit Literaturwissenschaft beschäftigt empfindet meistens ganz spontan Freude an literarischen Texten, versteht ein Gedicht besser als mathematische Formeln und empfindet mehr Sympathie für ein Märchen als für alltägliche Ereignisse. Angesichts solch unmittelbarer Zuneigung zur Dichtung fragen wir uns nur selten, was es denn eigentlich mit der Literatur auf sich habe und wie man ihre Eigentümlichkeiten fassen könne: Zu selbstverständlich erscheint uns der Unterschied zwischen einer Erzählung und einem Zeitungsartikel, einem Vers und einem Rezept, dem Roman und dem Telefonbuch. Im Allgemeinen ziehen wir sogar unbewusst eine scharfe Trennungslinie zwischen der Poesie und der Realität, zwischen Dichtung und Wahrheit und verweisen denn auch im Alltag alles, was nicht der Wirklichkeit entspricht, ins Reich der Phantasie, der Fabel oder eben der Dichtung. Indes hat Goethe (1749–1832) eine umfangreiche Schrift unter dem Titel *Dichtung und Wahrheit* verfasst, ohne dass wir auf Anhieb sagen könnten, ob hier die Dichtung der Wahrheit entgegengesetzt ist, ob Goethe mit dem Titel die Verknüpfung von Ausgedachtem und Erlebtem bezeichnet, oder ob er vielleicht gar eine Wahrheit im Blick hat, die der Literatur eigentümlich ist. Wie stehen Dichtung und Wahrheit, Wirklichkeit und Literatur zueinander, wie Wirklichkeit und Wahrheit? Die Tatsache, dass wir in der sogenannten Hamburger Goethe-Ausgabe (HA) *Dichtung und Wahrheit* nicht zusammen mit den poetischen Arbeiten, sondern unter *Autobiographische Schriften* abgedruckt finden, hilft uns nicht recht weiter, denn in der großen Weimarer Ausgabe ist das Buch in die Abteilung *Werke* aufgenommen worden, nicht anders als Goethes Gedichte, seine Dramen und seine Romane. Was also verstehen wir unter ‚Literatur‘?

Im Allgemeinen unterscheiden wir zwei **Literaturbegriffe**, den ‚einfachen‘ und den ‚erweiterten‘. Jahrzehntelang, vor allem in der ersten Hälfte des 20. Jahrhunderts, benutzte man den einfachen und meinte ausschließlich Dichtung, wenn man den Gegenstand der Literaturwissenschaft bestimmte. Literaturwissenschaft war Wissenschaft von der Poesie, ihren Inhalten und Formen, ihren Gattungen und Arten, ihren Epochen und ihrer Geschichte. Man erkennt dies auch an dem Sprachgebrauch jener berühmt gewordenen Literaturtheoretiker, die in den 20er und 30er Jahren des 20. Jahrhunderts über Wesen, Ursprung und Entstehung von Poesie nachdachten. Diese sogenannten Strukturalisten und Formalisten in Russland, in Polen und der Tschechoslowakei bezeichneten das Wesen dichterischer Werke als **Poetizität** und **Literarität** und identifizierten insofern Literatur und Dichtung miteinander. Seit den 60er Jahren unterschied man hingegen zwischen fiktionalen und nicht-fiktionalen Texten und subsumierte sämtliche poetischen Äußerungen unter den Begriff der **Fiktionalität** (s. Kapitel IV); alle anderen sprachlichen Produkte gehörten diesem Bereich hingegen nicht an, so dass sich eine Differenzierung zwischen poetischer und nicht-poetischer Literatur andeutete. Die Bestimmung der Dichtung als fiktional war riskant, denn der Begriff kommt von lat. *fictio* und bedeutet u. a. Bildung und Herstellung, aber auch Erfindung. Dichtung hat es jedoch nicht ausschließlich mit Ausgedachtem und Erfundenem, sondern häufig – etwa im historischen Roman oder im sogenannten dokumentarischen Theater, aber keineswegs nur dort – auch mit Realem, geschichtlich Wirklichem, kurzum: mit Fakten zu tun. Der Unterschied zwischen **poetischen Sätzen** und **Alltagsaussagen** beruht mithin nicht darauf, dass dort Erfundenes und hier Reales ausgesagt wird, sondern darauf, dass sich die **Aussageweisen** unterscheiden. Der Satz „Der Mond ist aufgegangen" kommt zweimal vor: Als Satz des täglichen Lebens, wenn nämlich jemand seinen Nachbarn auf das abendlich aufleuchtende Himmelsgestirn aufmerksam macht, und als fiktionaler Satz zu Beginn von Matthias Claudius' (1740-1815) *Abendlied*. Einmal bezeichnet er eine Erscheinung als Faktum, das an einen bestimmten Ort und einen bestimmten Zeitpunkt gebunden ist und zudem auf seine Richtigkeit hin überprüft werden kann; das andere Mal behauptet er ohne Orts- und Zeitbestimmung und ohne überprüfbar zu sein eine Erscheinung: zeitlos, ortlos, nicht als reales Faktum, sondern ganz allgemein. Als nicht-fiktionaler Satz sagt er „Der Mond ist wirklich hier und jetzt aufgegangen", als fiktionaler sagt er einfachhin „Der Mond ist aufgegangen", unabhängig von Ort und Zeit, von der Realität und Überprüfbarkeit. Man hat deshalb davon gesprochen, dass fiktiona-

Gottfried Benn: Gedicht „Tag, der den Sommer endet" auf der Rückseite einer Speisekarte der Stadthalle Hannover

le Sätze ihren Bezug zur Wirklichkeit kappen. Und wir erkennen diesen Unterschied zu nicht-fiktionalen Aussagen auch sofort. Offenbar verfügen wir über ein Differenzierungsvermögen, das uns begreifen lässt: dies ist ein fiktionaler Satz, der seinen Inhalt ganz allgemein aussagt, und jenes ist ein nicht-fiktionaler Satz, der seinen Inhalt als wirklich behauptet. Der Kontext, die Redesituation lässt daran ersichtlich keinen Zweifel.

Die Unterscheidung von fiktionalen und nicht-fiktionalen Sätzen und Texten zeigt, dass der erweiterte Literaturbegriff wenigstens partiell an die Stelle des einfachen getreten war. Denn wenn es nötig wurde, zwischen ‚Dichtung' und anderen Texten zu unterscheiden, dann lag das daran, dass man unter ‚Literatur' so gut wie alle schriftlich fixierten sprachlichen Äußerungen verstand und deshalb Differenzierungen zwischen Dichtung und Nicht-Dichtung unausweichlich waren. Und der Begriff der Fiktionalität fasste trotz allem, was man gegen ihn einwenden kann, den wichtigsten Unterschied, sofern man darunter wirklich die differente Aussageweise der beiden Textbereiche meinte. Übrigens gibt es schriftliche Fixierungen, die man im Allgemeinen weder zu den fiktionalen noch zu den nichtfiktionalen zählt: Statistiken, Tabellen, Namens- und Gegenstandsverzeichnisse, Telefonbücher etc. Auch der erweiterte Literaturbegriff umfasst also nur ausformulierte Texte, d. h. neben den fiktionalen wie Gedichten, Erzählungen, Dramen und Romanen die nicht-fiktionalen wie Biografien, Autobiografien, wissenschaftliche Abhandlungen, Geschichtsdarstellungen, Tagebücher, Briefe, Sachbücher, Zeitschriften, Zeitungen usf. Die Konstitution des erweiterten Literaturbegriffs hatte mit einer allgemeinen Gesellschaftsorientierung und einem gewissen politischen Linksrutsch in den 60er und 70er Jahren zu tun, im Politischen an der großen, dann der sozialliberalen Koalition in Bonn sichtbar, auch an der Studentenbewegung und ihren Folgen, die bis auf die methodologischen Diskussionen in den Wissenschaften durchschlugen und auch in den Literaturwissenschaften **gesellschaftsorientierte Fragestellungen und Interpretationsweisen** in den Vordergrund rückten (s. Kapitel V). Sie ließen sich an nicht-fiktionalen Texten direkter und leichter erproben als an fiktionalen und nahmen Gegenstände in den Blick, die nicht als entrückt und elitär galten wie die eher von bürgerlichen und gebildeten Leuten gelesenen Dichtungen, sondern eher von sozial niedrigen Schichten rezipiert wurden wie die Boulevard- und Regenbogenpresse. Dazu kamen dann auch Groschenhefte und Bildergeschichten, also fiktionale Texte niedrigeren Niveaus. Vor diesem Hintergrund entwickelten sich in der neueren deutschen Literaturwissenschaft mindestens vorübergehend Sektionen, die als fortschrittlich galten: Pop- und Comic-Interpretationen, die Erforschung Karl Mays (1842–1912), eine Philologie des Groschenhefts und die Analyse der Gastarbeiterdichtung.

Auch heute kommt es durchaus vor, dass den Studierenden der neueren deutschen Literaturwissenschaft ein Seminar über Goethes Briefe, Friedrich Schillers (1759–1805) geschichtsphilosophische oder literaturtheoretische Abhandlungen, Kafkas (1883–1924) und Thomas Manns (1875–1955) Tagebücher oder Gottfried

Benns (1886–1956) Autobiografie *Doppelleben* angeboten wird, also Veranstaltungen, die nicht-fiktionale Texte zugrundelegen. In aller Regel handelt es sich dabei aber um Lehrangebote, die letztlich das poetische Werk des jeweiligen Autors im Blick haben und insofern Randerscheinungen der auch heute noch dominierenden Beschäftigung der Literaturwissenschaft mit der Dichtung, also mit fiktionalen Texten bilden. Mehr noch: Von Ausnahmen abgesehen, steht trotz des beinahe stets akzeptierten erweiterten Literaturbegriffs der Bereich der Poesie im Mittelpunkt der akademischen wie der außerakademischen Literaturwissenschaft; und dabei handelt es sich nach wie vor fast immer um die sogenannte **hohe Literatur**, also um Dichtung im traditionellen Sinn. Zwar mag es heute viel häufiger Gelegenheit geben, an der Universität ein Seminar über Zeitungen, Pop-Literatur, Kinderbücher und Jugendzeitschriften zu besuchen; aber nach wie vor bilden solche Veranstaltungen eher die Ausnahme im akademischen Lehrplan als die Regel.

Die Erkenntnisziele der **Germanistik**, die heute als **deutsche Sprach- und Literaturwissenschaft** definiert werden kann, sind vielfältiger, aber nicht ausufernder Art. Sie haben sich im Laufe der Geschichte des Faches sogar nach und nach eher vermindert als vermehrt. Ursprünglich war die Wissenschaft für alles Germanische in engerem Sinne zuständig, primär für die einzelnen Entwicklungsstufen der deutschen Sprachen, aber auch für das Gotische und – vor allem der nordischen Dichtungen, besonders der *Edda* und der *Saga* wegen – die nordischen Sprachen und Literaturen, die in der sogenannten Nordistik erforscht und gelehrt wurden. Solche Abteilungen sind heute außerordentlich selten. Die Standard-Germanistik befasst sich damit nicht mehr, auch nicht mit der Volkskunde germanisch-deutschen Zuschnitts, die früher ebenfalls zur Germanistik gehörte. Man kann sagen, dass sich die Germanistik heute auf die Sprachwissenschaft des Deutschen (meist unter Einschluss des Gotischen) und die Wissenschaft von den deutschsprachigen Literaturen konzentriert. Dabei hat sie sich aber nicht nur beschränkt, sondern auch erweitert, vor allem hinsichtlich des Theoretischen und Methodologischen.

Mit der geschilderten und noch näher zu beschreibenden Veränderung der Aufgaben und Inhalte der früheren Germanistik wandelten sich auch die Organisationsformen an den Universitäten. Im 20. Jahrhundert gliederte sich die deutsche Sprach- und Literaturwissenschaft in aller Regel in die **Ältere Abteilung** und die **Neuere Abteilung**. Erstere lehrte und forschte in den Bereichen des Gotischen, Althochdeutschen sowie des Mittelhochdeutschen (teilweise auch des älteren Niederdeutschen und der vielen Dialekte) und zudem auf den Feldern der älteren deutschen Literatur. Die Neuere Abteilung befasste sich mit der deutschen Literatur seit dem 15./16. Jahrhundert. In den 70er Jahren nahm sowohl die deutsche Sprachwissenschaft als auch die Sprachtheorie einen großen Aufschwung, vor allem die Beschäftigung mit den neueren und neuesten Sprachentwicklungen bis hin zur Gegenwartssprache weitete sich aus. Deshalb existieren heute meist drei Bereiche, die Ältere Abteilung, der Sektor Deutsche Sprachwissenschaft mit den Schwerpunkten neuere und neueste deutsche Sprache und Sprachtheorien sowie die Neuere Abteilung, die aber nur die neuere deutsche Literaturwissenschaft umschließt. Diese beschränkt sich nicht auf die Literatur innerhalb der staatlichen Grenzen Deutschlands, sondern rückt neben der **deutschen** auch die **schweizerische** und die **österreichische Literatur** ins Zentrum ihrer Bemühungen. Ausschließlich an der Nationalsprache orientiert, galt ihr Interesse ganz selbstverständlich zwischen 1945 und der Wiedervereinigung Deutschlands zudem der Literatur in dem jeweiligen anderen deutschen Staat, wenn auch die westlichen, oft als bürgerlich-dekadent und klassenfeindlich eingestuften literarischen Publikationen in der früheren DDR weitgehend tabu waren. Die politisch gelenkte Wissenschaft hat stets nur ganz bestimmte und begrenzte Erkenntnisinteressen zugelassen, eine Erfahrung, die sich im Grundgesetz der Bundesrepublik Deutschland dadurch niederschlägt, dass dort die Freiheit der Wissenschaft garantiert wird.

Änderte sich die deutsche Sprach- und Literaturwissenschaft zunächst vornehmlich aufgrund wissenschaftlicher Neuerungen und innovativer Betrachtungsweisen, so kommt seit den 20er Jahren des vorigen Jahrhunderts im Bereich des Literarischen eine Gegenstandserweiterung aufgrund der technischen Verwandlungen hinzu. Die Entwicklung der **Medien** (s. auch Kap. VIII) gewann eine entscheidende Bedeutung. Schon Grimmelshausens (ca. 1622–1676), Hebels (1760–1826) und Gotthelfs (1797–1854) Kalendergeschichten verdankten sich zu einem guten Teil der Erfindung der Buchdruckerkunst, die es ermöglichte, breiten Schichten neben den Kalenderdaten auch Rezepte, Lebensregeln und Unterhaltsames in Gestalt kurzer Geschichten vorzutragen. Danach nämlich verlangten sie, nicht nach gelehrter Theologie und metaphysischen Streitereien, die man auch handschriftlich und mit Hilfe von Abschriften austragen konnte. Aber die Erfindung drahtloser Tonübertragung und die Verbreitung des Radios zog doch literarische Veränderungen nach sich, die weitaus tiefer drangen. Genau genommen verdanken wir der Entwicklung des Rundfunks eine eigene literarische Gattung, nämlich das **Hörspiel**, das anders als das Drama auf optische Reize, räumliche Strukturierung und Kommentierung der Handlung und der Figurengruppierung verzichten muss. Es etabliert stattdessen eine imaginäre, nur in der Vorstellungskraft des Rezipienten existente Bühne, die in ganz anderer und viel intensiverer Weise die Phantasie des Hörers freisetzt als es die Schaubühne vermag. Mit der Entwicklung des Tonfilms und schließlich des Fernsehens trat an die Seite des Dramas das **Drehbuch** als literarisches Medium, löste aber weniger als das Hörspiel literaturwissenschaftliche Aktivitäten aus. Das liegt möglicherweise daran, dass die etablierten Poeten weniger an Drehbüchern als zuvor an Hörspielen arbeiteten und arbeiten. Jedenfalls führten in den 50er und 60er Jahren des 20. Jahrhunderts viele Sender berühmt gewordene Hörspiele von Eich (1907–1972), Hildesheimer (1916–1991), Frisch (1911–1991), Dürrenmatt (1921–1990) und vielen anderen auf, während man nichts davon gehört hat, dass Grass (geb. 1927) oder Handke (geb. 1942), Jelinek (geb. 1946) oder Rühmkorf (1929–2008), Christa Wolf (geb. 1929), Adolf Muschg (geb. 1934), Dieter Kühn (geb. 1935) oder

Peter Bichsel (geb. 1935) Film- und Fernsehdrehbücher verfassten. Merkwürdigerweise hat sich die Literaturwissenschaft bis heute auch nicht zureichend mit der durch die zahllosen **Literaturverfilmungen** virulent gewordenen Frage befasst, was es für die Wirkung des Textes bedeutet, wenn er von der einen in die andere literarische Gattung transformiert wird, vor allem wenn Romane verfilmt und auf diesem Weg aus dem Epischen ins Dramatische verwandelt werden. Mag sein, dass viele, auch viele Studierende der deutschen Literaturwissenschaft, Kafkas *Schloß*, Thomas Manns *Buddenbrooks* oder Heinrich Bölls (1917–1985) *Die verlorene Ehre der Katharina Blum* nur aus Film und Fernsehen kennen; genau genommen haben sie auf diesem Weg jedoch allenfalls die Figuren und die Haupthandlungen, die Episoden und die Grundthematik zur Kenntnis nehmen können, nicht jedoch die epischen Mittel, die Redeweise des jeweiligen Erzählers, seine ironische Beleuchtung der Personen, seinen auktorialen Umgang mit dem Rezipienten. Denn in aller Regel verschwindet das epische Medium, wenn aus einem Roman ein Film wird, und damit wird das Spezifikum der epischen Gattung überhaupt getilgt (vgl. Kapitel III).

Das **Verständnis von Dichtung** beschränkt sich aber keineswegs auf den Inhalt eines Textes, obwohl dessen Erkenntnis mitunter schon schwierig genug ist. Denn während uns z. B. die Zeitung über Fragen und Zusammenhänge unterrichtet, die wir kennen bzw. in aller Regel so oder so ähnlich schon einmal zur Kenntnis genommen haben, wird in der Dichtung oftmals eine Welt, ein Geschehen, ein Figurenensemble beschrieben, das uns keineswegs vertraut ist. Das geschieht beispielsweise in Märchen und Fabeln, Sagen und Science-fictions, Utopien und Anti-Utopien. Von entscheidender Bedeutung ist indes noch etwas Anderes. Während wir nicht-fiktionale Texte in aller Regel verstanden haben, wenn uns deren Inhalte verständlich geworden sind, ist dies bei fiktionalen Texten noch keineswegs der Fall. Inhaltlich ist Goethes Gedicht „Über allen Gipfeln / ist Ruh" unschwer zu verstehen: In der Höhe ist nichts zu hören, in den Baumkronen kann man keine Luftbewegung feststellen, die Vögel singen nicht, und auch wir Menschen werden bald ausruhen. Doch damit ist es nicht getan, weil die Sätze – wie oben gezeigt – keine Fakten ausdrücken, sondern etwas, das weder an einem bestimmten Ort noch zu einem bestimmten Zeitpunkt geschieht, ja von dem nicht einmal sicher ist, dass es überhaupt einmal geschehen ist oder einmal geschehen wird. Warum formuliert man die Sätze dann überhaupt, was sagen sie aus, was bedeuten sie? – Nichtfiktionale Sätze bedeuten, was sie sagen, nichts weiter, denn sie markieren etwas Wirkliches als ein solches, und darin besteht ihr Sinn. Fiktionale Sätze hingegen bedeuten offenbar nicht nur, was sie sagen, weil sie gar nichts Reales als wirklich festhalten und mithin einen anderen Sinn, eine andere Bedeutung besitzen müssen. Welche könnte das bei den Goethe-Versen sein?

Sucht man nach der Bedeutung von Sätzen, die nicht meinen können, was sie wörtlich sagen, weil sie fiktional sind, so kommt in aller Regel die **Vieldeutigkeit**, die **Polyvalenz** des sprachlichen Ausdrucks ins Spiel. Von großer Höhe ist in dem

Gedicht die Rede, von der Sphäre über „Gipfeln" und in „Wipfeln", von einem Oben, das eine große Ruhe und Bewegungslosigkeit präsentiert. Der Himmel kommt vor, aber wohl angesichts dieser Unbewegtheit nicht so sehr und jedenfalls nicht nur der geographische, sondern der religiös gemeinte Himmel. Gemahnt uns die Ruhe über uns an die ewige Ruhe, die himmlische Ruhe? Jedenfalls lässt die Schlusszeile „Ruhest du auch" an jenes „Requiescas in pace" denken, das man den Toten beim Begräbnis wünscht und als Wunsch auf den Grabstein schreibt. Der Sinn der Wörter ist **polyvalent**, mehrschichtig und vieldeutig, und das stellt dem wörtlichen den übertragenen Sinn an die Seite. Er kommt beim Verstehen von Dichtung so nachdrücklich ins Spiel, weil der wörtliche Sinn bei fiktionalen Sätzen nicht gemeint ist. Das ist im Übrigen auch der Grund dafür, dass so manche Interpretation ganz Entlegenes in den Vordergrund rückt und Poesie so oft „überinterpretiert" wird.

Nun kann man allerdings einwenden, dass das rechte Dichtungsverständnis nicht zwangsläufig verhindert wird, wenn man einen Roman verfilmt und mithin aus seinen Gattungsgrenzen löst. Dass *Buddenbrooks* in Gestalt einer Familiengeschichte den Vitalitätsverfall als geistige Sublimierung im Sinne Friedrich Nietzsches (1844–1900) präsentiert, kann eine Verfilmung des Romans genauso erkennbar machen wie der Roman selbst. Aber schon die Tatsache, dass das optische Medium die Handlung komprimieren, das Figurenensemble reduzieren und die Rezeption verkürzen muss, wenn es nicht bis zur Konturenlosigkeit ausufern und auf diese Weise jede Verständnisfähigkeit der Zuschauer unterminieren will, wandelt die sich über Tage oder gar Wochen erstreckende Romanlektüre in eine nicht einmal zweistündige Anschauung, der nicht nur die Extensität, sondern mit ihr auch die Intensität verlorengeht. Von einem authentischen Werk des Dichters kann bei der Verfilmung eines Textes schon aus diesem Grund nicht die Rede sein. Wichtiger noch ist, dass jede optische Vermittlung die Rezeption in ganz anderem Maße festlegt als die Textlektüre. Wie ein Zimmer, eine Figur, ein Gebäude aussieht, muss sich ein Leser auch bei detaillierter Beschreibung in hohem Grade selbst ausmalen, während der Zuschauer durch das Bild festgelegt wird. Die Polyvalenz eines epischen Werkes vermindert sich also, wenn es optisch vermittelt wird, und damit seine Poetizität. Und schließlich geht ein großer Teil der spezifischen Sprachlichkeit verloren, wenn an die Stelle eines Erzählers die Kamera tritt. Genau genommen rezipieren wir nicht Thomas Manns *Buddenbrooks*, wenn wir die Verfilmung anschauen.

Dies gilt umso mehr, als der Vorgang der **Rezeption** höchst individuell und insofern immer auch subjektiv ist. So verhält es sich beim ganz normalen Leser, aber auch bei literaturwissenschaftlichen Interpreten, und zwar ganz unabhängig davon, welchen theoretischen Vorgaben man folgt und welche Fragestellung man für eigentlich relevant hält. Die Kapitel V bis IX dieser *Einführung* vermitteln einen Eindruck von den zahllosen Zugangsmöglichkeiten und methodischen Varianten beim wissenschaftlichen Umgang mit Literatur. Man kann Dichtung sehr unterschiedlich verstehen. Das ist der Grund für die Rezeptionsfehden, die

die Geschichte der Literatur durchziehen und die den wissenschaftlichen Umgang mit Literatur genauso bestimmen wie den alltäglichen. Den Text-an-sich gibt es nämlich schon zufolge seiner Bedeutungspolyvalenz nicht und eben-so wenig das eine, einzig richtige Verständnis. Mit guten Gründen hat man bei-spielsweise romantische Dichtungen als Fluchtliteratur gelesen, die angesichts der Heraufkunft des Industriezeitalters das Mittelalter als Gegenmodell etablier-te und sich gegen die Gefährdungen durch die neue Zeit mit dem Rückzug in die alte zu schützen versuchte. Aber nachdem die Psychologie unser Wissen über die Tiefenstrukturen menschlicher Gefühlswelten geschärft hat, versteht man die Abwendung der Romantik von Aufklärung und deutscher Klassik nicht mehr nur als finsteren Antirationalismus, sondern als die ebenso kühne wie scharfe Kritik an einer Vernunftgläubigkeit, die den Menschen nur noch als *animal ratiocinans,* also als berechnendes Lebewesen zuließ und ihm damit entscheidende Elemen-te seines Wesens nahm: seinen Irrationalismus, seine Gefühlsergriffenheit in Liebe und Trauer, vor Schönem und Erhabenem, Schrecklichem und Niederdrü-ckendem, seine Erschütterungen durch die Kunst, seine Verwandlungen im Traum und seine Entgrenzungen in der Religion. Dieses Beispiel macht schon deutlich, wie sehr auch die Rezeption von Kunst geschichtlichen Wandlungen unterworfen ist und warum es eine legitime literaturwissenschaftliche Aufgabe wurde, die **Rezeptionsgeschichte** eines Werkes, eines Autors oder einer ganzen Epoche zu untersuchen.

Weiterführende Literatur

Kayser: *Das sprachliche Kunstwerk.* **Brackert, Stückrath (Hg.):** *Literaturwissenschaft. Ein Grundkurs.* **Rathmann (Hg.):** *Texte, Wissen, Qualifikationen. Ein Wegweiser für Germanisten.*

II Textausgaben

Wer sich mit Dichtung beschäftigen will, muss poetische Texte lesen. Er findet sie in **Einzelausgaben**, die z. B. einen Roman präsentieren, in **Werkausgaben**, die als **Gesamtausgaben** alle Werke eines Autors – meist in mehreren Bänden – darbieten oder als **Auswahlausgaben** nur bestimmte Arbeiten umfassen. Zudem gibt es sogenannte **Anthologien**, in denen in aller Regel entweder Texte eines Zeitraums, einer oder mehrerer Epochen und von verschiedenen Autoren, abgedruckt sind, oder Beispiele einer bestimmten literarischen Gattung aus mehreren Phasen der Literaturgeschichte und daher ebenfalls von einer Vielzahl unterschiedlicher Autoren zusammengestellt wurden. Am verbreitetsten sind Lyrik-Anthologien, und hier wieder die mehrere literarische Epochen übergreifenden Gedichtsammlungen. Diese Textausgaben unterscheiden sich nicht nur hinsichtlich des Preises, des Umfangs, der Papier- und Druckqualität usf., sondern oftmals auch hinsichtlich ihrer **Werktreue**. Das bedeutet, dass manches Buch Textfassungen oder Textversionen abdruckt, die nicht **authentisch** sind, sondern Elemente aufweisen, die vom Herausgeber, vom Drucker, von einem Korrektor stammen. Unter einem authentischen Text versteht man nämlich einen solchen, den der Autor selbst abgefasst hat, von dem also eine handschriftliche Fassung, ein **Autograph** vorliegt, oder dessen schriftliche Fixierung vom Autor überwacht wurde, etwa bei Diktaten, die beispielsweise Goethe im Alter oftmals verwandte. Aber auch Druckfassungen, die der Dichter selbst betreute, gelten als authentisch.

Das klingt einfacher, als es ist. Die Textgeschichte von Goethes Roman *Die Leiden des jungen Werthers* zeigt dies auf exemplarische Weise. Er erschien erstmals 1774 in Leipzig in der Weygandschen Buchhandlung. Gewiss lag ihm die Handschrift Goethes zugrunde, doch wies diese **Erstausgabe** viele Druckfehler auf, die eine beigegebene Liste denn auch verzeichnete. Ohne Goethe weiter zu konsultieren, druckte der Verleger den Roman mehrmals nach, fertigte mithin inoffiziell weitere **Auflagen** an, nämlich Neudrucke des gleichen Textes, aber unter Einfügung von Fehlerkorrekturen. Im folgenden Jahr, also 1775, erschien dann offiziell eine zweite Auflage, die vor allem dadurch von der ersten abweicht, dass Goethe den beiden Teilen des Werkes jeweils ein vierzeiliges Gedicht voranschickte. Doch sonst hat er an dieser zweiten Auflage nur wenig mitgewirkt. Im gleichen Jahr 1775 erschien in Berlin bei dem Verleger Christian Friedrich Himburg (um 1775) ein weder von Goethe noch von Weygand genehmigter Nachdruck des Romans, ein sogenannter **Raubdruck** also, der mehrere Auflagen erfuhr. Muss man die bei Weygand erschienenen Ausgaben der ersten bzw. der zweiten Auflage trotz der nach heutigen Maßstäben nicht immer hinreichenden Mitwirkung Goethes an der endgültigen Drucklegung als authentisch qualifizieren, so gilt dies für den Raubdruck Himburgs natürlich nicht. Er zeigt vor allem Eingriffe hinsichtlich der Orthographie und der Interpunktion, die nicht auf Goethe zurückgehen. Als Goethe aber in den 80er Jahren seine erste Werkausgabe, die sogenannten *Schriften* vorbereitete, hatten sich seine ästhetischen Vorstellungen geändert, weshalb er auch seinem *Werther* ein neues Gesicht geben wollte. Dieser Neubearbeitung legte er nun nicht eine der authentischen Ausgaben aus der Weygandschen Buchhandlung, sondern unbeabsichtigt den Raubdruck von Himburg – und zwar wahrscheinlich dessen dritte Auflage von 1779 – zugrunde. Abgesehen von vielen Änderungen und Ergänzungen der Handlung, der Figuren, der Charakterisierung bestimmter Gestalten usf. legte Goethe auch Wert auf sprachliche Glättungen und übernahm dabei zahlreiche Texteingriffe, die aus dem Raubdruck Himburgs stammten. Waren sie zunächst noch Elemente eines unauthentischen Textes, so werden sie nun durch Goethes Übernahme Elemente eines authentischen Textes, nämlich der zweiten **Fassung** seines *Werther.* Die Fassung eines Textes weicht von einer anderen Textfassung in wichtigen Details und umfangreicheren Partien ab; die zweite Auflage des Romans gilt deswegen noch nicht als Neufassung des Romans, weil Goethe ihr (neben einer dreizeiligen Passage, die in der Erstausgabe von 1774 absichtlich oder unabsichtlich fehlte) lediglich die beiden erwähnten Vierzeiler beigegeben hatte, während wir von der Bearbeitung, die Goethe anlässlich des Erscheinens seiner *Schriften* vornahm, als von der zweiten Fassung sprechen, da sie umfangreiche Veränderungen aufweist.

Noch ein anderes Problem textualer Authentizität lässt sich am Beispiel von Goethes Jugendroman zeigen. Die zweite Fassung, die 1787 in den *Schriften* erschien, wurde allen späteren Ausgaben von Goethes Werken zugrundegelegt, ohne dass sich Goethe mit Einzelheiten der Textgestaltung beschäftigt hätte. Diese überließ er vielmehr seinen Mitarbeitern, die die Texte überarbeiteten und dabei oftmals Orthographie und Interpunktion veränderten, ohne dass Goethe sich zu Einzelheiten geäußert hätte. Trotzdem wird man auch diese Eingriffe tolerieren und die jeweilige Ausgabe als authentisch qualifizieren müssen, weil Goethe sie als ganze betreut und akzeptiert hat.

Ein besonderes und oft strittiges Problem bildet die Frage, ob man die Orhographie normieren oder die oft von Willkürlichkeiten, Modeerscheinungen oder regionalen Besonderheiten geprägte Schreibart früherer Zeiten und Autoren beibehalten soll. Das gilt natürlich auch für Fragen der Interpunktion. Einig ist man sich hingegen im Allgemeinen, dass man offensichtliche Fehler oder drucktechnische Mängel tilgt, ohne dass der Textzeuge seine Authentizität verliert.

Wenn wir uns mit einem literarischen Werk befassen wollen, greifen wir in aller Regel zu einer **Leseausgabe**. Sie sollte eine authentische Textfassung präsentieren, was bei Neuerscheinungen oder Büchern der letzten 150 Jahre im Allgemeinen schon dadurch garantiert erscheint, dass der Autor auf den Druck seiner Arbeit Einfluss nehmen konnte, z. B. dadurch, dass er selbst die **Druckfahnen** korrigierte oder wenigstens die **Umbruchkorrekturen** vornahm. Die Druckfahnen präsentieren den noch nicht auf Seitengröße unterteilten, also fortlaufend gedruckten Text, der Umbruch hingegen zeigt den Text schon in der endgültigen

Form, also mit Seitengliederung. Im Normalfall ist der Autor an beiden Stadien der Drucklegung dadurch beteiligt, dass er Korrekturen am Text, beim Umbruch zumindest auch noch an einzelnen Wörtern oder Wortgruppen, an Orthographie und Zeichensetzung vornehmen kann; wenn der Verleger dergleichen toleriert (und finanziert) oder der Autor die entsprechenden Kosten trägt, können auch ganze Partien des Umbruchs geändert werden, die dann neu zu setzen sind. Da der Druck von Werken älterer Autoren und aus früheren Zeiten nicht von den Textverfassern selbst betreut werden kann, vertraut man sich in diesen Fällen als Leser weitgehend der Umsicht des Verlages bzw. dessen an, der den Text **ediert**, also herausgibt. Doch sollte der Ausgabe ein Hinweis darauf beigegeben sein, welche Fassung abgedruckt wird, wenn es mehrere Fassungen gibt. Ob es die Erstfassung oder eine spätere ist, entscheidet der Verlag bzw. der Herausgeber. Wählt er den Erstdruck, die **editio princeps**, so hält er diese für bedeutender als alle anderen, legt er die letzte vom Autor noch selbst betreute Fassung zugrunde, so greift er nach der Fassung letzter Hand. Dementsprechend bezeichnet man die letzte vom Autor noch selbst betreute Werkausgabe als „**Ausgabe letzter Hand**". Mehr als die Wiedergabe eines authentischen Textes mit einem Hinweis auf die abgedruckte Fassung kann man von einer Leseausgabe nicht verlangen. Gelegentlich ist ihr noch ein Nachwort beigegeben, aber dergleichen gehört nicht zum unabdingbaren Standard einer solchen Edition. Auch einen sogenannten **Zeilenzähler**, der zur Verständigung bei literarischen Diskussionen außerordentlich hilfreich ist, sucht man in einfachen Leseausgaben meist vergeblich. Er nummeriert die Zeilen auf einer Seite, wenn es sich um einen Text in Prosa handelt, und alle Verszeilen, also von der ersten bis zur letzten, wenn Gedichte oder ein anderer Text in Versen, also etwa ein Epos, abgedruckt ist. **Studienausgaben** hingegen ist er so gut wie immer, **historisch-kritischen Ausgaben** stets mitgegeben.

Studienausgaben bieten mehr als **kommentierte Ausgaben**, auch wenn beide Begriffe häufig in synonymem Sinne verwendet werden. Die Erläuterungen, die sich in einer kommentierten (Lese-) Ausgabe finden, beschränken sich nämlich im Allgemeinen auf Worterklärungen, kurze Kommentare zu historischen Personen und Ereignissen, und mitunter finden sich auch einige Bemerkungen zur Entstehungsgeschichte und zur Biografie des Autors. Eine Studienausgabe hingegen basiert in aller Regel auf einer historisch-kritischen Ausgabe, sofern sie vorliegt, und bietet ausführliche Kommentare zum Werk, zum Kontext des Werkes und zur Entstehungsgeschichte. Darüber hinaus finden sich Selbstkommentare des Dichters, Dokumente zur Rezeptionsgeschichte und vor allem Quellen, auf die der Text zurückgeht. Dazu kommen Beschreibungen einzelner Textstufen und unterschiedlicher Fassungen, meistens auch Auszüge oder Teilabdrucke davon, und zudem folgt am Ende meist eine Werkbibliographie und ein Verzeichnis wichtiger wissenschaftlicher Veröffentlichungen. Die Reclam-Ausgabe von Goethes *Götz von Berlichingen* kann man als kommentierte Leseausgabe bezeichnen: Sie enthält den vollständigen Text, der auf der Erstausgabe sowie der Ausgabe letzter Hand basiert, kurze Wort- und Sacherklärungen sowie eine knappe

Bemerkung zur Entstehungsgeschichte und zu Goethes Quelle. Nimmt man die *Erläuterungen und Dokumente* zu Goethes *Götz* hinzu, die in einem eigenen Band bei Reclam erschienen sind und ausführliche Wort- und Sacherklärungen, eine Zeittafel, andere Fassungen des Dramas in Auszügen, die Quellen des Dramas in Teilabdrucken, Äußerungen Goethes sowie die seiner Zeitgenossen zum *Götz* und noch manches mehr bündeln, dann hat man eine Studienausgabe von wünschenswerter Ausführlichkeit und Zuverlässigkeit. Ähnliches gilt für *Die Leiden des jungen Werthers. Paralleldruck der beiden Fassungen* und die entsprechenden *Erläuterungen und Dokumente* bei Reclam. Auch die sogenannte Hamburger Ausgabe der Werke Goethes gilt als Paradebeispiel für eine Studienausgabe, aber dagegen kann man manches einwenden, weil die abgedruckten Texte keineswegs immer unangreifbar authentisch und die Erläuterungen oftmals sehr knapp gehalten sind. Überhaupt muss man heutzutage schon genau prüfen, ob der Begriff der Studienausgabe mit Recht benutzt wird. Von Arno Schmidts (1914–1979) nicht weniger als 1334 einseitig beschriebene Blätter im Din-A-3-Format umfassender Romantextur *Zettels Traum* existiert eine vom Verlag selbst so bezeichnete „Studienausgabe", die sich von der Normalausgabe nur dadurch unterscheidet, dass sie in 8 Hefte unterteilt und dadurch leichter lesbar ist. Aber es findet sich weder ein Zeilenzähler noch auch nur ein einziges kommentierendes oder erläuterndes Wort, so dass die Verwendung des Begriffs „Studienausgabe" in diesem Fall nichts anderes als einen philologischen Missbrauch markiert.

Die **historisch-kritische Ausgabe** eines poetischen Textes oder des Gesamtwerks eines Autors setzt meistens eine jahrelange, oft sogar mehrere Jahrzehnte umfassende Arbeit voraus, die in der Regel nicht von einem Bearbeiter allein geleistet wird, sondern von zahlreichen Wissenschaftlern. Eine solche Edition hat den Zweck, alle authentischen Fassungen eines poetischen Textes zugänglich zu machen, also sämtliche Entstehungsstufen und Textvarianten, die sich z. T. auf Notizzetteln, in Briefen, unterschiedlichen Abschriften, Diktaten, Drucken usf. finden. Ausgaben, die dergleichen vollständig vorlegen und zudem auch noch andere, unten genauer bezeichnete Aufgaben erfüllen, sind also aufwendig und entsprechend teuer, sodass es im Allgemeinen nur eine einzige historisch-kritische Ausgabe der Werke eines Autors gibt. Ausnahmen wie die beiden Hölderlin-Editionen von Friedrich Beißner (1905–1977) und Dieter E. Sattler (geb. 1939) bestätigen nur diese Regel. An ihrer Existenz kann man auch sehen, dass keineswegs nur neu auftauchende Textzeugen oder verschollen geglaubte und wiedergefundene Werke die Erarbeitung einer neuen historisch-kritischen Ausgabe nahelegen, sondern unterschiedliche Editionsprinzipien dazu führen, dass ein Bearbeiter, eine literarische Gesellschaft, ein Verlag oder ein Herausgeberteam es für unumgänglich erachten, eine andere als die vielleicht schon seit langem existierende historisch-kritische Ausgabe zustande zu bringen. Der Streit um die richtigen Prinzipien einerseits, um die dem Werk eines Autors oder einem bestimmten Textcorpus angemessene Editionsweise andererseits zieht sich durch die Geschichte der wissenschaftlichen Ausgaben und ist keineswegs beendet.

Man vermag sie hier nicht einmal zu skizzieren, und auch die unterschiedlichen Darbietungsweisen und mithin das höchst unterschiedliche Aussehen kritischer Ausgaben können in einer *Einführung* nicht vorgestellt werden. Im Folgenden ist daher nur von ganz elementaren Sachverhalten und allgemein unstrittigen Phänomenen die Rede, die eine historisch-kritische Ausgabe kennzeichnen.

Der Begriff ‚kritisch' zielt bei Editionen der neueren deutschen Literatur auf die Durchsicht der **Textzeugen** im Hinblick auf Authentizität, Druckfehler des Setzers bzw. des Herstellers der Druckvorlage, Flüchtigkeitsfehler des Autors usw. Zu den Textzeugen gehören alle authentischen Texte, auch bloße Vorstufen, Konzepte, Skizzen, Pläne, aber auch die eigenhändigen Fahnen- und Umbruchkorrekturen des Autors sowie eventuelle Selbstzitate, die sich z. B. in Briefen finden können. Sie alle sollten in einer kritischen Ausgabe berücksichtigt werden, wenn es darum geht, die **Textgeschichte** darzustellen, also den Arbeitsprozess von Textstufe zu Textstufe, von Variante zu Variante. Nicht immer werden aber auch alle diese Textzeugen im **kritischen Apparat** berücksichtigt. Als kritischen Apparat bezeichnet man die Zusammenstellung aller von der gedruckten Textfassung abweichenden Varianten entweder wie bei normalen Fußnoten unten auf der Seite, auf der der Text erscheint, oder in einem eigenen Anhang. Diejenigen Textzeugen, deren Varianten dort verzeichnet werden, stellen die Editoren in einem eigenen Kapitel mit Hilfe einer präzisen Beschreibung vor (etwa im Hinblick auf Größe, Papierart, Schreibart, Herkunft etc.) und versehen sie mit einer **Sigle**. Das ist meist ein Buchstabe mit einer hochgestellten Zahl, der beispielsweise darüber Auskunft gibt, ob es sich um einen Druck (bei Zeitschriften Sigle J) oder eine Handschrift (Sigle H) handelt. Meist ist auch davon die Rede, in welchem Abhängigkeitsverhältnis die Textzeugen zueinander stehen. Zudem geben die Editoren über die Prinzipien, die sie bei der Herausgabe der von ihnen besorgten historisch-kritischen Ausgabe befolgten, in einem umfänglichen Rechenschaftsbericht Auskunft. Historisch wird eine solche Ausgabe genannt, weil sie die Überlieferungsgeschichte der Werke sowie der Textzeugen beschreibt und den Leser in den Stand setzt, diesen Prozess nachzuvollziehen. In aller Regel wird zudem die Entstehungsgeschichte unter Berücksichtigung der Lebensumstände, der Quellen, des zeithistorischen und geistesgeschichtlichen Kontextes usf. dargeboten, oftmals auch die Rezeptionsgeschichte zu Lebzeiten des Autors.

Was nun die zentrale Aufgabe einer historisch-kritischen Edition betrifft, nämlich die Wiedergabe des Werkes und seiner (wichtigsten) Varianten, so bedient man sich im Allgemeinen des Verfahrens, einen Text abzudrucken und die Abweichungen der anderen Textzeugen in dem schon genannten kritischen Apparat wiederzugeben. Man spricht auch – und sprach vor allem früher – von einem **Lesartenapparat**, doch trifft dieser Ausdruck die in der neueren deutschen Literatur zu verzeichnenden Abweichungen vom abgedruckten Text nicht genau. Denn es handelt sich ja hier – im Gegensatz zu mittelalterlichen Texten, die oft nur in Abschriften existieren und deren Unterschiede häufig auf die Lesart des jeweiligen Kopisten, seine abweichende Mundart, aber auch auf bloße Abschreibfehler zurückgehen – um unterschiedliche Fassungen, die der Dichter selbst hergestellt hat. Deshalb spricht man zutreffender von einem **Variantenapparat**. Gelegentlich können auch andere Abweichungen verzeichnet werden, nämlich wenn nicht völlig klar ist, ob es sich um eine vom Autor selbst vorgenommene oder zumindest von ihm akzeptierte, oder bloß von einem Schreiber in den Text hineingebrachte Abweichung handelt; das ist beispielsweise in der Textvorlage, die der zweiten Fassung des *Werther* zugrundelag, und auch bei den späteren Ausgaben des Romans offenbar häufiger der Fall. Welchen Text ein Herausgeber abdruckt und wie er mithin den kritischen Apparat gestaltet, entscheidet und begründet er selbst. Die historisch-kritische Ausgabe der Werke Goethes, die sogenannte Weimarer Ausgabe, die auch als Sophienausgabe bezeichnet wird (weil sie im Auftrag der Großherzogin Sophie von Sachsen-Weimar [1824–1897] entstand), basiert auf der 40-bändigen Ausgabe letzter Hand, erschienen von 1827 bis 1830. Die Texte sind also, sofern sie bei dieser Ausgabe vorlagen, in der Gestalt abgedruckt, die sie in der Ausgabe letzter Hand haben, und alle Varianten werden in den kritischen Apparat aufgenommen. Er setzt sich in der Regel folgendermaßen zusammen:

Um zu markieren, welcher Textteil, welches Wort, welches Satzzeichen in einem anderen Text anders lautet bzw. wiedergegeben wird, fixiert man mit dem sogenannten **Lemma** das Bezugswort, die Zeile, den Satz, der in anderen Fassungen anders lautet, und schließt diese Fixierung mit dem sogenannten **Lemmazeichen** (einer halben eckigen Klammer) gegenüber der dann folgenden Variante ab. Die Variante wird mit den Siglen derjenigen Textzeugen versehen, in denen sie sich findet. Das folgende Beispiel stammt aus Goethes Gedicht *Auf dem See*. In der Weimarer Ausgabe (Bd. 1, S. 78) wird folgende Fassung der ersten Strophe abgedruckt, bei der es sich wie immer in dieser Ausgabe um die Fassung letzter Hand handelt:

> Und frische Nahrung, neues Blut
> Saug' ich aus freier Welt;
> Wie ist Natur so hold und gut,
> Die mich am Busen hält!
> 5 Die Welle wieget unsern Kahn
> Im Rudertakt hinauf,
> Und Berge, wolkig himmelan,
> Begegnen unserm Lauf.

Im kritischen Apparat finden sich folgende Varianten:

> 1–4 Ich saug an meiner Nabelschnur
> Nun Nahrung aus der Welt.
> Und herrlich rings ist die Natur
> Die mich am Busen hält. H^{19}

2 freier] eurer H^{20} 7 wolkig himmelan] Wolcken angetan H^{19} H^{20} 8 Begegnen] Entgegnen H^{19} H^{20} Begegnen über Entgegnen H^3

Vor diesem Variantenverzeichnis hat der Editor mitgeteilt, was die Siglen bedeuten: H^{19} steht für ein „Octavheft, 8 Bll.", enthaltend Notizen von der Schweizer Reise 1775", H^{20} für „Herders Copie" und H^3 für ein Heft, das „Erste Sammlung" überschrieben ist und offensichtlich so etwas wie die Zusammenstellung von Reinschriften darstellt, die Goethe vorgenommen hat. Da in diesem Heft die meisten abgedruckten Gedichte Goethes vorkommen und nicht nur *Auf dem See*, ist von diesem Textzeugen weit vor dem nur auf das jeweilige Gedicht bezogenen Variantenapparat, nämlich im Vorwort zu den gesamten „Lesarten" dieses Bandes die Rede.

Weil die ersten vier Zeilen der ersten Strophe in H^{19} so stark von der gedruckten Fassung abweichen, gibt der Herausgeber diese im Zusammenhang wieder. Sie stammen, was Goethe in dem Oktavheft vermerkt und unmittelbar vor dem Variantenapparat mitgeteilt wird, vom „15. *Junius* 1775. Donnerstags morgen aufm Zürichersee". Man erkennt deutlich, was der Dichter von seinem im Oktavheft fixierten spontanen Einfall in den endgültigen Text übernimmt, und wo er ihn überarbeitet. So wirkt das neue, am Gedichtbeginn stehende „Und" nachgerade wie eine Art Textbeschleuniger, weil es suggeriert, dass der eigentliche Anfang des Gedichts schon zurückliegt; die Umgestaltung der Zeilen 3 und 4 zu einem Ausruf verstärkt diese Wirkung noch, und die Umwandlung der ursprünglichen Notiz zu „frische Nahrung, neues Blut" signalisiert ebenso einen Stimmungsaufbruch wie die Verwandlung von „aus der Welt" zu „aus freier Welt". Dass in H^{20}, also in Johann Gottfried Herders (1744–1803) „Copie" statt „freier Welt" „eurer Welt" steht, ist wohl nicht so bedeutsam, während die beiden folgenden Varianten von größerem Gewicht sind. Die Variante im „Octavheft" sowie in „Herders Copie" „Und Berge, Wolcken angethan" anstelle von „Und Berge, wolkig himmelan" wirkt schwächer, jedenfalls bewegungsärmer und weniger stürmisch als die endgültige Fassung, doch zeigt das „Begegnen unserm Lauf" in der abgedruckten Textvariante, dass es Goethe bei der Überarbeitung auch um eine Anpassung an den üblichen Sprachgebrauch ging. Das ursprüngliche, viel plastischere „Entgegnen unserm Lauf" erschien ihm später vermutlich als zu kühn und ungewöhnlich. Aus ähnlichen Gründen hat Goethe wohl auch die merkwürdige Vermischung von embryonalem („Ich saug an meiner Nabelschnur") und säuglingshaftem Lebensstatus („Natur / die mich am Busen hält") getilgt. Man kann aus den Textvarianten im Variantenapparat alle anderen Fassungen (re)konstruieren. Die im „Octavheft" H^{19} lautet offenbar:

> Ich saug an meiner Nabelschnur
> Nun Nahrung aus der Welt.
> Und herrlich rings ist die Natur
> Die mich am Busen hält.
> Die Welle wieget unsern Kahn
> Im Rudertakt hinauf,
> Und Berge, Wolcken angethan,
> Entgegnen unserm Lauf.

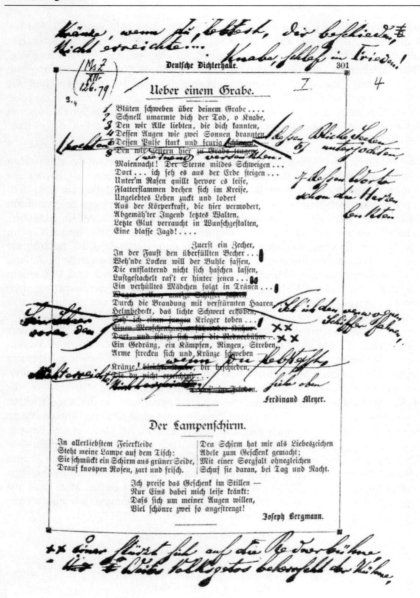

Conrad Ferdinand Meyer: Über einem Grabe (Druck mit handschriftlichen Korrekturen)

	$BM^{3\cdot 1}$	Über einem Grabe.

1 $BM^{3\cdot 1}$ Blüten *a* [flattern] **nieder zu dem Grabe** [,→] ...
⌒*a*⌀ **schweben**

2 $BM^{3\cdot 1}$ Drinnen *a* schläft ein *b* [früh] *c* gepflückter **Knabe,**
$BM^{3\cdot 1}$ [   ] [   ] ⌒*b* [schnell] [   ]
$BM^{3\cdot 2}$ ⌒*a*⌀ **die Menschenblüte** ⌒*c* **welkt – ein**

3 $BM^{3\cdot 1}$ **Den wir** *a* **liebten,** [alle] **die ihn kannten,**
$BM^{3\cdot 2}$ ⌒*a*⌀ **alle**

4 $BM^{3\cdot 1}$ **Dessen Augen wie zwei** *a* [Sterne] **brannten,**
⌒*a*⌀ **Sonnen**

5 **Dessen Pulse stark und feurig schlugen –**

6 $BM^{3\cdot 1}$ *a* [Bis] **wir gestern** [ihn] **zu Grabe trugen.**
$BM^{3\cdot 2}$ ⌒*a* **Den** ⟨hier⟩

7 $BM^{3\cdot 1}$ **Maiennacht! Der Sterne mildes Schweigen** ...

8 **Dort ... ich seh' es aus der Erde steigen** ...

9 $BM^{3\cdot 1}$ *a* [Luft]⌐
$BM^{3\cdot 1}$ ⟩*a* **Unterm Rasen** *b* **quillt** *c* [empor] *d* **es leise,**
$BM^{3\cdot 1}$ [   ] *e*⌒*c* [hervor]
$BM^{3\cdot 2}$ *⌒*b* **haucht** ╱*f=*c* [empor]
[   ] *g=·*e*· [hervor]
*⌒*d*⌀ [brodelt auf]
=·*b*· **quillt** *h=·*e*· **hervor**

10 $BM^{3\cdot 1}$ *a* [Wehnde] *b* [Flammen] **drehen sich im Kreise,**
⌒*a* **Flatter-** *b*→ **flammen**

11 **Ungelebtes Leben zuckt und lodert**

12 **Aus dem jungen Leib, der hier vermodert.**

13 $BM^{3\cdot 1}$ *a* [Luftge] **Schemen**[,] **wechselnde Gestalten,**
$BM^{3\cdot 1}$ *a*→ [Luftger]
$BM^{3\cdot 1}$ *b*⌒*a* [Rascher]
$BM^{3\cdot 2}$ ⟩*b* **Unverbrauchter Kräfte blindes Walten**

14 $BM^{3\cdot 1}$ *a* [Rasche] **Reigen**[,] **ruheloses Walten,**
$BM^{3\cdot 1}$ *b*⌒*a* [Heft'ger] [   ]
$BM^{3\cdot 2}$ ⟩*b* **Eines Reigens wechselnde Gestalten**

15 $BM^{3\cdot 1}$ **Eine blasse Jagd!** ....

$BM^{3\cdot 1}$ **Voran** *a* [ein] **Zecher**
$BM^{3\cdot 2}$ ⌒*a* **der**

16 $BM^{3\cdot 1}$ **In der Faust den überfüllten Becher** ...

17 **Wehnde Locken will ein Buhle fassen,**

18 $BM^{3\cdot 1}$ **Die,** *a* **ent**[fliehend], [nicht] **sich** *b* **haschen lassen** ....
$BM^{3\cdot 2}$ ⌒*a* **flattert** ⌒*b* [ni⟨cht⟩]
⟨nicht⟩

19 $BM^{3\cdot 1}$ *a* [Mit verhülltem Haupte] *b* **hinter Jenen**
$BM^{3\cdot 2}$ ⌒*a* **Halb entathmend** ⌒*b*⌀ **rast er**

Nr. 10

Conrad Ferdinand Meyer: Über einem Grabe

Eine mit Lemma und Lemmazeichen operierende Zusammenstellung der Lesarten bzw. Varianten bezeichnet man als **positiven Apparat**. Der **negative Apparat** verzichtet auf diese Elemente und ist deshalb nicht immer in gleicher Weise auf Anhieb durchschaubar. Der Leser muss selbst herausfinden, auf welches Wort oder welche Wörter die im Apparat verzeichnete Variante gemünzt ist. In der Weimarer Ausgabe begegnet oftmals ein Gemisch aus positivem und negativem Apparat. Im Bd. 24 der Weimarer Ausgabe (zugleich Bd. 21 der „I. Abtheilung") sind die drei ersten Bücher von Goethes Roman *Wilhelm Meisters Lehrjahre* abgedruckt. Auf S. 105, Zeile 25f. steht folgender Satz: „Es ist auch schon eine geraume Zeit, und wir verändern uns doch mehr oder weniger." Für den Erstdruck des Romans *N* (Berlin 1795–1796 in 4 Bdn.) verzeichnet der Apparat folgende Variante: „25. 26. eine Zeit, in der wir uns mehr oder weniger verändern. *N* ". Im Variantenapparat verzichtet der Herausgeber diesmal also auf Lemma und Lemmazeichen, nennt nur die Zeilen-Nummern und lässt den Leser die Fassung *N* ohne Lemma und Lemmazeichen herstellen, weil diese auf der Hand liegt: „Es ist auch schon eine Zeit, in der wir uns mehr oder weniger verändern."

Hinsichtlich handschriftlicher Textzeugen gibt der Apparat nicht nur Textvarianten wieder, sondern orientiert den Leser meistens auch über Streichungen, Ergänzungen und Verbesserungen durch den Autor. Das ist im oben wiedergegebenen Apparat zur ersten Strophe von *Auf dem See* am Ende der Fall: „Begegnen über Entgegnen *H*³". In dieser mit *Erste Sammlung* überschriebenen Handschrift hat Goethe offensichtlich bereits die endgültige Fassung notiert, es aber zunächst noch bei dem alten „Entgegnen" aus der Erstnotiz im „Octavheft" belassen. Dann aber hat er auch dieses Wort durch „Begegnen" ersetzt. Offenbar bildet diese Korrektur den letzten Akt der Überarbeitung, denn die *Erste Sammlung* stellt wie gesagt so etwas wie eine Reinschrift der bis dahin existierenden Gedichte Goethes dar. Auch solche Einblicke in die Arbeitsweise eines Autors können Variantenapparate also vermitteln. Im Übrigen kann man dem hier wiedergegebenen Apparat auch entnehmen, dass Goethe das Gedicht später nicht mehr überarbeitet hat. Denn es wurde die Fassung letzter Hand abgedruckt, und die Vielzahl von Ausgaben und Drucken, die zwischen der *Ersten Sammlung* bzw. zwischen dem Erstdruck in den *Schriften* 1789 und der Ausgabe letzter Hand erschienen sind, präsentieren *Auf dem See* in der überarbeiteten Fassung ohne weitere Änderungen und kommen deshalb im Variantenapparat auch nicht vor – sie enthalten keine Varianten. Verhält sich ein Dichter anders, überarbeitet er seine Texte bei jedem neuen Druck oder überarbeitet er sie auch schon vor der Drucklegung vielfach, so besitzt der Variantenapparat natürlich einen ungleich größeren Umfang als der oben wiedergegebene zu *Auf dem See*, und da alle Überarbeitungen mit Siglen kenntlich gemacht werden müssen, hat der Leser eines solchen Apparats auch größere Schwierigkeiten, sich einen Überblick über die Entstehung der letzten Fassung zu verschaffen.

Die Arbeit mit negativen oder positiven Apparaten steht in der Tradition von Karl Lachmann (1793–1851), der im 19. Jahrhundert mittelalterliche Texte edierte und die dort zugrundeliegenden, letztlich aus der Klassischen Philologie stammenden Prinzipien auch bei der Edition der Werke Lessings (1729–1781) anwandte. Er selbst hat in dieser Ausgabe mit einem negativen Apparat gearbeitet (vgl. dazu das Beispiel im Arbeitsteil II, 3). Seitdem hat es immer wieder lebhafte und mitunter auch höchst kontroverse Diskussionen über die besten Editionsprinzipien gegeben, und noch heute verhandeln Spezialisten auf Kongressen und in Fachzeitschriften über die Möglichkeiten, dem Leser Einblick in den Bestand von Textzeugen eines Autors, dessen Arbeitsprinzipien und Korrekturen, die Entwicklung und Geschichte seines Werks und die Beziehungen der Textzeugen untereinander zu verschaffen. Von der Vielzahl unterschiedlicher Editionsverfahren, die über das Lachmanns hinausgehen, soll hier nur ein einziges, nämlich das Friedrich Beißners etwas genauer erläutert werden. Friedrich Beißner legte in seiner historisch-kritischen Ausgabe der Werke Hölderlins (1770–1843) vor allem Gewicht darauf, die Arbeit des Dichters am Manuskript vor Augen zu führen und auf diese Weise die Entstehung eines Textes aus seinen Überarbeitungen möglichst genau einsehbar zu machen. Davon hatte Lachmann noch völlig abgesehen, und der Herausgeber der dritten Auflage von Lachmanns Lessing-Ausgabe, Franz Muncker (1855–1926), hat dies eigens begründet: „Ich begann mich zu scheuen, in Lessings Werke diejenigen Worte und Sätze der Handschriften aufzunehmen, die Lessing selbst so dick und oft durchstrich, daß sie meist nur mit großer Mühe entziffert werden können, die er also nicht gelesen wissen wollte." (Bd. I, S. XI) Insofern verkehrt Beißner die Prinzipien Lachmanns in ihr Gegenteil und bezieht die Arbeitsschritte in den Handschriften Hölderlins in seinen kritischen Apparat mit ein, ja er rückt sie in dessen Mittelpunkt.

Dies zwingt zu einer spezifischen Wiedergabe, denn es soll ja sichtbar gemacht werden, wie Hölderlin schreibt, streicht, Worte ersetzt, und vor allem: in welchen Schritten er so verfährt. Beißner über die Gestalt seines Variantenapparats:

> Eingeklammerte Ziffern bezeichnen die größeren Stufen der Entwicklung, innerhalb deren weitere, kleinere Abstufungen und Gabelungen durch eingeklammerte lateinische und fernerhin griechische Buchstaben gekennzeichnet sind. Eine (2) kündigt also an, daß alles, was vorher, hinter der (1) steht, jetzt aufgehoben und getilgt ist; ebenso hebt die (3) die vorangehende (2) auf, das (*b*) das (*a*) und das (*c*) das (*b*), das (*β*) das (*α*) und das (*γ*) das (*β*). Die zusammengehörigen Zeichen stehen, wo es sich nicht um ganz leicht zu überblickende Stufenfolgen handelt, genau untereinander, so daß eine Verwirrung ausgeschlossen ist. Dem Benutzer, der sich nicht sogleich an dieses Verfahren zu gewöhnen vermag, sei für den Anfang empfohlen, bei jedem eine neue Stufe ankündigenden Zeichen den Vers wieder ganz von vorn zu lesen und dabei die inzwischen ungültig gewordenen Stufen zu überschlagen. Die sich treppenweise gestaltende Anordnung erleichtert vermutlich die Übersicht.

(Friedrich Beißner: *Vorbemerkungen des Herausgebers*. In: Hölderlin: *Sämtliche Werke*, Bd. 2, S. 317ff., hier S. 319.)

Als Beispiel wähle ich Hölderlins Ode *Heidelberg*, und zwar die zweite Strophe, weil sie etwas schwieriger als die erste ist. Die erste findet sich im Arbeitsteil (II, 5). In der endgültigen Fassung lautet die zweite Strophe:

> Wie der Vogel des Walds über die Gipfel fliegt,   5
> Schwingt sich über den Strom, wo er vorbei dir glänzt,
>   Leicht und kräftig die Brüke,
>   Die von Wagen und Menschen tönt.
>
>   (Bd. II, 1 S. 14)

Der Apparat sieht in Beißners Edition folgendermaßen aus:

5-8:   **5:**   (1) Majestäti
     (2) Wie (*a*) des
        (*b*) der Vogel des Wald‹*s*› über (*α*) die Gipfel
            (*β*) den Gipfeln fliegt

    6:   (1) Stolz und (*a*) kräftig, wie er
          (*b*) leicht, wie ein
      (2) Ihm gleich,
      (3) Schwingt sich über den Strom, wo er vorbei dir glänzt,

    7:   (1) Sich der Bogen der Brüken
       (2) Leicht und kräftig ‹*die*› Brüke

    8:   Die von Wagen und Menschen (1) tönt.
          (2) rauscht. H^1

  5.6:   *spätere Fassung, zum Teil am linken Rand:*

   Wie der Vogel des Wald‹*s*› über die wehenden
   Eichengipfel so schwingt über den Strom sich dir H^1

  6 glänzt,] glänzt H^2 **7** Brüke,] Brüke H^2

Zusätze des Herausgebers sind kursiv gesetzt; wenn es sich um Zusätze zu Hölderlins Text handelt, stehen sie zudem in spitzen Klammern wie in Zeile 5 (2) (*b*), in Zeile 7 (2) sowie bei der späteren Fassung in der Zeile 5. Vor den Varianten hat Beißner wie üblich die Siglen erläutert: H^1 bezeichnet eine Handschrift, die sich im Kurpfälzischen Museum Heidelberg befindet; sie wird genau beschrieben. H^2 gehört zum Homburger Manuskript. Die fett gedruckten Zahlen links beziehen sich auf die Zeilen des Gedichts, die Zeilen 5–8 bilden die zweite Strophe der Ode. Offenbar hat Hölderlin sie in dem Heidelberger Manuskript mit einem „Majestätisch" oder einem ähnlichen Wort beginnen wollen, doch kam er nur bis „Majestäti", weil er wohl einen neuen Einfall hatte: „Wie des" sollte die Strophe nun beginnen. Aber diesen Ansatz tilgte abrupt eine neue Idee: „Wie der Vogel des Wald‹*s*› über die Gipfel fliegt", soll es jetzt offenbar heißen, jedoch bevor er dies zu Ende notiert hat, schiebt sich das Bild von einem über den Gipfeln kreisenden Vogel in den Vordergrund, und der Dichter korrigiert deshalb nochmals und fixiert auf dem Blatt H^1 schließlich die Fassung „Wie der Vogel des Wald‹*s*› über den Gipfeln fliegt". Aber später hat er diese letzte Korrektur offensichtlich doch wieder rückgängig gemacht, denn die endgültige Fassung lautet ja: „Wie der Vogel des Walds über die Gipfel fliegt". Dies dokumentiert das Heidelberger Manuskript aber nicht mehr.

Dafür gibt diese Handschrift einen Einblick in die Entstehung der zweiten Zeile der zweiten Strophe. Ersichtlich hatte Hölderlin zunächst etwas völlig anderes im Sinn als deren endgültigen Wortlaut. „Stolz und kräftig wie er", nämlich wie der Vogel, so soll es weitergehen, dann „Stolz und leicht wie ein", schließlich „Wie ein". Aber diese Varianten formulieren allesamt einen zweiten, logisch nicht leicht zu begründenden Vergleich, denn die erste Zeile dieser Strophe beginnt ja bereits mit „Wie", und Hölderlin belässt es denn auch bei einer einfachen Vergleichsstruktur und notiert hier bereits die endgültige Zeile „Schwingt sich über den Strom, wo er vorbei dir glänzt,". Es scheint freilich, als habe der Dichter auch schon eine Vorstellung von der folgenden Zeile gehabt; darauf verweist das Komma hinter „glänzt". Und wenn sich auch zunächst ein Satzbauproblem oder zumindest eine stilistische Schwierigkeit ergibt, weil Hölderlin das in Zeile 6 (3) bereits verwendete „sich" verdoppelt, scheint es doch so, als seien die Zeilen 6 und 7 mehr oder weniger in einem Zuge komponiert worden. Jedenfalls fixiert der Dichter in 7 (2) bereits die endgültige Fassung, allerdings wiederum mit einem Flüchtigkeitsfehler, dem Fehlen des „die", der wohl die Spontaneität der Arbeit erkennbar macht, genauso wie der in 5 (2) *(b)*, wo das Genitiv-s bei „des Walds" fehlt. Vielleicht ist auch das Fehlen des Kommas am Ende der Zeile 7 als Flüchtigkeitsfehler zu qualifizieren, der auf die Zügigkeit der Zeilenkomposition von 6 (3) bis 8 zurückgeführt werden muss. Jedenfalls findet Hölderlin offenbar auf Anhieb den gültigen Wortlaut der Zeile 8, auch wenn er in H^1 eine Korrektur von „tönt" zu „rauscht" vornimmt, die später, in der Endfassung, rückgängig gemacht wird. Die zweite Fassung des Gedichts, die Hölderlin auf dem Rand desselben Blattes notiert, betrifft nur die ersten beiden Zeilen dieser zweiten Strophe. Die beiden folgenden Zeilen sollten offenbar ihren Wortlaut behalten. In der Homburger Handschrift H^2 findet sich im Gegensatz zu der Heidelberger das Gedicht in seiner endgültigen Fassung, nur die beiden Kommata in den Zeilen 6 und 7 fehlen noch. Um dies zu dokumentieren greift Beißner hier auf die alte Lemma-Technik zurück.

Beißner hat zweifellos die Editionstechnik vorangebracht, indem er die Arbeit des Dichters am Text in den Mittelpunkt seiner Überlegungen und seiner Großen Stuttgarter Ausgabe der Werke Hölderlins rückte. Aber man hat ihn auch kritisiert. Dietrich E. Sattler ist das Verfahren Beißners zu ungenau, weshalb er in seiner *Kritischen Textausgabe* der Werke Hölderlins die einzelnen Textzeugen nicht nur in einem Variantenapparat präsentiert, der ja stets auf die abgedruckte Fassung des Textes bezogen bleibt, sondern die einzelnen Textzeugen selbst vor Augen zu rücken sucht und dabei die einzelnen Bearbeitungsschichten viel genauer als Beißner, wenn auch nicht immer in gleicher Übersichtlichkeit zur Geltung bringt. Damit man einen ungefähren Eindruck von dieser Edition erhält, folgt im Anschluss der Abdruck einer solchen Vorstufe zu drei Strophen von Hölderlins Ode *Heidelberg*; Sattler verzeichnet im ganzen acht solcher Überarbei-

tungssequenzen und kennzeichnet die jeweils berücksichtigten Strophen op-
tisch-schematisch. Um den Leser schließlich in den Stand zu setzen, sich selbst
ein Bild von den Vorstufen eines Gedichts zu machen, sind die Bearbeiter der
sogenannten *Tübinger Ausgabe* der Werke Paul Celans dazu übergegangen, solche
Vorstufen möglichst genau wiederzugeben. Nach dem Beispiel aus Sattlers Edition von *Heidelberg* folgt deshalb ein Beispiel aus der Tübinger Celan-Ausgabe.

Weiterführende Literatur

Plachta: *Editionswissenschaft.*

Heidelberg L4

L4
Asklepiadeischer Entwurf; erster Abschnitt.
Heidelberg.   T
Lange lieb' ich dich schon, möchte dich Mutterstadt,
                     []   1
  Nennen, möchte dir gern schenken ein kunstlos Lied,   2
    Du der Vaterlandsstädte   3
      Ländlichschönste, so viel ich weiß! $/\!/$ 4
$_1$**Zwar dein Na**
    $_2$**ekar umfließt auch des bescheidenen**   5
  Städtchens Hügel und [$-\,\cup\,\cup\,-\,\cup\,-$ **]**   6
    $_1$**Wo mit Stralen des St**
      $_2$**Maitags**   7
      Mich Apollo zuerst getränkt. $/\!/$ 8
$_1$**Aber kräftiger**   **schon , stolzer**
$_2$**Doch gereifter und**   **[]**   **umschmeichelt dir**   9
Von 9$_2$ an mit engerer Schrift.
  $_1$**Deine Gärten der Strom,** müßig
       $_2$**und de**r **geschäfftigen** $\downarrow$ 11$_1$
           [m] $_3$**gern**   10
    $\uparrow_1$**Welle**
    $_2$**Jungen**
    $_3$**Wellen**schlage **vertrauen** $\downarrow$ 12$_1$
      $_4$schon −
        $_5$**spiele**   11
    $\uparrow_1$Sich
    $_2$**Schon die ernsteren St**
        $_3$**chiffe sich[.]** $/\!/$ 12
Majestäti   13

Konstituierter Text L4

      Heidelberg.

Lange lieb' ich dich schon, möchte dich Mutterstadt
    Nennen, möchte dir gern schenken ein kunstlos Lied,
      Du der Vaterlandsstädte
        Ländlichschönste, so viel ich weiß!

Zwar dein Nekar umfließt auch des bescheidenen   5
    Städtchens Hügel und
      Wo mit Stralen des Maitags
        Mich Apollo zuerst getränkt.

Doch gereifter und schon stolzer umschmeichelt dir
    Deine Gärten der Strom, und dem geschäfftigern   10
      Wellenspiele vertrauen
        Schon die ernsteren Schiffe sich.

Majestäti

Friedrich Hölderlin: Sämtliche Werke.
Kritische Textausgabe, hg. v. D. E. Sattler, Bd. 4, S. 83.

MIT VON DORNEN erweckten Händen	1 MIT VON DORNEN GEWECKTEN	MIT VON DORNEN WACH-
aus den nicht mehr zu nennenden	Händen	gestochenen Händen
Wasserschächten	aus den nicht mehr zu nennenden, nahen	aus
heraufgeschaufeltes Grün,	Wasserschächten	ertasteten, nahen
=	heraufgeschaufeltes Graugrün:	Wasserschächten
die Tiefe	=	heraufgeschaufeltes Graugrün -
gibt ihr Gewächs her,	die Tiefe	=
widerstandslos:	gibt ihr Gewächs her, unhörbar,	die Tiefe
=	widerstandslos,	gibt ihr Gewächs her, unhörbar,
es sind	=	widerstandslos:
auch noch all die	es sind	=
Schattenalgen zu rächen,	auch noch	es sind
ehe der Steintag die Menschen-	11 Schattenalgen zu rächen,	auch noch all die
12 und Tierschwärme leerbläst, ganz wie	ehe der Steintag	Schattenalgen zu rächen,
13 die vor die starrenden Mäuler	die Menschen- und Tier-	ehe der Steintag
getretene Doppelflöte	schwärme leerbläst, ganz wie	die Menschen- und Tier-
es fordert.	die Doppelflöte	schwärme leerbläst, ganz wie
	es fordert.	die vor die starrenden Mäuler
		getretene Doppel-
		flöte es fordert.

Endg. Fssg	Endg. Fssg.	Endg. Fssg
Moisville, 1. August 1966	1. Aug. 66 / Moisville	Moisville, 2.8.66

AG 4.1,59va	AG 4.1,59vb	AG 4.1,59vc
Diese Seite: drei schwer lesbare Durchdrucke nicht mehr vorhandener Typoskripte auf der Rückseite von AG 4.1,59; die Textwiedergabe folgt der historisch-kritischen Ausgabe. Z. 12 „leerbläst", Z. 13 „starrenden Mäuler" unsicher. *Moisville* Ort in der Normandie, wo Celans Familie ein Haus hatte.	Z. 1 „GEWECKTEN", Z. 11 „rächen" unsicher.	Z. 1 „WACH-": Die beiden ersten Buchstaben sind unsicher.

Paul Celan: *Fadensonnen.* Tübinger Ausgabe, S. 54.

^{Luft-}
MIT VON DORNEN GEWECKTEN
Händen
aus den nähergerückten
Wasserschächten herauf-
geschaufeltes Graugrün –
=
die Tiefe
gibt ihr Gewächs her, unhörbar,
widerstandslos:
=
es sind
auch noch soviel
Schattenalgen zu bergen,
ehe der Steintag
die Menschen- und Tier-
schwärme leerbläst, ganz wie
die vor die starrenden Mäuler
getretene Doppel-
flöte es fordert.

Endg. Fssg
Moisville, 3. 8. 1966

^{nahen}
Aus den ~~Wassers~~
Wasserschächten
mit unerweckten
Händen
herauf geschaufeltes Graugrün –
=
die Tiefe
gibt ihr Gewächs her, | unhörbar,
widerstandslos
=
Auch das noch bergen,
ehe der Steintag
die Menschen- und Tier-
schwärme leerbläst, ganz wie
die vor die Mäuler getretne
~~getretene Siebenfl~~
Siebenflöte es fordert.

AUS DEN NAHEN
Wasserschächten
mit unerweckten
Händen heraufgeschaufeltes Graugrün:

die Tiefe
gibt ihr Gewächs her, unhörbar,
widerstandslos.

Auch das noch
bergen, ehe
der Steintag die Menschen-
und Tierschwärme leerbläst, ganz wie
die vor die Münder, die Mäuler getretne
Siebenflöte es fordert.

AG 4.1,60a	AG 4.1,60b	ENDFASSUNG
	Auf demselben Blatt rechts neben der links wiedergegebenen Vorstufe. Auf AG 4.1,59r in Endfassung steht die Datierung „Endg. Fssg / Moisville 4.8.66".	

Paul Celan: *Fadensonnen*. Tübinger Ausgabe, S. 55.

Arbeitsteil

1. Worin unterscheiden sich Studienausgaben von Leseausgaben?
2. Was ist eine „editio princeps", was eine „Ausgabe letzter Hand"?
3. Welche Aufgaben stellt sich der Herausgeber einer historisch-kritischen Ausgabe?
4. Worauf beziehen sich dabei die Begriffe „historisch" und „kritisch"?
5. Welche Arten authentischer Textzeugen gibt es?
6. Worin unterscheiden sich Lesarten von Textvarianten?
7. Worin unterscheidet sich ein positiver von einem negativen Apparat?
8. Was ist ein Raubdruck?

II, 1 Goethes Werke. Weimarer Ausgabe, Bd. I, 22. Wilhelm Meisters Lehrjahre, S. 309, kritischer Apparat S. 380.

5   Das Ding, das noch nie erklärte böse Ding, das
uns von dem Wesen trennt, dem wir das Leben verdanken, von dem Wesen, aus dem alles, was Leben
genannt werden soll, sich unterhalten muß, das Ding,
das man Sünde nennt, kannte ich noch gar nicht.

6.7 dem wir – aus dem] von dem wir das Leben empfangen haben und aus dem *N*

(*N* = Wilhelm Meisters Lehrjahre. Ein Roman. Herausgegeben von Goethe. Erster bis vierter Band. Berlin. Bey Johann Friedrich Unger. 1795–1796. 2Bl., 364 S.; 374 S.; 371 S.; 507 S. kl. 8°)

Stellen Sie die Fassung *N* her!

II, 2 Goethes Werke. Weimarer Ausgabe, Bd. 1; S. 68f. Kritischer Apparat S. 383f.

Willkommen und Abschied.

Es schlug mein Herz, geschwind zu Pferde!
Es war gethan fast eh' gedacht;
Der Abend wiegte schon die Erde
Und an den Bergen hing die Nacht:

5   Schon stand im Nebelkleid die Eiche,
Ein aufgethürmter Riese, da,
Wo Finsterniß aus dem Gesträuche
Mit hundert schwarzen Augen sah.

Der Mond von einem Wolkenhügel
1o   Sah kläglich aus dem Duft hervor,
Die Winde schwangen leise Flügel,
Umsaus'ten schauerlich mein Ohr;
Die Nacht schuf tausend Ungeheuer;
Doch frisch und fröhlich war mein Muth:
15   In meinen Adern welches Feuer!
In meinem Herzen welche Gluth!

Dich sah ich, und die milde Freude
Floß von dem süßen Blick auf mich;
Ganz war mein Herz an deiner Seite
20   Und jeder Athemzug für dich.
Ein rosenfarbnes Frühlingswetter
Umgab das liebliche Gesicht,
Und Zärtlichkeit für mich – ihr Götter!
Ich hofft' es, ich verdient' es nicht!

25   Doch ach, schon mit der Morgensonne
Verengt der Abschied mir das Herz:
In deinen Küssen welche Wonne!
In deinem Auge welcher Schmerz!
Ich ging, du standst und sahst zur Erden,
30   Und sahst mir nach mit nassem Blick:
Und doch, welch Glück geliebt zu werden!
Und lieben, Götter, welch ein Glück!

1 Es — mein] Mir schlug das *J*   Herz,] Herz; *JB — C*   2 Und fort, wild, wie ein Held zur
Schlacht *J*   5 stand] stund *J*   9 einem] seinem *J*   10 Sah] Schien *J*   14 frisch —
fröhlich] tausendfacher *J*
15.16   Mein Geist war ein verzehrend Feuer,
           Mein ganzes Herz zerfloß in Gluth *J*
17 Dich — ich] Ich sah dich *J*   18 von] aus *J*   21 rosenfarbnes] rosenfarbes *J*
22 Umgab — liebliche] Lag auf dem lieblichen *J*
25. 26   Der Abschied, wie bedrängt, wie trübe!
           Aus deinen Blicken sprach dein Herz. *J*
27 Wonne] Liebe *J*
28. 29   O welche Wonne, welcher Schmerz!
           Du giengst, ich stund, und sah zur Erden *J*
30 sahst mir] sah dir *J*

(B = Goethe's Werke. Stuttgart und Tübingen, in der J. G. Cotta'schen Buchhandlung.
1815–1819. 8° 20 Bände.
C¹ = Goethe's Werke. Vollständige Ausgabe letzter Hand. […] 16°, nach Bogennorm
kl. 8°. 40 Bände.

C = Goethe's Werke. Vollständige Ausgabe letzter Hand. [...] 8° 40 Bände.
J = Iris. Des zweyten Bandes drittes Stück. März 1775)

Stellen Sie die Fassung *J* her!

II, 3 Gotthold Ephraim Lessings sämtliche Schriften, Bd. 1. *Der junge Gelehrte,*
aus: 1. Aufzug. 6. Auftritt. S. 302 u. 303.

Anton. Ey, Herr Chrysander, für was halten Sie mich?
Chrys. Ohne Komplimente, Herr Anton! Ich verspreche dir eine Belohnung, die
deinen Verdiensten gemäß seyn soll, wenn du meinen Sohn quovis modo, wie wir
Lateiner reden,[5] durch Wahrheiten oder

[5] meinen Sohn per fas oder nefas, [1754]

durch Lügen, durch Ernst oder Schraubereyen, vel sic, vel aliter, wie
wir Lateiner reden,[1] Julianen zu heyrathen bereden kannst.
Anton. Wen? Julianen?
Chrys. Julianen; illam ipsam.[2]
Anton. Unsere Mamsell Juliane? Ihr Mündel? Ihre Pflegetochter?[3]
Chrys. Kennst du eine andere?
Anton. Das ist unmöglich, oder das, was ich von ihr gehört habe,
muß nicht wahr seyn.
Chrys. Gehört? so? hast du etwas von ihr gehört? doch wohl nichts böses?
Anton. Nichts gutes war es freylich nicht.
Chrys. Ey! ich habe auf das Mädchen so große Stücken gehalten.
Sie wird doch nicht etwa[4] mit einem jungen Kerl — — he?

[1] vel sic, vel aliter, wie wir Lateiner reden, [fehlt 1754]   [2] C h r y s t. Ja; diese ist es, mit der
ich ihn gerne verbinden wollte. [1754]   [3] A n t o n. Mit Mamsel Julianen? Mit eben der,
die Sie solange bey sich im Hause haben? [1754]   [4] etwa schon [1754]
(1754 = G. E. Lessings | **Schrifften.** | **Vierter Theil.** [...] | bey | C. F. Voß. | 1754. [...])

Stellen Sie die Fassung 1754 her!

II, 4 Schillers Werke. Nationalausgabe, Bd. 20. *Über die ästhetische Erziehung
des Menschen*, S. 365, kritischer Apparat Bd. 21, S. 245.

Angespannt aber nenne ich den Menschen sowohl, wenn er sich
unter dem Zwange von Empfindungen, als wenn er sich unter
dem Zwange von Begriffen befindet. Jede a u s s c h l i e s s e n d e
Herrschaft eines seiner beyden Grundtriebe ist für ihn ein Zu-
5   stand des Zwanges und der Gewalt; und Freyheit liegt nur in der
Zusammenwirkung seiner beyden Naturen.

2 Empfindungen] *danach* (unter der einseitigen Gewalt des Sachtriebs) *J*
3 Begriffen] *danach* (unter der ausschließenden Gewalt des Formtriebs) *J*
6 Naturen] *danach* in der Uebereinstimmung beyder Notwendigkeiten *J*

(*J* = Die Horen, eine Monatsschrift, herausgegeben von Schiller. Erster u. Zweiter Band. Tübingen 1795).

Stellen Sie die Fassung *J* her!

II, 5 Friedrich Hölderlin: Sämtliche Werke. Große Stuttgarter Ausgabe, Bd. 2, I. *Heidelberg*, S. 14f., hier: S. 14, kritischer Apparat Bd. 2, 2, S. 407ff.

Lange lieb' ich dich schon, möchte dich, mir zur Lust,
    Mutter nennen, und dir schenken ein kunstlos Lied,
        Du, der Vaterlandsstädte
           Ländlichschönste, so viel ich sah.

1 lieb'] lieb H^2
möchte *bis* **2** dir]
                             möchte dich (1) Mutterstadt,
        (*a*) Nennen, möchte dir gern
        (*b*) Gerne nennen und dir
                         (2) lange gern
    Mutter nennen
                         (3) mir zur Lust,
    Mutter nennen und dir H^1
2 nennen, und] nennen und H^2 **3** Du, der] Du der $H^{1,2}$ **4** sah.]
weiß! H^1

(H^1 = Handschrift im Kurpfälzischen Museum Heidelberg. H^2 = Handschrift im Stadtarchiv in Bad Homburg)

Stellen Sie die Fassung H^1 her! Beschreiben Sie den Arbeitsvorgang, soweit er H^1 zu entnehmen ist!

III Textinterpretation

1. Erzählerische Texte

a) *Inhalt, Stoff, Thematik, Aufbau*

1   Er stand vor dem Tor des Tegeler Gefängnisses und war frei. Gestern hatte er noch hinten auf den Äckern Kartoffeln geharkt mit den anderen, in Sträflingskleidung, jetzt ging er im gelben Sommermantel, sie harkten hinten, er war frei. Er ließ Elektrische auf Elektrische vorbeifahren, drückte den Rücken an

5   die rote Mauer und ging nicht. Der Aufseher am Tor spazierte einige Male an ihm vorbei, zeigte ihm seine Bahn, er ging nicht. Der schreckliche Augenblick war gekommen (schrecklich, Franze, warum schrecklich?), die vier Jahre waren um. Die schwarzen eisernen Torflügel, die er seit einem Jahre mit wachsendem Widerwillen betrachtet hatte (Widerwillen, warum Widerwillen),

10   waren hinter ihm geschlossen. Man setzte ihn wieder aus. Drin saßen die andern, tischlerten, lackierten, sortierten, klebten, hatten noch zwei Jahre, fünf Jahre. Er stand an der Haltestelle.

Die Strafe beginnt.

Er schüttelte sich, schluckte. Er trat sich auf den Fuß. Dann nahm er einen

15   Anlauf und saß in der Elektrischen. Mitten unter den Leuten. Los. Das war zuerst, als wenn man beim Zahnarzt sitzt, der eine Wurzel mit der Zange gepackt hat und zieht, der Schmerz wächst, der Kopf will platzen. Er drehte den Kopf zurück nach der roten Mauer, aber die Elektrische sauste mit ihm auf den Schienen weg, dann stand nur noch sein Kopf in der Richtung des Gefäng-

20   nisses. Der Wagen machte eine Biegung, Bäume, Häuser traten dazwischen. Lebhafte Straßen tauchten auf, die Seestraße, Leute stiegen ein und aus. In ihm schrie es entsetzt: Achtung, Achtung, es geht los. Seine Nasenspitze vereiste, über seine Backe schwirrte es. „Zwölf Uhr Mittagszeitung“, „B.Z.“, „Die neuste Illustrirte“, „Die Funkstunde neu“, „Noch jemand zugestiegen?“ Die

25   Schupos haben jetzt blaue Uniformen. Er stieg unbeachtet wieder aus dem Wagen, war unter Menschen. Was war denn? Nichts. Haltung, ausgehungertes Schwein, reiß dich zusammen, kriegst meine Faust zu riechen. Gewimmel, welch Gewimmel. Wie sich das bewegte. Mein Brägen hat wohl kein Schmalz mehr, der ist wohl ganz ausgetrocknet. Was war das alles. Schuhgeschäfte,

30   Hutgeschäfte, Glühlampen, Destillen. Die Menschen müssen doch Schuhe haben, wenn sie so viel rumlaufen, wir hatten ja auch eine Schusterei, wollen das mal festhalten. Hundert blanke Scheiben, laß die doch blitzern, die werden dir doch nicht bange machen, kannst sie ja kaputt schlagen, was ist denn mit die, sind eben blankgeputzt. Man riß das Pflaster am Rosenthaler Platz

35   auf, er ging zwischen den andern auf Holzbohlen. Man mischt sich unter die andern, da vergeht alles, dann merkst du nichts, Kerl. Figuren standen in den Schaufenstern in Anzügen, Mänteln, mit Röcken, mit Strümpfen und Schuhen. Draußen bewegte sich alles, aber – dahinter – war nichts! Es – lebte – nicht! Es hatte fröhliche Gesichter, es lachte, wartete auf der Schutzinsel gegenüber

40   Aschinger zu zweit oder zu dritt, rauchte Zigaretten, blätterte in Zeitungen. So
      stand das da wie die Laternen – und – wurde immer starrer. Sie gehörten
      zusammen mit den Häusern, alles weiß, alles Holz.
      [...]
      (Döblin: *Berlin Alexanderplatz*, S. 13f.)

Wer diesen Text liest, glaubt sich zunächst kaum vor größere Schwierigkeiten
gestellt. Es scheint auf der Hand zu liegen, um was es in dieser Passage geht, nämlich um die Rückkehr eines entlassenen Strafgefangenen aus dem Gefängnis in
die Stadt; ja, aus der Nennung des „Tegeler Gefängnisses", des Restaurants
„Aschinger" usf. geht sogar hervor, dass die Geschichte in Berlin spielt. Eine solche erste Erkenntnis mag nicht weit reichen, sie erfasst aber doch den **Inhalt** der
Textpassage. Unter ‚Inhalt' versteht man das äußere Gerüst einer Geschichte, also
z. B. den Handlungsverlauf und die Figurenkonstellation. Reduziert man den reinen Handlungsverlauf auf seine äußerste Knappheit, so erhält man die **Fabel**
eines Werkes. Dieser Terminus bezeichnet hier nicht die lehrhafte Tier- oder
Pflanzengeschichte (s. III, 2), sondern das bloße Schema der Handlung, in
Döblins (1878–1957) Text also die Rückkehr eines ehemaligen Sträflings. Fabel
und Inhalt dürfen nicht mit dem **Stoff** verwechselt werden, der freilich im Handlungsverlauf greifbar werden kann. Unter ‚Stoff' wird im Allgemeinen ein vor und
„außerhalb der Dichtung" (Elisabeth Frenzel [geb. 1915]: *Stoffe der Weltliteratur*,
S. V) existierendes Faktum – ein Bericht, ein Erlebnis, ein Ereignis, auch eine
andere Dichtung – verstanden, auf das der Autor zurückgreift, das ihn zu poetischer Gestaltung anregt, das er bearbeitet. Die „kleinere stoffliche Einheit" (Elisabeth Frenzel: *Stoff- und Motivgeschichte*, Sp. 285) heißt **Motiv**; mehrere Motive,
zu einer Einheit verknüpft und konkretisiert, bilden den Stoff. Die Motive der
Frau zwischen zwei Männern, des unglücklichen Liebhabers und des Selbstmordes z. B. konkretisieren sich im und verknüpfen sich zum *Werther*-Stoff. Da Motive und Stoffe den Inhalt des jeweiligen poetischen Produktes nachhaltig prägen,
gewährt die Untersuchung des Stoffes oder auftretender Motive zweifellos einen
ersten Einblick in das Wesen eines literarischen Textes. Die Literaturwissenschaft hat sich der Erforschung von Stoffen und Motiven deshalb auch eigens angenommen und dabei das Augenmerk vor allem auf ihre Verwandlung im Verlauf
der Literaturgeschichte gelegt **(Stoff- und Motivgeschichte)**. Denn es kommt ja
weniger darauf an festzustellen, wann, wo und von welchem Autor ein Stoff
behandelt, sondern in welchem Sinne er benutzt, wie er verändert wurde. Das
Motiv von den feindlichen Brüdern drückt in I. Moses 4 etwas anderes aus als in
Klingers (1752–1831) *Zwillingen*, in Grillparzers (1791–1872) *Ein Bruderzwist in
Habsburg* etwas anderes als in Thomas Manns *Buddenbrooks*. Stoff- und Motivgeschichte ist also nicht so sehr Selbstzweck, sie will vielmehr auch einen Einblick
in die sich historisch wandelnde Aussageabsicht literarischer Werke eröffnen.

Die Analyse dieser Intention ist für das Verständnis des jeweiligen Textes sicher
von größerer Bedeutung als die des Inhaltes oder der Fabel. Wer lediglich begreift,
dass zu Beginn von Döblins Roman *Berlin Alexanderplatz* von der Rückkehr eines

Strafgefangenen aus dem Gefängnis berichtet wird, hat nur Oberflächliches erfasst. Zu fragen ist doch vor allem, in welchem Sinn die Rückkehr erzählenswert wird, zu fragen ist also nach dem **Thema** der Textpassage. Der Begriff ‚Thematik‘ bezeichnet den eigentlichen Aussagegehalt, das, was man gemeinhin ‚Sinn‘, ‚Gehalt‘, ‚Problematik‘ oder gelegentlich gar ‚Anliegen‘ nennt. Fragen wir nach dem Thema, so kommt es uns darauf an, zu erfassen, was – über den äußeren Gang der Handlung, über den Inhalt hinaus – in dem zu untersuchenden Text zum Ausdruck kommt, welcher gedankliche Hintergrund sichtbar wird. Es ist wohl nicht schwer, in diesem Punkt zu einer Übereinstimmung zu gelangen: Zu Beginn von Döblins *Berlin Alexanderplatz* wird gezeigt, dass der entlassene Strafgefangene sich in der urbanen Umgebung nicht zurechtfindet, dass er sich ausgesetzt fühlt, dass er die neue Situation eher als Bedrohung denn als Befreiung empfindet. Die Fabel ist also ein Mittel, die Resozialisierungsschwierigkeiten, die psychischen Deformierungen, Isolation und Depression eines aus der Welt des Gefängnisses in die der Gesellschaft entlassenen ehemaligen Sträflings zur Sprache zu bringen.

Mag man sich über eine solche vorläufige Umschreibung der Erzählthematik auch rasch einigen, so enthebt uns dies doch nicht der Aufgabe, den ersten Eindruck auf seine Richtigkeit hin zu überprüfen. Dazu steht uns zunächst nichts als der Text selbst zur Verfügung, der daraufhin untersucht werden muss, ob sich in ihm Elemente finden, die das genannte Thema wirklich zu erkennen geben. Eine solche Analyse kann man unter mehreren Gesichtspunkten vornehmen. Man kann z. B. nach dem äußeren und inneren **Aufbau**, also nach der **Tektonik** des Textes fragen. Äußerlich gliedert sich der Text in drei Passagen, deren mittlere, aus nur einem Satz bestehend, besonders hervorgehoben erscheint und zugleich direkt auf das Erzählthema verweist: „Die Strafe beginnt.“ In dem ersten, diesem hervorgehobenen Satz vorausgehenden Abschnitt befindet sich der ehemalige Sträfling Franz Biberkopf zwar schon vor dem Gefängnis, aber doch noch in dessen Nähe („hinten auf den Äckern“, „sie harkten hinten“, „Drin saßen die andern“), gleich danach findet ein Ortswechsel statt: Biberkopf fährt in die Stadt. So scheint der Beginn der „Strafe“ etwas mit der Fahrt in die City zu tun zu haben, und in der Tat erfährt Franz vor allem dort die Umwelt als Bedrohung, zeigen sich seine inneren Schwierigkeiten dort besonders deutlich.

Dies verweist uns schon auf den inneren Aufbau des Textausschnittes. Döblin kommt es offenbar darauf an, die Entfremdung Biberkopfs als Prozess, und zwar als Steigerung darzustellen. Heißt es zunächst noch zweimal lakonisch „er war frei“, so steht dem schon in der Mitte des Abschnitts das „er ging nicht“ entgegen, das dem Leser die Angst Biberkopfs vor dieser Freiheit andeutet; und wenn wir am Ende des Abschnittes lesen „Man setzte ihn wieder aus“, so begreifen wir endgültig, dass Freiheit unter bestimmten Umständen als bedrohlich empfunden werden kann. Dieser Gedanke gipfelt zunächst in der schon herangezogenen Formulierung „Die Strafe beginnt“ und wird dann mit Hilfe der Schilderung jener Gefühle entfaltet, die Biberkopf in der Stadt erfüllen. Im ersten Abschnitt ist nur von einem „schrecklichen Augenblick" die Rede, nun aber häufen sich die Formulierungen, in denen Biberkopfs Entsetzen zum Ausdruck kommt: „In ihm schrie es entsetzt: Achtung, Achtung, es geht los. Seine Nasenspitze vereiste, über seine Backe schwirrte es." Und dann erscheint ihm seine Umwelt vollends als unverständlich, leblos, nichtig, auch wenn er sich immer wieder Mut zuspricht: „Man mischt sich unter die andern, das vergeht alles, dann merkst du nichts, Kerl. Figuren standen in den Schaufenstern in Anzügen, Mänteln, mit Röcken, mit Strümpfen und Schuhen. Draußen bewegte sich alles, aber – dahinter – war nichts! Es – lebte – nicht!"

b) Erzählform, Erzählverhalten, point of view, Erzählperspektive, Erzählhaltung

Eine erste, wenn auch nur recht grobe Differenzierung epischer Texte ist die nach ihrer **Erzählform**. Wir unterscheiden zwischen vier Hauptarten: der **Ich-Form**, der **Er-Form**, der **Du-Form**, und dem **Figuren-Erzählen**. Bei der Ich-Form berichtet der Erzählende (auch) von sich selbst, das Ich ist also sowohl erzählendes Medium als auch handelnde Person. Bei der Er-Form erzählt der Erzähler von anderen. Dies gilt auch dann, wenn er sich beiläufig als Ich ins Spiel bringt, wie etwa in dem folgenden Beispiel:

> Es wird meinen Leserinnen nicht unangenehm zu erfahren sein, daß der Bräutigam jetzo einen leberfarbenen Ehren-Frack anthat [...].
>
> (Jean Paul [1763–1825]: *Siebenkäs*, S. 28)

Denn der Erzähler berichtet nicht aus seinem eigenen Leben, sondern von Handlungen und Erlebnissen anderer Personen.

In der Ich-Form sind Briefromane, Memoiren, Tagebucherzählungen usf. gehalten. Dabei ist jedoch eine grundsätzliche Unterscheidung zu treffen. Handelt es sich z. B. um einen echten Lebensrückblick, also etwa um die Memoiren eines Politikers, so ist das Ich, das in dem Text auftaucht, tatsächlich das Ich des Verfassers, wenn auch zu einer anderen Zeit. Dies ist beispielsweise zu Beginn von Konrad Adenauers (1876–1967) *Erinnerungen 1945–1953* der Fall:

> Ende September 1944 kam ich nach einer abenteuerlichen Flucht aus dem Konzentrationslager auf dem Kölner Messegelände, wohin ich im Zusammenhang mit dem Aufstand gegen Hitler vom 20. Juli 1944 gebracht worden war, in das Gestapogefängnis Brauweiler bei Köln.
>
> (Adenauer: *Erinnerungen 1945–1953*, S. 15)

Es spielt keine Rolle, ob jede Einzelheit stimmt; entscheidend ist vielmehr, dass der Autor des Buches die Dinge so wiedergibt, wie er sie zum Zeitpunkt der Niederschrift sieht. Das ist anders bei folgendem Beispiel:

> Der Rheingau hat mich hervorgebracht, jener begünstigte Landstrich, welcher [...] wohl zu den lieblichsten der bewohnten Erde gehört.
>
> (Th. Mann: *Die Bekenntnisse des Hochstaplers Felix Krull*, Gesammelte Werke Bd. 7, S. 266)

Thomas Mann ist nicht im Rheingau, sondern in Lübeck geboren, und die Erlebnisse, die er erzählt, sind nicht die seinen (so sehr eigene Erfahrungen hier und da eine Rolle spielen mögen), sondern die der erfundenen Figur Felix Krull. Der Autor schlüpft mithin in die **Rolle** einer von ihm erdachten Gestalt und berichtet aus deren Perspektive deren erfundenen Lebensgang. Im Gegensatz zu dem ersten Beispiel handelt es sich in diesem Fall um einen **fiktionalen** Text, d.h. hier teilt ein Autor nicht seine Gedanken und Erlebnisse unmittelbar mit, sondern er schafft sich eine eigene Welt, schafft sich einen Erzähler, der ganz andere Züge tragen kann und in dem angeführten Beispiel auch trägt als er selbst. Von der Individualität des Ich-Erzählers Krull, eines hochstapelnden Lebenskünstlers, auf die Individualität des Autors Thomas Mann zu schließen, ist daher schlechterdings unzulässig.

Die bei fiktionalen Texten notwendige Differenzierung zwischen **Autor** und **Erzähler** (Narrator, episches Medium) gilt grundsätzlich auch für erzählende Dichtung in der Er-Form. Sie könnte auch Sie-Form oder Es-Form heißen, denn natürlich stehen in der Dichtung auch Frauen und Kinder im Mittelpunkt. Aber in der terminologischen Konvention der Literaturwissenschaft ist so gut wie immer von der Er-Form und von einem Erzähler die Rede. In der Er-Form ist das Verhältnis des Erzählenden zum Erzählten ebenso konstruiert wie bei der Ich-Form und lässt daher so wenig wie bei dieser Rückschlüsse auf die Auffassungen des Autors zu. Die Erzählweise Borcherts (1921–1947) etwa, sein oftmals sprech- und alltagssprachlich geprägter Stil, lässt uns nicht einfach folgern, dass Borchert selbst, als reales Individuum, nur auf diese Weise zu reden und zu schreiben verstand, sondern hier erfüllt ein bewusst eingesetzter Stil eine besondere Aussagefunktion im Zusammenhang mit dem erzählten Geschehen, der Erzählthematik, der **poetischen Intention**. Schließlich verweisen uns auch Umarbeitungen aus der Ich-Form in die Er-Form und umgekehrt auf diesen Sachverhalt. Der Anfang von Franz Kafkas Roman *Das Schloß* z.B., zunächst in der Ich-Form abgefasst und also eine Identifizierung von Autor und epischem Ich ausschließend, wird durch seine spätere Umwandlung in die Er-Form gewiss nicht zu einem Text, in dem Kafka selbst und unmittelbar als Erzähler auftritt.

Es gibt aber auch Unterschiede zwischen der epischen Er-Form und der Ich-Form, die von gravierender Bedeutung sind. Denn die Ich-Form ist nicht nur dadurch definiert, dass in ihr der Narrator vor allem von sich selbst erzählt, sondern zudem dadurch, dass er eine **Person**, ein Individuum mit besonderen Eigenschaften, Vorlieben, und Ansichten ist, mit einem Lebenslauf, einer sozialen Umgebung, mitunter sogar mit einem Beruf. Dergleichen fehlt dem Er-Erzähler. In einem Märchen z.B. kommt er meistens sofort und unmittelbar „zur Sache" und hält sich selbst vom ersten Satz an vollkommen im Hintergrund: „Brüderchen nahm sein Schwesterchen an der Hand und sprach" (*Kinder- und Hausmärchen*, Bd. 1, S. 64) oder „Hähnchen sprach zum Hühnchen" (ebd. S. 62) lauten die Eröffnungssätze zweier Märchen in der Sammlung der Brüder Grimm. Zudem werden die meisten Geschehnisse in einem weit zurückliegenden temporalen

Ungefähr angesiedelt, das das Erzählte vom Hier und Jetzt des Erzählers strikt trennt. Dieser wird deshalb vom Leser auch gar nicht recht wahrgenommen, denn es geht nicht um ihn, sondern um das Geschehen, die dort auftretenden Figuren usf.: „In den alten Zeiten, wo das Wünschen noch geholfen hat, lebte ein König" (Brüder Grimm: *Kinder- und Hausmärchen*, Bd. 1, S. 23), „Es war einmal eine alte Geiß" (ebd. S. 41), „Es war einmal ein alter König" (ebd. S. 43), „Es war einmal ein wunderlicher Spielmann" (ebd. S. 54). Sämtliche Märchen werden von einem solch unpersönlichen Er-Erzähler dargeboten. Dieser ist keine Person wie der Ich-Erzähler, hat keine Biografie, kein Alter, keinen Beruf usw. sondern bildet sozusagen eine anonyme **Institution**, eine **Instanz**. Das gilt aber nicht nur für Märchen und Sagen, sondern für alle Erzählungen in Er-Form, also entsprechende Romane, Kurzgeschichten, Novellen und andere Erzähltexte. Selbst wenn der Er-Erzähler sich auktorial (s. u.) verhält und einmal einen Kommentar abgibt oder Kritik an einer Figur äußert, gewinnt er noch keine individuelle Personalität und bleibt deshalb auch in diesem Fall eine erzählerische Instanz.

Dadurch, dass er keine epische Person wie der Ich-Erzähler ist, besitzt der Er-Erzähler Fähigkeiten, die im Leser ganz andere Kenntnisse und Einblicke lebendig werden lassen als jene, die ein Ich-Erzähler zu vermitteln vermag. Eine epische Institution wie der Er-Erzähler ist nämlich potentiell allwissend: Er kennt alle Figuren, auch wenn sie an unterschiedlichen Orten leben und handeln, er kennt den Ausgang der Geschichte, und er weiß vor allem, was in den Figuren vorgeht, was sie planen, denken, empfinden etc. Natürlich muss er nicht von all seinen Fähigkeiten Gebrauch machen; er kann auf seine **Allwissenheit** ganz oder teilweise verzichten bzw. sie aus dem Spiel lassen. Aber die Tatsache, dass ihm die **Innensicht** hinsichtlich aller Figuren zur Verfügung steht und er nicht nur wie der Ich-Erzähler ausschließlich sein eigenes Inneres kennt, lässt ihn vor dem Leser unter Umständen ein Panorama verschiedener Ansichten, Vorhaben, Denkweisen, Gefühle ausbreiten, das viel mehr Perspektiven enthält als das Berichten eines Ich-Erzählers.

Es kommt hinzu, dass sich die epische Institution des Er-Erzählers nicht irren kann, weil sie nicht nur über Allwissenheit verfügt, sondern anders als eine individuelle Person wie der Ich-Erzähler sozusagen *ex cathedra* spricht. Wenn ein Ich-Erzähler behauptet, er habe aus einer Hütte ein Schloss und aus einem Frosch einen Königssohn gezaubert, dann verstehen wir dergleichen als Lügengeschichte, als Scherz oder als Bluff. Behauptet der Er-Erzähler jedoch, ein Wolf habe die Großmutter und zudem das Rotkäppchen mit einem Schnapp gefressen, so dass beide unverletzt geborgen wurden, dann bezweifelt dies der Leser trotz seiner Kenntnisse von den Fressgewohnheiten des Wolfes sowie den Größenverhältnissen zwischen Wölfen, Kindern und Omas in keiner Weise, sondern nimmt es als (literarisches) Faktum hin. Sagt der Ich-Erzähler „So war es", kann man daran zweifeln, sagt dies der Er-Erzähler, dann war es so. Basta.

Nicht ganz so klar liegen die Dinge bei der **Du-Form**.

Trotz der Tatsache, dass diese Erzählform in der literarischen Moderne immer häufiger benutzt wird, steht sie im Schatten der Er-Form und der Ich-Form. Der Grund dafür findet sich in der Struktur des Du-Erzählens. Es kommt schon im täglichen Leben selten vor. Denn das Du weiß ja in aller Regel, was da zur Sprache gebracht wird, weil es das Erzählte selbst erlebt oder gesagt hat. Nur wenn wir beispielsweise einem viel jüngeren Zeitgenossen berichten, was dieser in seinen ersten Lebensjahren, an die er sich nicht mehr erinnert, getan oder erlebt hat, bekommt die Du-Form eine Funktion. In diesem Fall ist das Du zugleich der Adressat der Erzählung. Wir können aber auch uns selbst als Du anreden. In der folgenden Passage aus *Burleske,* Max Frischs erster Notierung seines *Biedermann*-Stoffes, kann der Leser der Angesprochene sein, es mag aber auch der Erzähler zu sich selbst sprechen:

> Eines Morgens kommt ein Mann, ein Unbekannter, und du kannst nicht umhin, du gibst ihm eine Suppe und ein Brot dazu. Denn das Unrecht, das er seiner Erzählung nach erfahren hat, ist unleugbar, und du möchtest nicht, daß es an dir gerächt werde.
>
> (Frisch: *Tagebuch 1946–1949*, Gesammelte Werke Bd. 2, S. 556)

Es kommt jedoch auch vor, dass das sprechende Ich weder sich selbst noch den Leser, sondern eine Figur als Du anredet. Das ist in dem ersten Roman, der ausschließlich in der Du-Form steht, in Paul Zechs (1881–1946) *Die Geschichte einer armen Johanna* von 1925, der Fall. Es handelt sich um den Lebensgang einer armen, vom Leben misshandelten Frau, den der Erzähler im Ton anklagenden Mitleids erzählt, indem er seine Hauptfigur anspricht, als berichte er ihr das Lebensleid, das sie durchmachen musste.

Der Du-Erzähler ist nicht so eindeutig zu fassen wie der Ich- und der Er-Erzähler. Es kann sich bei ihm nämlich sowohl um eine Institution oder Instanz als auch um eine individuelle Person handeln. Das oben wiedergegebene Beispiel aus Max Frischs *Burleske* präsentiert uns eine Erzähler-Institution, die keine Eigenschaften, nichts Individuelles aufweist, sondern ganz unpersönlich und sachlich ihre Geschichte erzählt. Man könnte diesen Du-Narrator nicht charakterisieren. So unpersönlich und ausschließlich institutionell wirkt der Du-Erzähler in Paul Zechs Roman hingegen keineswegs:

> Ich ging auf Dich zu, lüftete den Hut und fragte eine farblose, für aufmerksames Zuhören belanglose Frage. Du wurdest ganz rot im Gesicht und griffst mit der Hand nach dem gelben Mond am Himmel, fuhrst erschrocken zurück und hieltest an den Fingern den gelben Glanz des Gestirns. Und wurdest noch röter, so daß an Deiner Schläfe blaue Adern aufblühten und auf den vergrößerten Pupillen Deiner Augen sich ein mattgoldner Schleier legte.
>
> Ich war schon im Begriffe, Dich, als ein an mir vorbeigezieltes Abenteuer, aufzugeben. Da endlich machte Dein Mund die weiße Zahnreihe frei und hauchte –: „Gut, gehen wir ein wenig spazieren."

> So ging ich denn ein wenig mit Dir spazieren. Nach einigen Schritten schon hakten wir ein. Wärme floß zu mir herüber. Ich spürte das Schauern Deines Herzblutes. Das mußte wohl so sein.

(Zech: *Die Geschichte einer armen Johanna*, S. 13)

Dieser Erzähler lässt Gefühle erkennen, ist offensichtlich Johanna sehr zugetan und befindet sich im Begriff, ihr Liebhaber zu werden. Eine erzählerische Instanz ist das nicht, wenn man auch noch nicht von einer Persönlichkeit sprechen kann, weil wir von ihr nicht genug erfahren haben und sie deshalb als Individualität nicht zureichend charakterisieren können. Man vermag sich jedoch ein noch individueller gezeichnetes episches Medium vorzustellen, das mit einer Lebensgeschichte, einem Beruf, einer familiären Umgebung ausgestattet ist und daher ganz und gar als Erzähler-Person auftritt. Allerdings erkennt man schnell, dass die Individualeigenschaften, die der Narrator in Zechs *Geschichte einer armen Johanna* besitzt, dem Leser allein dadurch bewusst werden, dass der Erzähler nicht nur und ausschließlich von einem Du erzählt, sondern den Blick sich selbst zuwendet und von seinen eigenen Handlungen, Gedanken und Empfindungen berichtet. Hier bricht die Ich-Form in die Du-Form ein, und nur dieser Erscheinung ist es zu verdanken, dass der Erzähler mehr und mehr zu einer Person wird.

Das Auftauchen der Ich-Form innerhalb der Du-Form bedeutet, dass hier Phänomene des **Figuren-Erzählens** ins Spiel kommen. Im Allgemeinen vergleicht man das Figuren-Erzählen nicht mit der Du-Form, sondern mit der Er-Form, schon weil das Figuren-Erzählen von Dritten ungleich häufiger vorkommt als das von einem Du, ja genau genommen lässt sich ein Figuren-Erzählen von einem Du in der deutschen Literatur nicht wirklich dingfest machen. Es sei im Übrigen angemerkt, dass Phasen in Ich- oder Figuren-Form innerhalb einer Du-Geschichte nichts daran ändern, dass es sich im Ganzen um eine Du-Form handelt. Auch das Erzählen von anderen Figuren als dem Ich sprengt ja nicht die Ich-Form in der Ich-Erzählung.

Am leichtesten lassen sich die Wesensmerkmale eines Figuren-Erzählers umreißen, wenn man eine **Rahmen-Erzählung** zur Hilfe nimmt (s. u. Kapitel III, 2). Sie zeichnet sich dadurch aus, dass mindestens zwei Erzähler auftauchen, der **Rahmen-Erzähler**, der eine Geschichte erzählt, in der eine oder mehrere Figuren auftreten, und der **Binnen-Erzähler**, eine dieser Figuren, die den anderen eine weitere Geschichte vorträgt. Erzählt diese Figur, d. h. der Binnen-Erzähler, von sich selbst, dann steht die Binnen-Erzählung in der Ich-Form, auch wenn die Rahmen-Erzählung in der Er-Form steht. Das ist beispielsweise in Conrad Ferdinand Meyers (1825–1898) Erzählung *Der Heilige* der Fall. Erzählt die Figur des Binnen-Erzählers hingegen von anderen, dann handelt es sich um einen Figuren-Erzähler. Es kann sich ja bei ihm nicht um einen Er-Erzähler handeln, weil hier keine Instanz, keine Institution auftritt, sondern eben eine Figur, von der der Rahmenerzähler zuvor gesprochen hat. Übrigens gibt es auch Erzählungen, deren Rahmen in der Ich-Form steht, deren Binnenerzählung hingegen eine Figuren-Erzählung bildet. Dies ist in Theodor Storms (1817–1888) berühmter Geschichte vom *Schimmelreiter* der Fall. Diese Erzählung besitzt sogar einen Doppelrahmen in Ich-Form: Zunächst erklärt ein Mann, dass er den dann folgenden Bericht vor einem halben Jahrhundert in Gegenwart seiner Urgroßmutter in einer Zeitung gelesen habe; dann folgt als eigentliche Rahmen-Erzählung jener Zeitungsbericht, nämlich die Schilderung eines Ritts über den Deich, den ein weiter nicht identifizierbarer Mann unternommen hat und der in einem Wirtshaus endet; und schließlich beginnt einer der dort anwesenden Gäste, der Dorfschulmeister, über den ehemaligen Deichgrafen zu erzählen, der noch immer als Gespenst über die Deiche reitet und nach Auskunft des zweiten Rahmenerzählers auch ihm begegnet ist.

Man sieht: Ein Figuren-Erzähler spricht zwar wie ein Er-Erzähler von anderen, aber er darf nicht mit einem Er-Erzähler verwechselt werden, weil er eine Person, ein Individuum mit charakteristischen Eigenschaften ist und demgemäß auch nicht über Innensicht hinsichtlich anderer Figuren, erst recht nicht über Allwissenheit verfügt. Allerdings verstoßen manche Autoren gegen diese **Erzähllogik** und lassen gelegentlich Figuren-Erzähler über Gedanken und Empfindungen von Personen berichten, obwohl sie deren Innenleben gar nicht kennen können. Bei der Figuren-Erzählung handelt es sich auch nicht um ein Gemisch aus Ich- und Er-Form. Zwar spricht der Figuren-Erzähler phasenweise auch von sich selbst, denn sonst erführe der Leser ja kaum etwas über dessen Persönlichkeit, aber das Hauptobjekt seiner Darstellung ist ein anderer, ein Dritter; es liegt also keine wirkliche Ich-Form vor. Und da es sich um eine Figur handelt und nicht um eine Institution, die hier erzählt, kommen die entscheidenden Elemente der Er-Form, wie oben schon geschildert, nicht zum Zuge.

Das wohl bekannteste und für die Eigentümlichkeiten dieser Erzählform charakteristischste Werk ist Thomas Manns später Roman *Doktor Faustus*. Hier berichtet ein Gymnasiallehrer namens Serenus Zeitblom über Adrian Leverkühn, einen genialen Musiker, der in der ersten Hälfte des 20. Jahrhunderts lebte. Gleichwohl drückt sich Zeitblom nicht modern, sondern höchst maniriert und altväterlich aus: „Um noch ferner das Notwendigste über meine vita niederzulegen, so vergönnten meine Eltern mir den Besuch unseres Gymnasiums" (Th. Mann: Gesammelte Werke Bd. 6, S. 15f.) Man muss sich vor Augen halten, dass Zeitblom seine Leverkühn-Biografie in den beiden letzten Jahren des Zweiten Weltkriegs abfasst, also zur Zeit der Materialschlachten, der brüllenden Panzer- und Flugzeugmotoren, der pfeifenden Granaten und Bomben. Gleichwohl formuliert Serenus im Zusammenhang mit der Beschreibung eines Bienenstocks einen Satz, der von dem „dröhnenden Schmerz" spricht, „den es verursachte, wenn eine dieser Sammlerinnen sich dir auf die Nase verirrte und zum Stiche sich unklug bemüßigt fand" (ebd. S. 36). Der Kontext belehrt uns, dass dies keineswegs ironisch oder gar parodistisch gemeint ist. Diesen Figuren-Erzähler hat Thomas Mann also mit recht kuriosen Eigenschaften ausgestattet und nachgerade zu einem Original gemacht. Da er aber eine Reihe fragwürdiger Charaktermerkmale aufweist, von dem Gedanken an ein überirdisches oder besser unterirdisches Wirken in der Welt trotz seiner beständigen gegenteiligen Beteuerungen nicht lassen kann, in seinen Urteilen schwankt und sich anheischig macht, Ereignisse und Erscheinungen zu schildern, von denen er sogar nach seinem eigenen Eingeständnis gar keine Ahnung hat, wird Serenus nach und nach und mehr und mehr für den Leser zu einem fragwürdigen Berichterstatter. Man weiß am Ende nicht wirklich, was es mit der Kunst Leverkühns und ihrem Verhältnis zum Faschismus auf sich hat, welche Geschehnisse kompetent dargestellt wurden und welche nicht, so dass man das Buch ohne ein klares Bild von seinem Inhalt aus der Hand legt. Auch dies ist eine Folge davon, dass der Dichter keinen Er-Erzähler, sondern einen höchst subjektiven, individuellen Figuren-Erzähler eingesetzt hat. Denn auf einen Er-Erzähler ist Verlass, und das, was er vorträgt, würde den Leser auf keinen Fall in eine vergleichbare Unsicherheit stürzen.

Übrigens ist das Figuren-Erzählen keineswegs nur eine Angelegenheit früherer literarischer Epochen. Vielmehr stellt beispielsweise auch die jüngste epische Dichtung von Günter Grass (geb. 1927) mit dem Titel *Im Krebsgang* eine Figuren-Erzählung dar. Auch der hier auftretende Figuren-Narrator hat seine Eigenheiten, ist aber im Allgemeinen ein höchst solider Berichterstatter und irritiert den Leser keineswegs in derselben Weise wie Serenus Zeitblom aus dem *Doktor Faustus*. Eine Figuren-Erzählung kann also durchaus frei von erzählerischen Irrtümern und Willkürlichkeiten sein und wird nicht notwendig von einem fragwürdigen, irritierenden und unzuverlässigen Narrator dargeboten.

Wurden damit die wichtigsten Unterschiede zwischen den vier Erzählformen hervorgehoben, so muss doch auch von dem die Rede sein, was sie miteinander verbindet. Das Wichtigste wurde am Anfang betont: Alle bilden Darbietungsformen fiktionaler Erzähltexte, bündeln also Fiktionalaussagen und keine Realaussagen. Deswegen sprechen wir bei allen Erzählungen, einerlei in welcher Erzählform sie präsentiert werden, davon, dass der jeweilige „Berichterstatter" nicht der Autor, sondern der Erzähler ist. Der Erzähler gehört also zum Bereich poetischer Fiktionalität und darf mit dem Autor nicht identifiziert, erst recht nicht verwechselt werden.

Es gibt noch andere Phänomene, die trotz ihrer prinzipiellen Unterschiedlichkeit in allen Erzählformen begegnen können. Zunächst ist zwischen dem Erzähler und dem Erzählten zu unterscheiden. Das steht für Er-, Du- und Figuren-Form außer Zweifel; bei einer Ich-Erzählung könnte man jedoch einwenden, hier berichte eine Person von sich selbst, und deshalb könne man zwischen **erzählendem** und **erlebendem (= erzähltem) Ich** keinen Unterschied machen. Aber schon der zeitliche Abstand zwischen dem berichteten Erlebnis und dem Berichten selbst verweist uns darauf, dass erzählendes und erzähltes Ich keineswegs von vornherein identifiziert werden dürfen. Das Verhältnis, in dem ein erzählendes Ich zu sich als erlebendem Ich, also zu sich selbst als handelnder Figur steht, ist oft genug durch Kritik und Ablehnung gekennzeichnet, wie z. B. in dem folgenden Beispiel:

> O ihr verfluchten Reichtümer, was habt ihr nur mit mir begonnen! Solang ich euch besessen, habt ihr mich mit einer solchen Last der Hoffart beladen, die allein genug gewesen wäre, mich in den tiefsten Abgrund der Höllen hinunterzudrücken, geschweige wasmaßen euer Überfluß meinen eitelen schnöden Begierden den Weg der verdammlichen Wollüste also richtig gebahnet [...].
>
> (Grimmelshausen [ca. 1622–1976]: *Des wunderbarlichen Vogelnests zweiter Teil*, Simplicianische Schriften, S. 381f.)

Dieser Text ist zugleich ein Beispiel für ein auktoriales **Erzählverhalten**. Der Terminus ‚Erzählverhalten' tritt hier an die Stelle der von Franz K. Stanzel (geb. 1923) eingeführten Kategorie ‚Erzählsituation'. Da Stanzel nämlich Erzählform und das Verhalten des Erzählers innerhalb einer Erzählform nicht voneinander trennt, ist der Begriff ‚Erzählsituation' für die detaillierte wissenschaftliche Textanalyse untauglich. Vgl. dazu sein Buch *Theorie des Erzählens*. Mit Hilfe des Begriffs ‚Erzählverhalten' hingegen lassen sich bestimmte Momente der Erzählweise beschreiben. Wir unterscheiden zwischen **auktorialem, neutralem** und **personalem Erzählverhalten**, und zwar gebrauchen wir diese Termini zur Beschreibung der Erzählweise, unangesehen der Erzählform, die gewählt wurde. Unter auktorialem Erzählverhalten verstehen wir Passagen, in denen sich der Erzähler selbst ins Spiel bringt und kommentierend, reflektierend, urteilend eingreift. Ein Beispiel für auktoriales Verhalten eines Er-Erzählers findet sich an folgender Stelle:

> [...] ja! in diesem Reiche, das uns der Geist so oft, wenigstens im Traume aufschließt, versuche es, geneigter Leser! die bekannten Gestalten, wie sie täglich, wie man zu sagen pflegt im gemeinen Leben, um dich herwandeln, wiederzuerkennen. Du wirst dann glauben, daß dir jenes herrliche Reich viel näher liege, als du sonst wohl meintest, welches ich nun eben recht herzlich wünsche, und dir in der seltsamen Geschichte des Studenten Anselmus anzudeuten strebe. – Also, wie gesagt, der Student Anselmus geriet seit jenem Abende, als er den Archivarius Lindhorst gesehen, in ein träumerisches Hinbrüten [...].
>
> (Hoffmann [1776–1822]: *Der goldne Topf*, Fantasie- und Nachtstücke, Bd. l, S. 198)

Der Erzähler hat sich aus dem Erzählzusammenhang gelöst, was sich schon am Gebrauch des Präsens zeigt **(Tempuswechsel)** sowie daran, dass er ganz direkt den Leser anredet, sich also vom Geschehen fort- und dem Leser zuwendet. Er mischt sich ein, nimmt Stellung, fügt Überlegungen ein, d. h. er wird als Aussagesubjekt erkennbar. Danach, also vom Gedankenstrich an, genaugenommen sogar erst nach dem „wie gesagt", wendet er sich wieder dem Geschehen zu.

Neutral nennen wir das Erzählverhalten, wenn das epische Medium wie ein außenstehender Zuschauer berichtet und also das Geschehen aus der Distanz des Beobachters vermittelt:

> Das erste Hotel, in dem er um ein Zimmer fragte, wies ihn ab, weil er nur eine Aktentasche bei sich hatte; der Portier des zweiten Hotels, das in einer Nebengas-

se lag, führte ihn selber hinauf in das Zimmer. Während der Portier noch am Hinausgehen war, legte sich Bloch auf das Bett und schlief bald ein.

(Handke: *Die Angst des Tormanns beim Elfmeter*, S. 8)

Neutrales Erzählverhalten begegnet auch in der Ich-Erzählung:

Da sprach sie mir von ihren Schülern. Wir gingen vom Marx-Engels-Platz zum Alex. Wir standen am Zeitungskiosk und ließen die Hunderte von Gesichtern an uns vorbeitreiben, wir kauften uns die letzten Osterglocken am Blumenstand. Vielleicht sind wir ein bisschen vom Frühling betrunken, sagte ich. Aber sie bestand darauf, nüchtern zu sein und zu wissen, was sie sagte.

(Wolf: *Nachdenken über Christa T.*, S. 220f.)

Von einem neutralen Erzählverhalten spricht man auch dann, wenn (beinahe) ausschließlich direkte Rede begegnet, wenn also z. B. ein Dialog wiedergegeben wird.

„Gewiß ist es der Richtige. Das verstehst du nicht, Hertha. Jeder ist der Richtige. Natürlich muß er von Adel sein und eine Stellung haben und gut aussehen." „Gott, Effi, wie du nur sprichst. Sonst sprachst du doch ganz anders."
„Ja, sonst."
„Und bist du auch schon ganz glücklich?"
„Wenn man zwei Stunden verlobt ist, ist man immer ganz glücklich. Wenigstens denk' ich es mir so."

(Fontane [1819–1898]: *Effi Briest*, S. 20)

Das personale Erzählverhalten schließlich findet man in Passagen, in denen der Erzähler hinter die Figuren zurücktritt und die Welt mit deren Augen sieht, also deren Blickwinkel, deren Optik wählt. Von einem Sonderfall, dem inneren Monolog (s. u.), vielleicht abgesehen, heißt das nicht, dass der Erzähler völlig verschwindet: Im personalen Erzählen verliert der Narrator keineswegs seine Identität, aber er geht auch nicht darin auf, er selbst und nur er selbst zu sein. Vielmehr übernimmt er eine Rolle, indem er die Sehweise einer Figur wählt. Das ist vor allem dann der Fall, wenn der Leser mit deren Innerem vertraut gemacht wird:

Und siehe da: plötzlich war es, als wenn die Finsternis vor seinen Augen zerrisse, wie wenn die samtne Wand der Nacht sich klaffend teilte und eine unermesslich tiefe, eine ewige Fernsicht von Licht enthüllte ... Ich werde leben! sagte Thomas Buddenbrook beinahe laut und fühlte, wie seine Brust dabei vor innerlichem Schluchzen zitterte. Dies ist es, daß ich leben werde! Es wird leben ... und dass dies Es nicht ich bin, das ist nur eine Täuschung, das war nur ein Irrtum, den der Todberichtigen wird. So ist es, so ist es! ... Warum?

(Th. Mann: *Buddenbrooks*, Gesammelte Werke, Bd. 1, S. 656)

Mancher mag zunächst die Auffassung vertreten, personales Erzählverhalten könne beim Ich-Erzählen nicht vorkommen, weil das Erzähler-Ich ja ohnehin von sich selbst berichte und daher nicht noch eigens hinter sich selbst zurücktreten könne, um seine eigene Optik zu wählen: die besitze es ja sowieso. Dabei wird aber übersehen, dass erzählendes und erlebendes Ich zu unterscheiden sind, dass also das erzählende Ich – z. B. wenn es im Alter auf die eigene Jugendzeit zurück-blickt – eine andere als seine augenblickliche Sehweise wählen kann; wenn der Ich-Erzähler aus der Optik des erlebenden Ich berichtet, schildert er die Dinge so, wie er sie einmal gesehen hat, nun aber möglicherweise nicht mehr sieht. In sei-ner Erzählung *Aus dem Leben eines Taugenichts* lässt Eichendorff (1788–1857) einen Ich-Erzähler auftreten, der beständig aus der Perspektive des erlebenden Ich berichtet; das führt zu komischen und ironischen Effekten. Denn während der in der Retrospektive berichtende Narrator natürlich genau weiß, was wirklich geschehen ist, wer sich hinter welcher Maske verborgen hält, welche Figuren als Liebende ein Paar bilden usf., gibt er sich – indem er ein personales Erzählverhal-ten an den Tag legt und die Ereignisse so beschreibt, wie sie der unwissende Tau-genichts, also das erlebende Ich sieht – den Anschein, als wüsste er nicht, was eigentlich gespielt wird.

Dem jeweiligen Erzählverhalten entspricht oft ein bestimmter **Standort des Erzählers**, eine bestimmte **Erzählperspektive**, eine bestimmte **Darbietungsweise**, ohne dass diese Kategorien auseinander ableitbar wären. Unter dem Standort des Erzählers, dem **point of view**, verstehen wir sein räumliches Verhältnis zu Figuren und Vorgängen. Er kann sie aus großer Nähe beschreiben (Beobachtung von Details), aber auch aus großer Entfernung, es ist möglich, dass die Nähe sei-nen Blickwinkel stark begrenzt, aber auch, dass er eine olympische Position ein-nimmt und das Ganze des Geschehens, vielleicht auch Vor- und Nachgeschichte (Vorausdeutung) kennt, ja sogar über **Allwissenheit** verfügt, – dies jedoch nur dann, wenn er nicht nur einen olympischen point of view einnimmt, sondern auch in alle Figuren hineinblickt, ihre Gedanken und Gefühle kennt. In diesem Fall spricht man von der Erzählperspektive der **Innensicht**, andernfalls von der **Außensicht**.

Ein auktorialer Erzähler nimmt meistens, aber nicht grundsätzlich, einen ziem-lich „hohen" Standort ein; auf jeden Fall ist er jedoch an den Darbietungsweisen zu erkennen: Mit Kommentaren, Urteilen, Zwischenbemerkungen oder auch umfangreicheren Exkursen (vgl. oben das Zitat aus Hoffmanns *Der goldene Topf*) greift er in das Geschehen ein. Der neutrale Erzähler gibt die Geschehnisse weder aus seiner eigenen Sicht (auktoriales Erzählen) noch aus der der Figur (persona-les Erzählen) wieder; er beobachtet und registriert lediglich, so dass wir oft das Gefühl haben, höchst objektiv unterrichtet zu werden. **Dialoge, Erzählerbericht** und **Beschreibung** gelten als Darbietungsweisen der Neutralität, übrigens unab-hängig davon, ob dem Narrator Außensicht oder Innensicht zur Verfügung steht; entscheidend ist, dass er weder eine eigene Sehweise ins Spiel bringt noch die Optik der Figuren wählt. So kann ein Erzähler durchaus das Innere einer Figur neutral schildern: „Das verdroß Ulenspiegel sehr, daß er so lang sollt fasten" (*Ulenspiegel*, Deutsche Volksbücher Bd. 2, S. 134).

Weder auktoriales noch neutrales Erzählverhalten ist an die Wahl einer be-stimmten Erzählperspektive gebunden; verhält der Erzähler sich jedoch personal, so steht ihm meistens die Innensicht zur Verfügung. Sie kommt häufig schon in der Verwendung von **Worten der inneren Bewegung** zum Ausdruck. Wenn es im Anschluss an den oben zitierten Abschnitt aus *Buddenbrooks* heißt „Er sah, er wusste und verstand wieder nicht das geringste mehr", so zeigt sich, dass der Narrator weiß, was im Innern von Thomas Buddenbrook vorgeht, und zwar allein schon an dem Gebrauch der Worte „wußte" und „verstand".

Besonders wichtig ist für das personale Erzählen eine Darbietungsweise, die man als **inneren Monolog** bezeichnet. Er wird häufig mit Formulierungen wie „dachte er" eingeleitet oder abgeschlossen und kann von ganz erheblichem Umfang sein. Er begegnet auch in der schon zitierten Passage aus *Buddenbrooks:*

> Dies ist es, daß ich leben werde! Es wird leben … Und daß dieses Es nicht ich bin, das ist nur eine Täuschung, das war nur ein Irrtum, den der Tod berichtigen wird. So ist es, so ist es! … Warum?

Wir erfahren die Gedanken der Hauptfigur direkt. Kennzeichen für den inneren Monolog sind die Ich-Rede und Präsens bzw. Perfekt als Redetempus.

Die für den modernen Roman jedoch noch wichtigere Redeweise, die wie der innere Monolog das personale Erzählverhalten zu erkennen gibt, bezeichnet man als **erlebte Rede**. Dass innerer Monolog und erlebte Rede im modernen Roman so häufig begegnen, hängt u. a. mit dessen Neigung zu psychologischer Analyse zusammen. Sie führt nämlich zur Darstellung des Inneren einer Figur, des **stream of consciousness**, der mit Hilfe des inneren Monologs und der erlebten Rede vorführbar ist. In der erlebten Rede spricht zwar der Erzähler, aber nicht von seinem Standpunkt aus, sondern er wählt die Optik der Figur. In Bezug auf ihre äußere Gestalt gibt es keinen Unterschied zwischen erlebter Rede und Erzählerbericht, denn beide stehen im Präteritum, in ihrem Wesen jedoch unterscheiden sich die beiden Darbietungsweisen erheblich. Döblins *Berlin Alexanderplatz* beginnt mit einem (neutralen) Erzählerbericht: „Er stand vor dem Tor des Tegeler Gefängnisses und war frei." Gegen Ende des zitierten Abschnittes jedoch klingt es ganz anders: „Draußen bewegte sich alles, aber – dahinter – war nichts! Es – lebte – nicht!" Gewiss steht auch dieser Satz im Präteritum, es handelt sich also weder um einen inneren Monolog noch um einen Kommentar, aber der Leser hat das Gefühl, dass der Narrator nicht seine eigenen Eindrücke von der Umwelt, sondern die des Franz Biberkopf wiedergibt, d. h. dass hier die Gefühle der Hauptfigur geschildert werden. Diesen Eindruck vermittelt dem Leser also nicht die grammatische Eigenart des Satzes, sondern der **Kontext**, der sein Verständnis, sein **Leseerlebnis** maßgeblich bestimmt. Da dort, wie wir sahen, von Biberkopfs Angst vor der neuen und ungewohnten Umgebung die Rede ist, da dort seine Daseinsentfremdung geschildert wird, erscheint dem Leser der zitierte Satz als aus der Perspektive Biberkopfs gesprochen. Dazu trägt ganz offensichtlich auch die Tatsache bei, dass der Satz durch Gedankenstriche gegliedert ist, die den Eindruck vermitteln, dass die Gedanken der Figur ins Stocken geraten. Dies wirkt, als solle das Entsetzen erkennbar werden, das Biberkopf erfüllt. Der Satz hat gewissermaßen sprechsprachliches Gepräge, d. h. wir finden nicht den Berichtstil des Erzählers, sondern **Figurenstil** vor. Nur aus dem Kontext oder aus stilistischen Eigentümlichkeiten geht also hervor, dass es sich bei einer Passage um erlebte Rede handelt und nicht um Erzählerbericht; die grammatisch-temporale Struktur des Satzes gibt darüber hingegen keinen Aufschluss. Dies gilt freilich auch für den inneren Monolog: Er steht, wie der **Erzählerkommentar**, im Präsens; um zu entscheiden, ob der Narrator oder die Figur redet, muss der Kontext zu Rate gezogen werden – es sei denn, der Figurenstil sei schlagartig erkennbar oder die Figur treten als Ich oder (im Selbstgespräch) als Du in den Vordergrund wie an der folgenden Stelle aus *Berlin Alexanderplatz*, wo sogar unter dem Aspekt des Hochdeutschen (und nicht des Berlinerischen) ein schwerer grammatikalischer Fehler begegnet: „Hundert blanke Scheiben, laß die doch blitzern, die werden dir doch nicht bange machen, kannst sie ja kaputt schlagen, was ist denn mit die [...]".

Um die hier entstehenden Schwierigkeiten zu zeigen und zugleich darzustellen, dass alle genannten Darbietungsweisen nicht willkürlich gewählt werden, sondern eine mit der Thematik eines Textes verknüpfte **Aussagefunktion** besitzen, wenden wir uns noch einmal dem Anfang von Döblins Roman zu.

Nach dem Eingangssatz (Erzählerbericht, neutrales Erzählverhalten) begegnet die erste größere Schwierigkeit: Wer redet die in Klammern stehenden kommentierenden Zusätze, der Erzähler oder die Hauptfigur? Handelt es sich hier also um einen Erzählerkommentar oder um inneren Monolog, um auktoriales oder personales Erzählen? Beides ist möglich, Satzstruktur und Satztempus entscheiden die Frage nicht. Die Bedeutung der Zusätze wandelt sich freilich je nach Interpretation: Einmal beruhigt Franz sich selbst (innerer Monolog), bei der Interpretation der Zusätze als Erzählerkommentar gibt sich der Erzähler den Anschein, als begreife er die innere Situation Biberkopfs nicht. Ist hier eine auf völlig unanfechtbare Weise begründete Entscheidung auch nicht möglich, so lässt sich doch zeigen, dass die Auffassung, es handle sich an beiden Stellen um inneren Monolog, mehr für sich hat als die, es handele sich um Erzählerkommentar.

Betrachtet man nämlich den weiteren Kontext, also den dritten Abschnitt, so zeigt sich, dass auch dort Franz Biberkopf immer wieder mit sich selbst redet, um sich Mut zu machen. Das Empfinden, ausgeliefert zu sein, kommt in dem Vergleich mit den Gefühlen beim Zahnarzt zum Ausdruck; später wird es noch deutlicher erkennbar, wenn der Erzähler die Gefühle Biberkopfs ganz direkt schildert (Innensicht): „In ihm schrie es entsetzt [...]". Wenig später folgt der erste kurze innere Monolog (Präsens): „Die Schupos haben jetzt blaue Uniformen." Biberkopf stellt Veränderungen gegenüber der Zeit vor seiner Inhaftierung fest, die ihn zu irritieren beginnen. Nach einem überleitenden Satz („Er stieg [...]") folgt offenbar ein Satz in erlebter Rede: „Was war denn?"

Es dürfte unstrittig sein, dass es sich hier nicht um eine Erzählerfrage handelt, denn natürlich ist Franz beunruhigt und nicht der Narrator. Entsprechend redet er sich selbst Mut zu (innerer Monolog): „Nichts. Haltung, ausgehungertes

Schwein [...]". Dieser innere Monolog reicht – von einem Satz in erlebter Rede („Wie sich das bewegte") unterbrochen – bis „blankgeputzt". Und nach einem Satz, in dem ein äußeres Faktum mitgeteilt wird (Erzählerbericht), redet sich Franz wieder Mut zu (innerer Monolog): „Man mischt sich unter die andern [...]". Mag man den nächsten Satz auch als Erzählerbericht klassiffizieren können, so schließt die Passage doch eindeutig in erlebter Rede; denn hier handelt es sich um Figurenstil, wenn die Angst durch das Stocken der Gedanken artikuliert wird: „aber – dahinter – war nichts! Es – lebte – nicht!"

Es wiegt also zu Beginn von Döblins Roman personales Erzählverhalten vor. Zugleich wird allerdings auch erkennbar, dass dies durchaus kein Zufall ist, sondern dass das Erzählverhalten in einem engen Zusammenhang mit der Erzählthematik steht. Geht es um die inneren Schwierigkeiten der Hauptfigur, so müssen eben sie dargestellt werden, und das ist nur mit Hilfe einer Erzählweise möglich, die dem Leser einen Blick in das Innere der Figur gestattet (Innensicht) oder ihn mit Hilfe des personalen Erzählverhaltens ihre Denk- und Sehweise selbst erleben lässt. Und umgekehrt ist die Entscheidung, ob es sich etwa um Erzählerkommentar oder um inneren Monolog, um Erzählerbericht oder erlebte Rede handelt, nicht zu fällen, ohne dass man einen Blick auf die Thematik des Textes wirft.

Die Frage, ob es sich bei den hinsichtlich ihrer Darbietungsweise nicht eindeutig bestimmbaren Partien um inneren Monolog oder Erzählerkommentar handelt, lässt sich nun eher beantworten. Vom eben untersuchten Schluss der Textpassage, also vom Kontext aus gesehen, wirken auch die am Anfang begegnenden Zusätze wie ein Selbstgespräch der Hauptfigur, indem sie sich Mut zuspricht. Auch das Berlinerische „Franze" in „schrecklich, Franze, warum schrecklich" weist auf Figurenstil, nicht auf Erzählerstil hin, zumal der Narrator sich auch sonst nicht eigentlich des Berliner Dialekts bedient. Und schließlich macht es eben auch die Thematik des Textes wahrscheinlich, dass Franz sich in einem inneren Monolog ermutigt. Man wird sogar fragen müssen, ob angesichts dieser Sachlage nicht auch die Formulierungen „Der schreckliche Augenblick war gekommen" oder „Drin saßen die andern" als erlebte Rede aufzufassen sind.

Schwierig ist auch die Interpretation des Satzes „Die Strafe beginnt." Versteht man ihn als kurzen inneren Monolog, so beurteilt Franz Biberkopf selbst seine Entlassung als Strafe, fasst man ihn als kurzen Erzählerkommentar, als Vorausdeutung auf, so wirkt er auf den Leser als verbindliche Beurteilung der Situation. Die Auffassung, der man folgt, entscheidet über Subjektivität und Objektivität dieses Urteils und zieht mithin Konsequenzen für die Interpretation des Textes überhaupt nach sich. Eine wirkliche Hilfe bei dieser Entscheidung ist auch nicht von der Kenntnis des Romanganzen zu erwarten, so problematisch es gewiss im Allgemeinen ist, einen Textausschnitt isoliert zu untersuchen. Denn das Leseerlebnis wird ja gerade zu Beginn der Lektüre entscheidend geprägt, und es ist zu fragen, wie hier, am Beginn des Romans, das Urteil „Die Strafe beginnt" vom Leser zu verstehen ist. Man wird wohl der Interpretation des Satzes als einer Beurteilung durch den Erzähler den Vorzug geben; denn von Franz erfahren wir zwar, dass er unter Ängsten, Ahnungen, psychischen Schwierigkeiten leidet, aber zu einer generellen Beurteilung der ihn ja erst erwartenden Situation ist er in diesem Moment, vor seiner Fahrt in die Stadt, wohl noch nicht in der Lage, während ein distanzierter Er-Erzähler, den der Autor mit der Fähigkeit ausgestattet hat, die gesamte Geschichte zu überblicken, jede Situation richtig zu beurteilen weiß.

Man muss sich allerdings bewusst halten, dass nicht jedes personale Erzählverhalten mit der Innensicht, mit Monolog und erlebter Rede verbunden ist. Es muss vielmehr hervorgehoben werden, dass personales Erzählverhalten schon dann vorliegen kann, wenn der Narrator die Figuren lediglich in den Vordergrund schiebt, sie intensiv beschreibt und ihr Tun und Lassen charakterisiert. Dementsprechend kommen personale Erzähltechniken vor, die eher Äußeres in den Mittelpunkt rücken. An der folgenden Stelle aus Thomas Manns *Buddenbrooks* liegt indirekte Rede ohne Innensicht vor, gleichwohl kann man von personalem Erzählverhalten sprechen:

> Und alsbald begannen in der Stadt die reinlich gedruckten und mit zwei Unterschriften versehenen Formulare zu zirkulieren, auf denen Johann Buddenbrook senior sich kundzutun erlaubte, daß sein zunehmendes Alter ihn veranlasse, seine bisherige kaufmännische Wirksamkeit aufzugeben, und daß er infolgedessen die von seinem seligen Vater Anno 1768 gegründete Handlung Johann Buddenbrook mit Activis und Passivis unter gleicher Firma von heute an seinem Sohne und seitherigen Associé Johann Buddenbrook als alleinigem Inhaber übertrage, mit der Bitte, das ihm so vielseitig geschenkte Vertrauen seinem Sohne zu erhalten ... Hochachtungsvoll – Johann Buddenbrook senior, welcher aufhören wird, zu zeichnen.
>
> (Th. Mann: *Buddenbrooks*, Gesammelte Werke, Bd. 1, S. 73)

Denn es handelt sich zwar nicht um die Wiedergabe von Gedanken, aber um die eines Billetts, in dem der alte Johann seinen Geschäftsfreunden lediglich mitteilt, dass er die gesamte Firma seinem Sohn überträgt. Dabei zitiert der Narrator den Wortlaut der Mitteilung, übernimmt also vorübergehend den Duktus Johann Buddenbrooks und tritt insofern nachgerade an seine Stelle, ohne Innensicht o. ä. erkennen zu lassen. Und auch die folgende Passage, diesmal aus dem *Zauberberg*, macht deutlich, dass personales Erzählverhalten keineswegs grundsätzlich an die Innensicht geknüpft ist. In diesem Fall verwendet Mann sogar mehrere Darbietungstechniken:

> Und während auch Hans Castorp sich in die Kleider warf, gab Behrens den jungen Leuten einige Auskunft über seine Beobachtungen, unter Berücksichtigung ihrer laienhaften Auffassungsfähigkeit. Was im besonderen Hans Castorp betraf, so hatte der optische Befund den akustischen so genau bestätigt, wie die Ehre der Wissenschaft es nur irgend verlangte. Es seien die alten Stellen sowohl wie die frische zu sehen gewesen, und „Stränge" zögen sich von den Bronchien aus ziemlich weit in das Organ hinein, – „Stränge mit Knötchen". Hans Castorp werde es selbst auf dem

Diapositivbildchen nachprüfen können, das ihm, wie gesagt, demnächst werde eingehändigt werden. Also Ruhe, Geduld, Manneszucht, messen, essen, liegen, abwarten und Tee trinken. Er wandte ihnen den Rücken.

(Th. Mann: *Der Zauberberg*, Gesammelte Werke, Bd. 3, S. 307)

Es beginnt mit einem Erzählerbericht, der jedoch wohl schon bei „unter Berücksichtigung ihrer laienhaften Auffassungsfähigkeit" in erlebte Rede oder – da kein Verbum Auskunft geben kann – in ein Zitat übergeht: denn dies ist der typische Jargon, in dem Behrens redet. Dann folgt erlebte Rede, woran die Jargon-Bemerkung über „die Ehre der Wissenschaft" keinen Zweifel lässt. Danach schließt sich ein Satz in indirekter Rede an, und dann folgt wieder eine als erlebte Rede oder als Zitat zu qualifizierende, in jedem Fall das personale Erzählveralten weiterhin dokumentierende Formulierung, die ganz im Jargon von Behrens gehalten ist und schließlich vor der als Schlussbemerkung zum Erzählerbericht gehörenden Mitteilung über den Rückzug des Hofrats endet. Während bis auf den ersten Teil des ersten Satzes und die Schlussbemerkung personales Erzählverhalten zu konstatieren ist, wird der Leser am Ende vom Geschehen distanziert, weil auch der Erzähler wieder aus einigem Abstand berichtet.

„Distanziert" bezieht sich hier auf den Standort, den point of view des Lesers bzw. des Erzählers, also sein sozusagen räumliches Verhältnis zu den Dingen, Figuren und Vorgängen, hingegen ist noch nicht von deren Einschätzung, nicht von der **Erzählhaltung** die Rede gewesen. „Distanz" kennzeichnet aber nicht nur räumliche Verhältnisse, sondern auch die innere Einstellung, mit der jemand einem anderen gegenübertritt, und Erzählhaltung ist die Einstellung, die der Erzähler gegenüber dem Erzählten besitzt. Sie kann neutral, bejahend (affirmativ), ironisch oder, wie z. B. in dem schon zitierten Beispiel aus Grimmelshausens *Vogelnest II*, kritisch bzw. selbstkritisch sein: „O ihr verfluchten Reichtümer, was habt ihr nur mit mir begonnen!" Eine kritische, ironische, distanzierte Erzählhaltung kommt meistens in solchen Passagen zum Ausdruck, in denen der Erzähler kommentiert und reflektiert, also an Stellen, an denen ein auktoriales Erzählverhalten zu konstatieren ist. Fassen wir den Satz „Die Strafe beginnt" als eine Beurteilung durch den Narrator auf, so zeigt sich hier für einen Moment ein auktoriales Erzählverhalten, das die sozialkritische Haltung des Erzählenden erkennbar macht.

Eine distanzierte Erzählhaltung verschafft sich freilich nicht nur in auktorialen Passagen Geltung, sie kann vielmehr durchaus z. B. auch in personalem Erzählverhalten zum Ausdruck kommen. Ich ziehe noch eine Stelle aus *Buddenbrooks* heran. Dort gibt der Erzähler in erlebter Rede die Worte des Maklers Gosch, eines Sonderlings, wieder, dessen größtes Bestreben darin liegt, besonders diabolisch zu wirken. Wenn der Erzähler Goschs Vorliebe für große Worte und seine Neigung, sich als besonders unglücklichen Zeitgenossen darzustellen, parodiert, so benutzt er dazu die erlebte Rede (vom zweiten Satz an) – übrigens wiederum ohne Innenansicht:

Herrn Gosch ging es schlecht; mit einer schönen und großen Armbewegung wies er die Annahme zurück, er könne zu den Glücklichen gehören. Das beschwerliche Greisenalter nahte heran, es war da, wie gesagt, seine Grube war geschaufelt. Er konnte abends kaum noch sein Glas Grog zum Munde führen, ohne die Hälfte zu verschütten, so machte der Teufel seinen Arm zittern. Da nützte kein Fluchen … Der Wille triumphierte nicht mehr […].

(Th. Mann: *Buddenbrooks*, Gesammelte Werke, Bd. 1, S. 594)

Der Erzähler spricht in einem Stil, der nicht der seine ist, den er nicht ernsthaft, sondern eben unernst gebraucht, d. h. er parodiert ihn. Dass dies der Fall ist, geht freilich für den Leser wiederum nur aus dem Kontext hervor: Er kennt den „eigentlichen" Redestil des Narrators, kennt seine kritische Distanz zu dem Makler und erkennt deshalb den parodistischen Gebrauch des Figurenstils in der erlebten Rede. Insofern dient die Wahl der Figurenperspektive in der erlebten Rede einem ironischen, Abstand wahrenden Erzählen: der Narrator erscheint als parodierendes Medium. Das Erzählverhalten ist personal, die Erzählhaltung ironisch. Es zeigt sich, dass sehr unterschiedliche epische Mittel – hier: der Einsatz auktorialen bzw. personalen Erzählverhaltens – ein und demselben Ziel – hier: der Durchsetzung einer kritischen Erzählhaltung – dienen können.

Zusammenfassung

Erzählform	Erzählperspektive
Ich-Form	Außensicht
Er-Form	Innensicht
Du-Form	
Figuren-Erzählung	
Erzählverhalten	**Standort des Erzählers**
auktorial	(point of view)
neutral	olympische Position
personal	begrenzter Blick
Erzählhaltung	**Darbietungsweisen**
neutral	Kommentar
ironisch	Bericht
kritisch	Beschreibung
bejahend (affirmativ)	innerer Monolog
parodistisch	erlebte Rede

Weiterführende Literatur

Behrmann: *Einführung in die Analyse von Prosatexten.* **Petersen:** *Erzählsysteme. Eine Poetik epischer Texte.*

Arbeitsteil

A. Fragen und Aufgaben zur Interpretation erzählerischer Texte

Wählen Sie eine Erzählung, eine Romanpassage oder eine der unten abgedruckten Sequenzen und lösen Sie folgende Aufgaben:

1. Erarbeiten Sie Inhalt, Fabel und Thematik des Textes und stellen Sie fest, welcher Stoff oder welche Motive Verwendung finden!

2. Ordnen Sie Stoff, Thematik und Motive einander zu!

3. Untersuchen Sie den (inneren oder/und äußeren) Aufbau des Textes und setzen Sie ihn in Beziehung zur Erzählthematik!

4. Analysieren Sie das Erzählverhalten!

5. Ordnen Sie point of view, Erzählperspektiven und Darbietungsweisen dem Erzählverhalten zu!

6. Unterscheiden Sie Erzählerbericht und Figurenstil!

7. Analysieren Sie die Erzählhaltung! Ziehen Sie dazu die Ergebnisse einer Analyse nach den Arbeitsanweisungen 4 bis 6 heran!

8. Erläutern Sie die Rolle des jeweiligen Kontextes bei der Beantwortung der Frage nach Erzählverhalten, point of view, Darbietungsweise, Erzählperspektive und Erzählhaltung!

9. In welchem Sinne und mit welchen Mitteln wird das Leseerlebnis vorgeprägt?

10. Bestimmen Sie die jeweilige Erzählform!

B. Erzählerische Texte

III, 1   Hermann Broch (1886–1951)

Aus: *Esch oder die Anarchie*

Der 2. März 1903 war ein schlechter Tag für den 30jährigen Handlungsgehilfen August Esch; er hatte mit seinem Chef Krach gehabt und war entlassen worden, ehe sich noch Gelegenheit ergeben hatte, selber zu kündigen. Und so ärgerte er sich weniger über die Tatsache der Entlassung als darüber, daß er nicht schlagfertiger gewesen war. Was hätte er dem Mann nicht alles ins Gesicht sagen können, diesem Mann, der nicht wußte, was in seinem Geschäft eigentlich geschah, der sich auf die Einbläsereien eines Nentwig verließ, der keine Ahnung hatte, daß dieser Nentwig Provisionen nahm, wo es nur anging, und der wohl die Augen absichtlich verschloß, weil der Nentwig von irgendwelchen Schweinereien Kenntnis haben mußte. Und wie blödsinnig hatte er sich von denen überrumpeln lassen: sie hatten ihm in unflätiger Weise einen Buchungsfehler vorgeworfen, und wenn er es sich jetzt überlegte, war es gar kein Fehler gewesen. Aber die beiden hatten so wüst in ihn hineingeschrien, daß es zu einem albernen Geschimpfe ausgeartet war, in dessen Verlauf er sich plötzlich gekündigt sah. Natürlich war ihm dann nichts anderes als das Götzzitat eingefallen, während er jetzt so allerlei Treffendes wußte, „Herr", ja, „Herr", hätte er sagen müssen und auf die Fußspitzen hätte er ihm dabei schauen müssen, und Esch sagte nun sarkastisch „Herr" vor sich hin, „haben Sie eine Ahnung, wie es in Ihrem Geschäft aussieht ...", ja, so hätte er sprechen müssen, aber jetzt war es zu spät. Hinterher hatte er sich besoffen und mit einem Mädchen geschlafen, aber es hatte nichts genützt, der Zorn war geblieben und Esch schimpfte vor sich hin, während er das Rheinufer entlang zur Stadt ging.

Er hörte Schritte hinter sich, und als er sich umwandte, sah er Martin, welcher, die Fußspitze des verkürzten Beines gegen das Holz gepreßt, sich in aller Eile zwischen den beiden Krücken einherschwang. [...]

(In: *Die Schlafwandler*, Bd. 2, S. 173f.)

| III, 2 | **Dieter Kühn** (geb. 1935) |

Aus: *Die Präsidentin*

Marthe Hanau, Gründerin und Direktorin eines Zeitungs- und Finanzkonzerns! So präsentiert sie sich auf der Fotografie, die neben mir auf dem Arbeitstisch liegt: robuster Oberkörper, rundes Gesicht, die Bubikopffrisur der zwanziger Jahre, ihr Blick fest ins Kameraobjektiv gerichtet. Ich sehe hinter ihr Holztäfelung, sehe vor ihr einen Schreibtisch, die Platte blank, Papierblock und Tintenlöscher gespiegelt, Rosen in einem Glaskelch und tatsächlich eine Sektflasche in einem (bestimmt silbernen) Eiskübel: Statussymbol! Sie stützt den rechten Ellbogen auf die Tischkante, hält den Telefonhörer an ihr rechtes Ohr, Kopf etwas schräg, ihr Mund freilich geschlossen, so schaut sie den Betrachter an: Madame Hanau.

Als erstes wäre zu erzählen, wie sie an diesen Schreibtisch kam, wie sie im Wirtschaftsbereich aktiv wurde. Oder müßte ich schon vorher einsetzen, beispielsweise mit ihrem Geburtsdatum? Das erklärt gar nichts über ihre späteren Börsenmanipulationen zum Beispiel, soll ich es deshalb fortlassen? Andererseits: Marthe Hanau ist ja nun Koordinationsfigur dieses Buchs, da müßte ich wenigstens ein paar biographische Informationen bringen.

Also doch anfangen bei ihrer Geburt – aber dann weiter in raschen Sprüngen! Ihr Geburtsort ist Paris, das Geburtsjahr 1886. Und wer es noch genauer wissen will, der soll auch den Geburtstag haben: der erste Januar. Und ihre soziale Herkunft – könnte das nicht wichtig sein? Ist sie etwa Tochter eines Fabrikanten, gehört damit zu einer der Gruppen, aus denen „führende Persönlichkeiten" des Wirtschaftsbereichs hervorgehen? Oder kommt sie aus sozialen Verhältnissen, die ihr solch einen Vorsprung nicht geben? Ja, ihre Eltern sind Kaufleute, kleine Kaufleute – ein Wäschegeschäft am Boulevard de Clichy. [...]

(S. 7f.)

III, 3   Christoph Martin Wieland (1733–1813)

Aus: *Die Geschichte des Agathon*

Die Sonne neigte sich bereits zum Untergang, als Agathon, der sich in einem unwegsamen Walde verirrt hatte, von der vergeblichen Bemühung einen Ausgang zu finden abgemattet, an dem Fuß eines Berges anlangte, welchen er noch zu ersteigen wünschte, in Hoffnung von dem Gipfel desselben irgend einen bewohnten Ort zu entdecken, wo er die Nacht zubringen könnte. Er schleppte sich also mit Mühe durch einen Fußweg hinauf, den er zwischen den Gesträuchen gewahr ward; allein da er ungefähr die Mitte des Berges erreicht hatte, fühlte er sich so entkräftet, daß er den Mut verlor den Gipfel erreichen zu können, der sich immer weiter von ihm zu entfernen schien, je mehr er ihm näher kam. Er warf sich also ganz atemlos unter einen Baum hin, der eine kleine Terrasse umschattete, auf welcher er die einbrechende Nacht zuzubringen beschloß.

Wenn sich jemals ein Mensch in Umständen befunden hatte, die man unglücklich nennen kann, so war es dieser Jüngling in denjenigen, worin wir ihn das erste Mal mit unseren Lesern bekannt machen. Vor wenigen Tagen noch ein Günstling des Glücks, und der Gegenstand des Neides seiner Mitbürger, befand er sich, durch einen plötzlichen Wechsel, seines Vermögens, seiner Freunde, seines Vaterlands beraubt, allen Zufällen des widrigen Glücks, und selbst der Ungewissheit ausgesetzt, wie er das nackte Leben, das ihm allein übrig gelassen war, erhalten möchte. Allein ungeachtet so vieler Widerwärtigkeiten, die sich vereinigten seinen Mut niederzuschlagen, versichert uns doch die Geschichte, dass derjenige, der ihn in diesem Augenblick gesehen hätte, weder in seiner Mine noch in seinen Gebärden einige Spur von Verzweiflung, Ungeduld oder nur von Missvergnügen hätte bemerken können.

Vielleicht erinnern sich einige hierbei an den Weisen der Stoiker [...].
(In: Werke, Bd. 1, S. 383)

III, 4   Johann Peter Hebel (1760–1826)

Kannitverstan

Der Mensch hat wohl täglich Gelegenheit, in Emmendingen und Gundelfingen so gut als in Amsterdam, Betrachtungen über den Unbestand aller irdischen Dinge anzustellen, wenn er will, und zufrieden zu werden mit seinem Schicksal, wenn auch nicht viel gebratene Tauben für ihn in der Luft herumfliegen. Aber auf dem seltsamsten Umweg kam ein deutscher Handwerksbursche in Amsterdam durch den Irrtum zur Wahrheit und zu ihrer Erkenntnis. Denn als er in diese große und reiche Handelsstadt voll prächtiger Häuser, wogender Schiffe und geschäftiger Menschen gekommen war, fiel ihm sogleich ein großes und schönes Haus in die Augen, wie er auf seiner ganzen Wanderschaft von Duttlingen bis nach Amsterdam noch keines erlebt hatte. Lange betrachtete er mit Verwunderung dies kostbare Gebäude, die sechs Kamine auf dem Dach, die schönen Gesimse und die hohen Fenster, größer als an des Vaters Haus daheim die Tür. Endlich konnte er sich nicht entbrechen, einen Vorübergehenden anzureden. „Guter Freund", redete er ihn an, „könnt Ihr mir nicht sagen, wie der Herr heißt, dem dieses wunderschöne Haus gehört mit den Fenstern voll Tulipanen, Sternenblumen und Levkoien?" – Der Mann aber, der vermutlich etwas Wichtigeres zu tun hatte, und zum Unglück gerade so viel von der deutschen Sprache verstand, als der Fragende von der holländischen, nämlich nichts, sagte kurz und schnauzig: „Kannitverstan"; und schnurr-te vorüber. Dies war ein holländisches Wort, oder drei, wenn man's recht betrachtet, und heißt auf deutsch soviel als: ‚Ich kann Euch nicht verstehen.‘ Aber der gute Fremd-ling glaubte, es sei der Name des Mannes, nach dem er gefragt hatte. Das muß ein grundreicher Mann sein, der Herr Kannitverstan, dachte er und ging weiter. Gaß aus Gaß ein kam er endlich an den Meerbusen, der da heißt: Het Ey, oder auf deutsch: das Ypsilon. Da stand nun Schiff an Schiff und Mastbaum an Mastbaum; und er wußte anfänglich nicht, wie er es mit seinen zwei einzigen Augen durchfechten werde, alle diese Merkwürdigkeiten genug zu sehen und zu betrachten, bis endlich ein großes Schiff seine Aufmerksamkeit an sich zog, das vor kurzem aus Ostindien angelangt war und jetzt eben ausgeladen wurde. Schon standen ganze Reihen von Kisten und Ballen auf- und nebeneinander am Lande. Noch immer wurden mehrere herausgewälzt, und Fässer voll Zucker und Kaffee, voll Reis und Pfeffer, und salveni Mausdreck darunter. Als er aber lange zugesehen hatte, fragte er endlich einen, der eben eine Kiste auf der Achsel heraustrug, wie der glückliche Mann heiße, dem das Meer alle diese Waren an das Land bringe. „Kannitverstan", war die Antwort. Da dachte er: ‚Haha, schaut's da heraus? Kein Wunder, wem das Meer solche Reichtümer an das Land schwemmt, der hat gut solche Häuser in die Welt stellen, und solcherlei Tulipanen vor die Fenster in vergoldeten Scherben.‘ Jetzt ging er wieder zurück, und stellte eine recht traurige Betrachtung bei sich selbst an, was er für ein armer Mensch sei unter so viel reichen Leuten in der Welt. Aber als er eben dachte: Wenn ich's doch nur auch einmal so gut bekäme, wie dieser Herr Kannitverstan es hat, kam er um eine Ecke, und erblickte einen großen Leichen-zug. Vier schwarz vermummte Pferde zogen einen ebenfalls schwarz überzogenen Lei-chenwagen langsam und traurig, als ob sie wüßten, daß sie einen Toten in seine Ruhe führten. Ein langer Zug von Freunden und Bekannten des Verstorbenen folgte nach, Paar um Paar, verhüllt in schwarze Mäntel und stumm. In der Ferne läutete ein einsa-mes Glöcklein. Jetzt ergriff unsern Fremdling ein wehmütiges Gefühl, das an keinem guten Menschen vorübergeht, wenn er eine Leiche sieht, und blieb mit dem Hut in den Händen andächtig stehen, bis alles vorüber war. Doch machte er sich an den letzten vom Zug, der eben in der Stille ausrechnete, was er an seiner Baumwolle gewinnen könnte, wenn der Zentner um 10 Gulden aufschlüge, ergriff ihn sachte am Mantel, und bat ihn treuherzig um Exküse. „Das muß wohl auch ein guter Freund von Euch gewesen sein", sagte er, „dem das Glöcklein läutet, daß Ihr so betrübt und nachdenklich mitgeht." – „Kannitverstan!" war die Antwort. Da fielen userm guten Duttlinger ein paar große Tränen aus den Augen, und es ward ihm auf einmal schwer und wieder leicht ums Herz. „Armer Kannitverstan", rief er aus, „was hast du nun von allem deinem Reichtum? Was ich einst von meiner Armut auch bekomme: ein Totenkleid und ein Leintuch, und von allen deinen schönen Blumen vielleicht einen Rosmarin auf die kalte Brust, oder eine Raute." Mit diesen Gedanken begleitete er die Leiche, als wenn er dazu gehörte, bis ans Grab, sah den vermeinten Herrn Kannitverstan hinabsenken in seine Ruhestätte, und ward von der holländischen Leichenpredigt, von der er kein Wort verstand, mehr ge-rührt, als von mancher deutschen, auf die er nicht achtgab. Endlich ging er leichten Her-zens mit den andern wieder fort, verzehrte in einer Herberge, wo man Deutsch ver-stand, mit gutem Appetit ein Stück Limburger Käse, und wenn es ihm wieder einmal schwer fallen wollte, daß so viele Leute in der Welt so reich seien, und er so arm, so dachte er nur an den Herrn Kannitverstan in Amsterdam, an sein großes Haus, an sein reiches Schiff und an sein enges Grab.

(In: Werke, Bd. 2, S. 123 ff.)

III, 5   **Thomas Mann**

Aus: Schwere Stunde

[…]
Er stöhnte, preßte die Hände vor die Augen und ging wie gehetzt durch das Zimmer. Was er da eben gedacht, war so furchtbar, daß er nicht an der Stelle zu bleiben vermochte, wo ihm der Gedanke gekommen war. Er setzte sich auf einen Stuhl an der Wand, ließ die gefalteten Hände zwischen den Knien hängen und starrte trüb auf die Diele nieder.

Das Gewissen … Wie laut sein Gewissen schrie! Er hatte gesündigt, sich versündigt gegen sich selbst in all den Jahren, gegen das zarte Instrument seines Körpers. Die Ausschweifungen seines Jugendmutes, die durchwachten Nächte, die Tage in tabakrauchiger Stubenluft, übergeistig und des Leibes uneingedenk, die Rauschmittel, mit denen er sich zur Arbeit gestachelt – das rächte, rächte sich jetzt!

Und rächte es sich, so wollte er den Göttern trotzen, die Schuld schickten und dann Strafe verhängten. Er hatte gelebt, wie er leben mußte, er hatte nicht Zeit gehabt, weise, nicht Zeit, bedächtig zu sein. Hier, an dieser Stelle der Brust, wenn er atmete, hustete, gähnte, immer am selben Punkt dieser Schmerz, diese kleine, teuflische, stechende, bohrende Mahnung, die nicht schwieg, seitdem vor fünf Jahren in Erfurt das Katarrhfieber, jene hitzige Brustkrankheit, ihn angefallen – was wollte sie sagen? In Wahrheit, er wußte es nur zu gut, was sie meinte, – mochte der Arzt sich stellen wie er konnte und wollte. Er hatte nicht Zeit, sich mit kluger Schonung zu begegnen, mit milder Sittlichkeit hauszuhalten. Was er tun wollte, mußte er bald tun, heute noch, schnell … Sittlichkeit? Aber wie kam es zuletzt, daß die Sünde gerade, die Hingabe an das Schädliche und Verzehrende ihn moralischer dünkte als alle Weisheit und kühle Zucht? Nicht sie, nicht die verächtliche Kunst des guten Gewissens waren das Sittliche, sondern der Kampf und die Not, die Leidenschaft und der Schmerz! Der Schmerz … Wie das Wort ihm die Brust weitete! Er reckte sich auf, verschränkte die Arme; und sein Blick, unter den rötlichen, zusammenstehenden Brauen, beseelte sich mit schöner Klage. Man war noch nicht elend, ganz elend noch nicht, solange es möglich war, seinem Elend eine stolze und edle Benennung zu schenken. Eins war not: Der gute Mut, seinem Leben große und schöne Namen zu geben! Das Leid nicht auf Stubenluft und Konstipation zurückzuführen! Gesund genug sein, um pathetisch zu sein – um über das Körperliche hinwegsehen, hinwegfühlen zu können! Nur hierin naiv zu sein, wenn auch sonst wissend in allem! Glauben, an den Schmerz glauben können … Aber er glaubte ja an den Schmerz, so tief, so innig, daß etwas, was unter Schmerzen geschah, diesem Glauben zufolge weder nutzlos noch schlecht sein konnte. Sein Blick schwang sich zum Manuskript hinüber, und seine Arme verschränkten sich fester über der Brust …[…].

(In: Gesammelte Werke, Bd. 8, S. 374ff.)

III, 6   **Thomas Mann**

Aus: *Die Bekenntnisse des Hochstaplers Felix Krull*

„[…] Welche Schulen haben Sie besucht?"
„Ich durchlief sechs Klassen der Oberrealschule", versetzte ich leise und anscheinend bekümmert darüber, daß ich ihn befremdet und bei ihm angestoßen hatte.

„Und warum nicht die siebente?"
Ich senkte das Haupt; und von unten herauf warf ich ihm einen Blick zu, der wohl sprechend gewesen sein und seinen Empfänger ins Innere getroffen haben mag. ‚Warum quälst du mich?' fragte ich mit diesem Blick. ‚Warum zwingst du mich zu reden? Siehest du, hörst und fühlst du denn nicht, daß ich ein feiner und besonderer Jüngling bin, der unter freundlich gesittetem Außenwesen tiefe Wunden verbirgt, welche das feindliche Leben ihm schlug? Ist es wohl zartfühlend von dir, daß du mich nötigst, vor so vielen und ansehnlichen Herren meine Scham zu entblößen!' So mein Blick; und, urteilender Leser, ich log keineswegs damit, wenn auch seine schmerzliche Klage in dieser Sekunde ein Werk der Absicht und bewußten Zielstrebigkeit war. Denn auf Lüge und Heuchelei muß freilich erkannt werden, wo eine Empfindung zu Unrecht nachgeahmt wird, weil ihren Anzeichen keinerlei Wahrheit und wirkliches Wissen entspricht, was denn Fratzenhaftigkeit und Stümperei notwendig zur kläglichen Folge haben wird. Sollten wir aber über den Ausdruck unserer teuren Erfahrung nicht zu beliebigem Zeitpunkt zweckmäßig verfügen dürfen? Rasch, traurig und vorwurfsvoll sprach mein Blick von früher Vertrautheit mit des Lebens Unbilden und Mißlichkeiten. Dann seufzte ich tief.
„Antworten Sie!" sagte der Oberstabsarzt in milderem Ton.
Ich kämpfte mit mir selbst, indem ich zögernd erwiderte:
„Ich blieb in der Schule zurück und gedieh nicht zur Beendigung ihres Kurses, weil ein wiederkehrendes Unwohlsein mich öfter bettlägerig machte und damals häufig den Unterricht zu versäumen zwang. Auch glaubten die Herren Lehrer, mir Mangel an Aufmerksamkeit und Fleiß zum Vorwurf machen zu müssen, was mich sehr herabstimmte und entmutigte, da ich mir keiner Schuld und Nachlässigkeit in dieser Hinsicht bewußt war.[…]"
(In: Gesammelte Werke, Bd. 7, S. 360f.)

Weitere Textbeispiele zu diesem Komplex: III, 7 — III, 12; III, 35 – III, 40

2. Arten der Epik

Bei der Interpretation eines Textes kommt es neben anderem darauf an, die der Textart eigentümlichen Momente herauszuarbeiten bzw. die spezifische Gestaltung der Typenmerkmale zu beschreiben: Bei einer Parabel ist das Didaktische und dessen Verschlüsselung, bei einem Witz die Pointe zu analysieren, der Interpret einer Kurzgeschichte wird sein Augenmerk auf die Raffung des Geschehens richten, der eines Romans wird der Verflechtung der Handlungsstränge, der Probleme, der Beziehungen zwischen den Figuren seine Aufmerksamkeit widmen usf. Allerdings ist es nicht immer ganz einfach, die Textarten voneinander abzugrenzen: Ob es sich um eine Erzählung oder einen kurzen Roman, um eine Kurzgeschichte, eine Kalendergeschichte oder eine Parabel handelt, ist oft nicht eindeutig zu bestimmen. Das liegt auch daran, dass in der Literaturwissenschaft unterschiedliche Auffassungen von den Wesensmerkmalen dieser oder jener Textart vertreten werden. Einig ist man sich jedoch darüber, dass drei poetische Gattungen zu unterscheiden sind, die jeweils eine Reihe von Textarten umschließen: Lyrik, Epik und Dramatik. Seit der *Poetik* des Aristoteles (384–322 v. Chr.), in der zum erstenmal ausführlicher von literarischen Gattungen und Arten die Rede ist, hat man darüber diskutiert, worauf die Gattungsunterschiede beruhen, und wenn auch bis auf den heutigen Tag keineswegs vollständige Übereinstimmung darüber herrscht, so kann man doch feststellen, dass sie weniger der Thematik als der Gestaltungsart zu verdanken sind, ja dass die unterschiedliche poetische Behandlung der Beziehung zwischen Ich und Welt die drei Dichtungsgattungen hervorgebracht hat. Das bedeutet nicht, dass irgendein literarischer Text auf ideale Weise – d. h. ohne jegliche Einschränkung – eine literarische Gattung oder Textart repräsentieren würde; vielmehr ist zu beobachten, dass die Dichter die unterschiedlichen Möglichkeiten, das Verhältnis zwischen Ich und Welt, Subjekt und Objekt zu gestalten, miteinander verbinden, so dass sich auch Gattungsmerkmale überlappen. Gleichwohl dominieren jeweils die Momente einer Gattung. So ist – was tatsächlich für einen großen Teil der Lyrik zutrifft – von der Unmittelbarkeit der Ich-Aussprache im Gedicht die Rede, während der Bühnendichtung eine gewisse Objektivität eignet, da sie das Geschehen dem Zuschauer scheinbar unvermittelt vorführt (vgl. Abschnitt 3: **Das Drama**); das Epische hingegen zeichnet sich dadurch aus, dass das Geschehen den Rezipienten nicht unmittelbar erreicht, sondern ihm durch den Erzähler vermittelt wird. Präsentiert das Lyrische also die Subjektivität (eines Ich), so das Dramatische die Unmittelbarkeit bzw. Objektivität eines (fiktiven) Geschehens, während das Epische das (objektive) Geschehen dem Rezipienten durch ein subjektives Medium vermittelt.

Dass sich die Gattungen nicht völlig beziehungslos gegenüberstehen, sondern manches miteinander gemein haben können, erkennen wir besonders deutlich an der **Ballade**, die man als erzählendes Gedicht mit durchaus dramatischen Momenten definieren könnte. Schon Goethe hat sich zur Frage der Abgrenzung und Überschneidung der literarischen Gattungen geäußert und in der kleinen Abhandlung *Ballade. Betrachtung und Auslegung* behauptet, dass sich an den „Balladen aller Völker" „die ganze Poetik gar wohl vortragen" lasse, „weil hier die Elemente noch nicht getrennt, sondern wie in einem lebendigen Ur-Ei zusammen sind" (Werke, Weimarer Ausgabe, Bd. 46,1, S. 224). Julius Petersen (1878–1941, *Die Wissenschaft von der Dichtung*) hat – einer Anregung Goethes folgend, die sich in den *Noten und Abhandlungen zu besserem Verständnis des West-östlichen Divans* findet (*Dichtarten*) – in einem dreifach gegliederten Kreis die literarischen Gattungen und deren Arten so angeordnet, dass ihre Berührungspunkte, auch ihre Überschneidungen sichtbar werden. Schließlich versuchte Emil Staiger (1908–1987) in seinem Buch über die *Grundbegriffe der Poetik* der notwendigen Abgrenzung der Gattungen einerseits und der Vermischung ihrer Elemente in den meisten poetischen Texten andererseits gerecht zu werden, indem er vom lyrischen, epischen und dramatischen Stil als poetischen Grundkategorien (die ihrerseits auf menschlichen Grundeigenschaften beruhen) und nicht von Lyrik, Epik und Dramatik als streng voneinander getrennten Gattungen sprach. Trotzdem hält auch Staiger an der prinzipiellen Unterscheidung der drei Textbereiche fest.

Zur Gattung der Epik gehört neben den oben bereits genannten noch eine ganze Reihe anderer Textarten. André Jolles (1874–1946) hat in seinem Buch *Einfache Formen* meist epische Textarten zusammengestellt und erläutert, die eine einfache Struktur besitzen, kurz und vor-literarischen Charakters sind, mündlich tradiert wurden und gewissermaßen die Grundformen des Epischen darstellen. Er zählt zu ihnen Legende, Sage, Mythe, Rätsel, Spruch, Kasus (= Beschreibung eines Ereignisses, an dem etwas Allgemeines zu erkennen ist), Memorabile (= Beschreibung eines Ereignisses in allen Einzelheiten, das als einmalig eingeordnet wird), Märchen und Witz. Man könnte wohl auch die Parabel, die Fabel, den Schwank und die Anekdote dazuzählen. Von den genannten Textarten sind Legende, Sage, Märchen, Fabel sowie die nicht zu den „einfachen", „ursprünglichen" Formen zu rechnende Kalendergeschichte die literarisch bedeutsamsten. Zwar finden sich in den Unterhaltungsbeilagen der Zeitungen noch heute durchaus öfter **Anekdoten**, die – der Textart entsprechend – eine historische Person dadurch scharf charakterisieren, dass sie einen Vorfall pointiert zur Darstellung bringen; aber als Textart hat sie kaum jemals wieder die literarische Bedeutung erlangt, die ihr Kleist in seiner *Anekdote aus dem letzten Preußischen Kriege* verschaffte. Auch der **Schwank**, eine kurze Erzählung in Vers oder Prosa meist derbkomischen Inhalts, spielt seit dem 18. Jahrhundert kaum noch eine Rolle. Wie der Schwank besitzen **Fabel** und **Parabel** meist didaktisches Gepräge, bringen aber im Gegensatz zu jenem das eigentlich Gemeinte, die Lehre, nur verschlüsselt zur Sprache. In der Fabel wird ein moralischer Satz oder eine beherzigenswerte Lebensweisheit mit Hilfe der Übertragung des Geschehens aus menschlichen Verhältnissen in die der Tier- oder Pflanzenwelt besonders nachdrücklich hervorgehoben; die Parabel, wie die Fabel ein kurzer epischer Text in Prosa, seltener in Versen, unterscheidet sich von dieser dadurch, dass sie den Bereich des Menschen im Allgemeinen nicht verlässt und auch nicht als eine dem eigentlich Gemeinten Punkt für Punkt entsprechende Geschichte konzipiert ist; ihr genügt eine allgemeine Beziehung zwischen der erzählten Geschichte und den Lebensverhältnissen des Menschen, auf den sie belehrend Einfluss nehmen will. Die **Kalendergeschichte** wiederum verzichtet auf jegliche Art der Verschlüsselung und lässt die beabsichtigte Lehre in der Regel in aller Eindeutigkeit erkennbar werden; Hebel schickt seinen Kalendergeschichten oft genug sogar die Lehre expressis verbis voraus (*Kannitverstan; s. III, 4*) oder fügt sie am Ende an (*Der Husar in Neiße*).

Vermag also die Frage nach der didaktischen Absicht eine Fabel, eine Parabel, eine Kalendergeschichte zu erschließen, so ist das bei **Legenden**, **Sagen** und **Märchen** selten der Fall. Lehrhafte Züge finden sich häufiger nur in der Legende, denn diese Erzählung, die Ereignisse im Leben eines vorbildlichen Menschen, meist eines Heiligen, zum Gegenstand hat, will nicht nur unterhaltsam sein, sondern auch Bewunderung beim Leser hervorrufen. Dies geschieht oft dadurch, dass das Geschehen den Anstrich des Wunderbaren erhält. Insofern verlässt die Legende häufig den Boden des (historisch) Wirklichen. Dies verbindet sie mit Sage und Märchen. Erstere knüpft allerdings an reale Orts- oder Zeitverhältnisse an, hat sozusagen immer einen realen Anlass, den sie ausschmückt. Sie kreist um geschichtliche Ereignisse, Orts-, Pflanzen-, Tiernamen, aber auch um Könige, Kaiser, Helden und bildet insofern das „weltliche" Gegenstück zur Legende. Das Märchen, das wir seit der Romantik, die oftmals bewusst auf diese überlieferte Textart zurückgriff, sie fortentwickelte und ins Artistische wendete, in **Volks- und Kunstmärchen** unterteilen, stellt hingegen eine kürzere Prosaerzählung dar, die, ohne Bindung an tatsächliche Ereignisse, ort- und zeitlos, von wunderbaren Begebenheiten berichtet, ohne dass sich die Frage des Realitätsgehaltes oder der Glaubwürdigkeit überhaupt stellt. Das liegt daran, dass reale Welt und Phantasiewelt nicht getrennt erscheinen, dass sich alles in einer hermetisch homogenen Sphäre abspielt, in der Riesen und Zwerge, Feen und Menschen, Tiere und Pflanzen gleich wirklich sind, auch wenn sie mit un- oder übernatürlichen Fähigkeiten ausgestattet wurden. Im Gegensatz zur Sage und zur Legende hat das Märchen keine Beziehung zur wirklichen Geschichte; ja es handelt sich bei den meisten uns bekannten Märchen um die regionale (oder nationale) Ausgestaltung eines Erzählkerns oder eines Erzählmotivs, auf die auch Märchen anderer Völker zurückgehen. Die vergleichende Märchenforschung hat zeigen können, dass die Märchenerzählungen der verschiedensten Zeiten und Länder oft auf ein und derselben Grundvorstellung basieren.

In der modernen Literatur spielt von allen epischen Kurzformen die **Kurzgeschichte** die weitaus bedeutendste Rolle. Sie entstand in Deutschland um 1920 im Zusammenhang mit dem Aufblühen der Zeitschriften und Magazin-Literatur für den eiligen Leser in einer Massengesellschaft und trat an die Stelle von Novelle und Erzählung, welche die Unterhaltungsjournale des gebildeten oder gehobenen Bürgertums gefüllt hatten. Der Name ‚Kurzgeschichte' ist eine Lehnübersetzung der amerikanischen Bezeichnung ‚short story' und deutet auf einen wichtigen literarischen Herkunftsbereich dieser Textart hin. Im Gegensatz zur amerikanischen *short story*, die nur äußerlich, nämlich als eine Geschichte von nicht mehr als 2000 bis 30000 Wörtern definiert wird, folgt die deutsche Kurzgeschichte jedoch im Allgemeinen bestimmten Strukturprinzipien. Außer der *short story* sind zu ihren Vorläufern denn auch einerseits die pointierten Geschichten von Tschechow (1860–1904) und Maupassant (1850–1893) zu rechnen, andererseits die deutschen Kurzformen wie Schwank, Kalendergeschichte und Anekdote. Mit ihnen wie mit der Novelle, der Parabel, der Erzählung verbindet die Kurzgeschichte oftmals diese oder jene Eigenschaft, doch lassen sich auch weitgehend spezifische Merkmale dieser epischen Textart umgrenzen. In aller Regel bewusst und streng komponiert, konzentriert sie sich auf die Darstellung eines knappen Daseinsausschnitts, den sie unter Verzicht auf Vor- und Nachgeschichte meist als konfliktgeladene Situation eines Einzelmenschen gestaltet. Typisch dafür ist der unvermittelte Einsatz und das starke Gefälle auf eine Lösung des Konflikts oder die Katastrophe zu. Was die Kurzgeschichte des 20. Jahrhunderts von der Kalendergeschichte des 16. bis 19. Jahrhunderts am stärksten unterscheidet, ist der Verlust des Vertrauens auf einen göttlich-metaphysischen Sinn allen Geschehens.

Deshalb fehlt ihr das Moment des Didaktischen, deshalb auch gilt der **offene Schluss** als spezifisches Merkmal der modernen Kurzgeschichte. Damit ist nicht gemeint, dass die Erzählung abrupt beendet wird und ein eigentlicher Schlussteil fehlt – die Kurzgeschichte besitzt oft sogar einen besonders pointierten Ausgang. Aber die Konflikte bestehen auch über das Handlungsende hinaus weiter; selbst wenn sie innerhalb der Geschichte gelöst werden (wie es z. B. bei Borchert oft der Fall ist), bleiben sie für den Rezipienten existent. Hier zeigt sich, wie stark ein geistiger Wandlungsprozess auf die Form der Dichtung Einfluss gewinnt: Da die Welt nicht mehr als sinnbestimmtes Ganzes erfahren wird, steht der Einzelne mit seinem Konflikt im Mittelpunkt, lässt sich dem Leser nichts Belehrendes mitteilen, bleiben Vor- und Nachgeschichte ausgespart, verhindern Lösungen nicht das Fortdauern des Konflikts in dieser Welt.

Von allen Arten epischer Darstellung ist die **Erzählung** die am wenigsten fest definierte. Schon der Begriff kann als Sammelname für alle Formen erzählender Dichtung fungieren, aber auch wenn man ihn im engeren Sinne, nämlich als Bezeichnung für einen epischen Text mittleren Umfangs gebraucht, bewegt man sich auf begrifflich ungesichertem Terrain. Wie die Fabel, die Legende und der Schwank kommt die Erzählung in **Versform** wie in **Prosa** vor, doch sind alle Arten der Verserzählung seit dem Ende des 18. Jahrhunderts immer ungebräuchlicher geworden und müssen heute als ausgestorben betrachtet werden. Außer dem quantitativen Merkmal (umfangreicher als die bisher behandelten epischen Kleinformen, schmaler als der Roman und das Epos) gibt es für die Erzählung nur einige wenige Bestimmungsmerkmale, die außerdem meist negativer Art sind. Sie spielt in der Regel – anders als Märchen, Legende, Sage – nicht in einem Raum der Irrealität. Meist locker gefügt und jede Erzählweise zulassend, hat sie doch zwei Typen entwickelt, die in der Literatur der letzten beiden Jahrhunderte zu Bedeutung gelangten: die **Rahmenerzählung** und die **chronikalische Erzählung**. Erstere bezeichnet entweder einen Zyklus, der eine von demselben Erzähler (*Tausendundeine Nacht)* bzw. von verschiedenen Personen (Boccaccios [1313–1375] *Decamerone)* vorgetragene Sammlung von Einzelerzählungen umschließt, oder die gerahmte Einzelerzählung, in der eine Figur aus der Rahmenhandlung eine Geschichte **(Binnenerzählung)** berichtet, wobei der Rahmen die Funktion erfüllt, die Binnenerzählung glaubhaft zu machen, deren Ich-Form zu motivieren oder – dies ist ästhetisch bedeutsamer – den Leser in eine größere innere Distanz zum erzählten Geschehen zu versetzen. Oft lässt auch die Binnenerzählung das Rahmengeschehen erst verständlich werden, indem sie es durch Analogien deutet oder dessen historischen Hintergrund aufdeckt. Ist Letzteres der Fall, handelt es sich meist um eine chronikalische Erzählung: Diese basiert auf fiktiven Dokumenten, gibt dem Mitgeteilten also den Anstrich des Historisch-Wirklichen und erreicht den Eindruck der Echtheit sowohl mit Hilfe eines von Archaismen durchsetzten Stils als auch durch Einfügung eines Rahmens, in dem etwa davon berichtet wird, wie der Erzähler die Chronik gefunden hat, die er dann zu Worte kommen lässt. Diese Form ist vor allem in der Literatur des 19. Jahrhunderts gepflegt worden: E.T.A. Hoffmanns *Elixiere* des *Teufels*, Adalbert Stifters (1805–1868) *Aus der Mappe meines Urgroßvaters* und viele Erzählungen Conrad Ferdinand Meyers z. B. gehören hierher.

Im Gegensatz zur „bloßen" Erzählung gehört die **Novelle** zu jenen Arten der Epik, die sich einer Form-Definition nicht völlig entziehen, wenn sie auch von Autoren und Wissenschaftlern höchst unterschiedlich bestimmt worden ist. Der Name, der auf das italienische Wort ‚novella' (für ‚Neuigkeit') zurückgeht und seit der Renaissance als literarischer Begriff geführt wird, verweist darauf, dass es sich bei der Novelle um eine (kürzere) Vers- oder Prosaerzählung handelt, in deren Mittelpunkt ein unerwartetes Ereignis steht. Sie ist grundsätzlich straff geformt, gibt epischen Exkursen selten Raum, lässt das Geschehen in der wirklichen (oder einer sehr realistisch gestalteten) Welt spielen und führt meist recht geradlinig auf den Schluss, den Ausgang des Geschehens zu. Goethe, dessen *Novelle* häufig als beispielhaft hingestellt wird, hat im Gespräch mit Eckermann (1792–1854) als das Kernstück dieser epischen Form die Darstellung „einer sich ereigneten unerhörten Begebenheit" (25.1.1827) bezeichnet und damit das Überraschende und Außergewöhnliche als die spezifischen Momente des Novellistischen hervorgehoben. Die zahlreichen Definitionsversuche sind meist ebenso hilfreich wie anfechtbar: Sie machen zwar auf ein artbildendes Strukturprinzip aufmerksam, das der Analyse des Textes eine sinnvolle Richtung geben kann; aber sie treffen nicht immer zu, schließen also Texte aus, die zur Textart ‚Novelle' gehören (sich u. U. gar Novelle nennen), und stehen immer in der Gefahr, Eigenschaften als artspezifisch auszugeben, die durchaus auch anderen Arten der Epik zukommen. Zu den berühmtesten Novellendefinitionen gehören neben der von Goethe noch die von Tieck (1773–1853) und Heyse (1830–1914). Tieck erhob den Wendepunkt zum eigentlichen Charakteristikum der Novelle und interpretierte sie auf diese Weise als eine Erzählung, die ihr Strukturmerkmal durch die Einführung eines neuen, überraschenden Ereignisses erhält. Paul Heyse gewann seine Definition im Blick auf Boccaccios Falken-Novelle aus dem *Decamerone*: Der Falke, so Heyse, sei das zentrale Motiv in Boccaccios Novelle, das alle Einzelzüge zusammenbinde und so ein in sich geschlossenes Ganzes konstituiere, das als das entscheidende, die Novelle von der bloßen Erzählung unterscheidende Kriterium zu gelten habe. Diese der Novelle eigentümliche Geschlossenheit der Komposition und Strenge der Form ist gewiss ein wichtiger, wenn nicht gar der wichtigste Grund dafür, dass sie in der Literatur der Gegenwart eine höchst untergeordnete Rolle spielt. Denn in einer Zeit der geistigen Skepsis und Orientierungsschwierigkeiten sowie der damit zusammenhängenden poetischen Form- und Sprachexperimente kann es nicht verwundern, dass die Merkmale ästhetischer Formstrenge in den Hintergrund treten. So wie Reim, geregeltes Metrum und feste Strophenformen der Lyrik unserer Tage weitgehend verlorengegangen sind, wie die Einteilung des Dramas in Akte und Szenen oft nur noch ein höchst äußerliches Merkmal darstellt, so sind auch in der Epik heute mehr jene Arten zu Bedeutung gelangt, die nicht von vornherein als formal fixiert gelten.

Eben damit hängt auch die Tatsache zusammen, dass der **Roman** zur herrschenden Kunstform unserer Tage wurde. Zu keiner Zeit hat man ihn so eng definieren wollen und können, wie es z. B. mit Fabel, Kalendergeschichte und Novelle geschah. Das liegt auch daran, dass der Roman als umfänglichste Prosaerzählung eine allzu streng geregelte Fügung der Einzelteile erschwert. Die Aneinanderreihung von Episoden, die bei dem picarischen Roman in Spanien und den Volksbüchern in Deutschland das herrschende Kompositionsprinzip bildete, reicht nicht immer aus, eine umfangreiche Geschichte zu gliedern und ihre Einzelelemente sinnvoll miteinander zu verknüpfen. Die Wege, die die Autoren bei der Lösung dieser Schwierigkeiten gingen, unterscheiden sich stark, die Zahl der Romantypen und -typologien ist deshalb geradezu unüberschaubar. So hat Kayser (1906–1960) (*Das sprachliche Kunstwerk*) – ebenso wie für das Drama (s. Abschnitt 3 dieses Kapitels) – eine Trias im Typologischen entworfen (Geschehnis-, Figuren- und Raum-Roman); man hat die Absichten und Grundauffassungen des Autors zum Maßstab genommen (satirischer, didaktischer Roman), nach der äußeren Form (Ich-Roman, Brief-Roman etc.), nach dem Stoff (Staats-, Heimat-, Zeit-, Gesellschaftsroman), nach der Behandlung des Helden (Erziehungs-, Bildungs-, Entwicklungsroman, psychologischer Roman) usw. unterschieden und so der Tatsache entsprochen, dass im Roman stofflich wie formal, stilistisch wie tektonisch, thematisch wie erzählerisch wirklich alles möglich ist. Dies hängt auch mit seiner Entstehung zusammen. Im Frankreich des 12. Jahrhunderts jede schriftliche Äußerung bezeichnend, die nicht in der ‚lingua Latina‘, der Sprache der Gelehrten, sondern in der ‚lingua Romana‘, der Sprache des Volkes, abgefasst war, wird der Begriff des Romans im 13. Jahrhundert auf poetische Werke, schließlich auf poetische Werke in Prosa eingegrenzt. Auch der deutsche Roman besitzt diese beiden Wurzeln: einerseits hat er sich als Prosaauflösung mittelalterlicher Epen bzw. als Prosaübersetzung französischer Vers- oder Prosaerzählungen seit dem 15. Jahrhundert in der deutschen Literatur etabliert, andererseits geht er auf die unterhaltsamen Schwanksammlungen und Volksbücher des 15. und 16. Jahrhunderts zurück. Beides zeigt, dass der Roman ein literarisches Produkt der Neuzeit *par excellence* ist. Denn er spiegelt die Auflösung eines in sich geschlossenen Weltbildes, einer streng gegliederten sozialen Ordnung, einer festgefügten Ästhetik wider. An die Stelle des **Epos**, das die Welt in ihrer Totalität zur Darstellung brachte und dabei seit dem Mittelalter christliches oder christlich geprägtes Denken ebenso wie eine christliche Daseinsordnung vertrat, macht der Roman die Unzulänglichkeit des Menschen, die Unzuverlässigkeit aller Beziehungen, die Fragwürdigkeit der Weltordnung erkennbar; während das Epos auf die Mittel des Symbolischen, des Allegorischen, des Typischen zurückgriff, rückt der Roman das Individuum ins Zentrum des Geschehens, zeigt er die Tendenz, das Einmalige und Subjektive hervorzuheben; während das Epos im Allgemeinen in der Welt der Ritter, des Adels, der hohen *humanitas* angesiedelt ist und sich in gebundener Rede und gehobenem Stil an ein gebildetes, meist höfisches Publikum wendet, ist die Welt des Romans die des Bürgertums, des Existenzkampfes, des Lebensabenteuers, die dem bürgerlichen Publikum in entsprechend weniger gehobenem Stil und in unterhaltsamer, weniger kunstvoller Prosa vermittelt wird (wenn sich auch im 17. Jahrhundert zugleich höfisch-heroischer Roman und höfischer Staatsroman entwickeln und ihre Blütezeit erleben). Im Zusammenhang mit den geistigen Erschütterungen und den sozialen Umwälzungsprozessen im 19. Jahrhundert nimmt die Geschichte des Romans eine charakteristische Wende. Einerseits entwickelt sich eine **Massenliteratur**, in deren Sog der Roman als ergiebigstes Unterhaltungsmedium wie kaum eine andere Textart gerät, wobei die verflachenden Momente immer stärker in den Vordergrund treten: Es kommt nicht auf differenzierende, sondern auf jedermann verständliche Ausdrucksformen an, es müssen alle, d. h. gerade auch die den sogenannten ‚kleinen Mann' interessierenden Lebensphänomene aufgegriffen, die seinen Alltag vergoldenden Geschichten erzählt werden. So gewinnt infolge der Entwicklung einer Massenliteratur der Kolportage- und Klischee-Roman seine Vorrangstellung, der – zum **Groschenroman** geschrumpft – schon rein quantitativ gar kein Roman mehr ist. Andererseits führen die sozialen Gegensätze und die Verfallserscheinungen des Bürgertums zum realistischen Gesellschaftsroman, der bei Fontane, Raabe (1831–1910), dann bei Heinrich Mann (1871–1950), Thomas Mann, Jakob Wassermann (1873–1934) und Hermann Broch zu Beginn des 20. Jahrhunderts seinen Höhepunkt erlebt. Und schließlich entsteht unter dem Eindruck der fortschreitenden Isolierung des Einzelnen in der Massengesellschaft auch der psychologische Roman, der die Bewusstseinskrise des bürgerlichen Intellektuellen spiegelt; zudem stellt er auch einen Reflex auf die immer dominanter werdende Psychologie dar. Musils (1880–1942) *Der Mann ohne Eigenschaften,* Th. Manns *Zauberberg* und *Doktor Faustus* sind im deutschen Sprachraum die wohl charakteristischsten Beispiele; auch Kafkas Romane, die die Entfremdung des Menschen in einer unverständlich gewordenen und darum als bedrohlich empfundenen Welt zur Geltung bringen, lassen sich hier einordnen. Bei der Interpretation des psychologischen Romans sind jedoch außer den geistig-gesellschaftlichen Entwicklungen und literarischen Voraussetzungen in Deutschland in ganz besonderem Maße auch ausländische Einflüsse zu berücksichtigen (James Joyce [1882–1941], Marcel Proust [1871–1922]). Lenkt man schließlich sein Augenmerk auf die Tatsache, dass der Roman unserer Tage die Bewusstseinskrise des Menschen in einer der alles anonymisierenden Technik anheimgefallenen Welt sowie in einer die politisch-soziale Auseinandersetzung täglich verschärfenden Zeit darstellt, so zeigt sich in aller Deutlichkeit die radikale Veränderung, die die Ablösung des Epos durch den Prosa-Roman auf dem Feld der Epik herbeigeführt hat. Vielleicht ist das Beziehungsgeflecht von Gesellschaft, Bewusstsein und Poesie in seiner historischen Wandelbarkeit nirgends so klar zu erkennen wie hier.

Weiterführende Literatur

Kohlschmidt/Mohr (Hg.): *Reallexikon der deutschen Literaturgeschichte.* **Weimar (Hg.):** *Reallexikon der deutschen Literaturwissenschaft.*

Arbeitsteil

A. Aufgaben zur Bestimmung epischer Textarten

1. Was verbindet Märchen, Sage und Legende miteinander, was trennt sie?

2. Vergleichen Sie Epos und Roman!

3. Definieren Sie Rahmenerzählung und chronikalische Erzählung und erläutern Sie die Funktion ihrer Elemente!

4. Versuchen Sie an einer Novelle eigener Wahl die Novellendefinitionen von Goethe, Tieck und Heyse zu verifizieren!

5. Ordnen Sie einen Roman Ihrer Wahl den genannten (ggfs. auch anderen) Typen zu und begründen Sie Ihre Entscheidung!

6. Analysieren Sie die Verquickung der Gattungsmerkmale in Goethes Ballade *Die wandelnde Glocke*!

7. Bestimmen Sie die Textart der nachfolgenden Beispiele und begründen Sie Ihre Entscheidung durch die Analyse der spezifischen Merkmale!

B. Textbeispiele

III, 7   **Martin Luther** (1483–1546)

Aus: *Äsop-Bearbeitung*

Vntrew

Vom frosch und der Maus

Eine maus were gern vber ein wasser gewest und kundte nicht, und bat einen frossch vmb rat und hulffe, Der frosch war ein schalck und sprach zur maus, binde deinen fus an meinen fus, so wil ich schwimmen und dich hinuber zihen, Da sie aber auffs wasser kamen, tauchet der frosch hinuntern, und wolt die maus ertrennken, Inn dem aber die maus sich weret und erbeitet, fleuget ein weyhe daher, und erhasschet die maus, zeucht den frosch auch mit eraus, und frisset sie beide

Lere

Sihe dich fur, mit wem du handelst, Die wellt ist falsch und vntrew vol Denn welcher freund den andern vermag der steckt yhn ynn sack, Doch, Schlegt vntrew allzeit yhren eigen herrnn, wie dem frossch hie geschicht

(In: *Ausgewählte deutsche Schriften*, S. 127)

III, 8 *Der Tod des heiligen Beneda*

Neben dem Schloß Meissen in Sachsen hatte im Jahre 1088 König Wratislaus der erste von Böhmen eine Gegenfestung angelegt, zur Zügelung der Stadt, zu jener Zeit, als Meissen durch Kaiser Heinrich den 4ten dem Böhmerlande zugeschlagen ward. Guozedek hieß sie in Böhmischer Sprache, jede Spur ist jetzt davon verloren.

Ein Böhmischer Herr, Beneda genannt, landräumig aus unbekannten Ursachen, begab sich nach Meissen und zu dem heiligen Manne Benno, so ein Graf von Woldenburg aus Sachsen war. Als solches der König erfahren, hat er ihn, durch gütige Beschickung, aus Meissen zu sich in das Schloß Guozedek bestellen lassen. Beneda traute dem Könige und stellete sich ein. Der König sprach ihm mit guten Worten zu und bewog ihn, seinen Degen und Mantel in Freundschaft abzulegen, dem Beneda Folge that. Darauf wollte ihn der König, wider Treue und Glauben, greifen und anfassen lassen, aber Beneda, ein herzhafter Mann, erwischte in der Eile ein Schwerdt, so des Königs Kämmerling an der Seite trug und haute zuerst den Kämmerer, so den König schützen wollte, zu Boden.

Der König, so allein, verheißet ihm in der Gefahr Gnade zu erzeigen. Als darauf Beneda einhielt, stach und hieb der König auf solchen los. Dieser mußte sich wehren, und gab dem Könige drei Streiche, also, daß er fast zu Boden gesunken, indem die Wache aufgeregt wurde und auf Beneda zueilte, der dann in der ersten Wuth zwei Soldaten auf die Seele gefaßt, aber endlich übermannt und gefänglich angenommen ward. Und ob er wohl die Untreue des Königs, und wie er zur Noth und Gegenwehr höchst gedrungen, angezeigt hat, ist er doch mit vier Pferden aus einander gerissen und sein Körper, aus Gnaden, von dem Domstift Meissen begraben worden.

Aber das Grab umgab bald ein nächtlicher Heiligenschein, unzählig viel Todte wurden lebendig, viele Blinde sehend, viele Taube hörend, viel Stumme redend und viel Aussätzige rein. Da grub man den heiligen Leichnam aus und zusammen verbunden ward wieder, was durch Gewalt der Pferde getrennt worden; der vollständige Leichnam ward in die Kirche genommen und der von Gott Geheiligte unter die Zahl der Heiligen versetzt.

(In: *Volkssagen, Märchen und Legenden*, S. 181ff.)

III, 9 *Die Wassernixe*

Ein Brüderchen und ein Schwesterchen spielten an einem Brunnen, und wie sie so spielten, plumpten sie beide hinein. Da war unten eine Wassernixe, die sprach „Jetzt habe ich euch, jetzt sollt ihr mir brav arbeiten", und führte sie mit sich fort. Dem Mädchen gab sie verwirrten garstigen Flachs zu spinnen, und es musste Wasser in ein hohles Faß schleppen, der Junge aber sollte einen Baum mit einer stumpfen Axt hauen; und nichts zu essen bekamen sie als steinharte Klöße. Da wurden zuletzt die Kinder so ungeduldig, dass sie warteten, bis eines Sonntags die Nixe in der Kirche war, da entflohen sie. Und als die Kirche vorbei war, sah die Nixe, daß die Vögel ausgeflogen waren, und setzte ihnen mit großen Sprüngen nach. Die Kinder erblickten sie aber von weitem, und das Mädchen warf eine Bürste hinter sich, das gab einen großen Bürstenberg mit tausend und tausend Stacheln, über den die Nixe mit großer Müh klettern mußte; endlich aber kam sie doch hinüber. Wie das die Kinder sahen, warf der Knabe einen Kamm hinter sich, das gab einen großen Kammberg mit tausendmal tausend Zinken, aber die Nixe wußte sich daran festzuhalten und kam zuletzt doch drüber. Da warf das Mädchen einen Spiegel hinterwärts, welches einen Spiegelberg gab, der war so glatt, daß sie unmöglich drüber konnte. Da dachte sie „ich will geschwind nach Haus gehen und meine Axt holen und den Spiegelberg entzweihauen." Bis sie aber wiederkam und das Glas aufgehauen hatte, waren die Kinder längst weit entflohen, und die Wassernixe mußte sich wieder in ihren Brunnen trollen.

(Brüder Grimm: *Kinder- und Hausmärchen*, Bd, I, S. 317)

III, 10 Frankfurt

Gründung der Stadt

Als Karl der Große gegen die Sachsen kriegte, war das Waffenglück ihm oft sehr ungünstig; ein tapferes, freiheitliebendes Volk, leisteten sie ihm kräftigen Widerstand, und nicht selten, von ihrer Uebermacht zurückgedrängt, gerieth er in große Noth. So einstmal auch, als vor ihnen her er an die Ufer des Maines weichen mußte. Ein dichter Nebel lag auf Wald und Fluß; kein Fahrzeug zeigte sich, und es war unmöglich, eine Stelle zu erspähen, die Karl und seinem Heere den Uebergang gewähren konnte. Da sprang, von dem Lärm des Heeres aufgescheucht, aus dem Dickicht, welches das Ufer begrenzte, eine Hirschkuh hervor, die ein Junges trug, und gleich als wolle sie dem Kaiser den Weg zur Rettung zeigen, wadete sie mit ihrem Jungen durch den Fluß. Karl säumte nicht, diese Entdeckung zu benutzen, er folgte mit seinem Heere der Hindin nach, und glücklich entging er so den Feinden, welchen der Nebel den Uebergang verhüllte.

Am andern Ufer aber stieß Karl, voll dankbarer Freude über die rettende Furth, den Speer in den Sand und sprach: „Hier soll eine Stadt erstehen und der Franken Furth soll man sie nennen, zum Andenken an dies Ereigniß." Und als in der Folge er die Sachsen gänzlich bezwungen, gründet er Frankfurt, die später durch die Kaiserkrönungen so berühmt gewordene und in Pracht und Reichthum noch jetzt blühende Handelsstadt am Maine.

(In: Sagen. *Die Sagen des Rheinlandes*, S. 224f.)

III, 11 Bertolt Brecht (1898–1956)

Der hilflose Knabe

Herr K. sprach über die Unart, erlittenes Unrecht stillschweigend in sich hineinzufressen, und erzählte folgende Geschichte: „Einen vor sich hin weinenden Jungen fragte ein Vorübergehender nach dem Grund seines Kummers. ‚Ich hatte zwei Groschen für das Kino beisammen‘, sagte der Knabe, ‚da kam ein Junge und riß mir einen aus der Hand‘, und er zeigte auf einen Jungen, der in einiger Entfernung zu sehen war. ‚Hast du denn nicht um Hilfe geschrien?‘ fragte der Mann. ‚Doch‘, sagte der Junge und schluchzte ein wenig stärker. ‚Hat dich niemand gehört?‘ fragte ihn der Mann weiter, ihn liebevoll streichelnd. ‚Nein‘, schluchzte der Junge. ‚Kannst du denn nicht lauter schreien?‘, fragte der Mann. ‚Nein‘, sagte der Junge und blickte ihn mit neuer Hoffnung an. Denn der Mann lächelte. ‚Dann gib auch den her‘, sagte er, nahm ihm den letzten Groschen aus der Hand und ging unbekümmert weiter."

(In: Gesammelte Werke, Bd. 12, S. 381)

III, 12   **Rainer Brambach** (1917–1983)

Känsterle

Wallfried Känsterle, der einfache Schlosser, sitzt nach Feierabend vor dem Fernseh-schirm. Wo denn sonst? – Tagesschau, Wetterkarte; die Meisterschaft der Gewichtheber interessiert Känsterle.

„Mach den Ton leiser, die Buben schlafen!" ruft Rosa, die in der Küche Geschirr gespült hat und nun hereinkommt.

Känsterle gehorcht.

„Es ist kalt draußen", plaudert sie, „wie gut, daß wir Winterfenster haben. Nur frisch anstreichen sollte man sie wieder einmal. Wallfried, im Frühjahr mußt du unbedingt die Winterfenster streichen. Und kitten muß man sie! Überall bröckelt der Kitt. Niemand im Haus hat so schäbige Winterfenster wie wir! Ich ärgere mich jedesmal, wenn ich die Winterfenster putze. Hast du gehört?"

„Ja, ja", sagt Känsterle abwesend.

„Was macht denn der da?" fragte Rosa und deutet auf den Fernsehschirm. „Der könnte seine Kraft auch für was Besseres gebrauchen! Stell das doch ab, ich hab mit dir zu reden!"

„Gleich, gleich!" sagt Känsterle und beugt sich etwas näher zum Schirm. „Herr Hans-mann im Parterre hat im letzten Sommer seine Winterfenster neu gekittet und gestri-chen, obwohl es gar nicht nötig war. Nimm dir mal ein Beispiel an Herrn Hansmann! Seine ganzen Ferien hat er dran gegeben. So ein ordentlicher Mann ... Übermorgen ist Sankt Nikolaus. Erinnerst du dich an Herrn Weckhammer? Ich hab heut im Konsum seine Frau getroffen, ganz in Schwarz. Der alte Weckhammer ist umgefallen, beim Trep-pensteigen, Herzschlag." Känsterle drückt auf die Taste ‚Aus'.

„Ein Trost", fängt Rosa wieder an, „daß die Weckhammerschen Kinder aus dem Gröbs-ten raus sind. Die Witwe fragt, ob wir den Nikolaus gebrauchen könnten, eine Kutte mit Kaninchenfell am Kragen, schöner weißer Bart, Stiefel, Sack und Krummstab, alles gut erhalten. Nur vierzig Mark will sie dafür, hat sie gesagt. Mein Mann wird kommen und ihn holen, hab ich da gesagt. Nicht wahr, Wallfried, du wirst doch Paul und Konradle die Freude machen?" Känsterle schaut auf die matte Scheibe.

„Wallfried!" ruft Rosa.

„Aber Rosa", murmelt Känsterle hilflos, „du weißt doch, daß ich nicht zu so was tauge. Was soll ich denn den Buben sagen? Ein Nikolaus muß ein geübter Redner sein! Muß gut und viel sprechen ..." Rosa glättet mit der Hand das Tischtuch und schüttelt den Kopf, wobei der Haarknoten, trotz des Kamms, der ihn wie ein braunes Gebiß festhält, eigensinnig wackelt.

„Vermaledeiter Stockfisch!" zischt sie. „Nicht einmal den eignen Buben willst du diese Freude machen! Dabei hab ich schon im Konsum Nüsse, Datteln, Feigen, ein paar Apfel-sinen und alles eingekauft!"

Känsterles Gemüt verdüstert sich. Er denkt an das schwere, ihm aufgezwungene Amt.

Eine verstaubte Glühbirne wirft trübes Licht. Känsterle steht auf dem Dachboden; er verwandelt sich zögernd in einen Weihnachtsmann. Die Kutte, die den Hundertkilomann Weckhammer einst so prächtig gekleidet hat, ist dem gedrungenen Känsterle viel zu geräumig. Er klebt den Bart an die Ohren. Sein Blick streift die Stiefel, und dabei versucht er sich an die Füße Weckhammers zu erinnern. Er zerknüllt ein paar Zeitungen und stopft sie in die steinharten Bottiche. Obwohl er zwei Paar grobwollene Socken anhat, findet er noch immer keinen rechten Halt. Er zieht die Kapuze über den Kopf, schwingt den vollen Sack über die Schulter und ergreift den Krummstab.

Der Abstieg beginnt. Langsam rutscht ihm die Kapuze über Stirn und Augen; der Bart verschiebt sich nach oben und kitzelt seine Nase. Känsterle sucht mit dem linken Fuß die nächste Treppenstufe und tritt auf den Kuttensaum. Er beugt den Oberkörper vor und will den rechten Fuß vorsetzen; dabei rollt der schwere Sack von der Schulter nach vorn, Mann und Sack rumpeln in die Tiefe.

Ein dumpfer Schlag.

In Känsterles Ohren trillert's.

Ein Gipsfladen fällt von der Wand.

„Oh! Jetzt hat sicher der Nikolaus angeklopft!" tönt Rosas Stimme hinter der Tür. Sie öffnet und sagt: „Mein Gott ... was machst du denn da am Boden? Zieh den Bart zurecht, die Kinder kommen!"

Känsterle zieht sich am Treppengeländer hoch, steht unsicher. Dann holt er aus und versetzt Rosa eine Backpfeife. Rosa heult auf, taumelt zurück; Känsterle stampft ins Wohnzimmer, reißt Rosas Lieblingsstück, einen Porzellanpfauen, von der Kommode und schlägt ihm an der Kante den Kopf ab. Dann packt er den Geschirrschrank; er schüttelt ihn, bis die Scherben aus den Fächern hageln. Dann fliegt der Gummibaum samt Topf durch ein Fenster und ein Winterfenster; auf der Straße knallt es.

„Er schlachtet die Buben ab!" kreischt Rosa durchs Treppenhaus. Auf allen Stockwerken öffnen sich Türen. Ein wildes Gerenne nach oben. Man versammelt sich um Rosa, die verdattert an der Wand steht und in die offene Wohnung zeigt. Als erster wagt sich Herr Hansmann in die Stube, betrachtet die Zerstörungen; ein Glitzern kommt in seine Augen, und er sagt:

„Mein lieber Känsterle, ist das alles?"

Elend hockt der Weihnachtsmann im Sessel, während Paul und Konradle unter dem Sofa hervorkriechen.

Ein kalter Wind zieht durch die Stube.

(*Für sechs Tassen Kaffee und andere Geschichten*, S. 36ff.)

3. Das Drama

Im Gegensatz zur Epik, deren gattungsspezifisches Merkmal das Auftreten eines Erzählers ist, der das Geschehen dem Rezipienten vermittelt, eignet dem Drama im Prinzip die **Unmittelbarkeit** der Darstellung. Dem widerspricht nicht, dass ein dramatischer Text in der Regel durch eine Gruppe von Schauspielern und meist auch unter Heranziehung von Bühnenbildern, Requisiten und technischen Hilfsmitteln akustisch und optisch, sprachlich und gestisch vermittelt wird. Dies gehört zu den sekundären Gattungsmerkmalen; ihnen würde im Bereich des Erzählerischen z. B. das Vorlesen mit gestischer und sprachlich besonders auffälliger Betonung entsprechen. Vom Drama aus gesehen, also ohne Berücksichtigung der Frage, ob es im Theater dargestellt oder nur zu Hause gelesen wird, ist Unmittelbarkeit sein primäres Gattungskennzeichen. Der Terminus markiert die Tatsache, dass das Geschehen nicht – wie in der Epik – zurückliegt und dem Rezipienten erst (durch einen Erzähler) vergegenwärtigt wird, sondern sich überhaupt erst in dem Moment vollzieht, in dem es rezipiert wird. Soll diese direkte Beziehung zwischen dramatischem Geschehen und Rezipient aufgehoben werden, so benutzt man dazu Mittel, die man denn auch bezeichnenderweise episch nennt: Ein Erzähler tritt auf, der Zurückliegendes, auf der Bühne nicht Vorgeführtes berichtet oder auf der Bühne Gespieltes kommentiert; Zwischenvorhänge, die beschriftet sind, geben dem Zuschauer bestimmte Informationen, Projektionen verweisen auf historische Ereignisse, die der Zuschauer sich vergegenwärtigen soll usw. Dies sind Techniken, wie sie z. B. Brecht verwendet, dessen Theater man wegen dieser Momente der Vermittlung, der Indirektheit, der Mittelbarkeit eben auch **episches Theater** nennt.

Sein primäres Gattungsmerkmal, die Unmittelbarkeit also, ist an vielen Eigentümlichkeiten des Dramas zu erkennen. Die auftretenden Figuren werden z. B. in ihrer äußeren Erscheinung nicht beschrieben, sondern unmittelbar wahrgenommen, ihre Sprechart von keinem Medium charakterisiert oder kommentiert, sie wirkt vielmehr direkt auf den Hörer ein; dasselbe gilt für den äußeren Habitus, die Gestik, das Mienenspiel; über das Innere der Figuren erhält der Dramenleser oder der Theaterbesucher – abgesehen davon, dass er wie im täglichen Leben von Gebärden, Mimik, Redeart und Handlungsweise auf innere Befindlichkeiten schließt – ganz direkt in einem **Monolog** (= Selbstgespräch) oder in einem **Dialog** (= Zwiegespräch) Auskunft. Eine Analyse, die einen dramatischen Text angemessen erschließen will, wird diesen gattungsspezifischen Merkmalen Rechnung tragen und ihren Frageansatz entsprechend wählen.

Die dramatische Unmittelbarkeit, wie sie uns bewusst wird, wenn wir im Theater sitzen, ist auf den ersten Blick für die Textanalyse insofern ein Moment der Erschwernis, als Informationen, wie sie ein Erzähler zu geben imstande ist, völlig zu fehlen scheinen. Das ist jedoch keineswegs immer der Fall. Im Allgemeinen helfen dem Interpreten nämlich **Regiebemerkungen** weiter, Anweisungen und Auskünfte also, die der Autor seinem Stück, einzelnen Akten oder einzelnen Szenen vorausschickt oder beigibt. Goethes *Götz von Berlichingen* beginnt auf folgende Weise:

Schwarzenberg in Franken. Herberge.
Metzler, Sievers am Tische. Zwei Reitersknechte beim Feuer. Wirt.

(Goethe: *Götz von Berlichingen mit der eisernen Faust*, S. 5)

Bei aller Kargheit erfährt der Leser doch am Anfang schon manches, was der Zuschauer erst später oder gar nicht erfährt, nämlich den Ort, an dem die Handlung spielt, die Namen beteiligter Personen, den sozialen Stand anderer Gäste in einem Gasthaus. Das ist gewiss nicht viel, aber eben doch mehr, als die bloße Unmittelbarkeit des Stückes im ersten Moment dem Zuschauer deutlich macht. Andere Autoren haben von den Möglichkeiten der Regiebemerkung durchaus regeren Gebrauch und damit dem Schauspieler und Regisseur präzisere Vorschriften gemacht. Gerhart Hauptmann (1862–1946) z. B. beginnt seine *Weber* mit einer etwa eine Seite umfassenden Regiebemerkung, und die Bühnendialoge versieht er andauernd mit Regiehinweisen, übrigens auch mit solchen, die sich nicht nur auf Äußeres beziehen. Am Anfang des ersten Aktes heißt es:

Erste Weberfrau, welche nur wenig vom Kassentisch zurückgetreten war und sich von Zeit zu Zeit mit starren Augen hilfesuchend umgesehen hat, ohne von der Stelle zu gehen, fasst sich ein Herz und wendet sich von neuem flehentlich an den Kassierer.

(Hauptmann: *Die Weber*, Sämtliche Werke, Bd. 1, S. 331)

Der Hinweis darauf, dass sie sich „ein Herz" fasst, beruht auf einer Innensicht, die der Zuschauer selbst nicht besitzt. Er wird aber der Konsequenzen ansichtig, die der Regisseur aus der Regiebemerkung gezogen hat. Offenbar kommt es Hauptmann darauf an, das innere Elend darzustellen, und dazu verweist er auf die im Spiel sichtbar zu machende innere Situation seiner Figur. Die Ausführlichkeit und die Art der Regiebemerkungen lässt also Rückschlüsse auf die Absichten zu, die ein Autor mit seinem Stück verknüpft, und deshalb eröffnet eine genaue Analyse dieser Zusätze oft wichtige Erkenntnisse über die Thematik des Textes.

So wenig wie die anderen Gattungen ist das Drama auf bestimmte Themen oder Themenkomplexe beschränkt, doch zwingt das primäre Gattungsmerkmal (Unmittelbarkeit) ebenso wie das wichtigste sekundäre Merkmal – nämlich die Realisierbarkeit des Textes auf der Bühne innerhalb eines begrenzten Zeitraums – zu starker Konzentration. Die sogenannte epische Breite – eine Formulierung, die dieses Faktum schon hinreichend kennzeichnet – ist dem Drama versagt, auch wenn sich, namentlich in sogenannten **Lesedramen** oder **Buchdramen**, die auf der Bühne kaum spielbar und für sie auch nicht gedacht sind, und gelegentlich auch im Drama der Moderne hier und da Ausnahmen finden. Das heißt nun freilich nicht, dass im Drama nur knappe, auf einen Raum, eine kurze Zeitspanne und wenige Figuren konzentrierte Kernhandlungen vorkämen und zeitliche und räumliche Weitläufigkeit oder Figurenvielfalt verboten wäre. Nach der *Poetik* des Aristoteles ist allerdings eine solche strenge Einheitlichkeit, mindestens für die griechische Tragödie, unabdingbar, und bis zur Mitte des 18. Jahrhunderts hat man vor allem in Frankreich und in Deutschland die von ihm hervorgehobenen Eigenschaften der griechischen Tragödie, welche Merkmale der Konzentration waren, zu generellen Normen erhoben, indem man von den **drei Einheiten** (des Raumes, der Zeit und der Handlung) sprach, die auf jeden Fall einzuhalten seien (vgl. Kapitel IV). Für das Drama nach Lessing gilt diese Normierung zwar nicht mehr, gleichwohl eignet dem Drama bis auf den heutigen Tag das Merkmal, gemessen am erzählerischen Text konzentriert und gerafft zu sein.

Einen Weg, diese Eigenschaft zu erkennen und beschreibbar zu machen, hat Volker Klotz (geb. 1930) in seinem Buch über *Geschlossene und offene Form im Drama* gewiesen, in dem er zwei gegensätzliche Grundtypen des Dramas unterscheidet, die jedoch beide die dramatische Konzentration zur Geltung bringen. Die **geschlossene Form**, definiert mit der Formel „Ausschnitt als Ganzes", ist durch die Tendenz zur Konzentration auf wenige Figuren, die sich gegenüberstehen, geringe Raum- und Zeitverschiebungen, durch einen festen Schluss, durch eine Handlung, die auf dieses Ende hin und beinahe einsträngig kontinuierlich angelegt ist, durch ein in sich geschlossenes Gesellschaftsgefüge (höhere Schichten) usw. gekennzeichnet. Die **offene Form**, in der Formel „Das Ganze in Ausschnitten" definiert, eignet einem Drama, in dem diese Elemente der Einheitlichkeit zwar gerade nicht vorhanden sind, jedoch zeigt die Formel, dass das Ganze in der Vielfalt der Ausschnitte präsent bleibt, wie sehr auch hier – nur eben auf eine andere Weise – die Tendenz zur Konzentration sichtbar wird: Weite Entfernungen, sozusagen poetische Umwege, die erst allmählich Themen, Konflikte, Lösungen sichtbar werden lassen, kann sich das Drama, auch das der offenen Form, nicht leisten; Direktheit der Darstellung fordert „Spannung", die sich aus der überschaubaren Handlung ergibt.

Ziehen wir die Frage nach der Dramenform zur Analyse des *Götz* heran, so zeigt sich bald, dass Goethes Jugenddrama eine Tendenz zur offenen Form besitzt. Die Momente des Atektonischen – also des Verzichtes auf eine alle Elemente direkt und eng miteinander verzahnende Gestaltung – lassen sich nicht verkennen. Das Stück spielt an vielen Orten und unter vielen Figuren, die z. T. miteinander gar nicht in Berührung kommen, die Handlung ist vielgestaltig (das Reichsproblem, die Ritterfrage, Liebe und Treue Weislingens, das Verhältnis von Obrigkeit und Untertanen im Bauernkrieg usf.) und strebt nicht stringent auf eine Lösung zu; vielmehr schließt das Drama mit dem Tod Götzens, ohne dass alle anderen Handlungsmomente ihrerseits zu Ende geführt wurden: Man könnte sagen, dass *Götz von Berlichingen* zwar einen Schluss, aber nicht eigentlich ein Ende besitzt. Form- und geistesgeschichtlich hängt dies alles damit zusammen, dass die Dichter des ‚Sturm und Drang' sich von allen poetischen Normen zu lösen, ja zu distanzieren trachteten, vor allem von den zur Norm erhobenen drei Einheiten, aber auch von anderen Regeln und Regelmäßigkeiten (z. B. auch vom Vers), und dass sie sich daher viel stärker am englischen Theater, vor allem an Shakespeare, als am französischen orientierten. Aber über solche literaturhistorischen Gesichtspunkte hinaus, die hier gar nicht genügend berücksichtigt werden können, hat die Tatsache, dass Goethes *Götz* als Drama der offenen Form verstanden werden will, vor allem auch textanalytische Bedeutung. Und um sie ist es uns hier in erster Linie zu tun.

Hat eine Analyse nicht nur zu dem Ergebnis geführt, dass ein Drama zur offenen oder geschlossenen Form tendiert, sondern auch die entsprechenden Einzelheiten herausgearbeitet, so ist doch immer noch zu fragen, welche Funktion die gewählte Form besitzt, ob sie nur ein äußerliches Kennzeichen darstellt oder zur Substanz des Stückes gehört. Für Goethes *Götz von Berlichingen* lässt sich zeigen, dass die mehr äußeren Momente des offenen Dramas aufs engste mit den inneren verknüpft sind, vor allem nämlich mit dem Faktum, dass Goethes Jugenddrama eine Vielzahl von Themen und Problemen aufgreift und miteinander verzahnt. Der Untergang des letzten freien Ritters wird hier gestaltet, der Untergang einer Standesidee ebenso wie der eines untadeligen Helden, die Darstellung der Gefühlsverwirrung ebenso wie die Auseinandersetzung zwischen Sittlichkeit und politischer Opportunität, zwischen Macht und Recht usw. usw. Dieser Vielzahl von Themen entspricht eine Vielfalt der Darstellungselemente, die das Drama dem Typus der offenen Form zuordnet, und beide Momente werden, wie meist in dramatischen Texten, bereits in der **Exposition** sichtbar.

Wir verstehen darunter die Einführung des Zuschauers in die Grundsituation des Stückes: die Vorgeschichte wird geklärt, Zeit und Ort(e) der Handlung werden vorgeführt, die wichtigsten Personen treten auf, die Probleme werden geschürzt. Im Allgemeinen erstreckt sich diese Eingangsphase über den ersten Akt des Dramas, doch ist dies keine verbindliche Vorschrift. Analysieren wir den Beginn von Goethes *Götz* auf seinen Expositionscharakter hin, so stellen wir etwa folgendes fest: Wir erfahren von der Vorgeschichte immerhin so viel, dass Götz mit dem Bischof von Bamberg Auseinandersetzungen hat; das Verhältnis zwischen Götz und Weislingen wird als freundschaftliches Treueverhältnis dargestellt, das starken, auch politischen Belastungen ausgesetzt war und ist; die Verlobung Weislingens mit Maria, der Schwester des Götz, verstärkt die Bindung, die jedoch schon am Ende des ersten Aktes gefährdet scheint, und zwar dadurch, dass Weislingen in den Lebenskreis Adelheids tritt; zugleich wird deutlich, dass der Bischof von Bamberg neue Händel sucht und Intrigen spinnt. Entsprechend diesen Themenverflechtungen wechseln die Schauplätze, so dass dem Zuschauer die offene Form dieses Werkes voll zu Bewusstsein kommt.

Der Frage, auf welche Weise die dramatischen Beziehungen eingeführt werden, also der Frage nach der Exposition, folgt die nach der Durchführung der einzelnen Themen. Dies ist die Frage nach der äußeren und inneren **Bauform des Dramas**. Äußerliche Gliederungen in Einakter, Dreiakter und Fünfakter kommen am häufigsten vor, doch sind seit dem 19. Jahrhundert die strengen Formen vor allem der Drei- und Fünfaktigkeit im Verfall begriffen. Die **Dreiaktigkeit** darf man als Kernform des abendländischen Dramas bezeichnen; sie gliedert sich nach der

Einleitung, die als Exposition zu fassen ist, der Phase der steigenden Handlung (**Epitasis**) mit dem Höhepunkt und ggfs. dem Umschlag der Handlung (**Peripetie**) in Glück oder Unglück, Untergang oder Rettung sowie dem Schlussgeschehen, das als Katastrophe oder Lösung zu fassen ist. Die Ausweitung dieses dreiaktigen Schemas zu einem **fünfaktigen** ~~seit~~ der Renaissance gliedert die einzelnen Momente stärker: 1. Einleitung ~~mit~~ Exposition, 2. Steigerung der Verwicklung, 3. Höhepunkt, 4. Umschlag und „fallende Handlung", 5. Katastrophe, Rettung, Lösung. Schon die Bezeichnung der einzelnen Phasen lässt erkennen, dass die Aktigkeit nicht nur eine äußere Gliederung darstellt, sondern einer inneren Handlungsstruktur entsprechen soll.

Versuchen wir, *Götz von Berlichingen* auch unter diesem Aspekt zu analysieren, so lässt sich unschwer zeigen, dass sich der junge Goethe trotz aller Abweichungen von den literarischen Normen seiner Epoche durchaus an überkommene Ordnungsprinzipien hält, wenn auch nicht streng und sklavisch. Exposition und erster Akt z. B. decken sich, und der zweite Akt steigert die Verwicklung eben dadurch, dass Weislingen in den Bannkreis der machtintriganten Adelheid gerät. Im dritten Akt ergeben sich wenigstens zwei Handlungsgipfel. Einerseits führt die Jagd auf Götz zu einem ersten Höhepunkt, der nach starkem Hin und Her am Ende des dritten Aktes mit der Festnahme erreicht wird; andererseits vollendet sich in gewisser Weise auch ein anderer Handlungsstrang: Maria verbindet sich mit Sickingen, wodurch der Bruch mit Weislingen endgültig vollzogen ist; die beiden von Götz einerseits und von Weislingen andererseits repräsentierten Gruppen hält nun nichts mehr zusammen, der Konflikt wird durch nichts mehr gebremst. Allerdings werden beide Handlungsstränge fortgeführt; im vierten Akt kann Götz nur mit Mühe und Not vor dem Zugriff in Heilbronn bewahrt werden, und in Bamberg erweist sich, dass Adelheids Zuneigung zu Weislingen nur gespielt und Weislingen betrogen ist.

Gegen Ende des vierten Aktes aber führt Goethe ein neues Motiv ein, indem er Lerse von Bauernaufständen berichten lässt. Dies ist – gemessen an der inhaltlichen Bestimmung des fünfaktigen Dramas – eine Durchbrechung des Schemas und zeigt, wie sich seit dem Sturm und Drang die dramatische Dichtung von jeglicher Normierung poetischer Form löst. Insofern gibt uns die Analyse eines dramatischen Textes gerade auch dann dessen Eigenheiten zu erkennen, wenn wir seine Abweichungen vom zugrundegelegten Formschema untersuchen. Gewiss findet im vierten Akt ein „Umschlag" statt, nämlich insofern sich Götz dem Zugriff der Heilbronner Bürger entzieht, aber solche Umschläge haben auch schon im dritten Akt stattgefunden; und von ‚fallender Handlung' kann – auch dies ein Gegensatz zum Schema – insofern nicht die Rede sein, als sich hier der **Protagonist** (Hauptfigur) noch einmal retten kann.

Im fünften Akt freilich vollzieht sich, sozusagen vorschriftsmäßig, die Katastrophe: Weislingen wird vergiftet, Adelheid von einem „heimlichen Gericht" zum Tode verurteilt, Götz stirbt im Kerker. Aber die Art und Weise, wie die Katastrophe motiviert wird, lässt – dem offenen Dramentypus entsprechend – jegliche Kontinuität vermissen: Denn wenn sich auch der Verrat an Weislingen schon längere Zeit absehen ließ, so taucht das Motiv der Schuld des Ritters Götz erst im fünften Akt auf, nämlich im Zusammenhang mit den Bauernaufständen. Götzens Schuld ist gewiss Folge eines Zwangs, den die Aufständischen ausgeübt haben, aber sie wird dadurch nicht aufgehoben. Nimmt man beide Momente zusammen – die Schuld Götzens, sein Wort gebrochen und sich an die Spitze der Mordhorden gestellt zu haben, und die Tatsache, dass er dazu gezwungen wurde – so zeigt sich jener **tragische Konflikt**, der sich daraus ergibt, dass der Held „schuldlos schuldig" wird. Dieser Widerspruch kann nicht gelöst, er kann allenfalls im Tod aufgehoben werden, wie es in Goethes *Götz* auch geschieht.

Damit stellt sich die Frage nach dem Dramentyp noch einmal, jetzt aber in einem anderen Sinn. Orientiert man sich an den Problemen und Konflikten, den Themen und Tendenzen eines Dramas, so wird man einen Text nach jenen Kategorien einordnen, die wir meist ganz unbefangen gebrauchen, ohne dass sie immer hinreichend definiert werden: Wir sprechen von **Tragödie** und **Trauerspiel**, von **Komödie** und **Lustspiel**, von **Farce** und **Schwank** etc. Goethes *Götz von Berlichingen* könnte man durchaus auf seine tragischen Wesensmerkmale hin untersuchen und würde dabei gewiss auf den Konflikt stoßen, von dem gerade die Rede war. Auf diese Weise lässt sich ein wesentlicher Grundzug dieses Dramas herausarbeiten, auch wenn es sich bei ihm gewiss nicht um eine Tragödie im strengen Sinn handelt. Der Dichter selbst hat den *Götz* auch nur ein „Schauspiel" genannt.

Gehen die Bezeichnungen ‚Tragödie', ‚Komödie' etc. mehr auf den Gehalt eines Dramas ein, so ist Klotz mit seiner Dramentypologie mehr an der Tektonik eines Werkes orientiert. Ähnlich steht es mit Wolfgang Kayser, der zwischen **Figurendrama**, **Raumdrama** und **Handlungsdrama** unterscheidet (in *Das sprachliche Kunstwerk*). Im Raumdrama ist die Hauptfigur nur noch äußeres Bindeglied, die Kräfte, die aufeinanderstoßen, werden nicht so sehr von einzelnen Figuren, sondern eher von Gruppen verkörpert. Analysiert man Goethes *Götz von Berlichingen* nach dieser Typologie, so wird man erkennen, dass es sich hier um eine Mischform aus Figuren- und Handlungsdrama handelt. Für die Einordnung als Figurendrama spricht, dass sich alles um den Protagonisten Götz dreht, für die als Handlungsdrama die Tatsache, dass Geschehnisse, auch gerade äußere Geschehnisse, immer wieder im Mittelpunkt stehen und dass – gemäß dem offenen Typus nach Klotz – sich die Handlungen auch gegen Götz wenden und keineswegs immer von ihm ausgelöst werden, wie z. B. die Initiativen, die von Adelheid und dem Bamberger Bischof ausgehen. Wie Kaysers und Klotz' Bestimmungen sind auch andere nicht primär inhaltlich geprägt. Wir heben aus der Vielzahl von Klassifizierungen nur noch zwei Typen hervor, nämlich das **Zieldrama** und das **analytische Drama**. Beide sind durch ihren inneren Aufbau definiert. Während das Zieldrama eine Handlungsstruktur aufweist, die auf das Ende hin angelegt ist, besteht das analytische Drama aus der zergliedernden Entwicklung der Vergangenheit: das Geschehen, um das es geht, liegt zeitlich zurück. Als Paradebeispiele für das analytische Drama gelten Sophokles' (ca. 496 – ca. 406 v. Chr.) *Ödipus* und Kleists (1777–1811) *Der zerbrochne Krug*. *Götz von Berlichingen* lässt sich nach dieser Typologie ohne Schwierigkeiten als Zieldrama einordnen, bei dem alles auf die Entscheidung hin angelegt ist, ob Götz sich gegen eine ihm feindliche politisch-soziale Umwelt, gegen eine ihn nicht mehr benötigende, ihn daher missachtende Epoche, gegen eine seine Denk- und Handlungsweise weder verstehende noch achtende Zeit wird behaupten können. Es gibt noch eine ganze Reihe von Möglichkeiten, das Drama nach einem Typus zu analysieren (**Schicksalsdrama, Charakterdrama, soziales Drama, historisches Drama** etc.), doch sehen wir von der Darstellung weiterer Typologien ab, weil im Zusammenhang mit der Frage, wie dramatische Texte analytisch zugänglich zu machen sind, auch noch andere Gesichtspunkte Berücksichtigung finden müssen.

Von wesentlicher Bedeutung ist z. B. die Frage, welche **Figuren** auftreten, auch, aus welchem Milieu sie stammen. Es gibt Figuren, die von sich aus komisch sind und einem Drama daher meist den Anstrich der Komödie geben: Der Hanswurst gehört dazu, die keifende Alte, meist auch der Geizkragen usf. Bis zur Aufklärung galt zudem die sogenannte **Ständeklausel**, welche vorschrieb, dass die Tragödie nur im Milieu des Adels spielen durfte, das Lustspiel oder die Komödie hingegen grundsätzlich im Milieu der niederen Stände anzusiedeln war. Die **Figurengruppierung** bringt einen dramatischen Konflikt erst zur Geltung. So stehen sich mit Götz und dem Bischof von Bamberg zwei Figuren gegenüber, die ganz verschiedene Welten vertreten: Der weitgehend auf sich gestellte Einzelne trifft auf eine Höflingswelt, der kämpferische Held auf Diplomaten, eine in gewisser Weise naive Tugendhaftigkeit auf das Ränkespiel der Machtbesessenen. Wenn in der Liste der ‚dramatis personae' von Hauptmanns *Webern* dem Parchentfabrikanten Dreissiger und seiner Familie eine ganze Gruppe von Webern gegenübergestellt ist, so signalisiert eine solche Figurengruppierung bereits, was das Stück dann auch in der Tat inhaltlich erfüllt und tektonisch strukturiert, nämlich den sozialen Konflikt zwischen einem Privilegierten und vielen Unterdrückten und Ausgebeuteten.

Die dramatischen Konflikte werden poetisch konkret erst eigentlich in den Dialogen, also in der **Figurensprache**. Wer die Redeweise Adelheids mit der Elisabeths oder Marias, die Redeweise der Höflinge in Bamberg mit der der Ritter um Götz vergleicht, erhält einen Einblick in das Verfahren, den dramatischen Konflikt direkt, und das heißt in der Sprache der Figuren auszudrücken. Dies ist angesichts der dramatischen Unmittelbarkeit, die der Gattung des Dramas eignet, diesem auch eigentlich allein gemäß. In jener berühmten Szene gegen Ende des dritten Aktes z. B., in der Götz aufgefordert wird, sich auf „Gnad und Ungnad" zu ergeben, wird die Grundhaltung des Ritters, dem Kaiser den unbedingten Gehorsam nicht zu versagen, andere Macht über sich aber nicht anzuerkennen, auch sprachlich deutlich: „Vor Ihro Kaiserliche Majestät hab ich, wie immer, schuldigen Respekt", ruft er dem Boten zu, der Götz zur Kapitulation auffordert. Der beinahe amtliche Stil dieses Satzes bringt den Respekt klar zur Geltung. Nicht weniger deutlich, nämlich in drastischen Worten, die hier allerdings verschluckt werden, drückt Götz seine Verachtung gegenüber dem Hauptmann aus, der ihn zur Strecke bringen will: „Er aber, sag's ihm, er kann mich – – –." (*Götz von Berlichingen mit der eisernen* Faust, S. 72f.)

Besonders nachdrücklich werden die Konflikte im Dialog sprachlich zur Darstellung gebracht. In Hauptmanns *Webern* gibt es viele Passagen, in denen der thematische Konflikt seinen Ausdruck ebenso in den sprachlichen Unterschieden wie in der **Dialogführung** findet. Das Beispiel, das ich heranziehe, stammt aus dem ersten Akt. Während des Auftritts von Herrn Dreissiger bricht ein kleiner Junge vor Schwäche zusammen; er ist einen weiten Weg gegangen, um den Hungerlohn einzukassieren, den der Fabrikant für die Webware zahlt. Während Dreissiger zunächst nach Wasser, dann nach Kognak ruft, wirft Bäcker, ein revolutionär gestimmter Augenzeuge, ein: „Gebt-n ock was zu fressen, da wird a schonn zu sich kommen." (*Sämtliche Werke*, Bd. 1, S. 341) Seine schlesische Mundart steht ebenso im Gegensatz zum Hochdeutsch des Fabrikanten, wie sein sozialer Status dem Dreissigers unterlegen ist. Und dass dieser durchaus ein schlechtes Gewissen hat, zeigt der anschließende Dialog:

> Neumann. Er hat was gesagt, Herr Dreissiger! Er bewegt die Lippen.
> Dreissiger. Was – willst du denn, Jungl?
> Der Junge (haucht). Mich … hungert! Dreissiger (wird bleich). Man versteht ihn nich.
> Weberfrau. I gloobe, a meinte …
> Dreissiger. Wir werden ja sehen.
> (Hauptmann: Sämtliche Werke, Bd. 1, S. 341)

Die Tatsache, dass Dreissiger vorgibt, man könne den Jungen nicht verstehen, macht sein Schuldgefühl ebenso erkennbar wie die, dass er vorübergehend in die Mundart seiner Untergebenen fällt und den Jungen in schlesischer Diminutivform „Jungl" nennt. Auch hier also ist der Sprachgebrauch besonders aufschlussreich. Schließlich gibt aber auch die Dialogführung zu erkennen, wie sehr die hungernden Weber Dreissiger gegenüber im Recht sind; der Fabrikant will gar nicht wissen, was der Junge gesagt hat, denn er schneidet der Weberfrau („I gloobe, a meinte …") das Wort ab, ohne auf sie einzugehen: „Wir werden ja sehen." Dieses Vorbeireden, das einen Dialog im strengen Sinne hintertreibt, ist oft besonders aufschlussreich für Thematik und Struktur eines dramatischenTextes.

Weiterführende Literatur

Pütz: *Die Zeit im Drama. Zur Technik dramatischer Spannung.* **Geiger, Haarmann:** *Aspekte des Dramas.* **Greiner, Hasler, Kurzenberger, Pikulik:** *Einführung ins Drama. Handlung – Figur – Szene – Zuschauer.*

Arbeitsteil

Wählen Sie einige Dramen aus (Vorschlag: Goethes *Tasso*, Schillers *Räuber*, Büchners [1813 – 1837] *Woyzeck*, Dürrenmatts *Physiker*) und lösen Sie folgende Aufgaben:

1. Überprüfen Sie die ausgesuchten Dramen nach der Typologie von Volker Klotz und nach der von Wolfgang Kayser!

2. Analysieren Sie den Einsatz von Regiebemerkungen!

3. Analysieren Sie die auftretenden Figuren und ihre Gruppierung!

4. Untersuchen Sie die Gestaltung der Exposition!

5. Analysieren Sie das Verhältnis von innerem und äußerem Aufbau!

6. Behandeln Sie die nachstehenden Texte unter folgenden Gesichtspunkten:

   a) Charakterisieren Sie die Dialogführung in Text III, 13!
   b) Erläutern Sie Art und Funktion der Figurensprache in Text III, 13!
   c) Charakterisieren Sie den Schluss von Goethes *Egmont* (Text III, 14); achten Sie insbesondere auf die Gestaltung des Monologs sowie auf die Verknüpfung des Monologs mit optischen und akustischen Zeichen; erörtern Sie deren Funktion!
   d) Beschreiben Sie die einzelnen Gesprächsstufen, die den Dialog zwischen Maria und Elisabeth (Text III, 15) in einer Katastrophe enden lassen, und charakterisieren Sie das Gesprächsende!
   e) Versuchen Sie die Elemente des Komischen im Text III, 16 zu fixieren!

B. Textbeispiele

III, 13   **Franz Xaver Kroetz** (geb. 1946)

Aus: *Michis Blut*

MARIE: Wenn mir ein Zimmer ham, gehst aufn Abort.
KARL: Weils da kalt is.
MARIE: Aber alles kann man sich ned gfalln lassn.
KARL: Genau.
MARIE: Weilst eine Sau bist.
KARL: Das bist du, was bin denn ich?
MARIE: Narrisch bist.
KARL: Das bist du, was bin denn ich?

MARIE: Geil bist, aber zambringen tust nix.

KARL: Das bist du, was bin denn ich? – Das is mir auch wurscht.

MARIE: Wenns dir nicht schmeckt, laß stehn. Glaubst, ich halt dich ab?

KARL: Du bestimmt nicht, weil ich dich nicht frag.

MARIE: Wenns dir ned schmeckn tut, kannst es ja stehn lassn.

KARL: Schmeckt eh.

MARIE: Liebe werst keine mehr zu meiner habn. Das ist es.

KARL: Wennst es eh weißt.

MARIE: Das nutzt nix.

KARL: Und da sollst in Ruhe essn.

MARIE: Stör ich dich?

KARL: Du bestimmt ned, weil du mir wurscht bist.

MARIE: Aber ned seit immer.

KARL: Das is vergessn.

MARIE: Wenn man ein braucht und er merkt es, dann weiß er es net zum schätzn. – Willst ein Friedn von meiner.

KARL: Eine Ruh mag ich.

MARIE: Sagt eh niemand etwas.

KARL: Mag nimmer.

MARIE: Laß stehn, dann is aufd Nacht auch gleich was da.

KARL: Eine Sturheit, wost suchn mußt. Speibn könnt ich, wenn ich es seh.

MARIE: Dann tuhs doch, glaubst, ich halt dich ab. Mich fragt auch keiner, ob ich mag oder ned.

KARL: Sag feig.

MARIE: Feig. – Drecksau, Drecksau, dreckerte, die Polizei hol ich, dann holns dich, dann kommst in Irrnhaus, wost hingehörst, dann wirst es schon sehn. Und von sowas hab ich mich zu sowas hergebn, wost berhaupts keine Dankbarkeit mehr habn tust.

KARL: Ich könnt fei nochmal.

MARIE: Dann tuhs doch.

KARL: Genau. – Hör auf zum weinen, wennst nicht mitkommst, was man sagt.

MARIE: Ich versteh mir genug.

KARL: Weilst blöd bist.

MARIE: Lieber blöd wie eine Sau.

KARL: Mögn tu ich ebn nimmer.

MARIE: Da werd man nicht gfragt, ob man mag oder nicht.

KARL: Satt bin ich.

MARIE: Keiner is so wie du, weilst spinnst, das merkt man.

KARL: Du kannst ja nix dafür.

MARIE: Ebn.

KARL: Was redst dann und mischt dich ein?

MARIE: Hab auch ein Recht.

KARL: Nix hast du.

MARIE: Versoffn bist.

KARL: Genau.

MARIE: Asozial bist.

KARL: Schiach bist.

MARIE: Ein Hamperer bist.

KARL: Eine Flitschn bist.
MARIE: Bin ich nicht.
KARL: Bist.
[...]
(In: Neues deutsches Theater, S. 57f.)

III, 14   Johann Wolfgang Goethe

Aus: *Egmont*

Trommeln näher.

Horch! Horch! Wie oft rief mich dieser Schall zum freien Schritt nach dem Felde des Streits und des Siegs! Wie munter traten die Gefährten auf der gefährlichen rühmlichen Bahn! Auch ich schreite einem ehrenvollen Tode aus diesem Kerker entgegen; ich sterbe für die Freiheit, für die ich lebte und focht, und der ich mich jetzt leidend opfre.

Der Hintergrund wird mit einer Reihe spanischer Soldaten besetzt, welche Hellebarden tragen.

Ja, führt sie nur zusammen! Schließt eure Reihen, ihr schreckt mich nicht. Ich bin gewohnt, vor Speeren gegen Speere zu stehn und, rings umgeben von dem drohenden Tod, das mutige Leben nur doppelt rasch zu fühlen.

Trommeln.

Dich schließt der Feind von allen Seiten ein! Es blinken Schwerter – Freunde, höhern Mut! Im Rücken habt ihr Eltern, Weiber, Kinder!

Auf die Wache zeigend.

Und diese treibt ein hohles Wort des Herrschers, nicht ihr Gemüt. Schützt eure Güter! Und euer Liebstes zu erretten, fallt freudig, wie ich euch ein Beispiel gebe.

Trommeln. Wie er auf die Wache los und auf die Hintertür zu geht, fällt der Vorhang: die Musik fällt ein und schließt mit einer Siegessymphonie das Stück.

(In: Werke, HA, Bd. 4, S. 453f.)

III, 15   Friedrich Schiller

Aus: *Maria Stuart*

MARIA.   Regiert in Frieden!
Jedwedem Anspruch auf dies Reich entsag ich.
Ach, meines Geistes Schwingen sind gelähmt,
Nicht Größe lockt mich mehr – Ihr habts erreicht,
Ich bin nur noch der Schatten der Maria.
Gebrochen ist in langer Kerkerschmach
Der edle Mut – Ihr habt das Äußerste an mir
Getan, habt mich zerstört in meiner Blüte!
– Jetzt macht ein Ende, Schwester. Sprecht es aus,

Das Wort, um dessentwillen Ihr gekommen,
Denn nimmer will ich glauben, daß Ihr kamt,
Um Euer Opfer grausam zu verhöhnen.
Sprecht dieses Wort aus. Sagt mir: „Ihr seid frei,
Maria! Meine Macht habt Ihr gefühlt,
Jetzt lernet meinen Edelmut verehren."
Sagts, und ich will mein Leben, meine Freiheit
Als ein Geschenk aus Eurer Hand empfangen.
– Ein Wort macht alles ungeschehn. Ich warte
Darauf. O laßt mich nicht zu lang erharren!
Weh Euch, wenn Ihr mit diesem Wort nicht endet!
Denn wenn Ihr jetzt nicht segenbringend, herrlich,
Wie eine Gottheit von mir scheidet – Schwester!
Nicht um dies ganze reiche Eiland, nicht
Um alle Länder, die das Meer umfaßt,
Möcht ich vor Euch so stehn, wie Ihr vor mir!

ELISABETH. Bekennt Ihr endlich Euch für überwunden?
Ists aus mit Euren Ränken? Ist kein Mörder
Mehr unterwegs? Will kein Abenteurer
Für Euch die traurge Ritterschaft mehr wagen?
– Ja, es ist aus, Lady Maria. Ihr verführt
Mir keinen mehr. Die Welt hat andre Sorgen.
Es lüstet keinen, Euer – vierter Mann
Zu werden, denn Ihr tötet Eure Freier
Wie Eure Männer!

MARIA (*auffahrend*).   Schwester! Schwester!
O Gott! Gott! Gib mir Mäßigung!

ELISABETH (*sieht sie lange mit einem Blick stolzer Verachtung an*).
Das also sind die Reizungen, Lord Leicester,
Die ungestraft kein Mann erblickt, daneben
Kein andres Weib sich wagen darf zu stellen!
Fürwahr! *Der* Ruhm war wohlfeil zu erlangen,
Es kostet nichts, die *allgemeine* Schönheit
Zu sein, als die *gemeine* sein für *alle*!

MARIA. Das ist zuviel!

ELISABETH. (*höhnisch lachend*). Jetzt zeigt Ihr Euer wahres
Gesicht, bis jetzt wars nur die Larve.

MARIA (*vor Zorn glühend, doch mit einer edeln Würde*).
Ich habe menschlich, jugendlich gefehlt,
Die Macht verführte mich, ich hab es nicht
Verheimlicht und verborgen, falschen Schein
Hab ich verschmäht, mit königlichem Freimut.
Das Ärgste weiß die Welt von mir und ich
Kann sagen, ich bin besser als mein Ruf.
Weh Euch, wenn sie von Euren Taten einst
Den Ehrenmantel zieht, womit Ihr gleißend
Die wilde Glut verstohlner Lüste deckt.
Nicht Ehrbarkeit habt Ihr von Eurer Mutter

Geerbt, man weiß, um welcher Tugend willen
Anna von Boleyn das Schafott bestiegen.

SHREWSBURY *(tritt zwischen beide Königinnen).*
O Gott des Himmels! Muß es dahin kommen!
Ist das die Mäßigung, die Unterwerfung,
Lady Maria?

MARIA.   Mäßigung! Ich habe
Ertragen, was ein Mensch ertragen kann.
Fahr hin, lammherzige Gelassenheit,
Zum Himmel fliehe, leidende Geduld,
Spreng endlich deine Bande, tritt hervor
Aus deiner Höhle, langverhaltner Groll –
Und *du*, der dem gereizten Basilisk
Den Mordblick gab, leg auf die Zunge mir
Den giftgen Pfeil –

SHREWSBURY.   O sie ist außer sich!
Verzeih der Rasenden, der schwer Gereizten!
(Elisabeth, für Zorn sprachlos, schießt wütende Blicke auf Marien).

LEICESTER *(in der heftigsten Unruhe, sucht die Elisabeth hinwegzuführen).*
Höre
Die Wütende nicht an! Hinweg, hinweg
Von diesem unglückselgen Ort!

MARIA.   Der Thron von England ist durch einen Bastard
Entweiht, der Briten edelherzig Volk
Durch eine listge Gauklerin betrogen.
– Regierte Recht, so läget *Ihr* vor mir
Im Staube jetzt, denn *ich* bin Euer König.
(Elisabeth geht schnell ab, die Lords folgen ihr in der höchsten Bestürzung)

(In: Sämtliche Werke, Bd. 2, S. 626ff.)

III, 16   Georg Büchner

Aus: *Leonce und Lena*

König Peter wird von zwei Kammerdienern angekleidet.

PETER. *(Während er angekleidet wird)* Der Mensch muß denken und ich muß für meine
Untertanen denken, denn sie denken nicht, sie denken nicht. – Die Substanz ist das
an sich, das bin ich. *(Er läuft fast nackt im Zimmer herum.)* Begriffen? An sich ist
an sich, versteht Ihr? Jetzt kommen meine Attribute, Modifikationen, Affektionen
und Akzidenzien, wo ist mein Hemd, meine Hose? – Halt, pfui! Der freie Wille steht
davorn ganz offen. Wo ist die Moral, wo sind die Manschetten? Die Kategorien sind
in der schändlichsten Verwirrung, es sind zwei Knöpfe zuviel zugeknöpft, die Dose
steckt in der rechten Tasche. Mein ganzes System ist ruiniert. – Ha, was bedeutet
der Knopf im Schnupftuch? Kerl, was bedeutet der Knopf, an was wollte ich mich
erinnern?

ERSTER KAMMERDIENER. Als Eure Majestät diesen Knopf in Ihr Schnupftuch zu knüpfen geruhten, so wollten Sie . . .

PETER. Nun?

ERSTER KAMMERDIENER. Sich an etwas erinnern.

PETER. Eine verwickelte Antwort! – Ei! Nun an was meint Er?

ZWEITER KAMMERDIENER. Eure Majestät wollten sich an etwas erinnern, als ‹S›ie diesen Knopf in Ihr [Schnupf]tuch zu knüpfen geruhten.

PETER. *(Läuft auf und ab.)* Was? Was? Die Menschen machen mich konfus, ich bin in der größten Verwirrung. Ich weiß mir nicht mehr zu helfen. *(Ein Diener tritt auf.)*

DIENER. Eure Majestät, der Staatsrat ist versammelt.

PETER. *(Freudig)* Ja, das ist's[, das ist's]. – Ich wollte mich an mein Volk erinnern! Kommen Sie meine Herren! Gehen Sie symmetrisch. Ist es nicht sehr heiß? Nehmen Sie doch auch Ihre Schnupftücher und wischen Sie sich das Gesicht. Ich bin immer so in Verlegenheit, wenn ich öffentlich sprechen soll. *(Alle ab.)*

König Peter. Der Staatsrat.

PETER. Meine Lieben und Getreuen, ich wollte Euch hiermit kund und zu wissen tun, kund und zu wissen tun – denn entweder verheiratet sich mein Sohn, oder nicht *(legt den Finger an die Nase)* entweder, oder – Ihr versteht mich doch? Ein drittes gibt es nicht. Der Mensch muß denken. *(Steht eine Zeitlang sinnend.)* Wenn ich so laut rede, so weiß ich nicht wer es eigentlich ist, ich oder ein anderer, das ängstigt mich. *(Nach langem Besinnen.)* Ich bin ich. – Was halten Sie davon, Präsident?

PRÄSIDENT. *(Gravitätisch langsam.)* Eure Majestät, vielleicht ist es so, vielleicht ist es aber auch nicht so.

DER GANZE STAATSRAT IM CHOR. Ja, vielleicht ist es so, vielleicht ist es aber auch nicht so.

KÖNIG PETER. *(Mit Rührung.)* O meine Weisen! – Also von was war eigentlich die Rede? Von was wollte ich sprechen? Präsident, was haben Sie ein so kurzes Gedächtnis bei einer so feierlichen Gelegenheit? Die Sitzung ist aufgehoben. *(Er entfernt sich feierlich, der ganze Staatsrat folgt ihm.)*

(Büchner: Werke und Briefe, S. 164f.)

4. Formanalyse am Beispiel des Gedichtes

Es ist alles eitell

Dv sihst / wohin du sihst nur eitelkeit auff erden.
     Was dieser heute bawt / reist jener morgen ein:
     Wo itzund städte stehn /wird eine wiesen sein
Auff der ein schäffers kind wird spilen mitt den heerden.

5   Was itzund prächtig blüht sol bald zutretten werden.
     Was itzt so pocht vndt trotzt ist morgen asch und bein.
     Nichts ist das ewig sey / kein ertz kein marmorstein.
Itz lacht das gluck vns an /bald donnern die beschwerden
     Der hohen thaten ruhm mus wie ein traum vergehn.

10   Soll den das spiell der zeit / der leichte mensch bestehn.
Ach! was ist alles dis was wir für köstlich achten /
     Als schlechte nichtikeitt / als schaten staub vnd windt.
     Als eine wiesen blum / die man nicht wiederfindt.
Noch wil was ewig ist kein einig mensch betrachten.

(Gryphius [1616–1664] in: Sonette, S. 33f.)

Form gilt uns nicht als etwas bloß Äußerliches, sondern als das Medium, in dem und durch das sich der sogenannte Aussagegehalt überhaupt erst zur Geltung bringen kann; deshalb ist es notwendig, die einzelnen formalen Elemente genau zu analysieren. Das kleinste Formelement im Gedicht ist der **Versfuß**, das **Metrum**; die Verbindung der Metren bildet die **Verszeile**. Der Versfuß bestimmt sich im Neuhochdeutschen (wir sehen von früheren Metren ab) nach dem rein mechanischen Wechsel von betonten und unbetonten Silben (**Hebungen** und **Senkungen**), die wir in Anlehnung an die Darstellung antiker Metren auf folgende Art sichtbar machen können:

> Dv sihst / wohin du sihst nur eitelkeit auff erden.
> ⏑ — ⏑ — ⏑ — ⏑ — ⏑ — ⏑

Da aber in der Antike nicht nach betonten und unbetonten, sondern zwischen langen und kurzen Silben unterschieden wurde, findet man für die nach Hebungen und Senkungen differenzierenden Verszeilen im Neuhochdeutschen auch das folgende Zeichensystem:

> Dv sihst / wohin du sihst nur eitelkeit auff erden.
> × ×́   × ×́ × ×́   × ×́× ×́ × ×́×

Die Akzente (Ikten) stehen auf den betonten Silben.

Die wichtigsten, d. h. die am häufigsten auftretenden Versfüße sind die folgenden:

- ⏑— **Jambus:** „Es schlug mein Herz, geschwind zu Pferde!"
  (Goethe: *Willkommen und Abschied*, Werke, HA, Bd. 1, S. 28)

- —⏑ **Trochäus:** „Sah ein Knab' ein Röslein stehn [...]"
  (Goethe: *Heidenröslein*, Werke, HA, Bd. 1, S. 78)

- ⏑⏑— **Anapäst:** „Wenn die Grasblüte stäubt von der winzigen Spindel [...]"
  (Langgässer [1899–1950]: *Panische Stunde*, Gesammelte Werke, Bd. 4, S. 134)

- —⏑⏑ **Daktylus:** „Herz, nun so alt und noch immer nicht klug [...]"
  (Rückert [1788–1866]: *Herbstlieder II (Herbsthauch)*, Werke, Bd. 1, S. 266)

Das Beispiel für den Daktylus endet mit einer Hebung, d. h. die beiden Silben, die eigentlich noch folgen müssten, fehlen. Ein solch unvollständiges Metrum nennt man **katalektisch**. Da der Versbeginn ebenfalls sehr frei gehandhabt wird, der Daktylus etwa mit einem Auftakt, der Anapäst mit nur einer Senkung vor der ersten Hebung beginnt, ist häufig gar nicht zu unterscheiden, ob es sich um einen Daktylus (mit einsilbigem Auftakt) oder um einen Anapäst (mit einsenkig-katalektischem Versbeginn) handelt:

> Sie nahen, sie kommen
> Die Himmlischen alle [...]
> (Schiller: *Dithyrambe*, Sämtliche Werke, Bd. 1, S. 400)

In dem vorliegenden Gedicht von Gryphius finden wir den Jambus, und zwar begegnen pro Zeile sechs Hebungen, weshalb wir von einem sechshebigen Jambus sprechen. Man kann die Zeile noch genauer beschreiben, wenn man den Zeilenschluss untersucht: Endet die Zeile mit einer Hebung, so spricht man von **männlichem**, endet sie mit einer Senkung, so spricht man von **weiblichem** Versausgang. In dem Gedicht von Gryphius handelt es sich also um sechshebige Jamben mit männlichem (Zeilen 2, 3, 6, 7, 9, 10, 12, 13) und weiblichem (Zeilen 1, 4, 5, 8, 11, 14) Ausgang.

Eine solche Bestimmung erfasst vom Vers gewissermaßen nur die Grundstruktur, das „Gerippe". Dies ist schon daran zu merken, dass man – etwa beim Vorlesen – keineswegs so mechanisch nach Hebung und Senkung artikuliert, wie es das metrische Schema nahelegt. Sinnvolles Lesen ist kein metrisches, sondern ein rhythmisches Lesen. In den **Rhythmus** einer Verszeile geht, im Gegensatz zum Metrum, auch der Wortsinn ein. Weder werden alle metrisch betonten Silben auch rhythmisch betont, noch ist der Unterschied zwischen rhythmischen Hebungen und Senkungen so groß wie der zwischen metrischen. Vor allem gibt es beim Rhythmus keine regelmäßige Folge von Hebungen und Senkungen; deshalb ist die rhythmische Struktur auch viel schwerer sichtbar zu machen als die metrische. Rhythmische Hebungen finden sich in der ersten Zeile von Gryphius' *Es ist alles eitell* in vollem Maße wohl nur auf den sinnbeschwerten Wörtern „sihst" und „ei(telkeit)", eine stärkere Nebenbetonung wird man auf das „hin" von „wohin", eine schwächere Nebenbetonung auf das zweite „sihst" und allenfalls auf die erste Silbe von „erden" legen. Der Unterschied zwischen Metrum und Rhythmus lässt sich anhand musikalischer Beispiele leichter verdeutlichen. Dem Metrum im Literarischen entspricht die Taktart im Musikalischen. Ich wähle den 4/4-Takt und variiere lediglich den Rhythmus:

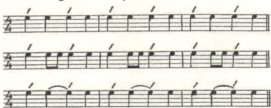

Die Akzente stehen auf den betonten Noten; man kann nun durch Klopfen (jeder Iktus bekommt einen Schlag, während die Noten nur nach ihrer Dauer gesummt werden) die rhythmischen Unterschiede bei gleichbleibender Taktart (also bei gleichbleibendem Metrum) leicht erkennen.

Nicht immer ist mit der Angabe des Metrums, der Hebungsanzahl und der Kennzeichnung des Versausgangs die Bestimmung der Verszeile vollständig. In dem vorliegenden Gedicht von Gryphius z. B. kommt noch ein viertes Bestimmungsmoment hinzu. Liest man das Gedicht laut, so merkt man, dass jede Zeile in zwei Hälften gegliedert ist; nach der dritten Hebung befindet sich eine **Zäsur**, die durch ein ' kenntlich gemacht werden kann:

> Dv sihst / wohin du sihst ' nur eitelkeit auff erden.

Und ein fünftes Merkmal dieses Verses besteht darin, dass er **Reime** aufweist. Gryphius benutzt also den gereimten sechshebigen Jambus mit einer Zäsur nach der dritten Hebung und wechselnd männlichem und weiblichem Ausgang. Diese Versgestaltung nennt man **Alexandriner**; sie taucht zum erstenmal in französischen Alexander-Epen auf, wo allerdings nicht Hebungen und Senkungen, sondern die Silben gezählt werden. Der Alexandriner war 12- oder 13-silbig und tritt im Deutschen entsprechend als sechshebiger Jambus mit männlichem (12-silbig) oder weiblichem (13-silbig) Versausgang in Erscheinung. Zu fragen ist allerdings, ob die gewählte Form lediglich Vehikel für die Übermittlung einer Aussage, also äußeres Merkmal bleibt, oder ob sie eine wesentliche Funktion für die Thematik des Gedichtes hat.

Kontrolliert man die einzelnen Zeilen von *Es ist alles eitell* daraufhin, so fällt bald auf, dass der dem Alexandriner eigentümlichen metrischen Zäsur eine gedankliche und eine syntaktische entspricht. Dies gilt ganz deutlich für die Zeilen 2, 3, 5, 6. In ihnen fällt die metrische Zäsur mit der syntaktischen zusammen, weil in der ersten Hälfte des Verses der Nebensatz, in der zweiten Hälfte der Hauptsatz steht. Entscheidend ist jedoch die Benutzung der metrischen und syntaktischen Zäsur nach der dritten Hebung als Sinnachse der Zeile. Im ersten Teil des Verses ist jeweils von der Gegenwart die Rede („heute", „itz und", „itzt"), der im zweiten die Zukunft entgegengehalten wird („morgen", „wird [...] sein", „bald", „morgen"). Diese dreifache temporale Entgegensetzung präsentiert nicht nur Sprachvirtuosität, sie drückt vielmehr die Vergänglichkeit des Heute angesichts des Kommenden aus und steht deshalb in enger Verbindung mit der Verfallsthematik des Gedichtes. Das zeigt sich besonders deutlich, wenn wir den Aussagegehalt der jeweiligen Halbzeilen untersuchen: Im ersten Teil des Verses ist von dem gegenwärtigen Glück, im zweiten von dem kommenden Unheil die Rede; dem Bauen tritt ein Einreißen entgegen, aus den Städten wird eine Wiese, d. h. das Werk der Menschen verfällt wieder, dem Pochen und Trotzen, d. h. dem stolzen Dasein des Menschen (und der Dinge) stehen „asch und bein", steht der Verfall gegenüber. Dieser antithetische Gedankengang lässt sich bis zu dem Gebrauch bestimmter Vokabeln an bestimmten Versstellen verfolgen. In den beiden Halbversen der Zeile 2 steht dem „dieser" ein „jener", dem „heute" ein „morgen", dem „bawt" ein „reist [...] ein", in Zeile 6 dem „itzt" ein „morgen", dem „pocht" ein „asch", dem „trotzt" das (Ge-)„bein" entgegen.

In unserem Beispiel ist selbst der metrische Aufbau der Zeile, das gewählte Versmaß, nichts Äußerliches, sondern es entspricht in seiner Gliederung der Gedankentektonik. Eine andere Versform, die ebenfalls durch eine Zäsur strukturiert ist und insofern von sich her schon eine bestimmte Handhabung (syntaktisch und inhaltlich) nahelegt, ist der **vers commun**. Nicht ohne Grund herrscht er, genau wie der Alexandriner, im Barock vor, in jener Zeit also, als – geistesgeschichtlich gesehen – die Neigung bestand, in Gegensätzen zu denken, Gott und Mensch, Diesseits und Jenseits, Todesverlangen und Lebenstrunkenheit einander gegenüberzustellen oder aber einen Gedanken besonders reich auszuschmücken, wei-

terzuspinnen und immer weiter zu variieren. Auch der vers commun, ein fünfhebiger gereimter Jambus mit fester Zäsur nach der zweiten Hebung und weiblichem oder männlichem Ausgang, bietet sich als Ausdrucksform für solches Denken geradezu an:

> Mein Gott, mein Gott! Du zentnerst stete Last!
> Hör auf, hör auf, eh ich bin ganz verdrücket.
> Gib endlich, gib um Jesu Kreuz mir Rast!

> (Kuhlmann [1651–1689]: *Aus tiefster Not*, in: *Barocklyrik*, S. 192)

Die meisten gebräuchlichen Verszeilen wurden – wie der Alexandriner und der
vers commun – aus anderen Nationalliteraturen übernommen und im Deutschen
leicht abgewandelt; aber nicht alle sind in sich so stark gegliedert wie die beiden
genannten. Zu den Verszeilen ohne feste Zäsur zählt der **Endecasillabo**, ursprünglich ein Elfsilbler, der aus dem Italienischen stammt und in der deutschen
Literatur als fünfhebiger gereimter Jambus mit weiblichem (dann auch im Deutschen 11-silbig) oder männlichem Ausgang (dann im Deutschen 10-silbig) sehr
häufig auftaucht:

> Der Spiegel dieser treuen, braunen Augen
> Ist wie von innerm Gold ein Widerschein;
> Tief aus dem Busen scheint er's anzusaugen,
> Dort mag solch Gold in heil'gem Gram gedeihn.

> (Mörike [1804–1875]: *Peregrina*, Sämtliche Werke, Bd. 1, S. 746)

Den ungereimten fünfhebigen Jambus, der ebenfalls männlichen oder weiblichen
Ausgang haben kann, nennt man **Blankvers** (von engl. ,blank verse'). Er ist seit
Lessings *Nathan* der Vers des deutschen Dramas. Nicht immer ganz streng
gehandhabt, kann er auf vier Hebungen verkürzt oder auf sechs erweitert werden,
und mitunter finden sich auch gereimte Zeilen, doch sind dies nur die Ausnahmen, die die Regel bestätigen:

> So seid Ihr es doch ganz und gar, mein Vater?
> Ich glaubt', Ihr hättet Eure Stimme nur
> Vorausgeschickt. Wo bleibt Ihr? Was für Berge,
> Für Wüsten, was für Ströme trennen uns
> Denn noch? Ihr atmet Wand an Wand mit ihr,
> Und eilt nicht Eure Recha zu umarmen?

> (Lessing: *Nathan der Weise*, Gesammelte Werke, Bd. 2, S. 331f.)

Zwischen den Zeilen 2 und 3, 4 und 5 sowie – hier mit einer gewissen Einschränkung – 5 und 6 findet sich eine Eigentümlichkeit, die für den Rhythmus des Verses von besonderer Bedeutung ist, das sogenannte **Enjambement**, der Zeilen-
sprung. An diesen Stellen gehen Sinn- und Satzzusammenhang nicht mit der Zei-
lengliederung überein, Satz und Sinn überspringen vielmehr das Versende und
vollenden sich erst in der nachfolgenden Zeile. Die rhythmische Bedeutung des
Enjambements ist groß. Es lockert den Vers so auf, dass bei sinnorientiertem

Lesen jedes „Leiern" vermieden wird. Das Leiern kommt ja dadurch zustande, dass man Verse, bei denen Sinn- und Satzende mit dem Zeilenende zusammenfallen, metrisch genau liest.

Unter den aus der Antike übernommenen Versen sind **Hexameter** und **Pentameter** für die deutsche Literatur besonders wichtig. Der deutsche Hexameter ist ein ungereimter, mit einer betonten Silbe beginnender Sechsheber mit ziemlich freier Versfüllung, d.h. er kann sowohl eine als auch zwei Senkungen pro Hebung aufweisen, doch hat er nach der fünften Hebung fast immer zwei Senkungen, und er endet in der Regel weiblich:

> Nun erhob sich Achilleus vom Sitz vor seinem Gezelte,
> Wo er die Stunden durchwachte, die nächtlichen, schaute der Flammen
> Fernes schreckliches Spiel und des wechselnden Feuers Bewegung,
> Ohne die Augen zu wenden von Pergamos' rötlicher Feste.
>
> (Goethe: *Achilleis*, Werke, HA, Bd. 2, S. 515)

Der Pentameter ist in scheinbarem Gegensatz zu seinem Namen (gr. penta = fünf) ebenfalls ein Sechsheber, doch kommen einsilbige Senkungen bei ihm nur nach der ersten und zweiten Hebung vor. Sein charakteristisches Merkmal ist, dass die dritte und vierte Hebung unmittelbar aufeinander folgen, so dass hier ein metrischer Akzent liegt, der die Zeile zweiteilt:

> Straßen, redet ein Wort! Genius, regst du dich nicht?

Im Gegensatz zum Hexameter, der der klassische Vers des Epos ist, kommt der Pentameter – von ganz seltenen Ausnahmen abgesehen – nicht allein, sondern in stetem Wechsel mit dem Hexameter vor; beide zusammen bilden dann ein **Distichon**. Das Distichon ist häufig der Grundvers eines **Epigramms** oder einer **Elegie**, wie in Goethes *Römischen Elegien:*

> Saget, Steine, mir an, o sprecht, ihr hohen Paläste!
>   Straßen, redet ein Wort! Genius, regst du dich nicht?
> Ja, es ist alles beseelt in deinen heiligen Mauern
>   Ewige Roma; nur mir schweiget noch alles so still.
>
> (Goethe: *Römische Elegien I*, Werke, HA, Bd. 1, S. 157)

Die große Bedeutung von Hexameter und Pentameter ist literarhistorisch mit der Orientierung der deutschen Literatur an griechischen und römischen Vorbildern zu erklären, doch lässt sich nicht leugnen, dass beide Versarten für deutsche Ohren auch eine stilistische Qualität besitzen. Wenn Thomas Mann in seinem – im Übrigen missglückten – *Gesang vom Kindchen* den Hexameter verwendet, so deshalb, weil er darin ein Mittel des gehobenen Stils erblickt und damit sein Ziel, die Tradition der Idylle wieder aufleben zu lassen, besser erreichen zu können glaubt, als wenn er andere, weniger feierlich wirkende Versarten oder gar Prosa verwenden würde:

War nicht Leben und Werk mir immer eines gewesen?
Nicht Erfindung war Kunst mir: Nur ein gewissenhaft' Leben;
Aber Leben auch Werk, – ich wußt' es niemals zu scheiden.
(Th. Mann: *Gesang vom Kindchen*, Gesammelte Werke, Bd. 8, S. 1072)

Ganz anders steht es da mit einer durchaus deutschen Versart, dem **Knittel**. Er trägt seinen Namen (von Knüttel = Knüppel, grober Stock), weil er urwüchsig, ja sogar ein wenig holprig und ungehobelt wirkt. Wir unterscheiden zwei Arten. Der strenge Knittel ist ein Vierheber, bei dem Hebungen und Senkungen regelmäßig wechseln (**alternierender Vers**) und dessen Versende männlich oder weiblich sein kann; er ist paarig gereimt, d. h. es reimen zwei aufeinanderfolgende Zeilen miteinander:

Eins abents ich spaciret auß
Auff ein schlafftrunck in ein wirtshauß,
[...]

(Hans Sachs [1494–1576]: *Die 7 clagenden mender*, Sämtliche Fabeln und Schwänke, Bd. 1, S. 39)

Durch den alternierenden Vers kommt es beim strengen Knittel sehr häufig zu **Tonbeugungen**, d. h. eine in der natürlichen Wortbetonung unbetonte Silbe wird metrisch betont, eine natürlich betonte bleibt metrisch unbetont. Das ist in der zweiten Zeile des obigen Beispiels der Fall. Die natürlich unbetonten Silben „ein", „-trunck" und „hauß" erhalten metrisch einen Akzent, und entsprechend bleiben die natürlich betonten Silben „schlaff-" und „wirts-" metrisch unbetont.

Der freie Knittel unterscheidet sich vom strengen nur durch eine nicht festgelegte Versfüllung, d. h. er kann auf eine Senkung ganz verzichten oder aber auch vier und sogar mehr Senkungen pro Hebung besitzen:

Auch last euch gar nicht diss betrüben
Wenn der schreckliche, grimmende, brüllende löw wird einher schieben!
(Gryphius: *Absurda comica oder Herr Peter Squentz*, Lustspiele, S. 30)

Es ist schwierig, die vier Hebungen in der letzten Zeile festzulegen. Man wird sich soweit möglich von den Sinnbetonungen leiten lassen und etwa auffolgende Weise skandieren:

Wenn der schréckliche grímmende brüllende lów wird einher schiében!

Dabei liegt nur der Akzent auf „schie(ben)" fest, und zwar aus Gründen des Reims; „löw" ist das für die Aussage wohl wichtigste Wort; ob man aber den Akzent auf „schreck(liche)" oder „grim(mende)" oder „brül-(lende)" legt, ist vom Satzsinn aus nicht zu entscheiden; für den Akzent auf „schreck(liche)" spricht, dass nur so ein allzu umfangreicher Auftakt vermieden wird. Über den vierten Akzent entscheidet wohl lediglich der Geschmack.

Der Knittel war der wichtigste Vers in der deutschen Literatur des 16. Jahrhunderts, zumal in den Schwankdichtungen und Fastnachtspielen, d. h. in den volkstümlichen Dichtungen. Diese Formtradition hat der Knittel beibehalten. Seit dem 18. Jahrhundert wurde er als „Vers des Volkes" wieder aufgegriffen, z. B. in Goethes *Urfaust,* in der Kapuzinerpredigt (Schiller: *Wallensteins Lager*), bei Wilhelm Busch [1832–1908] u. a. Gelegentlich wird er auch heute noch als Mittel der Parodie verwendet.

Zwei weitere Versarten müssen hier noch vorgestellt werden, weil sie zu den wichtigsten, d. h. verbreitetsten gehören. Der **Madrigalvers** ist sehr frei gestaltet, er kann drei-, vier- und fünfhebig, jambisch, trochäisch oder auch daktylisch sein, doch lassen sich solche Metren immerhin noch feststellen. Das Madrigal ist gereimt, aber ebenfalls nur in lockerer Form, d. h. es handelt sich hier um eine sehr variantenreiche Versart. Der **freie Rhythmus** hingegen lässt überhaupt kein Metrum mehr erkennen und ist ungereimt. Die Versgestaltung kann aber gerade deshalb besonders funktional sein, weil sie an keine „Regeln" gebunden ist:

> Einer
> wird den Ball
> aus der Hand der furchtbar
> Spielenden nehmen.

(Nelly Sachs [1891–1970]: *Einer wird den Ball,* in: *Fahrt ins Staublose,* S. 276)

Hier wird Gott dadurch besonders hervorgehoben, dass das „Einer" allein in einer Zeile steht; die offenbar bewusst durchgeführte Trennung der zusammengehörigen Wörter „furchtbar" und „Spielenden" durch ein scharfes Enjambement verstärkt den Akzent auf „Spielenden" und lässt dieses Wort dadurch besonders sinnbeschwert erscheinen, rückt es in eine Art Kontrastbeziehung zu Gott („Einer") usf.

Mit den freien Rhythmen und dem Madrigal haben wir die Erörterung der einzelnen Verse bereits verlassen und sind zur Frage nach dem Zusammenhang der Zeilen untereinander übergegangen, also zur Erörterung der **Strophe**. Ursprünglich die gleichgebaute, immer wiederkehrende höhere metrische Einheit bezeichnend, verwenden wir den Begriff heute auch, wenn es sich, wie bei den freien Rhythmen und dem Madrigal, um oft höchst unterschiedliche Versblöcke handelt, bei denen weder Zeilenzahl noch Zeilenlänge noch auch (in gereimten Strophen) die Reimfolge gleichbleibt. Bei den meisten Strophenformen findet sich jedoch das Prinzip der Wiederholung gleicher Metren, Verszeilen und Reimschemata.

In *Es ist alles eitell* sehen wir allerdings gewissermaßen zwei Strophenformen miteinander verbunden, eine vierzeilige und eine dreizeilige, **Quartett** und **Terzett** genannt. Die Gliederung in Quartette und Terzette ergibt sich aus dem Reimschema. Unter **Reim** verstehen wir den Gleichklang von Vokalen und Konsonanten von dem Vokal der letzten betonten Silbe an, also

l-ében	m-úss
str-ében	Fl-úss
verg-ében	Verdr-úss

Setzen wir für miteinander reimende Wörter Buchstaben, so lassen sich die wichtigsten Reimarten folgendermaßen beschreiben:

aabb	= Paarreim
abab	= Kreuzreim
abba	= umarmender Reim
abcabc	= verschränkter Reim
aabccb	= Schweifreim
ababcbcdc	= Kettenreim

In *Es ist alles eitell* finden wir das Schema abba abba ccd eed, d. h. in beiden Quartetten wird derselbe umarmende Reim verwendet, während die Terzette durch Schweifreim miteinander verbunden sind. Dies ist eine strenge Form des aus dem Italienischen stammenden **Sonetts.** Es besteht aus zwei Quartetten, die in der strengen Form nur zwei Reime, in der weniger strengen auch vier Reime aufweisen (also: abba cddc), und zwei Terzetten, deren Reimgestaltung schon früh ziemlich frei gehandhabt wurde (cdc dcd; cdc ede; ccd eed; cde cde). Von den Abwandlungen des italienischen Sonetts sei das ‚englische Sonett‘ genannt, das aus drei Quartetten (abab cdcd efef) und einem abschließenden paarig gereimten Zweizeiler besteht (gg). Charakteristisch für das englische wie für das italienische Sonett ist seine Struktur: Es treffen jeweils zwei formal unterschiedliche Gedichtteile aufeinander. Zu fragen ist, wieweit diese äußere Gliederung dem inneren Aufbau entspricht.

In seinem Gedicht *Es ist alles eitell* nutzt Gryphius die Sonettstruktur offensichtlich bewusst für eine bestimmte Aussageabsicht. Während nämlich in den beiden Quartetten von der Hinfälligkeit des Diesseits ganz allgemein die Rede ist, geht es in den nachfolgenden Terzetten um den Menschen, seine Diesseitsverfallenheit und seine Vergänglichkeit. Und außerdem ändert sich mit der Strophenform auch der Sprachduktus. Finden wir in den Quartetten Beschreibungsstil und Aussagesätze, so begegnet in den Terzetten eine Hinwendung an den Leser und entsprechend eine neue Redeweise: Frage und Ausruf prägen den Schluss des Gedichtes. Freilich wird man einräumen müssen, dass der ‚Wendepunkt‘, die inhaltliche und sprachliche Veränderung zwischen Quartetten und Terzetten, in diesem Gedicht um eine Zeile verschoben ist; denn streng genommen ändern sich Stil und Aussage erst nach der ersten Zeile des ersten Terzetts.

Das kann aber nicht darüber hinwegtäuschen, dass es sich hier um eine erfüllte, offensichtlich ganz bewusst genutzte Form handelt. Gryphius verwendet die Zweierstruktur des italienischen Sonetts für eine Dipoligkeit der Aussage und der Aussageweise. Auch die Strophen selbst unterscheiden sich noch voneinander, zumindest die Quartette. Im ersten ist nach dem einleitenden, das Thema umschreibenden Satz von konkreten Dingen oder Personen die Rede, von Städten, Wiesen und Kindern etc. Die mit ihrer Hilfe sichtbar gemachte Vergänglichkeitsthematik wird im zweiten Quartett verallgemeinert: das „gluck" ist hinfällig, was stolz und trotzig dasteht, wird vergehen, „Nichts" ist „ewig". Die Gliederung, die

die Sonettform besitzt, wird für den Gedankengang fruchtbar, bekommt eine Aussagefunktion.

Zu den Gedicht- bzw. Strophenformen, die besonders deutliche Gliederungen aufweisen, gehört auch die **Stanze**. Sie besteht aus acht Verszeilen, in denen der Endecasillabo mit wechselnd männlichem und weiblichem Ausgang Verwendung findet, und reimt nach dem Schema abababcc (seltener: aabccbdd). Der sich daraus ergebende Einschnitt nach den ersten sechs Zeilen macht die Strophe besonders tauglich als Ausdrucksform für eine gedankliche Zweierstruktur; in den letzten beiden Zeilen findet sich oft der krönende Abschluss eines Gedankens oder dessen Zusammenfassung, wie in folgendem Beispiel:

> Ihr naht euch wieder, schwankende Gestalten,
> Die früh sich einst dem trüben Blick gezeigt.
> Versuch' ich wohl, euch diesmal festzuhalten?
> Fühl' ich mein Herz noch jenem Wahn geneigt?
> Ihr drängt euch zu! nun gut, so mögt ihr walten,
> Wie ihr aus Dunst und Nebel um mich steigt;
> Mein Busen fühlt sich jugendlich erschüttert
> Vom Zauberhauch, der euren Zug umwittert.

(Goethe: *Faust I*, Zueignung, Werke, HA, Bd. 3, S. 9)

Eine andere, aber nicht weniger deutliche Ordnung besitzt die **Terzine**. Wie die Stanze aus dem Italienischen in die deutsche Literatur übernommen, verwendet auch sie den Endecasillabo in der deutschen Form eines gereimten fünfhebigen Jambus mit wechselnd männlichem und weiblichem Ausgang. Das Gedicht aber ist ganz anders gegliedert. Es handelt sich um dreizeilige Strophen, die durch Kettenreim miteinander verbunden sind: aba bcb cdc ... xyx. Die Schlusszeile reimt mit der Mittelzeile der vorhergehenden Strophe (yzyz), so dass keine ungereimte Zeile (**Waise**) übrigbleibt. Die Strophengliederung begünstigt strophenimmanent einen gedanklichen Dreischritt, durch den Kettenreim aber eine immer weiterreichende Verknüpfung von Gedanken, Bildern, Ideen, durch die Schlussgestaltung eine Kulmination des Gedankens innerhalb der letzten vier Zeilen oder der letzten Zeile, die dann, wie z. B. bei Hofmannsthal [1874–1929], von der vorhergehenden Terzinenstrophe abgesetzt wird:

> Die Stunden! wo wir auf das helle Blauen
> Des Meeres starren und den Tod verstehn,
> So leicht und feierlich und ohne Grauen,
>
> Wie kleine Mädchen, die sehr blaß aussehn,
> Mit großen Augen, und die immer frieren,
> An einem Abend stumm vor sich hinsehn
>
> Und wissen, daß das Leben jetzt aus ihren
> Schlaftrunknen Gliedern still hinüberfließt
> In Bäum und Gras, und sich matt lächelnd zieren
>
> Wie eine Heilige, die ihr Blut vergießt.

(Hofmannsthal: *Terzinen II*, in: Gedichte und lyrische Dramen, S. 17f.)

Sehr leicht ist die Nutzung der Form für das Fortspinnen der Todesthematik über die einzelnen Terzinenstrophen hinweg bis zum Schluss (ein Satz, ein Gedanke), ihre den Strophen entsprechende Gliederung (Stunden am Meer – Vergleich mit den Mädchen – das Gefühl des Hinübergleitens) sowie ihre Kulmination in dem abgesetzten und daher besonders hervorgehobenen Vergleich mit der ihr Blut vergießenden Heiligen im Schlusssatz zu erkennen.

Im Gegensatz zu Sonett, Stanze und Terzine weist die **Volksliedstrophe** keine scharf geprägten Strukturmerkmale auf. Sie hat zwei bis acht drei- oder vierhebige Verse mit ziemlich freier Füllung (ein oder zwei Senkungen) und unterschiedlichem Versausgang. Auch die Reimordnung ist nicht festgelegt; es finden sich vornehmlich Paarreime, Kreuzreime und ihre Verbindungen sowie der Schweifreim. Man darf sich von dem Namen ‚Volksliedstrophe' nicht irreführen lassen; sie ist nicht an „echte" oder „künstliche" Volkslieder gebunden, sondern die in der gesamten deutschen Lyrik verbreitetste Strophe überhaupt. Das folgende, keineswegs irgendwie an Volksdichtung erinnernde Beispiel ist eine fünfzeilige Volksliedstrophe:

> O Seele, um und um verweste,
> kaum lebst du noch und noch zuviel,
> da doch kein Staub aus keinen Feldern,
> da doch kein Laub aus keinen Wäldern
> nicht schwer durch deine Schatten fiel.

(Benn: *Das späte Ich III*, Gesammelte Werke, Bd. 3, S. 56)

Bei Gedichten, die nicht stark durchstrukturiert sind, bei denen sich daher die Frage nach der Form als Ansatz für eine Textinterpretation weniger eignet, wird man auf andere Aspekte zurückgreifen, vor allem auf die der Sprachgebung, der Ausdrucksart, des Stils.

Weiterführende Literatur

Asmuth: *Aspekte der Lyrik.* **Paul, Glier:** *Deutsche Metrik.*

Arbeitsteil

1. Nennen Sie Versarten und beschreiben Sie ihre Struktur!
2. Charakterisieren Sie unterschiedliche Strophen- und Gedichtformen!
3. Welche Reimarten kennen Sie?
4. Was ist der Unterschied zwischen Metrum und Rhythmus im Vers?
5. Nennen und charakterisieren Sie alle Sechsheber in der deutschen Lyrik!
6. Nennen und charakterisieren Sie alle Fünfheber in der deutschen Lyrik!
7. Welche reimlosen Gedichtformen kennen Sie?
8. Bestimmen Sie die Unterschiede zwischen dem italienischen und dem englischen Sonett!
9. Was sind Madrigalverse, was sind freie Rhythmen?
10. Was ist ein Distichon, was eine Elegie?

B. Textbeispiele

Analysieren Sie die folgenden Gedichtbeispiele unter besonderer Berücksichtigung ihrer Vers- und Formstrukturen und untersuchen Sie deren Funktion für den Gehalt des jeweiligen Textes!

III, 17   [Anonym]

Es ist ein schne gefallen
Und ist es doch nit zeit,
Man wirft mich mit den pallen,
Der weg ist mir verschneit.

Mein haus hat keinen gibel,
Es ist mir worden alt,
Zerbrochen sind die rigel,
Mein stüblein ist mir kalt.

Ach lieb, laß dichs erparmen
Daß ich so elend pin,
Und schleuß mich in dein arme!
So vert der winter hin.

(In: Lyrische Signaturen, S.25)

III, 18 **Andreas Gryphius**

Abend

Der schnelle Tag ist hin / die Nacht schwingt jhre fahn /
Vnd führt die Sternen auff. Der menschen müde scharen
Verlassen feld und werck /Wo Thier und vögel waren
    Trawrt jtzt die Einsamkeit. Wie ist die zeit verthan!
    Der port naht mehr und mehr sich /zu der glieder Kahn.
Gleich wie diß licht verfiel /so wird in wenig Jahren
Ich /du/vnd was man hat /vnd was man siht / hinfahren.
    Diß Leben kömmt mir vor alß eine renne bahn.
Laß höchsterGott mich doch nicht auff dem Lauffplatz gleiten /
Laß mich nicht ach / nicht pracht / nicht lust / nicht angst verleiten.
    Dein ewig heller glantz sey vor vnd neben mir /
Laß /wenn der müde leib entschläfft /die Seele wachen,
Vnd wenn der letzte Tagwird mit mir abend machen /
    So reiß mich auß dem thal der Finsternuß zu Dir.

(In: Sonette, S. 66)

III, 19 **Christian Hofmann von Hofmannswaldau** (1617–1679)

Die Welt

WAs ist die Welt / und ihr berühmtes gläntzen?
Was ist die Welt und ihre gantze Pracht?
Ein schnöder Schein in kurtzgefasten Gräntzen /
Ein schneller Blitz bey schwartzgewölckter Nacht.
Ein bundtes Feld / da Kummerdisteln grünen;
Ein schön Spital / so voller Kranckheit steckt.
Ein Sclavenhauß / da alle Menschen dienen /
Ein faules Grab / so Alabaster deckt.
Das ist der Grund / darauff wir Menschen bauen /
Und was das Fleisch für einen Abgott hält.
Komm Seele / komm / und lerne weiter schauen /
Als sich erstreckt der Zirckel dieser Welt.
Streich ab von dir derselben kurtzes Prangen /
Halt ihre Lust vor eine schwere Last.
So wirstu leicht in diesen Port gelangen /
Da Ewigkeit und Schönheit sich umbfast.

(In: Die Deutsche Literatur vom Mittelalter bis zum 20. Jahrhundert. Bd. III,
S. 251)

III, 20   **David Schirmer** (ca. 1623–1683)

Uber die aufmachende Anemone.

DEr Abend war ankommen.
Ich hatte meinen Weg bereit zu jhr genommen /
Zu Ihr /zu meiner Anemonen.
Ich klopfet an.
Bald ward mir aufgethan.
Die rechte Hand trug Ihr das Licht.
Die Lincke deckt jhr Angesicht.
So balde war das tiefst in meinem Hertzen
Verletzt von jhren göldnen Kertzen.
Wo kam ich hin? Sah ich denn in die Ferne?
Das kan ich itzund nicht aussprechen.
Jedoch die mir das Licht getragen /
Die war die Venus ohne Tagen
Selbstselbst mit jhrem Abend-Sterne.

(In: Die Deutsche Literatur vom Mittelalter bis zum 20. Jahrhundert. Bd. III,
S. 698f.)

III, 21   **Jakob Regnart** (ca. 1540–1594)

Brennendes Herz

Ach, schwacher Geist, der du mit so viel Leiden
Beladen bist, wirst du nicht bald abscheiden
Und diesen Leib samt allem Leid vermeiden?

Ach brinnends Herz, wird dich nit schier verzehren
Das Feur, so du mit Schmerzen tust ernähren?
Wie kannst du dich so lange Zeit erwehren?

Ach englisch Gsicht, ach Herz von eitel Steinen,
Wer möchte doch auf Erden je vermeinen,
Daß dir nicht soll zu Herzen gehn mein Weinen?

Ach Gott der Lieb, laß doch ihr Herz empfinden
Dein Feur, tu sie gen mir in Lieb entzünden,
So will dein Lob ich ewiglich verkünden.

(In: Deutsche Barocklyrik, S. 69)

III, 22   **Johann Wolfgang Goethe**

Prometheus

Bedecke deinen Himmel, Zeus,
Mit Wolkendunst!
Und übe, Knaben gleich,
Der Dieseln köpft,

An Eichen dich und Bergeshöhn!
Mußt mir meine Erde
Doch lassen stehn,
Und meine Hütte,
Die du nicht gebaut,
Und meinen Herd,
Um dessen Glut Du mich beneidest.

Ich kenne nichts Ärmer's
Unter der Sonn' als euch Götter.
Ihr nähret kümmerlich
Von Opfersteuern
Und Gebetshauch
Eure Majestät
Und darbtet, wären
Nicht Kinder und Bettler
Hoffnungsvolle Toren.

Da ich ein Kind war,
Nicht wußt', wo aus, wo ein,
Kehrte mein verirrtes Aug'
Zur Sonne, als wenn drüber wär'
Ein Ohr, zu hören meine Klage,
Ein Herz wie meins,
Sich des Bedrängten zu erbarmen.

Wer half mir wider
Der Titanen Übermut?
Wer rettete vom Tode mich,
Von Sklaverei?
Hast du's nicht alles selbst vollendet,
Heilig glühend Herz?
Und glühtest, jung und gut,
Betrogen, Rettungsdank
Dem Schlafenden dadroben?

Ich dich ehren? Wofür?
Hast du die Schmerzen gelindert
Je des Beladenen?
Hast du die Tränen gestillet
Je des Geängsteten?
Hat nicht mich zum Manne geschmiedet
Die allmächtige Zeit
Und das ewige Schicksal,
Meine Herrn und deine?

Wähntest du etwa
Ich sollte das Leben hassen,
In Wüsten fliehn,
Weil nicht alle Knabenmorgen-
Blütenträume reiften?

Hier sitz' ich, forme Menschen
Nach meinem Bilde,
Ein Geschlecht, das mir gleich sei,
Zu leiden, weinen,
Genießen und zu freuen sich,
Und dein nicht zu achten,
Wie ich.
(In: Werke, HA, Bd. 1, S. 44ff.)

III, 23   **Johann Wolfgang Goethe**

Verschiedene Dressuren

Aristokratische Hunde, sie knurren auf Bettler, ein echter
    Demokratischer Spitz kläfft nach dem seidenen Strumpf.
(In: Werke, HA, Bd. 1, S. 216)

III, 24   **Friedrich Schiller**

Aus: *Die Braut von Messina*

Er ist es nicht – Es war der Winde Spiel,
Die durch der Pinie Wipfel sausend streichen,
Schon neigt die Sonne sich zu ihrem Ziel,
Mit trägem Schritt seh ich die Stunden schleichen,
Und mich ergreift ein schauderndes Gefühl,
Es schreckt mich selbst das wesenlose Schweigen.
Nichts zeigt sich mir, wie weit die Blicke tragen,
Er läßt mich hier in meiner Angst verzagen.
    Und nahe hör ich, wie ein rauschend Wehr,
Die Stadt, die völkerwimmelnde, ertosen,
Ich höre fern das ungeheure Meer
An seine Ufer dumpferbrandend stoßen,
Es stürmen alle Schrecken auf mich her,
Klein fühl ich mich in diesem Furchtbargroßen
Und fortgeschleudert, wie das Blatt vom Baume,
Verlier ich mich im grenzenlosen Raume.
    Warum verließ ich meine stille Zelle,
Da lebt ich ohne Sehnsucht, ohne Harm!
Das Herz war ruhig, wie die Wiesenquelle,
An Wünschen leer, doch nicht an Freuden arm.
Ergriffen jetzt hat mich des Lebens Welle,
Mich faßt die Welt in ihren Riesenarm,
Zerrissen hab ich alle frühern Bande,
Vertrauend eines Schwures leichtem Pfande.
(In: Sämtliche Werke, Bd. 2, S. 854f.)

III, 25   **Friedrich Schiller**

Nänie

Auch das Schöne muß sterben! Das Menschen und Götter bezwinget,
  Nicht die eherne Brust rührt es des stygischen Zeus.
Einmal nur erweichte die Liebe den Schattenbeherrscher,
  Und an der Schwelle noch, streng, rief er zurück sein Geschenk.
Nicht stillt Aphrodite dem schönen Knaben die Wunde,
  Die in den zierlichen Leib grausam der Eber geritzt.
Nicht errettet den göttlichen Held die unsterbliche Mutter,
  Wann er, am skäischen Tor fallend, sein Schicksal erfüllt.
Aber sie steigt aus dem Meer mit allen Töchtern des Nereus,
  Und die Klage hebt an um den verherrlichten Sohn.
Siehe! Da weinen die Götter, es weinen die Göttinnen alle,
  Daß das Schöne vergeht, daß das Vollkommene stirbt.
Auch ein Klaglied zu sein im Mund der Geliebten, ist herrlich,
  Denn das Gemeine geht klanglos zum Orkus hinab.

(In: Sämtliche Werke, Bd. 1, S. 242)

III, 26   **Johann Wolfgang Goethe**

Im ernsten Beinhaus war's, wo ich beschaute,
  Wie Schädel Schädeln angeordnet paßten;
  Die alte Zeit gedacht ich, die ergraute.
Sie stehn in Reih' geklemmt, die sonst sich haßten,
  Und derbe Knochen, die sich tödlich schlugen,
  Sie liegen kreuzweis zahm allhier zu rasten.
Entrenkte Schulterblätter! was sie trugen,
  Fragt niemand mehr, und zierlich-tät'ge Glieder,
  Die Hand, der Fuß, zerstreut aus Lebensfugen.
Ihr Müden also lagt vergebens nieder,
  Nicht Ruh' im Grabe ließ man euch, vertrieben
  Seid ihr herauf zum lichten Tage wieder,
Und niemand kann die dürre Schale lieben,
  Welch herrlich edlen Kern sie auch bewahrte.
  Doch mir Adepten war die Schrift geschrieben,
Die heil'gen Sinn nicht jedem offenbarte,
  Als ich inmitten solcher starren Menge
  Unschätzbar herrlich ein Gebild gewahrte,
Daß in des Raumes Moderkält' und Enge
  Ich frei und wärmefühlend mich erquickte,
  Als ob ein Lebensquell dem Tod entspränge.
Wie mich geheimnisvoll der Form entzückte!
  Die gottgedachte Spur, die sich erhalten!
  Ein Blick, der mich an jenes Meer entrückte,
Das flutend strömt gesteigerte Gestalten.

Geheim Gefäß! Orakelsprüche spendend,
Wie bin ich wert, dich in der Hand zu halten,
Dich höchsten Schatz aus Moder fromm entwendend
Und in die freie Luft zu freiem Sinnen,
Zum Sonnenlicht andächtig hin mich wendend.
Was kann der Mensch im Leben mehr gewinnen,
Als daß sich Gott-Natur ihm offenbare ?
Wie sie das Feste läßt zu Geist verrinnen,
Wie sie das Geisterzeugte fest bewahre.

(In: Werke, HA, Bd. 1, S. 366f.)

III, 27   **Johann Wolfgang Goethe**

Urworte. Orphisch

DAIMON, Dämon

Wie an dem Tag, der dich der Welt verliehen,
Die Sonne stand zum Gruße der Planeten,
Bist alsobald und fort und fort gediehen
Nach dem Gesetz, wonach du angetreten.
So mußt du sein, dir kannst du nicht entfliehen,
So sagten schon Sibyllen, so Propheten;
Und keine Zeit und keine Macht zerstückelt
Geprägte Form, die lebend sich entwickelt.

(In: Werke, HA, Bd. 1, S.359)

III, 28   **Joseph von Eichendorff**

Nachts

Ich wandre durch die stille Nacht.
Da schleicht der Mond so heimlich sacht
Oft aus der dunklen Wolkenhülle,
Und hin und her im Tal
Erwacht die Nachtigall,
Dann wieder alles grau und stille.
O wunderbarer Nachtgesang:
Von fern im Land der Ströme Gang,
Leis Schauern in den dunklen Bäumen -
Wirrst die Gedanken mir,
Mein irres Singen hier
Ist wie ein Rufen nur aus Träumen.

(In: Sämtliche Werke, Bd. I, S. 29)

III, 29   **Hugo von Hofmannsthal**

Was ist die Welt?

Was ist die Welt? Ein ewiges Gedicht,
Daraus der Geist der Gottheit strahlt und glüht,
Daraus der Wein der Weisheit schäumt und sprüht,
Daraus der Laut der Liebe zu uns spricht.

Und jedes Menschen wechselndes Gemüt,
Ein Strahl ists, der aus dieser Sonne bricht,
Ein Vers, der sich an tausend andre flicht,
Der unbemerkt verhallt, verlischt, verblüht.

Und doch auch eine Welt für sich allein,
Voll süß-geheimer, nievernommner Töne,
Begabt mit eigner, unentweihter Schöne,

Und keines Andern Nachhall, Widerschein.
Und wenn du gar zu lesen drin verstündest,
Ein Buch, das du im Leben nicht ergründest.
(In: Gedichte und Lyrische Dramen, S. 467)

III, 30   **Hugo von Hofmannsthal**

Terzinen

Wir sind aus solchem Zeug wie das zu Träumen,
Und Träume schlagen so die Augen auf
Wie kleine Kinder unter Kirschenbäumen,

Aus deren Krone den blaßgoldnen Lauf
Der Vollmond anhebt durch die große Nacht.
… Nicht anders tauchen unsre Träume auf,

Sind da und leben wie ein Kind, das lacht,
Nicht minder groß im Auf- und Niederschweben
Als Vollmond, aus Baumkronen aufgewacht.

Das Innerste ist offen ihrem Weben;
Wie Geisterhände in versperrtem Raum
Sind sie in uns und haben immer Leben.

Und drei sind Eins: ein Mensch, ein Ding, ein Traum.
(In: Gedichte und Lyrische Dramen, S. 18)

Georg Trakl (1887–1914)

Verfall

Am Abend, wenn die Glocken Frieden läuten,
Folg ich der Vögel wundervollen Flügen,
Die lang geschart, gleich frommen Pilgerzügen,
Entschwinden in den herbstlich klaren Weiten.

Hinwandelnd durch den dämmervollen Garten
Träum ich nach ihren helleren Geschicken
Und fühl der Stunden Weiser kaum mehr rücken.
So folg ich über Wolken ihren Fahrten.

Da macht ein Hauch mich von Verfall erzittern.
Die Amsel klagt in den entlaubten Zweigen.
Es schwankt der rote Wein an rostigen Gittern,

Indes wie blasser Kinder Todesreigen
Um dunkle Brunnenränder, die verwittern,
Im Wind sich fröstelnd blaue Astern neigen.
(In: Dichtungen und Briefe, S. 9)

Gottfried Benn

Synthese

Schweigende Nacht. Schweigendes Haus.
Ich aber bin der stillsten Sterne,
ich treibe auch mein eignes Licht
noch in die eigne Nacht hinaus.

Ich bin gehirnlich heimgekehrt
aus Höhlen, Himmeln, Dreck und Vieh.
Auch was sich noch der Frau gewährt,
ist dunkle süße Onanie.

Ich wälze Welt. Ich röchle Raub.
Und nächtens nackte ich im Glück:
es ringt kein Tod, es stinkt kein Staub
mich, Ich-Begriff, zur Welt zurück.
(In: Gesammelte Werke, Bd. 3, S. 57)

Else Lasker-Schüler (1869–1945)

Weltende

Es ist ein Weinen in der Welt,
Als ob der liebe Gott gestorben wär,
Und der bleierne Schatten, der niederfällt,
Lastet grabesschwer.

Komm, wir wollen uns näher verbergen ...
Das Leben liegt in aller Herzen
Wie in Särgen.

Du! wir wollen uns tief küssen -
Es pocht eine Sehnsucht an die Welt,
An der wir sterben müssen.
(In: Gedichte, S. 149)

III, 34   **Erich Kästner** (1899–1974)

Sachliche Romanze

Als sie einander acht Jahre kannten
(und man darf sagen: sie kannten sich gut),
kam ihre Liebe plötzlich abhanden.
Wie andern Leuten ein Stock oder Hut.

Sie waren traurig, betrugen sich heiter,
versuchten Küsse, als ob nichts sei,
und sahen sich an und wußten nicht weiter.
Da weinte sie schließlich. Und er stand dabei.

Vom Fenster aus konnte man Schiffen winken,
Er sagte, es wäre schon Viertel nach Vier
und Zeit, irgendwo Kaffe zu trinken.
Nebenan übte ein Mensch Klavier.

Sie gingen ins kleinste Cafe am Ort
und rührten in ihren Tassen.
Am Abend saßen sie immer noch dort.
Sie saßen allein, und sie sprachen kein Wort
und konnten es einfach nicht fassen.
(In: Gedichte, S. 101)

III, 35   **Paul Celan**

Tenebrae

Nah sind wir, Herr,
nahe und greifbar.

Gegriffen schon, Herr,
ineinander verkrallt, als wär
der Leib eines jeden von uns
dein Leib, Herr.

Bete, Herr,
bete zu uns,
wir sind nah.

Windschief gingen wir hin,
gingen wir hin, uns zu bücken
nach Mulde und Maar.

Zur Tränke gingen wir, Herr.

Es war Blut, es war,
was du vergossen, Herr.

Es glänzte.

Es warf uns dein Bild in die Augen, Herr.
Augen und Mund stehn so offen und leer, Herr.

Wir haben getrunken, Herr.
Das Blut und das Bild, das im Blut war, Herr.

Bete, Herr.
Wir sind nah.

(In: Ausgewählte Gedichte, S. 58f.)

5. Stilanalyse

Im Zusammenhang mit der Frage, ob es sich bei einigen Passagen des Anfangs
von Döblins *Berlin Alexanderplatz* um Erzähler-Kommentar oder um inneren
Monolog, um Erzähler-Bericht oder erlebte Rede handele, tauchte der Begriff **Stil**
auf. Abgesehen vom Kontext, gab uns nämlich auch die Art und Weise, wie gere-
det wird, Aufschluss darüber, ob Döblin das Geschehen aus der Sicht der Figur
oder aus der des Narrators darstellt. Im Allgemeinen gebraucht man diesen
Begriff jedoch in noch umfassenderem Sinn. Man bezeichnet damit – ganz generell – die Art und Weise der sprachlichen Darbietung und kann dann z.B. von
Goethes Altersstil sprechen, um die charakteristische Sprachgebung des späten
Goethe zu benennen. Außerdem wird der Begriff benutzt, um die Darstellungsart
überhaupt zu beschreiben, und ist dann nicht mehr lediglich auf das Sprachliche
begrenzt. Charakteristisch für Goethes Altersstil in diesem Sinne sind dann nicht
nur Satzbau und Wortwahl, sondern auch seine ausgeprägte Neigung zum Symbolischen; zum ,klassischen Stil' gehört der Hexameter im Epos, der Blankvers
und die Fünfaktigkeit im Drama etc. Hier meint ,Stil' etwa das, was wir gewöhn-
lich als Form bezeichnen. Und endlich schließt der Terminus oft auch inhaltliche
Phänomene mit ein: Zum Stil der Sturm-und-Drang-Dichtung gehört es z.B., dass
sogenannte Kraftmenschen auftreten.

Ich benutze die Begriffe ,Stil' und ,Form' in einem engeren Sinn. Unter Stil verstehe ich die sprachlichen Eigentümlichkeiten eines Textes, unter Form die des Auf-
baus, der Gliederung, der Ordnung (vgl. dazu die Abschnitte 1.–4.). Zu fragen ist
freilich jeweils, welche Bedeutung Stil und Form für die Übermittlung eines
Gedankens oder eines Gedankengeflechts besitzen, d.h. es ist nach ihrer Aussagefunktion zu fragen.

In aller Regel fällt es uns nicht schwer, die **Stillage** eines Textes zu erkennen. Schon die antike Lehre von der Redekunst, die **Rhetorik** unterschied die Stilarten nach ihrer Höhenlage, die sich am Zweck der jeweiligen sprachlichen Kommunikation orientierte. Man unterschied drei Stilarten (genera dicendi): 1. den leichten, niedrigen Stil (genus humile), der im täglichen Leben, z. B. bei bloßen Mitteilungen angebracht war; 2. den mittleren Stil (genus mediocre oder medium), der eine „geschmückte" Sprache verwendete, z. B. in der Konversation, vor allem dann, wenn diese in einer größeren Gesellschaft stattfand und die soziale Kompetenz der Gesprächspartner sichtbar machen sollte; 3. den schweren, gehobenen Stil (genus grande oder sublime), der bei feierlichen Anlässen oder auch zur Erregung leidenschaftlicher Gefühle etc. angebracht schien. Bei der Analyse poetischer Texte verzichtet man heute auf solche Klassifizierungen und versucht die Sprachdetails genauer zu beschreiben. Wir sprechen von gehobenem und vulgärem, von sachlichem und pathetischem, von gewundenem, geschraubtem, primitivem Stil etc. Schwieriger wird es, wenn wir erläutern sollen, auf Grund welcher Beobachtungen wir zu unserem Urteil gelangt sind. Die kleinste Einheit, die es dann zu untersuchen gilt, ist das **Wort**. Die am Anfang von Döblins *Berlin Alexanderplatz* auftauchenden Wörter „Schwein", „Brägen", „Kerl" z. B. gehören zum Vokabular der Umgangssprache und zeigen eine niedrige Stilebene an. Es ist klar, dass wir bei einem solchen Urteil schon einen Begriff von „hohem" und „niederem" Stil voraussetzen, eine Klassifizierung, die allgemein sehr umstritten ist. Wie wir heute wissen, wird als „normale" Sprache die des Mittelstandes empfunden, d. h. die Sprache einer sozialen Schicht wird als Norm genommen. Dies ist freilich ein Sprachgefühl, das uns die Schule anerzogen hat, aber für die Aufschlüsselung poetischer Texte vom Stilistischen aus ist dieses ansonsten höchst problematische Faktum nur von geringer Bedeutung. Denn man geht nicht fehl, wenn man annimmt, dass der Maßstab, den ein Autor bei der Wahl (oder Konstruktion) der von ihm verwendeten Stilebene anlegt, ebenfalls der der sprachlichen Konvention unserer Gesellschaft ist, d. h. dass der Leser (Interpret) in etwa von den gleichen Voraussetzungen ausgeht wie der Verfasser, wenn er den Stil eines Textes klassifiziert. Und das bedeutet, dass seine Leserolle wohl der entsprechen muss, in die ihn der Autor hat versetzen wollen.

Natürlich spielt bei der Stilanalyse auch die Frage eine Rolle, ob und in welcher Absicht **Fremdwörter** und **Fachausdrücke** Verwendung finden. Dabei ist aber zwischen Sachzwang und künstlerischer Funktion zu unterscheiden. In einem wissenschaftlichen Text ergibt sich ein Gebrauch von Fachwörtern und Fachausdrücken aus dem zu beschreibenden Sachverhalt selbst. Anders steht es da bei fiktionalen Texten:

> Spätherbst, Saisonbeginn, Premierenflimmer, l'heure bleue aus Spreenebel und Gaskoks, dämmernd, wenn der Autorun beginnt. Glänzender Start der mondänen Neurose: Highlife-Pleiten und Pooldebakels, Trattenprestissimo und Kredit-Kollapse, septisches Terrain, subfebrile Krisen.
>
> (Benn: *Saison*, Gesammelte Werke, Bd. 2, S. 119)

Diese bei Benn nicht selten begegnende Häufung von Fremdwörtern und Fremd-
wort-Kompositionen lässt sich keineswegs von der ‚Sache‘ her begründen, die zur
Sprache gebracht werden soll. Eine ‚Sache‘ steht hier gar nicht im Mittelpunkt,
eher handelt es sich um die Beschreibung eines Gefühls der Resignation oder gar
Depression. Die kulturellen Ereignisse, auf die man im Winterhalbjahr hoffen
kann und die, als ‚Premieren‘ bezeichnet, zunächst den Charakter des Festlichen
bekommen, werden durch die Hinzufügung des deutschen Wortes „Flimmer“ als
inhaltlos, als unsinnig disqualifiziert. Dasselbe Prinzip wird hinter der Formulierung „l'heure bleue aus Spreenebel und Gaskoks“ sichtbar: Die Benutzung des
Fremdwortes lässt den Leser Angenehmes assoziieren, doch ist dies nur ein Mittel, die anschließende Desillusionierung mit Hilfe zweier deutscher Worte perfekt
werden zu lassen. Das Prinzip kann auch umgekehrt werden: „Glänzender Start
der mondänen Neurose“. Hier strafen die Fremdwörter die zunächst aufkeimen-
de Erwartungsfreude Lügen. Und nachdem auf diese Weise das Fremdwort als
Mittel der Desillusionierung von erwartungsfrohen Empfindungen zu „Saisonbe-
ginn“ etabliert worden ist, verwendet es Benn zum Schluss der kurzen Passage
auch ohne jede Konfrontation mit deutschsprachigen Begriffen als Mittel der
Destruktion: „High-life-Pleiten und Pooldebakels, Trattenprestissimo und Kredit-
Kollapse, septisches Terrain, subfebrile Krisen.“ Der Stil der Fremdworthäufung
dient hier also nicht der Klärung eines Sachverhaltes, sondern er will den Leser
in eine kritische, desillusionierte Gefühlshaltung gegenüber seiner Welt versetzen; hier waltet kein Sachzwang, sondern ein poetisches Prinzip.

Der Gebrauch von Fremd- und Lehnwörtern sowie von Fachausdrücken sagt
noch nichts über die Qualität eines Textes aus. Das gilt grundsätzlich auch für die
verwendete Stillage; es ist durchwegs nach ihrer Funktion zu fragen, wenn die
Textqualität festgestellt werden soll. Die Verwendung umgangssprachlichen
Vokabulars z. B., also die allenfalls mittlere, z. T. gar niedrige Stillage, die zu
Beginn von Döblins *Berlin Alexanderplatz* begegnet, signalisiert dem Leser das
soziale Milieu, in dem das Geschehen spielt und das von größter Bedeutung für
die sozialkritische Thematik, für die Tendenz des Buches ist; insofern erfüllt die
Umgangssprache hier eine wichtige Funktion innerhalb des Textganzen, und nur
das ist ausschlaggebend für den künstlerischen Rang, den ein Text besitzt. Im
Bereich der Sprachkunst hat die Höhe des Stils keinen eigenen Wert. Ändern sich
die Aussageabsichten, so ändert sich auch der Stil. Im nächsten Beispiel handelt
es sich um eine ausgesprochen feierliche Passage:

> Mit gelben Birnen hänget
> Und voll mit wilden Rosen
> Das Land in den See,
> Ihr holden Schwäne,
> Und trunken von Küssen
> Tunkt ihr das Haupt
> Ins heilignüchterne Wasser.

(Hölderlin: *Hälfte des Lebens*, Sämtliche Werke, Bd. 2, S. 117)

Zunächst fällt die **Lautsymbolik** der dunklen Vokale auf („hold", „trunken", „tunkt"); es handelt sich um ein gleichsam akustisches Mittel, das Düstere des beginnenden Herbstes, der hier als Symbol der Einsamkeit, der Vergänglichkeit, des Todes besungen wird, zu evozieren. Sodann springt das überaus gehobene Vokabular in die Augen: „hold", „trunken", „tunkt", „Haupt" – lauter Wörter, die sich durch andere, weniger gewählt klingende ersetzen ließen. Besonders auffällig ist die **Wortschöpfung** des Kompositums „heilignüchtern", das sich einer bündigen Bedeutungsdefinition entzieht. Das „nüchtern" steht offenbar im Gegensatz zu „trunken von Küssen" und signalisiert das Ende der im Allgemeinen mit Frühling und Sommer verbundenen Erotik in der Natur, steht also in Verbindung mit der Herbstthematik. Das „heilig" überhöht diese Veränderung möglicherweise gar auf Weltabsage hin, müsste aber gewiss wesentlich genauer untersucht werden, auch im Hinblick auf die Frage, was das Wort bei Hölderlin generell bedeutet. Jedenfalls wird man sagen können, dass der preziöse Stil Ausdrucksmittel eines Dichtens ist, das mit dem Herbstbild den Gedanken an Tod und Daseinsüberwindung überhaupt heraufbeschwört.

Nicht nur der Wortgebrauch gibt Aufschluss über den Stil; vielmehr gilt es auch, **Satzarten, Satzbau, Satzgefüge** etc. mit in die Betrachtung einzubeziehen. Schon einmal habe ich aus Thomas Manns Roman *Die Bekenntnisse des Hochstaplers Felix Krull* zitiert:

> Der Rheingau hat mich hervorgebracht, jener begünstigte Landstrich, welcher, gelinde und ohne Schroffheit sowohl in Hinsicht auf die Witterungsverhältnisse wie auf die Bodenbeschaffenheit, reich mit Städten und Ortschaften besetzt und fröhlich bevölkert, wohl zu den lieblichsten der bewohnten Erde gehört.
>
> (Th. Mann: Gesammelte Werke, Bd. 7, S. 266)

Dies ist ein, wenn nicht gewundener und komplizierter, so doch verspielter, verschnörkelter Satzbau. Dem Hauptsatz folgt eine nachgestellte Apposition, von der wiederum ein Nebensatz (Relativsatz) abhängt, der direkt nach dem Relativpronomen schon wieder aufgebrochen wird, und zwar gleich durch zwei herausgehobene Attribute, die satzwertig sind („gelinde und ohne Schroffheit" bzw. „reich […] bevölkert") und ihrerseits enorm aufgefüllt, ja aufgebläht erscheinen: „ohne Schroffheit sowohl in Hinsicht auf […] wie auf […]" bzw. „reich mit Städten und Ortschaften besetzt". Das gestelzte „sowohl […] wie" und ungewöhnliche „fröhlich bevölkert" trägt neben dem Satzbau ebenso zu dem Eindruck bei, dass es sich um einen bewusst gehobenen und verzierten Stil handelt, wie manche pathetisch wirkende Formulierung: „Der Rheingau hat mich hervorgebracht" statt „Ich bin im Rheingau geboren" oder „der bewohnten Erde" statt des gängigeren „der Welt". Warum aber lässt Thomas Mann den Hochstapler so sprechen? – Offensichtlich wohl eben deshalb, weil er ein Hochstapler ist und dem Leser von Anfang an als solcher vor Augen geführt werden soll. Felix Krull dekuvriert sich selbst als Hochstapler dadurch, dass er von sich in einem Stil berichtet, der alles, auch das Banalste, ja sogar das Fragwürdigste im Licht des Exquisiten erscheinen lässt. Vergleicht man das Faktum seiner Herkunft (er ist Sohn eines bankrotten Sektfabrikanten) mit dem gehobenen Redestil des Ich-Erzählers, in dem er dieses Faktum schildert (bzw. bezeichnenderweise nur andeutet), so wird die Diskrepanz zwischen Gesagtem und Sageweise deutlich und damit zugleich die dekuvrierende Funktion des gewählten Stils.

Völlig anders nimmt sich der Stil aus, in dem Heinrich Böll den eigentlichen Bericht über *Die verlorene Ehre der Katharina Blum* beginnt:

> [...] am Mittwoch, dem 20.2.1974, am Vorabend von Weiberfastnacht, verlässt in einer Stadt eine junge Frau von siebenundzwanzig Jahren abends gegen 18.45 Uhr ihre Wohnung, um an einem privaten Tanzvergnügen teilzunehmen.
>
> (Böll: *Die verlorene Ehre der Katharina Blum*, S. 11)

Es handelt sich um ein Satzgefüge, das aus Hauptsatz und finalem Nebensatz besteht, also nicht eben um primitiven, aber auch nicht um preziösen Stil, sondern um den eines Berichts, der auf die Vermittlung von Fakten abzuzielen scheint. Dafür spricht auch die genaue Angabe von Tag und Stunde des Geschehens. Allerdings ist an dem Tempus (Präsens) zu erkennen, dass es sich nicht um einen distanzierten Bericht handelt, sondern dass es dem Berichterstatter auch darauf ankommt, den Leser mitten in das Geschehen hineinzustellen.

Ganz andere Satzarten verwendet Goethe in dem folgenden Beispiel für **emphatisch-pathetischen** Stil:

> Und doch, welch Glück, geliebt zu werden!
> Und lieben, Götter, welch ein Glück!
>
> (Goethe: *Willkommen und Abschied*, Werke, HA, Bd. 1, S. 29)

Es sind Ausrufungssätze, ja genau genommen sind es nur Ausrufe, denn vollständige Sätze finden sich gar nicht. Gesteigert wird der emphatische Stil auch dadurch, dass die angerufenen Götter mitten im zweiten Ausruf stehen, und ganz besonders durch die Wiederholung des Wortes „Glück". Erfüllt schon im Allgemeinen jede Wiederholung die Funktion, einen Gedanken zu intensivieren, eine Wirkung zu steigern, so hat es mit dem vor uns liegenden Beispiel noch eine besondere Bewandtnis. Eine gewisse Wiederholung liegt auch bei „geliebt" und „lieben" vor, nämlich eine Variation des zugrundeliegenden Wortstammes „lieb-", und zwar so, dass mit der Sinnveränderung (Passives wird in Aktives verwandelt) auch eine Steigerung stattfindet: Das Glück zu „lieben" überbietet das „geliebt zu werden". Diese Steigerung in der Veränderung kommt zudem dadurch zustande, dass das entscheidende Wort „Glück", zunächst ziemlich am Anfang der Zeile stehend, im zweiten Vers den Schluss und damit zugleich auch den inneren Höhepunkt bildet. Diese Wort- und Gedankenfolge hat chiastisches Gepräge.

Unter einem **Chiasmus** verstehen wir eine Überkreuzstellung syntaktischer oder gedanklicher Elemente, was man im Allgemeinen mit der Formel a : b = b : a ausdrückt. In unserem Fall entspricht dem a das „Glück", dem b der Komplex „Liebe"

(„Geliebt zu werden" und „lieben"), so dass folgendes syntaktisches und gedankliches Schema sichtbar zu machen ist:

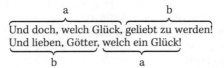

Es wäre nun ganz falsch, den jungen Goethe als Erfinder dieser raffinierten und aussagestarken Versgestaltung zu bewundern. Denn solche Stilmittel sind sehr alt und gehörten schon in der Antike zu dem Handwerkszeug jedes Redners. Man nennt sie **rhetorische Figuren**. Sie stammen aus der antiken Rhetorik, die als Lehre von der wirkungsvollsten Redeweise solche sprachlichen Mittel bereitstellte; es gab Lexika und Sammelwerke, in denen sie verzeichnet und also für jeden zugänglich waren. Mithin handelt es sich nicht um eine individuelle dichterische Leistung, wenn solche Stilfiguren verwendet werden; individuell ist vielmehr die Füllung des Rahmens, den eine rhetorische Figur darstellt. Oft verwenden wir im täglichen Sprechen solche Mittel, ohne es zu wissen; vor allem in Sprichwörtern und feststehenden Redewendungen tauchen sie auf: „Mit Kind und Kegel" oder „Haus und Hof" sind solche Formulierungen. In ihnen begegnet die **Alliteration**, der Gleichklang im Wortanlaut, der verstärkende und zusammenbindende Funktion besitzt. In den folgenden vier Zeilen aus Bürgers (1747–1794) Ballade *Lenore* wimmelt es geradezu von rhetorischen Figuren:

> „O Mutter! Was ist Seligkeit?
> O Mutter! Was ist Hölle?
> Bei ihm, bei ihm ist Seligkeit,
> Und ohne Wilhelm Hölle!–"
> (Bürger: *Lenore*, Gedichte, S. 173)

Es sind dies die verzweifelten Worte Lenores, die um ihren aus dem Krieg nicht heimgekehrten Bräutigam bangt; die Vorhaltungen ihrer Mutter, sie solle nicht an das irdische Glück, sondern an die Seligkeit denken, beantwortet sie mit den zitierten Sätzen. Ihnen ist die Erregung der Liebenden anzumerken, sie sind pathetischer Ausdruck. Diese Wirkung wird zunächst durch den das Gesagte betonenden syntaktischen **Parallelismus** der ersten beiden Zeilen erreicht: Bei beiden handelt es sich um Fragesätze, die mit einem Ausruf eingeleitet werden; nur die Schlusswörter unterscheiden sich, sie bilden sogar eine logisch-inhaltliche **Antithese**, stehen jedoch im Dienst derselben Aussageabsicht, nämlich die totale Gefühlsergriffenheit Lenores auszudrücken. Der syntaktische Parallelismus wird schließlich vor allem dadurch besonders unterstrichen, dass die beiden Zeilen mit denselben Wörtern beginnen: „O Mutter! […] /O Mutter!" Dies ist eine **Anapher** (= Wiederkehr desselben Wortes oder derselben Wörter zu Beginn zweier oder mehrerer aufeinander folgender Sätze, Verse oder Strophen). Sie dient, wie beinahe alle Formen der Wiederholung und der Parallelisierung, der Ausdrucksverstärkung, hier der Unterstreichung der Erregung. Dies gilt auch für die in den zitierten Versen begegnende aufgelockerte Form der **Epipher** (= „Wiederholung desselben Wortes oder Wortgefüges jeweils am Schluss mehrerer aufeinander folgender Sätze oder Satzglieder" [Wilpert: *Sachwörterbuch der Literatur]* oder auch der aufeinander folgenden Zeilen): „Seligkeit" und „Hölle" werden – wenn auch in Überkreuzstellung – jeweils am Zeilenende wiederholt. Die dadurch bewirkte Hervorhebung dieser Wörter gipfelt darin, dass es sich bei ihnen um Reimwörter handelt, die in der Epipher einen **identischen Reim** bewirken. Und schließlich bringt Bürger den Gedanken, dass nicht Gott, sondern eben der Geliebte über Glück und Unglück, „Seligkeit" und „Hölle" im Leben Lenores entscheidet, ebenfalls mit Hilfe einer rhetorischen Figur besonders emphatisch zum Ausdruck: Er lässt Lenore das „bei ihm" wiederholen, fügt also eine **Epanalepse** ein (= „Wiederholung des gleichen Einzelwortes oder e. Wortgruppe am Satzanfang, entweder unmittelbar aufeinander [...] oder nach Zwischenschaltung e. Wortes" [Wilpert: *Sachwörterbuch der Literatur*]).

Auch die Untersuchung der rhetorischen Figuren ist nicht Selbstzweck, sondern dient der Interpretation des Textganzen. Um jedoch ihre Aussagefunktion erfassen zu können, muss man sie erst einmal erkennen. Es gibt eine solche Fülle von rhetorischen Figuren, dass es unmöglich ist, auch nur den größten Teil von ihnen hier vorzustellen, aber die allerwichtigsten, von denen bisher noch nicht die Rede war, sollen doch aufgeführt werden:

1. **figura etymologica:** Verbindung zweier stammverwandter Wörter mit dem Ziel der Ausdruckssteigerung, z.B. „der schrecklichste der Schrecken" oder „einen Gang gehen".

2. **Asyndeton:** Aneinanderreihung gleichartiger Satzglieder oder Sätze ohne Zwischenschaltung einer Konjunktion: „Ich kam, ich sah, ich siegte" (vgl. ‚Klimax').

3. **Polysyndeton:** Das Gegenteil von einem Asyndeton, d.h. hier wird dieselbe Konjunktion ungewöhnlich oft wiederholt: „Und es wallet und siedet und brauset und zischt" (Friedrich Schiller: *Der Taucher,* Sämtliche Werke, Bd. 1, S. 370).

4. **Klimax:** Steigerung im Aussageinhalt oder im Wortgebrauch: „Ich kam, ich sah, ich siegte" (vgl. ‚Asyndeton').

5. **Antiklimax:** Das Gegenteil einer Klimax, d.h. abfallende Steigerung: „Doktoren, Magister, Schreiber und Pfaffen" (Johann Wolfgang Goethe: *Faust* I, Werke, HA, Bd. 3, S. 20).

6. **Anakoluth:** Änderung des Gedankengangs, der zu einem Bruch im Satzbau führt: „Schon vierzehn Tage gehe ich mit dem Gedanken um, sie zu verlassen. Ich muß fort. Sie ist wieder in der Stadt bei einer Freundin. Und Albert – und – ich muß fort!" (Johann Wolfgang Goethe: *Die Leiden des jungen Werthers*, Paralleldruck, S. 116/117).

7. **Zeugma:** Satzkonstruktion, bei der sich ein Satzteil auf mehrere andere bezieht, die semantisch nichts miteinander zu tun haben: „Er schlug die Scheibe und den Weg zum Bahnhof ein."

Rhetorische Figuren sind als äußere Mittel des Redestils nicht allzu schwer zu erkennen und in ihrer Funktion im Allgemeinen auch nicht allzu schwer zu beschreiben. Vor viel größere Probleme stellt uns der Gebrauch eines anderen Stilmittels, das man als **Trope** bezeichnet. Zu den Tropen zählen die Formen uneigentlichen Sprechens: das eigentlich Gemeinte kommt nicht direkt, also etwa durch den Gebrauch des treffenden Begriffs, sondern nur mittelbar, z. B. durch ein **Bild** zum Ausdruck. Ich ziehe noch einmal einige Zeilen aus Gryphius' Gedicht *Es ist alles eitell* heran:

> Was dieser heute bawt / reist jener morgen ein:
> Wo itzund städte stehn / wird eine wiesen sein
> Auff der ein schäffers kind wird spilen mitt den heerden.

Das Bild einer Idylle mit einem auf der Wiese mit den Tieren spielenden Schäferskind verdeutlicht den Gedanken noch, der in dem Gedicht zur Sprache gelangt, eben den der Vergänglichkeit alles Jetzigen. Auch das Bild vom Einreißen des ehemals Gebauten gehört in diesen Sinnhorizont. Das Thema wird in diesem Beispiel an anderer Stelle allerdings auch direkt, also ohne Verwendung einer Trope, ausgesprochen: „Dv sihst / wohin du sihst, nur eitelkeit auff erden". Besonders häufig wird ein **Symbol** benutzt. Darunter versteht man einen Gegenstand, ein Tier, eine Pflanze, die über sich hinausweisen und im Einzelnen etwas Allgemeines sichtbar werden lassen. So gilt die Rose als Symbol der Liebe, und die „wiesen blum" in Zeile 13 des Gryphius-Gedichtes kann man als Symbol der Verlorenheit verstehen. Gerade der Versinnlichung dient oft auch eine Trope, die man **Personifikation** nennt und die uns auch aus der Umgangssprache vertraut ist. Wenn es in der letzten Zeile des zweiten Quartetts heißt „Itz lacht das gluck vns an / bald donnern die beschwerden", so wird das Abstraktum „gluck" sprachlich wie eine Person behandelt, die uns anlachen kann. Solchen Personifikationen liegt meist ein **Vergleich** zugrunde: das Glück wird als Wesen verstanden, das uns zugetan ist. Diese „So-wie-Struktur" ist auch in der zweiten Halbzeile noch erkennbar: Die „beschwerden" werden als so drängend bedrohlich empfunden wie das Donnern des Gewitters. Aber es handelt sich hier gleichwohl nicht um eine Personifikation, weil die Beschwerden nicht als Person behandelt werden, sondern um die Übertragung eines Begriffs (donnern) in einen anderen Sachbereich, also um eine **Metapher** (gr. metapherein = übertragen). Solche Übertragungen sind überaus **häufig**, die Arten kaum systematisch zu erfassen, so dass man leider oft alles als Metapher eingeordnet sieht, was irgendwie ungewöhnlich wirkt. Man sollte sich aber bemühen, die Metapher strenger zu fassen. Der Wortbedeutung entsprechend kann man die Übertragung häufig an der So-wie-Struktur ablesen, wie z. B. bei folgenden Metaphern aus der Umgangssprache: Ein „Wüstenschiff" (Kamel) ist ein Wesen, das in der Wüste von der gleichen Bedeutung ist wie das Schiff auf dem Meer, ein „Straßenkreuzer" ein Auto, das im Vergleich zu anderen Autos so groß und prächtig ist wie ein Kreuzer im Vergleich zu anderen Schiffen. Man kann aber keineswegs behaupten, dass die Vergleichsstruktur immer erkennbar bleibt. Gerade in der Lyrik nach 1900 begegnen Metaphern, die sich einer präzisen Sinnbeschreibung entziehen. Sie stellen weniger einen verkürzten Vergleich dar, als dass sie im Leser ganze Sinnkomplexe assoziieren. Man bezeichnet sie als **absolute Metaphern**, weil sie sich von einer bestimmten und bestimmbaren Bedeutung gelöst haben. In Benns Gedicht *Viele Herbste* z. B. (Gesammelte Werke, Bd. 3, S. 287) gibt es eine Zeile, die folgendermaßen lautet:

Balkons, geranienzerfetzt [.]

Von einem Vergleichscharakter kann nicht die Rede sein: Die Balkons sind nicht zerfetzt wie Geranien; erst recht zerfetzen Geranien nicht den Balkon. Eher wird man von einem Sinnhorizont sprechen, vor dem viele Bedeutungsnuancen zu assoziieren sind: Geranien als Balkonblumen, die eine Fläche auflockern, mit dem „zerfetzt" an verfallene Hinterhöfe erinnern; das „geranienzerfetzt" signalisiert den Zerfall der Blüten, also den Herbst, das Absterben, den Tod etc. Diese Fähigkeit, Assoziationskomplexe zu evozieren, gibt der Metapher für das moderne Gedicht eine viel größere Bedeutung als nur die, zur Ausschmückung oder zur Versinnlichung ein Wort aus dem einen in einen anderen Sachbereich zu übertragen.

Zu dem Komplex ‚metaphorisches Sprechen' gehört eine ganze Reihe von Tropen. Zunächst ist auf die **Katachrese** zu verweisen; bei ihr kann es sich sowohl um überladen-schwülstige Metaphorik als auch um einen falschen Ausdruck („Suppe trinken") oder um einen Ausdruck handeln, der etwas anders nicht zu Bezeichnendes bezeichnet („Schlüsselbart"); ebenfalls kann damit die metaphorische Vermengung weit auseinander liegender Sachbereiche gemeint sein, die oft einen besonderen Ausdruckswert besitzt („welke Sonne", „strammer Sommer"). Die Verbindung von Wörtern aus unterschiedlichen Sinnesbereichen heißt **Synästhesie**: „Golden wehn die Töne nieder" (Brentano [1778–1842]: *Abendständchen*, Werke, Bd. 1, S. 144). Werden gar widersprüchliche Sinnkomplexe miteinander verknüpft, spricht man von einem **Oxymoron**: „Traurigfroh" (Hölderlin: *Heidelberg*, Sämtliche Werke, Bd. 2, S. 14), „beredtes Schweigen" usw. Dabei handelt es sich aber nicht um Fehler, sondern der logische Widerspruch wird als starkes Ausdrucksmittel genutzt.

Von den Formen uneigentlichen Sprechens sind drei nicht immer leicht voneinander zu unterscheiden. Unter **Antonomasie** versteht man die Umschreibung eines Eigennamens mit Hilfe von besonders kennzeichnenden Eigenschaften, z. B. Dichterfürst = Homer. Umfangreicher ist die **Periphrase**. Mit ihrem Gebrauch vermeidet man die Nennung von Wörtern und Namen, die man als abgegriffen, platt, obszön empfindet; mit der Periphrase kann man aber auch besonders deutlich auf solche Wörter anspielen und sie insofern stark betonen. Bekannt ist z.B.

die Periphrase „Jenes höhere Wesen, das wir verehren" für „Gott" in Bölls *Doktor Murkes gesammeltes Schweigen* (S. 8), die ein Spiel mit dem Leserbewusstsein darstellt, oder die täglich benutzte Umschreibung „Der Arm des Gesetzes" für einen Polizisten. Handelt es sich um eine Umschreibung, die etwas Abschreckendes oder Hässliches als etwas Angenehmes erscheinen lässt, so spricht man von einem **Euphemismus**. Euphemismen sind auch in der Umgangssprache häufig: „Kap der guten Hoffnung" für die besonders gefährliche Stelle am Südende Afrikas, „entschlafen" für „gestorben" usw. Schließlich ist zu den umschreibenden Tropen auch noch die **Synekdoche** (mit der Betonung auf der letzten Silbe!) zu rechnen, die heute von der **Metonymie** kaum noch unterschieden wird. Wir verstehen darunter jene Figuren uneigentlichen Sprechens, bei denen der Teil für das Ganze, das Ganze für den Teil, ein äußeres Zeichen für die ganze Rasse usw. genommen wird wie z. B. in der Formulierung „einen guten Tropfen trinken" oder in der Bezeichnung „Rothaut" für Indianer oder in der Wendung „tausend Leute" für sehr viele Leute etc.

Die Funktion solcher Tropen ist höchst vielfältig. Sie dienen ebenso wie rhetorische Figuren oft bloß der Ausschmückung, der Vermeidung von Wortwiederholungen oder dem Versuch des Autors, sich als besonders gebildet dem Gedächtnis des Lesers einzuprägen. Das gilt z. B. für den „poeta doctus" des 17. Jahrhunderts, der solche Mittel besonders bewusst und gehäuft einsetzte. Die poetische Aussagekraft von Tropen und rhetorischen Figuren jedoch hat seit dem 18. Jahrhundert eher zu- als abgenommen, obgleich man sie nun nicht mehr so bewusst und gezielt verwendete. Wenn Thomas Mann in *Buddenbrooks* den kauzigen Makler Gosch über die in Wahrheit höchst lächerlichen Revolutionsereignisse des Jahres 1848 in Lübeck sagen lässt „Der schrecklichste der Schrecken" (Gesammelte Werke, Bd. 1, S. 595), so ist er sich wohl darüber im Klaren, dass er parodistisch auf Schillers *Glocke* anspielt, kaum aber, dass er eine figura etymologica als **Hyperbel**, also als Mittel der Übertreibung benutzt. In dem eben zitierten Satz besitzt sie die spezifische Aussagefunktion, Goschs Neigung, zu übertreiben, ironisch hervorzuheben. **Ironie** begegnet hier freilich eher als poetisches Prinzip denn als Trope. Beschränkt man sich auf sie als Art uneigentlicher Redeweise, so ist sie als Wendung zu definieren, in der das Gegenteil des eigentlich Gemeinten ausgedrückt wird. Wir kennen das aus dem täglichen Sprechen, etwa wenn der Vater seinen Sohn ein „feines Bürschchen" nennt, obgleich er ihn tadeln will. Hier entscheiden der Kontext und der Ton, ob das Gesagte ernst oder ironisch gemeint ist. Das gilt auch für eine ebenfalls oft ironisch benutzte Trope: „nicht schlecht" oder „nicht gerade einer der Tüchtigsten". Sie heißt **Litotes** und hebt das Gemeinte dadurch hervor, dass das Gegenteil verneint wird. Ob der Einsatz einer solchen Redeweise einer ironischen Dekuvrierung dient oder lediglich Redeschnörkel oder Formschmuck ist oder gar ganz andere Ausdruckstendenzen unterstützt, muss, wie bei allen Form- und Stilelementen, jeweils genau untersucht werden.

Weiterführende Literatur

Asmuth, Berg-Ehlers: *Stilistik.* **Lausberg:** *Elemente der literarischen Rhetorik.* **Schlü-ter:** *Grundkurs Rhetorik.*

Arbeitsteil

A. Aufgaben zur Stilanalyse

1. Was sind rhetorische Figuren?

2. Nennen Sie einige!

3. Was sind Tropen?

4. Nennen Sie einige!

5. Was ist eine Metapher?

6. Was ist eine absolute Metapher?

7. Was ist ein Symbol?

8. Was versteht man unter Lautsymbolik?

9. Was ist ein Chiasmus?

10. Was versteht man unter Metonymie bzw. Synekdoche?

B. Textaufgaben

Analysieren Sie die folgenden Texte vornehmlich hinsichtlich ihrer stilistischen Merkmale und prüfen Sie diese auf ihre Funktion für die Aussageintention des jeweiligen Textes! Die Texte III, 39 und III, 40, III, 41 und III, 42 sowie III, 43 und III, 44 sind einer vergleichenden Untersuchung zu unterziehen. Verwenden Sie auch Texte aus den vorangehenden Arbeitsteilen!

III, 36   **Angelus Silesius** (1624–1677)

Was Gott mir, bin ich ihm

Gott ist mir Gott und Mensch, ich bin ihm Mensch und Gott,
Ich lösche seinen Durst und er hilft mir aus Not.
(In: Sämtliche poetische Werke, Bd. 3, S. 43)

III, 37 **Johann Wolfgang Goethe**

Aus: *Die Leiden des jungen Werthers*

Am 10. Mai.

Eine wunderbare Heiterkeit hat meine ganze Seele eingenommen, gleich den süßen Frühlingsmorgen, die ich mit ganzem Herzen genieße. Ich bin allein, und freue mich meines Lebens in dieser Gegend, die für solche Seelen geschaffen ist, wie die meine. Ich bin so glücklich, mein Bester, so ganz in dem Gefühle von ruhigem Daseyn versunken, daß meine Kunst darunter leidet. Ich könnte jetzt nicht zeichnen, nicht einen Strich, und bin nie ein größerer Mahler gewesen, als in diesen Augenblicken. Wenn das liebe Tal um mich dampft, und die hohe Sonne an der Oberfläche der undurchdringlichen Finsterniß meines Waldes ruht, und nur einzelne Strahlen sich in das innere Heiligthum stehlen, ich dann im hohen Grase am fallenden Bache liege, und näher an der Erde tausend mannichfaltige Gräschen mir merkwürdig werden; wenn ich das Wimmeln der kleinen Welt zwischen Halmen, die unzähligen, unergründlichen Gestalten der Würmchen, der Mückchen, näher an meinem Herzen fühle, und fühle die Gegenwart des Allmächtigen, der uns nach seinem Bilde schuf, das Wehen des Allliebenden, der uns in ewiger Wonne schwebend trägt und erhält; mein Freund! wenn's dann um meine Augen dämmert, und die Welt um mich her und der Himmel ganz in meiner Seele ruhn, wie die Gestalt einer Geliebten; dann sehne ich mich oft, und denke: ach könntest du das wieder ausdrücken, könntest du dem Papiere das einhauchen, was so voll, so warm in dir lebt, daß es würde der Spiegel deiner Seele, wie deine Seele ist der Spiegel des unendlichen Gottes! – Mein Freund – Aber ich gehe darüber zugrunde, ich erliege unter der Gewalt der Herrlichkeit dieser Erscheinungen.

(In: *Die Leiden des jungen Werthers*. Paralleldruck, S. 11/13)

III, 38 **Gottfried Benn**

Aus: *Der Ptolemäer*

Der Glasbläser

Glühender Sommer und eine verdurstende Stadt. Versengte Rasen, stauberstickte Bäume. In den Trümmern lechzende Gestalten, das Salz aus den Poren schwitzend ohne Ergänzung durch Nahrungszufuhr, hinfällig, schattensüchtig – zwischen Ohnmachten, Durchblutungsstörungen, Kreislaufschwäche.

Auf den Boulevards Steppenleben – lebhafte Bordelle und Uniformen. Das achte amurische Regiment – Friedensgarnison Lo-scha-go – macht Platzmusik, die langen Posaunen dröhnen. Die Bars füllen sich: Hawaiiabfall und sibirisches Fleckblut. Weißer Wodka, grauer Whisky, Ayala und Witwe Cliquot aus ungespülten Römern. Gentlemen und Gospodins steppen aus rotem Glasparkett, Lichteffekte vom Boden, im Arm Nasen-Helene, Räuber-Sonja, Augen-Alexandra (sie trägt ein Glasauge). Die Bevölkerung sieht durch die Fenster gierig zu: die Kultur ist wieder im Vormarsch, wenig Mord, mehr Song und Klänge. Auch innerlich wird den Geschlagenen viel geboten: ein transatlantischer Bischof kommt angereist und murmelt: meine Brüder – ein Humanist zeigt sich und flötet: das Abendland – ein Tenor knödelt: o holde Kunst – der Wiederaufbau Europas ist im Gange.

Europa wird vom Gehirn gehalten, vom Denken, aber der Erdteil zittert, das Denken hat seine Sprünge. [...]
(In: Gesammelte Werke, Bd. 2, S. 223f.)

III, 39 **Ernst Jünger** (1895–1998)

Aus: *Tagebücher I*

[...] „Stopfen!"

Langsam drang das Kommando durch, und das Feuer ruhte. Die Spannung war durch die Tat gedämpft.

Erneutes Parolerufen. Ich kramte mein Englisch zusammen und schrie einige überredende Aufforderungen hinüber: „Come here, you are prisoners, hands up!" Darauf drüben vielstimmiges Geschrei, von dem die Unseren behaupteten, es klänge wie „Rache, Rache!" Ein einzelner Schütze trat aus dem Waldsaum heraus und kam auf uns zu. Einer beging den Fehler, ihm „Parole!" entgegenzurufen, worauf er unschlüssig stehenblieb und sich umdrehte. Ein Späher offenbar. „Schießt ihn kaputt!"

Ein Dutzend Schüsse; die Gestalt sank zusammen und glitt ins hohe Gras.

Das Zwischenspiel erfüllte uns mit Genugtuung. Vom Waldrand erscholl wieder das seltsame Stimmengewirr; es klang, als ob die Angreifer sich gegenseitig ermutigten, gegen die geheimnisvollen Verteidiger vorzugehen.

In höchster Spannung starrten wir auf den dunklen Saum. Es begann zu dämmern, ein leichter Nebel stieg vom Wiesengrunde auf.

Nun bot sich uns ein Bild, wie es in diesem Kriege der weithintreffenden Waffen kaum noch zu sehen war. Aus dem Dunkel des Unterholzes löste sich eine Reihe von Schatten und trat auf die offene Wiese hinaus. Fünf, zehn, fünfzehn, eine ganze Kette. Zitternde Hände lösten die Sicherungsflügel. Auf fünfzig Meter waren sie heran, auf dreißig, auf fünfzehn ... Feuerrr! Minutenlang knatterten die Gewehre. Funken sprühten auf, wenn spritzende Bleikerne gegen Waffen und Stahlhelme wuchteten.

Plötzlich ein Schrei: „Aaaachtung, links!" Eine Schar von Angreifern schnellte von ganz links auf uns zu, voran eine Riesengestalt mit vorgestrecktem Revolver, eine weiße Keule schwingend.

„Linke Gruppe links schwenken!"

Die Leute flogen herum und empfingen die Ankömmlinge stehend. Einige der Gegner, darunter der Führer, brachen unter den hastig abgefeuerten Schüssen zusammen, die anderen verschwanden ebenso schnell, wie sie gekommen waren.

Das war der Augenblick zum Draufgehen. Mit aufgepflanztem Seitengewehr und wütendem Hurra stürmten wir das Wäldchen. Handgranaten flogen in das verschlungene Gestrüpp, und im Nu waren wir wieder im Alleinbesitz unserer Feldwache, allerdings ohne den geschmeidigen Gegner gepackt zu haben.

Wir sammelten uns in einem angrenzenden Kornfeld und starrten uns mit blassen, übernächtigen Gesichtern an. Die Sonne war strahlend aufgegangen. Eine Lerche stieg

hoch und ärgerte uns durch ihr Trillern. Unwirklich war das alles wie nach einer fieber-
haft durchspielten Nacht.

Während wir uns die Feldflaschen boten und eine Zigarette ansteckten, hörten wir, wie
sich der Gegner mit einigen laut jammernden Verwundeten durch den Hohlweg ent-
fernte. Wir erblickten sogar für einen Augenblick seinen Zug, leider nicht lange genug,
um ihm den Rest geben zu können. […]

(In: Werke, Bd. 1, S. 162ff.)

III, 40   **Erich Maria Remarque** (1898–1970)

Aus: *Im Westen nichts Neues*

[…] Mit einem Male hören die nahen Einschläge auf. Das Feuer dauert an, aber es ist
zurückverlegt, unser Graben ist frei. Wir greifen nach den Handgranaten, werfen sie vor
den Unterstand und springen hinaus. Das Trommelfeuer hat aufgehört, dafür liegt hinter uns schweres Sperrfeuer. Der Angriff ist da.

Niemand würde glauben, daß in dieser zerwühlten Wüste noch Menschen sein könnten; aber jetzt tauchen überall aus dem Graben die Stahlhelme auf, und fünfzig Meter
von uns entfernt ist schon ein Maschinengewehr in Stellung gebracht, das gleich los-
bellt.

Die Drahtverhaue sind zerfetzt. Immerhin halten sie noch etwas auf. Wir sehen die Stür-
menden kommen. Unsere Artillerie funkt. Maschinengewehre knarren, Gewehre knat-
tern. Von drüben arbeiten sie sich heran. Haie und Kropp beginnen mit den Handgranaten. Sie werfen, so rasch sie können, die Stiele werden ihnen abgezogen zugereicht.
Haie wirft sechzig Meter weit, Kropp fünfzig, das ist ausprobiert und wichtig. Die von
drüben können im Laufen nicht viel eher etwas machen, als bis sie auf dreißig Meter
heran sind.

Wir erkennen die verzerrten Gesichter, die flachen Helme, es sind Franzosen. Sie erreichen die Reste des Drahtverhaus und haben schon sichtbare Verluste. Eine ganze Reihe
wird von dem Maschinengewehr neben uns umgelegt; dann haben wir viele Ladehem-
mungen, und sie kommen näher.

Ich sehe einen von ihnen in einen spanischen Reiter stürzen, das Gesicht hoch erhoben.
Der Körper sackt zusammen, die Hände bleiben hängen, als wollte er beten. Dann fällt
der Körper ganz weg, und nur noch die abgeschossenen Hände mit den Armstümpfen
hängen im Draht.

Im Augenblick, als wir zurückgehen, heben sich vorn drei Gesichter vom Boden. Unter
einem der Helme ein dunkler Spitzbart und zwei Augen, die fest auf mich gerichtet sind.
Ich hebe die Hand, aber ich kann nicht werfen in diese sonderbaren Augen, einen ver-
rückten Moment lang rast die ganze Schlacht wie ein Zirkus um mich und diese beiden
Augen, die allein bewegungslos sind, dann reckt sich drüben der Kopf auf, eine Hand,
eine Bewegung, und meine Handgranate fliegt hinüber, hinein.

Wir laufen zurück, reißen spanische Reiter in den Graben und lassen abgezogene Handgranaten hinter uns fallen, die uns einen feurigen Rückzug sichern. Von der nächsten
Stellung aus feuern die Maschinengewehre.

Aus uns sind gefährliche Tiere geworden. Wir kämpfen nicht, wir verteidigen uns vor der Vernichtung. Wir schleudern die Granaten nicht gegen Menschen, was wissen wir im Augenblick davon, dort hetzt mit Händen und Helmen der Tod hinter uns her, wir können ihm seit drei Tagen zum ersten Male ins Gesicht sehen, wir können uns seit drei Tagen zum ersten Male wehren gegen ihn, wir haben eine wahnsinnige Wut, wir liegen nicht mehr ohnmächtig wartend auf dem Schafott, wir können zerstören und töten, um uns zu retten, um uns zu retten und zu rächen. [...]

(In: *Im Westen nichts Neues*, S. 114ff.)

III, 41   Ernst Wiechert (1887–1950)

Aus: *Hirtennovelle*

Seinen Vater erschlug ein stürzender Baum um die Mittagszeit eines blauen Sommertages. Ihm allein war bestimmt, vom Rande der Lichtung aus zuzusehen, wie der Wipfel der hohen Fichte zu beben begann, und wie sie, ohne hin und her zu schwanken wie sonst, sich plötzlich einmal um sich selbst zu drehen schien, ganz schnell, mit waagerecht kreisenden Zweigen, bevor sie niederbrauste gleich einem aus den Fundamenten geworfenen Turm und mit dem Donner ihres Sturzes den leisen Schrei verschlang, der zu ihren Füßen aufstand gegen das niederbrechende grüne Gebirge.

Die Lippen halb geöffnet, an denen der Saft der Heidelbeeren noch nicht getrocknet war, stand das Kind, dem Anblick des Gewaltigen hingegeben, und erzitterte mit der Erde, auf der es mit bloßen Füßen stand, bis die Wolke aus Blütenstaub im leisen Wind waldeinwärts gezogen war und das Grüne und Ungeheure nun regungslos quer über die Lichtung geschleudert lag.

Es wunderte sich nicht, daß der Vater nicht zu sehen war, dessen Kraft und Kühnheit dies vollbracht hatte, und auch nicht der andere Mann, den sie den „Soldaten" nannten, und der mitunter die Schneide der Axt an die Schulter legte, den langen Stil gleich dem Lauf eines Gewehres auf sie gerichtet, wozu er auf eine erschreckend täuschende Weise Schuß auf Schuß mit den Lippen auf ihre zerstiebende Schar schleuderte. Und da das Kind Michael diesem verderbenbringenden Gewehrlauf niemals auswich, sondern mit furchtlosen Augen sein frühes Ende erwartete, hatte der „Soldat" es tief in sein Herz geschlossen und ihm eine große Laufbahn als General geweissagt.

Erst nach einer Weile, sich vorwärtstastend in der grünen Wildnis gesplitterter Äste, fand das Kind den Vater und den Soldaten. Den einen still auf dem Rücken ruhend, die Axt noch in den Händen, einen schmalen roten Strich zwischen den Lippen, obwohl keine Beeren in dem zerschlagenen Moos zu erblicken waren. Den andern auf dem Gesicht ruhend, die Arme ausgebreitet, indes ein Fichtenast, stark wie ein junger Baum, sich über seinen Rücken gelegt hatte, der merkwürdig flach und wie verwelkt unter dem rötlichbraunen Joch erschien.

Eine Weile suchte das Kind noch nach dem Stiel der Axt, aus dem der Soldat den Tod auf sie zu schicken pflegte, fand ihn aber nicht, stellte den blauen Paartopf mit Suppe und Fleisch in den Schatten des gestürzten Stammes und setzte sich dann bei seinem Vater nieder, in Geduld erwartend, wie dies seltsame Versteckspiel nun zu Ende gehen würde.

Über die zur Erde geneigte Stirn des Toten senkte sich, auf eine wunderbare Weise unversehrt, ein Stengel mit Glockenblumen, und von dem zart geäderten Blau dieser Blüten ging der Blick des Kindes zu der erstaunlichen Weiße der beschatteten Stirn und wieder zurück. [...]

(In: *Hirtennovelle*, S. 7ff.)

III, 42 **Wolfgang Borchert**

Aus: *Mein bleicher Bruder*

Noch nie war etwas so weiß wie dieser Schnee. Er war beinah blau davon. Blau-grün. So fürchterlich weiß. Die Sonne wagte kaum gelb zu sein vor diesem Schnee. Kein Sonntagmorgen war jemals so sauber gewesen wie dieser. Nur hinten stand ein dunkelblauer Wald. Aber der Schnee war neu und sauber wie ein Tierauge. Kein Schnee war jemals so weiß wie dieser an diesem Sonntagmorgen. Kein Sonntagmorgen war jemals so sauber. Die Welt, diese schneeige Sonntagswelt, lachte.

Aber irgendwo gab es dann doch einen Fleck. Das war ein Mensch, der im Schnee lag, verkrümmt, bäuchlings, uniformiert. Ein Bündel Lumpen. Ein lumpiges Bündel von Häutchen und Knöchelchen und Leder und Stoff. Schwarz-rot überrieselt von angetrocknetem Blut. Sehr tote Haare, perückenartig tot. Verkrümmt, den letzten Schrei in den Schnee geschrien, gebellt oder gebetet vielleicht: Ein Soldat. Fleck in dem nie gesehenen Schneeweiß des saubersten aller Sonntagmorgende. Stimmungsvolles Kriegsgemälde, nuancenreich, verlockender Vorwurf für Aquarellfarben: Blut und Schnee und Sonne. Kalter kalter Schnee mit warmem dampfendem Blut drin. Und über allem die liebe Sonne. Unsere liebe Sonne. Alle Kinder auf der Welt sagen: die liebe liebe Sonne. Und die bescheint einen Toten, der den unerhörten Schrei aller toten Marionetten schreit: Den stummen fürchterlichen stummen Schrei! Wer unter uns, steh auf, bleicher Bruder, oh, wer unter uns hält die stummen Schreie der Marionetten aus, wenn sie von den Drähten abgerissen so blöde verrenkt auf der Bühne rumliegen? Wer, oh, wer unter uns erträgt die stummen Schreie der Toten? Nur der Schnee hält das aus, der eisige. Und die Sonne. Unsere liebe Sonne.

(In: Das Gesamtwerk, S. 175f.)

III, 43 *Die Sterntaler*

Es war einmal ein kleines Mädchen, dem war Vater und Mutter gestorben, und es war so arm, daß es kein Kämmerchen mehr hatte, darin zu wohnen, und kein Bettchen mehr, darin zu schlafen, und endlich gar nichts mehr als die Kleider auf dem Leib und ein Stückchen Brot in der Hand, das ihm ein mitleidiges Herz geschenkt hatte. Es war aber gut und fromm. Und weil es so von aller Welt verlassen war, ging es im Vertrauen auf den lieben Gott hinaus ins Feld. Da begegnete ihm ein armer Mann, der sprach: „Ach, gib mir etwas zu essen, ich bin so hungerig." Es reichte ihm das ganze Stückchen Brot und sagte: „Gott segne dir's", und ging weiter. Da kam ein Kind, das jammerte und sprach: „Es friert mich so an meinem Kopfe, schenk mir etwas, womit ich ihn bedecken kann." Da tat es seine Mütze ab und gab sie ihm. Und als es noch eine Weile gegangen war, kam wieder ein Kind und hatte kein Leibchen an und fror: da gab es ihm seins; und noch weiter, da bat eins um ein Röcklein, das gab es auch von sich hin. Endlich gelangte es in einen Wald, und es war schon dunkel geworden, da kam noch eins und bat um ein Hemdlein, und das fromme Mädchen dachte: „Es ist dunkle Nacht, da sieht dich niemand, du kannst wohl dein Hemd weggeben", und zog das Hemd ab und gab es auch noch hin. Und wie es so stand und gar nichts mehr hatte, fielen auf einmal die Sterne vom Himmel, und waren lauter harte blanke Taler; und ob es gleich sein Hemdlein weggegeben, so hatte es ein neues an, und das war vom allerfeinsten Linnen. Da sammelte es sich die Taler hinein und war reich für sein Lebtag.

(Brüder Grimm: *Kinder- und Hausmärchen*, Bd. 2, S. 564f.)

III, 44   **Georg Büchner**

Aus: *Woyzeck*

GROSSMUTTER. Es war einmal ein arm Kind und hat kein Vater und kei Mutter, war Alles tot und war Niemand mehr auf der Welt. Alles tot, und es ist hingangen und hat gerrt Tag und Nacht. Und wie auf der Erd Niemand mehr war, wollt's in Himmel gehen, und der Mond guckt es so freundlich an und wie's endlich zum Mond kam, war's ein Stück faul Holz und da ist es zur Sonn gangen und wie's zur Sonn kam, war's ein verwelkt Sonneblum und wie's zu den Sterne kam warn's klei golde Mücke, die warn angesteckt wie der Neuntöter sie auf die Schlehe steckt, und wie's wieder auf die Erd wollt, war die Erd ein umgestürzter Hafen und war ganz allein und da hat sich's hingesetzt und gerrt und da sitzt es noch und ist ganz allein.

(Büchner: Werke und Briefe, S. 252)

IV Poetik

Poetik ist die Lehre vom Wesen, von den Zielen, Gattungen, Darstellungsmitteln und den Grundgehalten der Dichtung. Als solche berührt sie die **Literaturtheorie**, d. h. die Wissenschaft von dem möglichen Ursprung der Literatur, ihren Voraussetzungen, ihren Absichten, ihren Grenzen etc., sowie die **Ästhetik** als allgemeine Lehre vom Schönen; aber sie hat es auch mit anderen Problemen zu tun, mit solchen der Versgestaltung, der Bauform des Dramas, der Artunterschiede innerhalb der erzählenden, der lyrischen, der dramatischen Dichtung usf. Natürlich gilt das Hauptinteresse der Literaturwissenschaft in der Regel den zentralen Aspekten, vor allem den Aufgaben und Strukturen der Poesie. Deswegen treten die anderen Probleme auch im Folgenden erst dann wirklich in den Vordergrund, wenn sich an ihnen die poetologischen Fundamentalfragen entfalten lassen.

Das Adjektiv ‚poetologisch' ist dem Substantiv ‚Poetik' zugeordnet, weil das eigentlich abzuleitende ‚poetisch' schon zu dem Begriff ‚Poesie' gehörte. Man hat aus ‚poetologisch' später auch das Substantiv ‚Poetologie' gebildet, dem man gelegentlich in der wissenschaftlichen Literatur begegnet, doch besagt es nichts anderes als ‚Poetik',weshalb es im Gegensatz zu ‚poetologisch' überflüssig ist und hier auch keine Verwendung findet.

Man kann die Geschichte der Poetik (ebenso wie die der Poesie) als einen Prozess darstellen, in dem zwei Prinzipien miteinander streiten: das Prinzip, die Dichtung außerpoetischen, also z. B. politischen, religiösen, gesellschaftlichen Zielen dienstbar zu machen, und das Prinzip vollständiger Autonomie. Allerdings findet der Begriff der **Autonomie** in diesem Zusammenhang eine unterschiedliche Verwendung. Als Gegenbegriff zu ‚Heteronomie' bedeutet er, dass Dichtung allein ihren eigenen, nämlich poetischen Prinzipien folgt. Diese Vorstellung von ästhetischer Autonomie wird etwa gegen Ende des 18. Jahrhunderts realisiert. Der Begriff ‚Autonomie' wird aber auch in einem noch radikaleren Sinne verwendet, autonome Kunst wird dann als **absolute Kunst** verstanden: Sie löst sich von allem, was nicht Kunst ist, lehnt also nicht nur außerästhetische Anforderungen ab, sondern befreit sich sozusagen von der Welt überhaupt, z. B. von der Natur, der Gesellschaft, den logischen Beziehungen als nicht-ästhetischen Elementen. In diesem Sinne wird der Begriff der Autonomie hier gebraucht, die Geschichte der Poetik als ein widerstreitender Prozess zwischen dem Prinzip der Bindung der Kunst an die Welt und dem ihrer vollständigen Befreiung von der Welt dargestellt. Die Geschichte der abendländischen Poetik beginnt mit Platons (428/27–348/47 v. Chr.) Äußerungen über Kunst und Literatur in seiner *Politeia (Der Staat)*, und schon hier zeigt sich, wie vehement der eine gegen den anderen Grundsatz ausgespielt werden kann. Sokrates (um 470–399 v. Chr.), der wichtigste Gesprächspartner in diesem Dialog, stellt die Frage, wie die Poesie dazu beitragen könne, dass die Staatsbürger, zumal junge Menschen, zu tüchtigen Mitgliedern der Gesellschaft erzogen werden. Dichtung wird also von vornherein nicht als eine autonome Erscheinung, sondern als ein staatsbürgerlichen Zwecken dienendes Mittel betrachtet. Sofern im Mythos, sofern in den Dichtungen Begebenheiten erzählt werden, die dem Ziel, die Jungen zu mutigen Kriegern und disziplinierten Staatsbürgern zu erziehen, widersprechen, muss man sie unterdrücken und verbieten. Zensur ist durchaus nötig, selbst bei Homer (etwa zwischen 750 und 650 v. Chr.): „Homer und die anderen Dichter mögen uns nicht böse sein, wenn wir diese und alle ähnlichen Stellen wegstreichen, [...] weil sie sich, je dichterischer sie sind, desto weniger für Knaben und Männer eignen, die frei sein und die Knechtschaft mehr als den Tod fürchten sollen." (Platon: *Der Staat*, S. 71). Die Geschichte der Bevormundung der Dichtung nach Maßgabe außerliterarischer Vorstellungen hat hier ihren Ursprung, alle Doktrinen, die sich zum Richter über die Poesie machen, die Doktrinen von der Dienerfunktion der Dichtung gegenüber der Theologie, der Moral, der Staatserhaltung, der Nation, der Revolution, der Partei etc. lassen sich auf Platon zurückführen. Schon am Beginn der abendländischen Geschichte poetologischer Überlegungen steht also die Frage, wieweit Kunst im Allgemeinen und Literatur im Besonderen frei ist und nur an ihren eigenen Maßstäben gemessen werden darf.

Im zehnten Buch der *Politeia* kommt Platon in einem doppelten Zusammenhang darauf zu sprechen, dass Dichtung (und Kunst überhaupt) Darstellung (***mimesis***) der vorfindlichen Realität sei. Wiewohl man allenthalben hören und lesen kann, Platon spreche hier von **Nachahmung**, ist das keineswegs so ohne weiteres der Fall. **Darstellung** der Wirklichkeit bedeutet ja nicht ausschließlich eine detailgenaue Abbildung des jeweiligen Gegenstandes, wie man bei der Betrachtung vieler Bilder erkennen kann: Der eine Maler stellt ein Dorf möglichst realitätsgetreu dar, der andere zeichnet es eher in Umrissen, der dritte verzichtet auf Farbgenauigkeit und malt die Dächer grün und die Bäume violett – doch alle beziehen sich auf die Wirklichkeit ihres Gegenstandes. Aber auch die bloße Orientierung an der Realität lässt die Poesie in den Augen Platons fragwürdig, ja verwerflich erscheinen, und zwar aus zwei Gründen. Die Frage, warum in der Dichtung meist zögernde, tragische, trauernde, ja weinende Menschen dargestellt werden, beantwortet Sokrates entschlossen mit dem Hinweis auf den „Beifall des Pöbels" (Platon: *Der Staat*, S. 341). Dieser liebt es, sich selbst dargestellt zu sehen, so dass staatserhaltende Tugenden wie Tapferkeit, Selbstdisziplin, Mannhaftigkeit in der Dichtung zu kurz kommen. Und noch ein anderer Grund spricht gegen Kunst und Literatur: Sie stellen Gegenstände, Menschen und deren Handlungen dar, die in der Wirklichkeit existieren. Diese sind aber nur **Erscheinungen**. Platon nennt alles Einzelne, sinnlich Erscheinende ein *me on*, ein nicht in rechter Weise Seiendes, weil es entsteht und vergeht, also mit Nicht-Sein (Noch-nicht-Sein und Nicht-mehr-Sein) behaftet ist. Der einzelne Stuhl, die einzelne Rose entsteht und vergeht, aber deren **Wesen**, von Platon als ***eidos*** bezeichnet, das, was alle einzelnen Dinge gleicher Art miteinander verbindet, wenn man von ihren Unterschieden absieht, vergeht nicht, ist ewig und deshalb eigentlich seiend. Sofern Kunst und Literatur aber das sinnlich Erscheinende, nicht dessen Wesen darstellen, sind sie im Bereich des Nichtigen tätig, fehlt es ihnen an wirklichem Gehalt und Wahrhaftigkeit, und es ist bare Ironie, wenn Sokrates am Ende von Platons *Politeia* erklärt: „Trotzdem versichere ich, daß wir zur Aufnahme dieser lustsüchtigen Dichtkunst und Nachahmungskunst gern bereit sind, falls sie die Berechtigung ihres Vorhandenseins innerhalb eines geordneten Staatswesens nachweisen kann." (Platon: *Der Staat,* S. 344)

Hermann Koller (1918–1992) hat in seinem Buch *Die Mimesis in der Antike* die Auffassung vertreten, *mimesis* bedeute zumal in der ersten wirklich poetologischen Schrift des Abendlandes, nämlich in der *Poetik* des Aristoteles, nicht Nachahmung im Sinne von Abbildung. Hier sei ‚Darstellung' eigentlich immer der angemessenere Ausdruck. In der Tat lässt sich die Übersetzung von *mimeisthai* als ‚nachahmen' im folgenden Satz aus der *Poetik* schon aus logischen Gründen kaum halten: „die Komödie sucht schlechtere, die Tragödie bessere Menschen nachzuahmen, als sie in der Wirklichkeit vorkommen." (Aristoteles: *Poetik,* S. 9) Da Aristoteles diesen Gedanken mehrmals variiert, handelt es sich um eine ihm wichtige Bemerkung, und Manfred Fuhrmann (1925–2004), der Übersetzer, hätte schon aus diesem Grunde wohl besser den Begriff der Darstellung benutzt. Denn man kann nun einmal nicht nachahmen, was gar nicht existiert: Komödie und Tragödie stellen mithin vielmehr schlechtere bzw. bessere Menschen dar, als sie in Wirklichkeit vorkommen. Wie sehr Aristoteles in der Dichtung denn auch eine über die bloße Nachahmung hinausgehende Kunst erblickt, zeigt sich in seiner Gegenüberstellung von Dichtung und Geschichtsschreibung. Diese gibt nämlich nur das wirklich Geschehene, jene indes das Mögliche wieder: „Denn der Geschichtsschreiber und der Dichter unterscheiden sich […] dadurch, daß der eine das wirklich Geschehene mitteilt, der andere, was geschehen könnte." (Aristoteles: *Poetik,* S. 29) Später geht er darüber sogar noch weit hinaus: „Wenn ein Dichter Unmögliches darstellt, liegt ein Fehler vor. Doch hat es hiermit gleichwohl seine Richtigkeit, wenn die Dichtung auf diese Weise den ihr eigentümlichen Zweck erreicht" (Aristoteles: *Poetik,* S. 87). Unter Umständen kann man der Poesie sogar das Recht einräumen, Unmögliches darzustellen und sich damit weit von dem angeblichen und immer wieder behaupteten Postulat zu entfernen, sie müsse Nachahmung der Natur bleiben. Aristoteles insistiert geradezu auf diesem Gedanken, wenn er etwas später erklärt: „Aufs Ganze gesehen muß man das Unmögliche rechtfertigen, indem man entweder auf die Erfordernisse der Dichtung oder auf die Absicht, das Bessere darzustellen, oder auf die allgemeine Meinung zurückgreift. Was die Erfordernisse der Dichtung betrifft, so verdient das Unmögliche, das glaubwürdig ist, den Vorzug vor dem Möglichen, das unglaubwürdig ist." (Aristoteles: *Poetik,* S. 93) Gewiss redet Aristoteles nicht den völlig ungebundenen Künsten, nicht einem Irrealismus oder gar Surrealismus das Wort. Aber es lässt sich nicht leugnen, dass in seiner *Poetik* auch der Gedanke an eine Poesie zum Ausdruck kommt, welche die Wirklichkeit zu überschreiten vermag, wenn sie ihre eigenen Ansprüche dadurch in höherem Maße erfüllt, nämlich

„wenn die Dichtung auf diese Weise den ihr eigentümlichen Zweck erreicht". Im Gegensatz zu Platon billigt er ihr das Recht zu, sich außerästhetischen Ansprüchen zu verweigern und sogar die Grenzen der Realität zu überschreiten.

Im Mittelpunkt seiner poetologischen Erörterungen steht die **Tragödie**, die er einerseits mit dem **Epos** in Verbindung bringt, andererseits gegen Epos und **Komödie** abgrenzt. Die folgenden Bestimmungen des Aristoteles haben für die Geschichte der abendländischen Poetik eine besondere Bedeutung gewonnen.

Die Tragödie (wie auch das Epos) spielt unter edlen Menschen, die Komödie unter einfachen. Zwar werden damit nicht ausdrücklich auch soziale Kategorien eingeführt, doch hat man diese Bestimmung des Aristoteles später, z. B. im 17. Jahrhundert, als Hinweis auf eine **Ständeklausel** verstanden. Sie besagt, dass die Tragödie prinzipiell in den sozial führenden Schichten, die Komödie unter sozial niedrigen Ständen spielt. Dass dies etwas mit der sozialen, ja politischen Struktur der jeweiligen Gesellschaft zu tun hat, liegt auf der Hand. Es hängt dies aber auch mit dem Tragödienbegriff zusammen. Die Tragödie ist nach Aristoteles eine Dichtungsart, „die Jammer und Schaudern hervorruft und hierdurch eine Reinigung von derartigen Erregungszuständen bewirkt." (Aristoteles: *Poetik*, S. 19) Wie diese Reinigung, *katharsis*, zustande kommt, hat Aristoteles nicht mehr erläutert. Manfred Fuhrmann bringt sie mit dem Ästhetischen selbst in Zusammenhang: „Aristoteles [...] verknüpfte die Katharsis mit Kunstgenüssen, mit der Musik und der Dichtung" (Aristoteles: *Poetik*, S. 165). Offenbar verschafft „die Tragödie [...] dem Publikum Gelegenheit, bestimmten Affekten freien Lauf zu lassen, und bereitet ihm durch diese Entladung Vergnügen." (Ebd.) Aber es hängt dies wohl auch damit zusammen, dass Aristoteles nur eine solche Figur als tragischen Helden bezeichnet, die „wegen eines Fehlers" den „Umschlag ins Unglück erlebt" (Aristoteles: *Poetik*, S. 39). Weder „makellose Männer" noch „Schufte", sondern Personen von „sittlicher Größe", die gleichwohl auch Mängel aufweisen, rufen „Jammer und Schaudern" hervor und reinigen zugleich von solchen Affekten, weil sie nicht zufällig, sondern eben durch ihren „Fehler" zugrunde gehen. (Aristoteles: *Poetik*, S. 165)

Aus der Überlegung, dass für das Zusammenspiel von „Jammer", „Schaudern" und *katharsis* die Handlung von entscheidender Bedeutung ist, ergibt sich die erste jener **drei Einheiten**, um die es in späteren Zeiten, vor allem zwischen Lessing und Gottsched (1700–1766) als dem starren Vertreter eines sich auf Aristoteles berufenden französischen Klassizismus, so viel Streit gab. Es handelt sich um die **Einheit der Handlung**. Darunter ist primär die Einfachheit und zielorientierte Geschlossenheit des Geschehens zu verstehen, dann aber auch der Verzicht auf Nebenhandlungen, sogenannte **Episoden**, sofern sie nicht mit der Haupthandlung verknüpft sind. Von der **Einheit der Zeit** spricht Aristoteles direkt und versteht darunter, dass die Dramenhandlung nicht mehr als einen Tag in Anspruch nehmen soll, denn Bühnenstücke zeichnet ihre Knappheit und Konzentration aus, während Epik „über unbeschränkte Zeit" verfügt und „also auch in diesem

Punkte anders" (Aristoteles: *Poetik*, S. 17) ist. Die **Einheit des Ortes** wird von Aristoteles nicht in gleicher Direktheit als dramatisches Element hervorgehoben; da er aber immer wieder die Einheitlichkeit des Dramas betont und darin dessen Vorteile gegenüber dem Epos erblickt, lässt sich auch die Einheit des Ortes als genuin dramatisches Element klassifizieren. Dafür spricht zudem die Theaterpraxis der Zeit: man hatte keine Kulissen und konnte einen Ortswechsel nicht sichtbar machen. Auch deshalb muss man von einer fragwürdigen Rezeptionsgeschichte dieser kleinen Schrift sprechen: Bis zu Gottsched, also bis zum 18. Jahrhundert, hat man in der *Poetik* des Aristoteles nämlich mehr und mehr ein verbindliches Regelwerk gesehen, das die Normen festlegt, nach denen ein Bühnenstück gestaltet werden muss. Heute geht man indes nicht mehr davon aus, dass Aristoteles ein **normatives** Werk, eine **Regelpoetik** im Sinne hatte; vielmehr legte er den vorhandenen Bestand an Bühnenstücken zugrunde, um das Wesen der Tragödie und der Komödie etc. zu beschreiben. Er gab also nicht an, wie Dramendichter dichten sollten, sondern wie sie gedichtet hatten. Die zahllosen Poetiken, die vor allem in der Spätrenaissance und fast sämtlich in lateinischer oder italienischer Sprache angefertigt wurden, sind ohne das Vorbild des Aristoteles nicht denkbar. Vor allem Scaligers (1484–1558) *Poetices libri septem* (zu übersetzen etwa als *Poetik in sieben Büchern* oder *Sieben poetologische Bücher*), nach dem Tod des Verfassers 1561 herausgegeben, haben das Aristoteles-Verständnis bis hin zu Lessing maßgebend bestimmt.

Von ähnlicher Bedeutung wie die *Poetik* des Aristoteles war für die poetologische Entwicklung in Europa und vor allem auch in Deutschland die *Epistula ad Pisones (Brief an die Pisonen)* des Quintus Horatius Flaccus (65–8 v. Chr.). Dieser Brief hat keineswegs systematischen Charakter, wurde aber bald als *Ars poetica* bezeichnet und ging unter diesem nichtauthentischen Titel in die Literaturgeschichte ein.

Genau genommen sind es nur zwei Stellen aus der Schrift des Horaz (wie der Name des lateinischen Verfassers germanisiert wurde), die von großem Einfluss waren und von denen außerdem nur die erste immer ganz richtig verstanden wurde. Sie lautet:

> aut prodesse volunt aut delectare poetae
> aut simul et iucunda et idonea dicere vitae. (V. 333f.)

In der Übersetzung:

> Freudig zu stimmen und nützlich zu sein sind die Ziele des Dichters,
> Oder praktische Lehren mit heiterem Vortrag zu einen.
>
> (Horatius: *De arte poetica liber*, S. 35)

Der Streit, ob Dichtung mehr dem Vergnügen diene oder wichtigeren Zielen, der Erbauung, Belehrung, Besserung des Menschen, war ja schon in der griechischen Antike kontrovers diskutiert worden und wird hier nun auf salomonische Weise entschieden: Poesie kann nützlich sein, kann unterhalten oder auch beides. Das

131

klingt oberflächlich, ist aber bedeutsam, wenn man sich etwa der Einlassungen Platons erinnert. Er hatte ausschließlich dem Nützlichkeitsprinzip gehuldigt und entschieden jegliche Dichtung verworfen, die nicht die staatsbürgerliche Ertüchtigung der Jugend im Sinne hat. Von Horaz wird auch eine Dichtung zugelassen, die nur Vergnügen bereiten will. Da klingt gewiss noch nicht der Gedanke an eine Kunst um ihrer selbst willen und nach eigenen, autonomen Maßstäben an; die Vorstellung von einem *art pour l'art* bricht sich erst zu Beginn des 19. Jahrhunderts Bahn. Aber die Herauslösung der Poesie aus dem Netz von Vorschriften, ihre Zulassung als Medium des Vergnügens und der Unterhaltung befreit sie doch aus der Bevormundung durch kunstfremde Forderungen. Allerdings hat sich diese Emanzipation des Kunstwerks zunächst noch nicht durchgesetzt, und jedenfalls dominierten diejenigen, die der Dichtung theologische, moralische, religiöse oder politische Vorschriften machten, noch für viele Jahrhunderte. Aber es blitzt schon der Gedanke an eine Verselbständigung der Poesie gegen außerästhetische Kräfte auf. Von besonderer Bedeutung war wohl die dritte Möglichkeit der Dichter, sich zu artikulieren, nämlich die Verquickung von Lebenshilfe und Unterhaltung. Denn auf diesem Wege konnten die Poeten sich vor dem Vorwurf schützen, sie seien moralisch unzuverlässig, verdürben die Jugend, besäßen keinen Ernst und keinen sittlichen Halt, wenn sie besonders unterhaltsame Geschichten zum Besten gaben und auch vor vergnüglichen Obszönitäten nicht zurückschreckten.

Die zweite, immer wieder gern zitierte Stelle aus dem Brief an die Pisonen lautet:

> ut pictura poesis: erit quae, si propius stes,
> te capiat magis, et quaedam, si longius abstes
> (V. 361f.).

In der Übersetzung:

> Dichtungen gleichen Gemälden: Einzelne Züge ergreifen
> Tiefer beim Anblick von nahem und andre beim Anblick von ferne
> (Horatius: *De arte poetica liber*, S. 37).

Die Stelle wirkt nicht besonders klar, weil der Vergleich mit der Malerei nicht unbedingt naheliegt. Gemeint ist wohl, dass ein literarisches Produkt mal von einem genau analysierenden Verstand, mal eher von einem das Ganze spontan und intuitiv auffassenden Bewusstsein aufgenommen werden will. Aber entscheidend ist in poetologischer Hinsicht auch viel eher die Tatsache, dass man meist nur den ersten Teil des Zitats aufgegriffen und in ihm fälschlich einen Hinweis auf den nachahmenden Charakter der Poesie erblickt hat: Dichtung ist so bildhaft wie Malerei. Bei Horaz indes ist – jedenfalls an der zitierten Stelle – von Nachahmung nicht die Rede.

Die Bedeutung der poetologischen Äußerungen von Platon, Aristoteles und Horaz für die Entwicklung einer deutschen Poesie und Poetik kann gar nicht hoch genug veranschlagt werden. Das hat zwei Gründe. Einerseits standen im Mittelalter, zumindest hinsichtlich der deutschsprachigen Literatur dieser Zeit, poetologische Fragen nicht in dem Maße wie in der Antike im Vordergrund. Vor allem aber erneuerten Renaissance und Humanismus antikes Denken und antike Literatur, und diesem Umstand ist es zuzuschreiben, dass die vielen im europäischen Raum entstehenden Poetiken in der Tradition des Aristoteles bzw. in der des Horaz standen. Auch die **erste deutschsprachige Poetik** des Martin Opitz (1597–1639), das *Buch von der Deutschen Poeterey* (1624), zeigt diese Tradition noch, doch stellte sie sich vor allem an die Spitze der beiden dominanten geistig-literarischen Strömungen der Zeit, indem sie lautstark die Forderung erhob, die deutsche Dichtung müsse den gleichen Rang wie die französische und italienische erreichen, und das Verlangen nach einer Reinigung der deutschen Sprache artikulierte, die der Entwicklung einer einheitlichen Hochsprache dienen sollte.

Die 1582 in Florenz gegründete *Academia della crusca* war mit ihren Bestrebungen zur Sprachreinigung Vorbild sämtlicher deutscher **Sprachgesellschaften,** die es sich zur Aufgabe machten, die deutsche Sprache durch Reinigung als poetisch tauglich zu erweisen. Deren bedeutendste, die „Fruchtbringende Gesellschaft", gründete Fürst Ludwig von Anhalt-Köthen (1579–1650), bereits seit 1600 Mitglied der *Academia della crusca,* 1617 in Weimar. Im gleichen Jahr war der *Aristarchus sive de contemptu linguae Teutonicae* des Opitz erschienen, eine auf Lateinisch verfasste Poetik zwar, aber schon getragen von den Forderungen nach einer deutschen Dichtung in gereinigter deutscher Sprache. In der Vorrede zum *Buch von der Deutschen Poeterey* (1624) spricht Opitz direkt von dem Ziel, „zue beßerer fortpflanzung unserer sprachen" (Opitz: *Buch von der Deutschen Poeterey,* S. 11) beitragen zu wollen und das hervorzuheben, „was unsere deutsche Sprache vornehmlich angehet" (ebd.). So handelt er denn vom reinen Reim, von der richtigen Betonung der Wörter, den metrischen Systemen, den Strophenformen, von rhetorischen Mitteln etc. Indes ist die kleine Schrift nicht nur das sichtbarste Zeichen für das Verlangen, die deutsche Sprache neben der französischen und italienischen dichtungstauglich zu machen und zugleich durch beigegebene Beispiele auch als solche zu erweisen, sondern sie gibt immerhin auch einen gewissen Einblick in das poetologische Denken der Zeit. Das Kernstück des Buches ist in dieser Hinsicht das sechste Kapitel: *Von der zuebereitung und ziehr der Worte.* Schon im ersten Abschnitt findet sich jener Satz, der die Poesie zu einer Art Schmuckwerk erklärt: „Die Worte bestehen in dreyerley; inn der elegantz oder ziehrligkeit / in der composition oder zusammensetzung / vnd in der dignitet vnd ansehen." (Opitz: *Buch von der Deutschen Poeterey,* S. 32) Die Neigung, das Kunstwerk aufzuputzen, das *delectare* des Horaz durch **verzierenden Stil** hervorzuheben, steht gewiss im Zusammenhang mit dem Verlangen, die deutsche Sprache als dichtungsfähig zu erweisen, macht aber zudem eine neue ästhetische Dimension erkennbar. Auch Wortschöpfungen können diese Funktionen erfüllen: „Newe woerter […] zue erdencken / ist Poeten nicht allein erlaubet / sondern macht auch den getichten / […] /eine sonderliche anmutigkeit." (Opitz: *Buch von der Deutschen Poeterey,* S. 34) Deshalb sollen die Dichter nach rhetorischen Figuren und Tropen Ausschau halten und so ihren Werken die rechte Zier zuteil werden lassen, „Dann sie den Poetischen Sachen einen solchen glantz geben" (Opitz: *Buch von der Deutschen Poeterey*, S. 39). Auch wenn Opitz die überkommenen Standpunkte und traditionellen Dichtungslehren übernimmt, tut er es in einer Weise, die unverkennbar die das 17. Jahrhundert prägende Freude an überladenen Szenen, unerhörten Handlungen einerseits und an erbaulicher Belehrung andererseits zeigen. Barockes Vergnügen an Überraschendem spricht aus der Anweisung, der Dichter solle berichten, „was newe und vnverhofft ist", dabei zwar das Aristotelische Gebot der Wahrscheinlichkeit nicht aus dem Blick verlieren, es aber doch so bunt wie möglich zugehen lassen: „untermenget allerley fabeln / historien / Kriegskuenste / schlachten / rathschlaege / sturm / wetter / vnd was sonsten zue erweckung der verwunderung in den gemuetern von noethen ist" (Opitz: *Buch von der Deutschen Poeterey*, S. 27). Und wenn er seinen Lesern das Wesen der Tragödie erklären will, ist aus der Aristotelischen Überlegung, sittlich hochstehende Menschen, die von Fehlern nicht frei seien, bildeten den Mittelpunkt der Tragödie, eine reine Ständeklausel geworden und eine Handlungsanweisung, die auf schreckliche Ereignisse in Hülle und Fülle größten Wert legt: „Die Tragedie ist an der maiestet dem Heroischen getichte gemeße / ohne das sie selten leidet / das man geringen standes personen und schlechte sachen einfuehre: weil sie nur von Koeniglichem willen / Todtschlägen / verzweiffelungen / Kinder- und Vaetermoerden / brande / blutschanden / kriege und auffruhr / klagen / heulen / seufftzen und dergleichen handelt." (Opitz: *Buch von der Deutschen Poeterey*, S. 27) Das Tragische wird darin erblickt, dass ein Mensch aus höchsten Höhen in tiefste Tiefen fällt. Das ist der Neigung der Zeit zu extremen Gegensätzen gemäß. Dementsprechend muss der tragische Held von höchstem Stande sein, ihm muss die ganze Bewunderung (**admiratio**) des Zuschauers gehören. Stürzt er nun in tiefste Tiefen, ist er eine wirklich tragische Figur: Je größer die **Fallhöhe** desto tragischer der Held. Darum die Ständeklausel, darum die grässlichsten Verbrechen.

Manches davon ist noch bis zur **Aufklärung**, jedenfalls bis zu Gottsched gültig, der in seinem *Versuch einer Critischen Dichtkunst vor die Deutschen* von 1730 allerdings eine rationalistische Poetik veröffentlichte. Sie gilt als Paradebeispiel normativen Denkens, als Regelpoetik *par excellence* und wurde als solche vor allem von Lessing, in seinem Gefolge aber beinahe von jedem verurteilt, der sich mit poetologischen Problemen befasste. Dabei hat Gottsched sich große Verdienste um Poesie und Poetik in Deutschland erworben, nicht nur, weil er mit den sechs Bänden der *Deutschen Schaubühne* 1740/45 eine paradigmatische Sammlung von Dramen der Zeit vorlegte (Übersetzungen von Corneille [1606–1684], Racine [1639–1699], Voltaire [1694–1778], Molière [1622–1673], Originalstücke von Johann Elias Schlegel [1719–1749], Gottsched selbst u.a.), sondern weil er mit seiner *Critischen Dichtkunst* der Poesie in Deutschland ein weit systematischeres und stabileres Fundament legte, als es Opitz auch nur versucht hatte. Für die Geschichte der Dichtung wie der Poetik sind seine Einlassungen zum Drama, vor allem zur Tragödie, am folgenreichsten gewesen. Sie erweisen sich als im höchsten Grade rationalistisch, geraten mitunter jedoch vor lauter Regelstrenge geradezu in die Nähe eines poetologischen Rezeptbuchs. Über die Herstellung einer guten **Fabel**, also einer tragfähigen Kernhandlung, lesen wir z. B. folgendes:

Der Poet wählet sich einen moralischen Lehrsatz, den er seinen Zuschauern auf eine sinnliche Art einprägen will. Dazu ersinnt er sich eine allgemeine Fabel, daraus die Wahrheit eines Satzes erhellet. Hiernächst suchet er in der Historie solche berühmte Leute, denen ähnliches begegnet ist: und von diesen entlehnet er die Namen, für die Personen seiner Fabel; um derselben also ein Ansehen zu geben. Er erdenket sodann alle Umstände dazu, um die Hauptfabel recht wahrscheinlich zu machen: und das werden die Zwischenfabeln, oder Episodia nach neuer Art genannt. Dieses theilt er dann in fünf Stücke ein, die ohngefähr gleich groß sind, und ordnet sie so, daß natürlicher Weise das letztere aus dem vorhergehenden fließt; bekümmert sich aber weiter nicht, ob alles in der Historie wirklich so vorgegangen, oder ob alle Nebenpersonen wirklich so, und nicht anders geheißen haben.

(Gottsched: *Versuch einer Critischen Dichtkunst*, S. 611)

Das *prodesse* des Horaz taucht hier als rationalistische Zielvorgabe für die Tragödie auf: Sie soll sich in den Dienst der Tugend und Moral stellen. Von dieser Aufgabe leitete Gottsched sämtliche ästhetischen Phänomene ab: Damit die Lehre glaubhaft wirkt, muss sie eine pseudohistorische Sanktionierung erfahren. Mit Opitz stimmt Gottsched darin überein, hochgestellte Personen in den tragischen Prozess einzubeziehen, die Ständeklausel gilt uneingeschränkt, dient aber weniger der Fallhöhe als dem „Ansehen", das die Fabel und damit der „moralische Lehrsatz" gewinnen soll. Die Wahrscheinlichkeit der Handlung wird in den Vordergrund gerückt, nur so kann das rationalistische Bedürfnis nach Begründbarkeit befriedigt werden: wenn die moralische Lehre glaubhaft wirken soll, muss die sie vermittelnde Handlung glaubhaft, d.h. logisch, wahrscheinlich, zwingend erscheinen. Historisch richtig braucht hingegen nicht zu sein, was da vorgeführt wird: Glaubwürdigkeit ist wichtiger als geschichtliche Wahrheit. Sie wird im Übrigen durch die strenge Einhaltung der drei Einheiten gestützt.

Gottsched hat in Gotthold Ephraim Lessing seinen heftigsten Kritiker gefunden. Zwar hat dieser weder in seinen *Briefen, die neueste Literatur betreffend* (1759–1765) noch in seiner *Hamburgischen Dramaturgie* (1767–1769) ein in sich geschlossenes poetologisches System entwickelt, aber die dort zu findenden Bemerkungen zum Drama lassen sich so zusammenfügen, dass man durchaus von einer Poetik Lessings sprechen kann. Was er Gottsched vorwirft, das ist zunächst dessen sklavische Abhängigkeit vom französischen Klassizismus sowie die Verabsolutierung Aristotelischer Kategorien zu Normen der Dichtung. Dabei, so Lessing, lassen Gottsched und die Franzosen jegliches Verständnis für historische Veränderungen und für das dem jeweiligen Nationalcharakter Gemäße vermissen. Man müsse aber erst einmal „untersuchen, ob dieses französisierende Theater der deutschen Denkungsart angemessen sei, oder nicht." (Lessing: Werke, Bd. V, S. 71) Ohne dies weiter zu begründen (was vielleicht gar nicht so schwer wäre), zieht Lessing einen Trennungsstrich zwischen deutscher und französischer „Denkungsart" und sieht in Shakespeare (1564–1616) jenen Dramatiker, der den Deutschen viel näher steht als Corneille und Racine und die *tragédie classique*. Die Behauptung, Shakespeare sei ein größerer Dichter als die Poeten des französischen Klassizismus, weil er größere Macht über unsere Empfindungen ausübe, macht er aber erst in der *Hamburgischen Dramaturgie* plausibel, und zwar in der Diskussion über die Funktion von Furcht und Mitleid, welche die Stücke 75 bis 83 füllt.

Sie beginnt damit, dass Lessing darauf besteht, Aristoteles habe von Furcht, nicht von Schrecken gesprochen und in der Tragödie beide Affekte, Furcht und Mitleid, wecken wollen. Die Franzosen (und in ihrem Gefolge Gottsched) hätten nur Schrecken über Schrecken getürmt, was aber kein Mitleid auslösen könne. Furcht bedeute, dass man um das Geschick des Helden fürchte, Mitleid, dass man mit ihm leide, beide Affekte würden aber nur dann ausgelöst, wenn der Held so beschaffen sei wie der Zuschauer. Nur mit dem haben wir Mitleid, dem passiert, was uns geschehen könnte, und nur um dessen Geschick fürchten wir, in dessen Lage wir selbst geraten können. Da Lessing als Dramaturg in Hamburg arbeitet, also an einer stadtbürgerlichen Bühne, schwebt ihm der Bürger als Rezipient vor, muss der Held der Tragödie ein mittlerer, ein „gemischter", ein bürgerlicher Charakter sein. Das bedeutet die Überwindung der Ständeklausel, das ist die Geburt des **bürgerlichen Trauerspiels**. Wenn Schiller später *Kabale und Liebe* als *Ein bürgerliches Trauerspiel* und den *Fiesco* als *Ein republikanisches Trauerspiel* bezeichnet, so ist noch der poetologische und soziale Triumph des Bürgertums über die allein den Adel als tragödienfähig einstufende Ständeklausel zu spüren.

Der Rückgriff Lessings auf Shakespeare und das englische Theater hatte ungeheure Folgen. Mochte die Einhaltung der drei Einheiten dem griechischen Charakter und also auch der griechischen Tragödie gemäß sein, der englischen und fortan der deutschen entsprach solche strenge Regelhaftigkeit nicht; immer häufiger verlagerte sich das Drama und zumal die Tragödie in die bürgerliche Sphäre, und die Dramaturgie der Fallhöhe, schon von Gottsched durch das Dogma der Wahrscheinlichkeit gemäßigt, hatte endgültig ausgespielt. Wiewohl Lessing sich über den Geniekult der jungen Generation mokierte und nichts mit der rabiaten Subjektivierung anfangen konnte, die von ihr gepredigt und ins Werk gesetzt wurde, hat er durch seine Skepsis gegenüber bloßer Regelhaftigkeit und vor allem durch die Begründung der bürgerlichen Tragödie sowie die Hervorhebung Shakespeares den **Sturm und Drang** unbeabsichtigt gefördert.

Freilich gehen dessen poetologische Vorstellungen auch und vor allem auf andere Prämissen zurück. Diese hat, z. T. auf Überlegungen Hamanns (1730–1788) gestützt, Johann Gottfried Herder am nachdrücklichsten formuliert. In *Über die neuere deutsche Literatur* 1766/7, dem *Auszug aus einem Briefwechsel über Ossian und die Lieder alter Völker* 1773, dem *Shakespeare*-Aufsatz 1773, der *Vorrede* zu *Volkslieder* 1778 finden sich die wichtigsten poetologischen Gedanken dieser Epoche. Sie fußen auf Herders Sprachphilosophie, wie er sie in seiner Schrift *Über den Ursprung der Sprache* von 1771 formuliert hat. Der entscheidende Schritt ist bei

Herder die Fundierung der Sprache in der Natur, im Physischen. Wie die Tiere ihre Empfindungen unmittelbar durch Klänge ausdrücken, so ursprünglich auch der Mensch, was sich noch an den expressiven Lauten der Kinder zeigt: „Diese Seufzer, diese Töne sind Sprache: es gibt also eine Sprache der Empfindung, die unmittelbares Naturgesetz ist." (Sturm und Drang, S. 404) Erst darüber findet sich dann die Schicht des Geistes, die die eigentliche sprachliche Artikulation ermöglicht, aber es bleibt dabei, dass Sprache in der Natur begründet und in ihrem Ursprung unmittelbarer Ausdruck ist.

Dieser Gedanke liegt auch Herders poetologischen Vorstellungen zugrunde. Poesie ist um so ursprünglicher, natürlicher und spontaner, je älter sie ist und je freier sie sich von zivilisatorischen Beeinflussungen halten konnte. Dementsprechend steht auch die Kunst jener Völker der Natur näher, die erst später oder behutsamer als andere mit den zivilisatorischen Überformungen Bekanntschaft machten. Da ‚Natur' zum Schlüsselwort für ‚Kunst' wird, kann Herder von der ‚Natur-Poesie' als der eigentlichen Dichtung sprechen. Sie gilt es zurückzugewinnen, nachdem die Geschichte der abendländischen, zumal der deutschen Literatur mehr verformend als fördernd gewirkt hat:

> In fremden Sprachen quälte man sich von Jugend auf, Quantitäten von Sylben kennen zu lernen, die uns nicht mehr Ohr und Natur zu fühlen gibt; nach Regeln zu arbeiten, deren wenigste ein Genie als Naturregeln anerkennet; über Gegenstände zu dichten, über die sich nichts denken, noch weniger sinnen, noch weniger imaginieren läßt; Leidenschaften zu erkünsteln, die wir nicht haben, Seelenkräfte nachzuahmen, die wir nicht besitzen – und endlich wurde alles Falschheit, Schwäche und Künstelei. […] Wir sehen und fühlen kaum mehr, sondern denken und grübeln nur; wir dichten nicht über und in lebendiger Welt, im Sturm und im Zusammenstrom solcher Gegenstände, solcher Empfindungen; sondern erkünsteln uns entweder Thema, oder Art, das Thema zu behandeln, oder gar beides [.]
>
> (In: Sturm und Drang, S. 532f.)

Echtes, d.i. von der Natur, von elementaren Gefühlen bestimmtes Dichten wird nur durch eine Rückwendung zum Ursprünglichen möglich, das Subjekt muss den Mittelpunkt der Poesie bilden, seine Empfindungen müssen unmittelbar zum Ausdruck kommen, und alle überkommenen Regeln und Normen können dabei nur störend wirken. Das **Genie** ist jener Künstler, der natürlichem Empfinden unmittelbar poetische Gestalt zu geben vermag: Dichtung erweist sich als subjektive Ausdruckskunst, die sich selbst die Regeln gibt.

Diese von Herder begründete, von den Stürmern und Drängern ins Werk gesetzte **Subjektivierung** der Poesie zeitigte erhebliche Folgen für Dichtung und Poetik. Denn einerseits wurde hier der größte Schritt in die Richtung einer Kunstemanzipation getan, das Artistische hatte sich von allen außerästhetischen Vorgaben gelöst und sich damit weitgehend befreit. Auf diesem Weg gingen **Romantik, Symbolismus, Expressionismus** und die **Moderne** im engeren Sinne entschlossen weiter. Andererseits zeigte sich jedoch auch, dass Dichtung ihre Maßstäbe einbüßte, da keine Regeln mehr anerkannt, keine Aufgaben akzeptiert, keine Ziele mehr vorgegeben wurden. Was besagt es, wenn Poesie hinfort als die unmittelbare Ich-Aussprache des Original-Genies verstanden und bezeichnet wurde, was bedeutet Natur-Poesie, wie lässt sie sich erkennen und von anderen Dichtungen unterscheiden? Goethe, der wie Herder einen *Shakespeare*-Aufsatz schrieb, gerät in eine Natur-, Griechen- und Shakespeare-Schwärmerei, die beeindruckt, aber keine Sachaussagen zulässt. Wenn er von den Empfindungen spricht, die die antike Tragödie in den Seelen der Zuschauer weckte, dann ruft er aus: „Und in was für Seelen! / Griechischen! Ich kann mich nicht erklären, was das heißt, aber ich fühl's und berufe mich der Kürze halber auf Homer und Sophokles und Theokrit, die haben's mich fühlen gelehrt." (Sturm und Drang, S. 696) Und wenig später lesen wir: „Und ich rufe Natur! Natur! nichts so Natur als Shakespeares Menschen." (Sturm und Drang, S. 697) Solche Emphase lässt erkennen, dass die intellektuelle Kontrolle verlorenging, dass sich alles ins subjektive Gefühl verlagert, wo kaum noch etwas erklärbar erscheint. Insofern ebnet die Poetik des Sturm und Drang einer Entwicklung den Weg, die die Kunst mehr und mehr der individuellen Willkür anheimgibt und sie nach und nach in die Selbstabschaffung treibt, weil alles und jedes zu Kunst, alles und jedes zu Dichtung erklärt werden kann. Dieser Schritt wurde in unserer Zeit denn auch vollzogen.

Die **deutsche Klassik** kann man als den Versuch interpretieren, diese Entwicklung aufzuhalten. Sie stellt allerdings andererseits einen Sonderfall innerhalb der europäischen Literaturgeschichte dar und wird zu sehr von der Freundschaft zwischen Goethe und Schiller und deren individueller Entfaltung geprägt, als dass man sie ohne weiteres in den europäischen Entwicklungsprozess der Poetik eingliedern könnte. Eine klassische Poetik existiert auch gar nicht, denn Goethe war kein theoretischer Kopf, und Schiller bemühte sich mehr um eine allgemeine Kunstphilosophie als um die theoretische Grundlegung der eigenen Dichtkunst. Immerhin lässt sich einigen kleineren Schriften Goethes und den großen Abhandlungen Schillers das poetologische Prinzip der deutschen Klassik entnehmen: Die Vermittlung von Gefühl und Verstand, die Zügelung des Individuellen durch das Typische, was zum Symbolismus der Klassik führt, d. h. zu einer Darstellungskunst, in der das Einzelne, Besondere stets auf ein Allgemeines, Umfassendes verweist und so eine (sittliche, geistige, pädagogische) Verbindlichkeit erlangt. Auch die Thematisierung des Moralischen, die das Verhältnis von Freiheit, Sittengesetz und Individuum in den Mittelpunkt der Dichtung rückt, gehört in diesen Zusammenhang. Unter den großen Schriften Schillers sind *Über Anmut und Würde* 1793, *Über die ästhetische Erziehung des Menschen* 1795, *Über naive und sentimentalische Dichtung* 1795/6 hervorzuheben, unter den kleinen Goethes *Einfache Nachahmung der Natur, Manier, Stil* 1789. Gewiss ist für die Entwicklung des klassischen Kunstideals der Ganzheit, Einheit und Ordnung auch die Lebensgeschichte von Goethe und Schiller von Bedeutung, beide mussten nach Jugendjahren voll stürmischer Kreativität einen Weg ästhetischer Disziplinierung finden. Aber die Bedeutung der objektiven Voraussetzungen darf auch nicht unterschätzt werden. Das ist für Schiller das Studium der Schriften Kants, für Goethe die Beschäftigung mit naturwissenschaftlichen Fragen, für beide die Begegnung mit der Antike. Sie bedeutete nun aber nicht mehr nur selbstverständliches Bildungsgut, an dem man sich erprobte und auf das man sich berief, sondern sie stellte das neue ästhetische Modell dar. Johann Joachim Winckelmann (1717–1768) hatte bereits 1755 in seinen *Gedanken über die Nachahmung der griechischen Werke in der Malerei und Bildhauerkunst* die Formel von der edlen Einfalt und der stillen Größe geprägt, die griechische Kunst auszeichne, und damit ein ästhetisches Paradigma vermittelt, das Goethe und Schiller erst sehr viel später aufgriffen. Doch Winckelmanns *Geschichte der Kunst des Altertums* von 1764 hatte die Vorstellung von einer disziplinierten Ästhetik und einem schnörkellosen Stil so verbreitet und in Deutschland heimisch gemacht, dass es nicht wirklich erstaunen kann, wenn die Antike als Modell für einen neuen, den ästhetischen Wildwuchs des Sturm und Drang begrenzenden Dichtungsstil der deutschen Klassik gewählt wurde. Goethe griff in der genannten Schrift über *Einfache Nachahmung der Natur, Manier, Stil* sogar das *mimesis*-Problem auf, um den reinen Subjektivismus, wie ihn der Sturm und Drang hervorgebracht hatte und den Goethe Manier nennt, zu überwinden. Er bezeichnet sein ästhetisches Ideal als Stil und erblickt in ihm die Vermittlung des subjektiven Elements der Darstellungsart und des objektiven Elements der Realität, die den Darstellungsgegenstand bildet. Klassische Kunst hat demnach mimetische und kunstautonome Momente.

Gegen diese Abhängigkeit der Kunst von der Welt, vor allem aber gegen die Neigung der Klassik, Sittlichkeit und Vernunft als notwendige Regulative des Sinnlichen und Subjektiven einzusetzen und poetisch zur Darstellung zu bringen, zieht die **Romantik** von Anfang an zu Felde. In seinen Berliner *Vorlesungen über schöne Kunst und Literatur* setzt sich August Wilhelm Schlegel (1767–1845) mit der Aufklärung auseinander und wirft ihr ein Nützlichkeitsdenken vor, das – vernunftgesteuert – immer nur gelten lässt, was dem Verstandeswesen Mensch gefällt. Religion werde nur so weit zugelassen, als sie sich mit den Ansprüchen der *ratio* decke; was nicht verständlich sei, das Phantastische und Wirre, werde abgelehnt oder als krank verurteilt. Träume und Gefühle würden dem Psychologischen, ja dem Psychopathologischen zugeordnet, und überhaupt werde jede Lebenserscheinung auf ihre Tauglichkeit hin überprüft. Solches Denken beschränkt den Menschen nach Schlegel aber, lässt seine dunklen Seiten nicht zu, beschneidet ihm alles die Logik übersteigende Empfinden, tilgt seine Herkunft aus dem Unbewussten, lässt ihn lediglich als *animal ratiocinans* zu. Dieses antirationalistische Menschenbild, das das Humane gerade auch im Phantastischen, im Traumhaften, ja im Unvernünftigen erblickt, hat poetologische Folgen von großer Bedeutung: In der Romantik setzt sich zum erstenmal eine Poetik durch, die dem Kunstwerk einen eigenen Raum und einen eigenen Rang jenseits der Bindung an Welt und Wirklichkeit zuspricht.

Eine systematische Poetik der Romantik existiert nicht, überhaupt ist die Zeit poetologischer Lehrbücher im engeren Sinne seit dem Rationalismus vorüber.

Das Fehlen eines poetologischen Systems hat in der Romantik aber noch einen spezifischen Grund: Lehnt man es ab, den Menschen primär als denkendes Wesen zu verstehen, ist die Logik auch keine Leittugend mehr, ist das geschlossene Deskriptionssystem überkommener Poetiken unangemessen. Die Poetik der Romantik muss man sich daher aus Fragmenten zusammenstellen, welche das Bild dieser Epoche überhaupt prägen. Das **Fragment** bildet in seiner Unabgeschlossenheit, seiner fehlenden Denkdisziplin, seines oft assoziativen Charakters wegen die epochentypische Textart, und vor allem die so genannten Athenäumsfragmente Friedrich Schlegels (1772–1829), aber auch die zahlreichen Sammlungen von Fragmenten des Novalis (eigentlich Friedrich von Hardenberg, 1772–1801) gehören zu den charakteristischen literarischen Phänomenen dieser Zeit.

Novalis unterscheidet in einem frühen Fragment zwischen **natürlicher** und **künstlicher Poesie**, wobei die künstliche Poesie einer „bestimmten Mitteilung" (Novalis: Werke, S. 393) dient. Die natürliche tut dies nicht, und für den Roman gilt sogar, dass er „kein bestimmtes Resultat" enthält (Novalis: Werke, S. 391). Gerade über den **Roman** haben die Romantiker überhaupt Überraschendes gesagt. Er bildet keine Gattung unter anderen literarischen Gattungen, sondern ein Sammelgefäß für alle Ausdrucksmöglichkeiten: „Sollte nicht der Roman alle Gattungen des Stils in einer durch den gemeinsamen Geist verschiedentlich gebundenen Form begreifen?" (Novalis: Werke, S. 454) Friedrich Schlegel erklärt in einem berühmten Satz lakonisch: „Der Roman ist ein romantisches Buch." (Fr. Schlegel:

E.T.A. Hoffmann: Der Sandmann (Federzeichnung)

Kritische Schriften, S. 515) Das bedeutet, dass **Gattungsgrenzen** überschritten werden und die **Collage** und **Montage** ganz unterschiedlicher Texte an die Stelle einer geordneten, einer „klassischen" Darstellung treten. Novalis sprengt sogar den inneren Zusammenhang des Romans und entwirft so ein **offenes Kunstwerk:** „Die Schreibart des Romans muß kein Kontinuum – es muß ein in jeden Perioden gegliederter Bau sein. Jedes kleine Stück muß etwas Abgeschnittenes – Begrenztes – ein eignes Ganzes sein" (Novalis: Werke, S. 526). Da gerät offenbar sogar die Sinnkohärenz in Gefahr, und der Leser selbst muss entscheiden, wie die einzelnen Elemente verstanden werden sollen. Rezeptionsanweisungen bleiben gänzlich aus. Novalis geht sogar noch einen Schritt weiter und entwirft – jedenfalls theoretisch – eine nicht mehr an einen Aussagesinn gebundene, eine geradezu **abstrakte Dichtung:** „Erzählungen, ohne Zusammenhang, jedoch mit Assoziation, wie *Träume*. Gedichte – bloß *wohlklingend* und voll schöner Worte – aber auch ohne allen Sinn und Zusammenhang" (Novalis: Werke, S. 535). Hier hat sich die Kunst von aller Logik, von allen Vorgaben gelöst, der Zusammenhang mit der Welt ist getilgt, sie etabliert einen eigenen, von der Wirklichkeit unabhängigen Bereich und hat alle Thesen von Nachahmung, Weltabbildung und Nützlichkeit weit hinter sich gelassen. „Der poet(ische) Phil(osoph) ist *en état de créateur absolu*" (Novalis: Werke, S. 487), formuliert Novalis denn auch und hat damit wohl zum erstenmal in der Geschichte der Poetik den Gedanken einer absoluten Kunst gedacht. Das geradezu geflügelte Wort *l'art pour l'art*, von Victor Cousin (1792–1867) 1836 geprägt, besitzt in der (französischen) Formulierung des Novalis eine deutsche Variante.

Friedrich Schlegel stand den poetologischen Vorstellungen seines Freundes Novalis sehr nahe. Auch er sieht im Roman ein gattungsübergreifendes poetisches Produkt, wenn er formuliert: „Ja, ich kann mir einen Roman kaum anders denken, als gemischt aus Erzählung, Gesang und andern Formen." (Fr. Schlegel: Kritische Schriften, S. 515) Spricht Novalis von dem Roman als einem poetischen Produkt, das „kein bestimmtes Resultat" enthält, so überträgt Schlegel diesen Gedanken der vollständigen Offenheit auf die Dichtung überhaupt, wenn es in einem seiner berühmtesten Fragmente heißt: „Die romantische Poesie ist eine progressive Universalpoesie." (Fr. Schlegel: Kritische Schriften, S. 38) Dies bedeutet, dass die Dichtung einerseits alles umfasst, d. h. alle Gattungen und alle Bereiche des Daseins, zum anderen jedoch, dass sie niemals ans Ende gerät: „Die romantische Dichtart ist noch im Werden; ja das ist ihr eigentliches Wesen, dass sie ewig nur werden, nie vollendet sein kann." (Fr. Schlegel: Kritische Schriften, S. 39) Anders als die klassische Dichtung, die durchaus eine bestimmte Aussageabsicht verfolgte, sieht die Romantik im Unendlichen, nicht im Begrenzten, sozusagen in einem weitschweifenden Verständnis das Ziel aller Poesie, wenn sie, wie Schlegel formuliert, die „progressive Universalpoesie" als ihr eigentliches Element betrachtet. Wichtiger noch als diese Parallelen zwischen Schlegel und Novalis ist aber die Tatsache, dass beide die Dichtkunst nicht mehr als Nachahmung der Welt, sondern entschieden und entschlossen als das Produkt eines kreativen Subjekts betrachten. Während Novalis vom *„créateur absolu"* spricht, redet Schlegel von der „Willkür des Dichters", die „kein Gesetz über sich leide." (Fr. Schlegel: Kritische Schriften, S. 39) Und mit dem Hinweis auf eine „Kunst um ihrer selbst willen" (Fr. Schlegel: Kritische Schriften, S. 492) präsentiert auch er eine deutsche Variante der Formel *l'art pour l'art*. Und schließlich rückt er Welt und Kunst ebenso weit auseinander wie sein Freund Novalis: „Eine Philosophie der Poesie überhaupt aber würde mit der Selbständigkeit des Schönen beginnen, mit dem Satz, daß es vom Wahren und Sittlichen getrennt sei und getrennt sein solle, und daß es mit diesem gleiche Rechte habe" (Fr. Schlegel: Kritische Schriften, S. 55f.). Hier hat sich die Poetik von dem Gedanken Platons, Poesie müsse dem Guten dienen, ebenso weit entfernt wie von dem *mimesis*-Gedanken und von den Vorstellungen des Horaz, die Dichtung wolle erfreuen und nützen. In der Romantik will die Dichtung nichts weiter sein als sie selbst.

Aber so, wie die normative Aufklärungspoetik von der Genie-Poetik des Sturm und Drang, wie diese durch die den Nachahmungsgedanken neu belebende Klassik und diese wiederum durch die sich von der Nachahmung so entschieden abwendende Romantik konterkariert wurde, so folgte auch auf die romantische Poetik eine Phase, in der mehr oder weniger die gegenteiligen Gedanken dominierten. Der sogenannte **bürgerliche Realismus**, welcher so wenig wie Romantik, Klassik und Sturm und Drang poetologische Lehrbücher vorzulegen wusste, entdeckt wieder die Wirklichkeit, wie sie uns in der Natur, in der Gesellschaft, auch im privaten Bereich entgegentritt. Es wäre jedoch völlig falsch, wollte man annehmen, der bürgerliche Realismus verstehe sich in Frontstellung zu der das Phantastische, Alogische, Verwirrende, Märchenhafte, ja sogar Chaotische in den Mittelpunkt rückenden Romantik als literarische Strömung, die die realen Verhältnisse so abzubilden versuche, wie sie sind. Greift man etwa auf poetologische Äußerungen Theodor Fontanes, auf Friedrich Theodor Vischers (1807–1887) Äußerungen über den Roman, auf Otto Ludwigs (1813–1865) Einlassungen mit dem Titel *Der poetische Realismus* oder Adalbert Stifters *Vorrede zu Bunte Steine* zurück, so sieht man, dass der bürgerliche Realismus zwar die Erfahrungswirklichkeit zur Grundlage und das realistische Verfahren zum poetischen Prinzip erhob, dabei aber nicht an den Oberflächenmerkmalen der Realität, sondern an deren Grundstrukturen und Gesetzmäßigkeiten orientiert war. Es galt, die die Gesellschaft bestimmenden Kräfte, die Gesetze sittlichen Handelns, die Regeln humanen Zusammenlebens aufzudecken und darzustellen, d. h. hinter den beschriebenen Phänomenen die fundamentalen Prinzipien zu erkennen. Realistische Schreibweise bedeutete nicht bloßes Abbilden; aber sie bedeutete doch eine neue Hinwendung zur empirischen Realität.

In dieser Hinsicht erscheint der **Naturalismus** zunächst nur als eine Radikalisierung des bürgerlichen Realismus, doch hatte er auch ganz eigene Wurzeln. Gewiss orientierte auch er sich an der vorgefundenen Wirklichkeit, doch war diese nicht mehr die Realität der bürgerlichen, sondern die der **industriellen Welt**, der **Massengesellschaft**, des **Großstadtproletariats**. Zudem ging es dem Naturalismus nicht darum, die hinter den Erscheinungen verborgenen, sie aber steuernden Gesetzmäßigkeiten unserer Welt durch Darstellung der Erscheinungen zugleich zu erhellen; vielmehr brachte der Naturalismus diese Gesetze direkt zur Geltung. Ausgangspunkt dafür war die Erkenntnis, dass Naturwissenschaft und Technik zur Herrschaft gelangt waren und die Welt in einen völlig neuen Zustand gebracht hatten. Alle Lebenserscheinungen wurden von ihnen geprägt, und so vermochte der Naturalismus der Realität nur dadurch zu entsprechen, dass er die naturwissenschaftlichen Gesetzmäßigkeiten, **Kausalität** und **Determination**, auf den Menschen übertrug. Dieser wurde als gesellschaftlich und psychisch determiniertes, vollkommen unfreies Wesen dargestellt, doch finden sich darüber keine besonders tiefgreifenden poetologischen Äußerungen. Von zentraler Bedeutung war hingegen die Frage nach der Abbildfunktion der Dichtung, wie sie Arno Holz (1863–1929) in seiner Schrift *Die Kunst. Ihr Wesen und ihre Gesetze* dargestellt hat. Dabei geht Arno Holz von einer Kinderzeichnung aus und kommt zu dem Ergebnis, dass der kindliche Maler aufgrund seiner beschränkten handwerklichen Fähigkeiten sein Ziel, einen Soldaten zu portraitieren, nicht erreicht. Dies bringt Holz zu der Meinung, dass Kunst das Ziel habe, Natur nachzuahmen, dass aber materielle oder subjektive Faktoren darauf Einfluss nehmen, wie genau die Natur abgebildet wird. Holz' Formel für Kunst lautet nämlich: „Kunst = Natur - X" (Theorie des Naturalismus, S. 171). Offenbar ist Kunst um so mehr sie selbst, je genauer sie die Natur abbildet, oder, noch radikaler: Kunst ist da ganz in ihrem Wesen, wo sie Natur verdoppelt, wo daher X ganz und gar verschwindet. Dies hat Holz dann auch in einen apodiktischen Satz gefasst: „Die Kunst hat die Tendenz, wieder die Natur zu sein. Sie wird sie nach Maßgabe ihrer jeweiligen Reproduktionsbedingungen und deren Handhabung." (Theorie des Naturalismus, S. 174) Das Problematische an dieser Auffassung ist die Prämisse, Kunst strebe nach möglichst genauer Abbildung der Wirklichkeit, denn selbst wenn es dem zeichnenden Kind tatsächlich auf präzise Portraitierung der Realität angekommen sein sollte, gilt dies doch nicht deshalb schon für jeden Künstler und jede Kunst. Aber auch noch in anderer Hinsicht ist der Naturalismus wohl problematisch: man kann ihn nämlich als das Missverständnis der **Moderne** klassifizieren.

Der Begriff der Moderne wurde im Jahr 1887 von der „Berliner Literarischen Vereinigung" mit dem programmatischen Namen *Durch* geprägt und sogleich mit einem spezifischen Sinn verknüpft. Im Gegensatz zu dem Adjektiv ‚modern' bezeichnet die ‚Moderne' nicht das jeweils Aktuelle, im Schwange Befindliche, geradezu Modische, sondern eine neue Phase in der Menschheitsgeschichte, nämlich jene, in der der Mensch mit Hilfe von Naturwissenschaft und Technik zum Mittelpunkt der Welt, zum Beherrscher der Realität aufsteigt. Die gesamte vorausliegende Menschheitsgeschichte wird deswegen als „Antike" abgetan; von nun an tritt der Mensch an die Stelle Gottes, denn er entscheidet, was geschichtlich geschieht, wie die Welt aussieht, ja, ob Welt überhaupt noch existieren soll. Damit ist der Mensch zum eigentlichen Souverän der Realität geworden. Er schaltet und waltet nach eigenem Belieben, und während er selbst sich in früheren Zeiten der

Wirklichkeit anpassen musste, um zu überleben, passt er sich selbst nun die Wirklichkeit an, indem er sie schafft. Dadurch, dass der Naturalismus einerseits den Menschen entsprechend den naturwissenschaftlichen Gesetzen als determiniertes Wesen darstellt und andererseits die Wirklichkeit zum Maßstab für die Kunst wählt, sofern Kunst nichts weiter als eine Verdoppelung oder Potenzierung von Natur sein soll, bildet er zwar die äußeren Phänomene der technisch bestimmten Welt ab, indem er das Proletariat, die Großstadt, die industriellen Verhältnisse als Gegenstand wählt; aber damit verfehlt er gerade die Rolle, die der Mensch mit Hilfe der Technik gewonnen hat. Anders formuliert: Der Naturalismus nimmt sich der äußeren Erscheinungen der technischen Welt an, indem er Naturwissenschaft und Technik auf die Bühne bringt und den Menschen als natur- und sozialbestimmtes Wesen darstellt; den eigentlichen Kern der Moderne, die Herrschaft des Menschen als des souveränen Subjekts, bringt er indes poetisch nicht zum Ausdruck. Hermann Bahr (1863–1934) hat in seiner berühmten Schrift *Die Überwindung des Naturalismus* von diesem als von einer „Episode der Verwirrung" (Bahr: *Die Überwindung des Naturalismus*, S. 154) gesprochen. Das ist gewiss ein hartes Wort, aber angesichts des Verhältnisses von Kunst und Wirklichkeit zumindest verständlich. Was er vermisste, war die ästhetische Umsetzung des neuen Verhältnisses von Mensch und Welt in der Poesie: „Es war ein Wehklagen des Künstlers im Naturalismus, weil er dienen mußte; aber jetzt nimmt er die Tafeln aus dem Wirklichen und schreibt darauf seine Gesetze." (Bahr: *Die Überwindung des Naturalismus*, S. 158)

Wenn Kunst und Literatur in ihrer Zielrichtung und in ihrer Grundstruktur auf irgendeine Weise mit der jeweiligen Phase der Weltgeschichte verknüpft sind, so muss sich in der Moderne auch ästhetisch die neue Position des Menschen als des Beherrschers der Welt infolge von Naturwissenschaft und Technik Geltung verschaffen. Das bedeutet, dass in der Moderne nicht länger die Realität zum Maßstab für die Kunst gemacht werden kann, die Abbildfunktion der Kunst deshalb in der Moderne immer stärker in den Hintergrund tritt. Denn so wie der Mensch zum weltbeherrschenden Subjekt geworden ist, so wird er nun auch zum kunstbeherrschenden Subjekt. Das bedeutet, dass die Kunst mehr und mehr sich von sämtlichen Vorgaben der Realität löst und stärker und immer stärker den Menschen als ein Wesen präsentiert, das nach eigenen Maßstäben, nach eigener Willkür und ohne Rücksicht auf die Realität der Erscheinungen Kunst schafft. Das Verhältnis des Menschen zur Kunst spiegelt letztlich genau jenes Verhältnis wider, welches der Mensch zur Welt gewonnen hat: Wie der *homo faber* so bestimmt und beherrscht auch der *homo artifex* in aller Souveränität, was er hervorbringt.

Das geschieht sowohl in der Poetik als auch in der dichterischen Praxis auf überaus unterschiedliche Weise. Impressionismus und Symbolismus, Expressionismus und Dada, Brechts episches Theater oder Thomas Manns ironische Erzählverfahren sind untereinander nur schwer in Verbindung zu bringen, verkörpern oder realisieren jedoch trotzdem jeweils die für die Moderne so charakteristische

No. 1.   Berlin, den 24. Januar 1891.   I. Jahrgang.

Halb-Monatsschrift für Kunst, Litteratur, Wissenschaft und sociales Leben.

Abonnements
(vierteljährlich 2 Mk.) vermittelt
jede Buchhandlung u. Post-Anstalt.
Preis der einzelnen Nummer 40 Pf.

Herausgeber: **Leo Berg.**
Für die Redaction verantwortlich:
Joh. G. Sallis.

Inserate
pro Zeile 50 Pf. werden von der Ver-
lagshandlung u. von allen Annoncen-
Expeditionen angenommen.

Die Moderne. Halb-Monatsschrift für Kunst, Litteratur, Wissenschaft und sociales Leben

Willkür und Subjektivität des Autors. Allerdings werden dabei die Grenzen zwischen Poetik und Ästhetik noch stärker verwischt, als es in den entsprechenden Überlegungen seit der Romantik ohnehin geschieht. Von Poetik als einer literarischen Wissenschaft im eigentlichen Sinn kann man genaugenommen schon seit mehr als hundert Jahren nicht mehr sprechen.

Weiterführende Literatur

Wiegmann: *Geschichte der Poetik. Ein Abriß.* **Markwart:** *Geschichte der deutschen Poetik. 5 Bde.* **Kloepfer:** *Poetik und Linguistik.* **Kayser:** *Das sprachliche Kunstwerk.* **Petersen:** *Mimesis – Imitatio – Nachahmung. Eine Geschichte der europäischen Poetik.*

Arbeitsteil

A. Fragen und Aufgaben zur Poetik

1. Warum verwirft Platon im Staat die Dichtung?

2. Was besagt die sogenannte Ständeklausel?

3. Was meint man, wenn man poetologisch von den drei Einheiten spricht?

4. Worin unterscheiden sich die Begriffe ‚Darstellung' und ‚Nachahmung' als poetologische Kategorien voneinander?

5. Was ist eine Regelpoetik?

6. Erläutern Sie die poetische Funktion von *prodesse* und *delectare* bei Horaz!

7. Was verbindet das *Buch von der Deutschen Poeterey* mit den Sprachgesellschaften der Zeit?

8. Skizzieren Sie Gottscheds rationalistische Poetik des Dramas!

9. Erläutern Sie den Zusammenhang zwischen der Poetik Lessings und der Entwicklung des bürgerlichen Trauerspiels!

10. Worin besteht die poetologische Kritik der Romantiker an Aufklärung und Deutscher Klassik?

11. Beschreiben Sie die poetischen Folgen der poetologischen Formel „Kunst = Natur – X"!

B. Texte zur Poetik

IV, 1   **Aristoteles**

Aus: *Poetik*

Aus dem Gesagten ergibt sich auch, daß es nicht Aufgabe des Dichters ist mitzuteilen, was wirklich geschehen ist, sondern vielmehr, was geschehen könnte, d. h. das nach den Regeln der Wahrscheinlichkeit oder Notwendigkeit Mögliche. Denn der Geschichtsschreiber und der Dichter unterscheiden sich nicht dadurch voneinander, daß sich der eine in Versen und der andere in Prosa mitteilt – man könnte ja auch das Werk Herodots in Verse kleiden, und es wäre in Versen um nichts weniger ein Geschichtswerk als ohne Verse –; sie unterscheiden sich vielmehr dadurch, daß der eine das wirklich Geschehene mitteilt, der andere, was geschehen könnte. Daher ist Dichtung etwas Philosophischeres und Ernsthafteres als Geschichtsschreibung; denn die Dichtung teilt mehr das Allgemeine, die Geschichtsschreibung hingegen das Besondere mit. Das Allgemeine besteht darin, daß ein Mensch von bestimmter Beschaffenheit nach der Wahrscheinlichkeit oder Notwendigkeit bestimmte Dinge sagt oder tut – eben hierauf zielt die Dichtung, obwohl sie den Personen Eigennamen gibt. Das Besondere besteht in Fragen wie: was hat Alkibiades getan oder was ist ihm zugestoßen.

(In: *Poetik*, S. 31/33)

IV, 2 Martin Opitz

Aus: *Buch von der Deutschen Poeterey*

Das ansehn vnd die dignitet der Poetischen rede anlangt / bestehet dieselbe in den tropis vnnd schematibus, wenn wir nemblich ein wort von seiner eigentlichen bedeutung auff eine andere ziehen. Dieser figuren abtheilung / eigenschafft vnd zuegehoer allhier zue beschreiben / achte ich darumb vnvonnoeten / weil wir im deutschen hiervon mehr nicht als was die Lateiner zue mercken haben / vnd also genugsamen vnterricht hiervon neben den exempeln aus Scaligers vnnd anderer gelehrten leute buechern nemen koennen. Dessen wil ich nur erinnern / das für allen dingen noetig sey / hoechste moegligkeit zue versuchen / wie man die epitheta; an denen bißher bey vns grosser mangel gewesen / sonderlich von den Griechen und Lateinischen abstehlen / vnd vns zu nutze machen moege: Dann sie den Poetischen sachen einen solchen glantz geben / das Stesichorus für den anmutigsten Poeten ist gehalten worden / weil er desselbigen zum fueglichsten sich gebraucht hat.

(In: *Buch von der Deutschen Poeterey*, S. 38f.)

IV, 3 Gotthold Ephraim Lessing

Aus: *Hamburgische Dramaturgie*

Denn er, Aristoteles, ist es gewiß nicht, der die mit Recht getadelte Einteilung der tragischen Leidenschaften in Mitleid und Schrecken gemacht hat. Man hat ihn falsch verstanden, falsch übersetzt. Er spricht von Mitleid und Furcht, nicht von Mitleid und Schrecken; und seine Furcht ist durchaus nicht die Furcht, welche uns das bevorstehende Übel eines andern, für diesen andern, erweckt, sondern es ist die Furcht, welche aus unserer Ähnlichkeit mit der leidenden Person für uns selbst entspringt; es ist die Furcht, daß die Unglücksfälle, die wir über diese verhängt sehen, uns selbst treffen können; es ist die Furcht, daß wir der bemitleidete Gegenstand selbst verden können. Mit einem Worte: diese Furcht ist das auf uns selbst bezogene Mitleid.

(In: Werke, Bd. IV, S. 578f., 75. Stück)

IV, 4 Friedrich Schlegel

Aus: *Athenäums-Fragmente*

Die romantische Poesie ist eine progressive Universalpoesie. Ihre Bestimmung ist nicht bloß, alle getrennten Gattungen der Poesie wieder zu vereinigen und die Poesie mit der Philosophie und Rhetorik in Berührung zu setzen. Sie will und soll auch Poesie und Prosa, Genialität und Kritik, Kunstpoesie und Naturpoesie bald mischen, bald verschmelzen, die Poesie lebendig und gesellig und das Leben und die Gesellschaft poetisch machen, den Witz poetisieren und die Formen der Kunst mit gediegnem Bildungsstoff jeder Art auffüllen und sättigen und durch die Schwingungen des Humors beseelen. Sie umfaßt alles, was nur poetisch ist, vom größten wieder mehrere Systeme in sich enthaltenden Systeme der Kunst bis zu dem Seufzer, dem Kuß, den das dichtende Kind aushaucht in kunstlosen Gesang. [...] Die romantische Poesie ist unter den Künsten, was der Witz der Philosophie, und die Gesellschaft, Umgang, Freundschaft und Liebe im Leben ist. Andre Dichtarten sind fertig und können nun vollständig zergliedert werden. Die romantische Dichtart ist noch im Werden; ja das ist ihr eigentliches Wesen, daß sie ewig nur werden, nie vollendet sein kann. Sie kann durch keine Theorie erschöpft werden, und nur eine divinatorische Kritik dürfte es wagen, ihr Ideal charakterisieren zu wollen. Sie allein ist unendlich, wie sie allein frei ist und das als ihr erstes Gesetz anerkennt, daß die Willkür des Dichters kein Gesetz über sich leide. Die romantische Dichtart ist die einzige, die mehr als Art und gleichsam die Dichtkunst selbst ist: denn in einem gewissen Sinn ist oder soll alle Poesie romantisch sein.

(In: Kritische Schriften, S. 38f.)

IV,5   **Arnold Ruge** (1802–1880)

Aus: *Idealismus und Realismus im Reiche des Ideals*

Wie verhält sich nun der Dichter [...] zur Wirklichkeit und die Wirklichkeit zu ihm? Kann er die Wirklichkeit, die ihm vor den Füßen liegt, wiederholen? „Wenn sie nun wundervoll gut getroffen und mit viel Verstand gewählt wäre?" Sie wäre immer nur eine Studie, die er nicht selbst reden lassen könnte, der er vielmehr erst den Geist der Wahrheit einhauchen müßte. „Das Leben mag noch so interessant sein, wo man nur hineingreift", es wird immer unfähig sein, einen andern als einen veralteten Geist zu offenbaren: den neuen hat es von dem Philosophen und von dem Dichter, der Philosoph ist, zu empfangen.

Die gemeine Wirklichkeit ist geistlos und bedeutungslos; erst wenn du sie verstehst, gibst du ihr eine Bedeutung, erst wenn du sie auf ihr Ideal ziehst, gibst du ihr Geist. [...]

Der gemeine Realismus wäre froh, wenn wir seinen Figuren überall auf der Straße begegneten und uns bei jedem Schacherjuden an seine Kopierkunst erinnerten. Ist das Raffaels Ehrgeiz? Und sind darum seine Figuren minder wirklich? Man mache sie mehr römisch oder mehr jüdisch und sie werden wahrer im gemeinen, völlig unwahr im poetischen Sinne.

Die dichterische und ideale Wahrheit und Wirklichkeit ist die Wahrheit des allgemein Menschlichen zu wahren Formen erhoben. Die Wahrheit der Karikatur ist Dissonanz, die mindestens eine komische Auflösung braucht. Die gemeine Wirklichkeit ist immer Karikatur, braucht daher entweder eine komische oder eine ideale Auflösung, um überhaupt Poesie zu werden.

In der Poesie heißt Realismus, wirkliche Ideen und wirkliche Ideale hervorbringen und durch wahre Figuren so hindurchscheinen lassen, daß diese Figuren den Erdgeschmack verlieren und der Idee ebenbürtig werden, die sie auszudrücken haben. Die Nachahmer von Dickens und andern Engländern, die gar keine Idee auszudrücken haben, sondern nur kopieren, sind Pfuscher. Die Schriftsteller, die nur das Leben schildern und nur wegen korrekter Zeichnung bewundert werden wollen, sind geistlose Handwerker.

(In: Theorie des bürgerlichen Realismus, S. 132f.)

IV, 6   **Gottfried Benn**

Aus: *Doppelleben*

Der Stil der Zukunft

wird der Roboterstil sein. Montagekunst. Der bisherige Mensch ist zu Ende, Biologie, Soziologie, Familie, Theologie, alles verfallen und ausgelaugt, alles Prothesenträger. Das Getue in den Romanen, als ob es an sich weiterginge und etwas geschähe, mit dem alt-modischen Begriff des Schicksals oder dem neumodischen einer autochthonen gesell-schaftlichen Bewegung, ist Unfug, es geht nichts an sich weiter und geschieht nichts, der Mensch stockt und arbeitet – der Künstler ist es, der weitermuß, sammelt, gruppiert – ländlichgroßväterlich mit Hilfe von zeitlich-räumlichen Kategorien, aktuell-neurotisch durch absolute transzendente Schwerpunktbildungen, Fesselungen, Drehpunktskonsti-tuierungen – nur so schafft er etwas jenseits von Relationen und Ambivalenz. Diese Technik selbst ist das Problem und man soll sie ruhig bemerken.

Eine Dame, offenbar etwas Kluges, schrieb mir über ein Bild von Gauguin im neuen Folkwangmuseum, jetzt in einem alten Wasserschloß im Ruhrtal, es lag, wie sie hervor-hob, eine Jardin-sous-la-Pluie-Stimmung um das Haus: „Eine Insulanerin für sich allein, bis in den graziös vorgehaltenen Fächer den Ausdruck des Gemaltwerdens wiederge-bend, nur die Augen träumen" – das ist es: der Ausdruck des Gemaltwerdens muß immer hervortreten, man muß suchen und wissen, was zusammengehört, was wirklich zusammengehört, und das muß man nehmen. Wenn Sie nämlich einmal darüber nach-denken, werden Sie zu dem Resultat kommen, wir bewegen uns mehr in unserer zere-bralen Sphäre als in unserer sexuellen oder intestinalen oder muskulären. Uns beschäf-tigen Gedanken, die brennen. [...]

Der Mensch muß neu zusammengesetzt werden aus Redensarten, Sprichwörtern, sinn-losen Bezügen, aus Spitzfindigkeiten, breit basiert –: *Ein Mensch in Anführungszeichen.* Seine Darstellung wird in Schwung gehalten durch formale Tricks, Wiederholungen von Worten und Motiven – Einfälle werden eingeschlagen wie Nägel und daran Suiten auf-gehängt. Herkunft, Lebenslauf – Unsinn! Aus Jüterborg oder Königsberg stammen die meisten, und in irgendeinem Schwarzwald endet man seit je. Jetzt werden Gedanken-gänge gruppiert, Geographie herangeholt, Träumereien eingesponnen und wieder fal-lengelassen. Nichts wird stofflich-psychologisch mehr verflochten, alles angeschlagen, nichts durchgeführt. Alles bleibt offen. Antisynthetik. Verharren vor dem Unvereinba-ren. Bedarf größten Geistes und größten Griffs, sonst Spielerei und kindisch. Bedarf größten tragischen Sinns, sonst nicht überzeugend. Aber wenn der Mann danach ist, dann kann der erste Vers aus dem Kursbuch sein und der zweite eine Gesangbuchstro-phe und der dritte ein Mikoschwitz und das Ganze ist doch ein Gedicht. Und wenn der Mann nicht danach ist, dann können die Ehegatten ihre Frauen und die Mütter ihre Söhne und die Enkel ihre Großtanten im Lehnstuhl oder im Abendfrieden vielstrophig anreimen und selbst der Laie wird bald merken, daß das keine Lyrik mehr ist.

(In: Gesammelte Werke, Bd. IV, S. 162ff.)

V Literatur und Gesellschaft

In dem Kapitel „Textinterpretation" sind vornehmlich die Gesichtspunkte ange-sprochen worden, mit denen man die einem literarischen Text innewohnenden Elemente dingfest machen und ihn insofern „aus sich selbst" heraus verstehen kann. Solch immanentes Verfahren (vgl. Kapitel VII) stößt freilich bald an seine Grenzen, denn es zeigt sich schnell, dass die Kunst nicht nur einen autonomen Bezirk bildet, sondern auch von vielen Voraussetzungen abhängig ist, unter denen gesellschaftliche Tatbestände zu den wichtigsten gehören.

Denn Literatur entsteht ja selbst dann nicht außerhalb der Gesellschaft, wenn ein Autor sich abkapselt und ungestört, ja ohne Kontakt zur Außenwelt an seinen Texten arbeitet. Er kann nämlich weder seine Lebenserfahrungen noch seine so-zialen und psychischen Prägungen, weder seine Erinnerungen noch seine Welt-vorstellungen gänzlich ausschalten, da er so wenig wie jeder andere Mensch eine *tabula rasa* ist. Zudem bildet Literatur auch insofern ein gesellschaftliches Phäno-men, als sie in aller Regel nur dann in ihrem Element ist, wenn sie gelesen wird und mithin auf **Rezipienten** trifft, die ihrerseits Glieder der menschlichen Gesell-schaft sind und entsprechende Eigenschaften und Erfahrungen haben. Und vor allem spiegelt Literatur meistens soziale Verhältnisse, Moden, Zeitereignisse und Denkweisen, und oftmals verfolgt sie sogar gesellschaftliche Ziele, versucht das Bewusstsein der Leser zu beeinflussen oder gar die politischen Verhältnisse zu verändern. Die Frage nach der Beziehung zwischen Literatur und Gesellschaft be-sitzt also wenigstens drei unterschiedliche Schwerpunkte: Sie kann die Entste-hungsbedingungen in den Mittelpunkt rücken, insofern sie gesellschaftlicher Art sind; sie kann nach Lesertypen, Leseweisen, Rezeptionserwartungen usw. fragen; und vor allem nimmt sie jene Elemente des poetischen Werkes in den Blick, die seinen sozialen Kontext spiegeln und seine gesellschaftlichen Tendenzen erkenn-bar machen. Goethes *Werther* etwa setzt sowohl beim Autor als auch beim Leser ein bürgerliches Milieu mit einer entsprechenden Bewusstseinssituation voraus, was der Roman deutlich genug zum Ausdruck bringt. So zeigt sich das neue, mit seiner gesellschaftlichen Emanzipation im 18. Jahrhundert zusammenhängende Selbstbewusstsein des Bürgertums an Werthers Umgang mit dem Adel einerseits, seiner ganz persönlichen Gefühlsintensität andererseits; es präsentiert aber auch die dieses Selbstbewusstsein sichernden bürgerlichen Grenzen, die höchster Ge-fühlsergriffenheit nicht gestatten, eine bestehende Verbindung zu sprengen. Nur weil die soziale Realität genauso war, konnte dieses Motiv eine so große Bedeu-tung im Roman gewinnen. Und nur deshalb konnte der Roman auch auf ebenso begeisterte wie ablehnende Resonanz stoßen, je nach Alter und Charakter der Le-serschaft. Die gesellschaftlichen Implikationen dieses Jugendwerkes reichen viel weiter, aber die Antinomie von individueller Gefühlsüberhebung und bürgerlicher Grenzziehung bildet den Kern seiner gesellschaftlich geprägten Erzählthematik.

Freilich ist der Begriff der Gesellschaft weit und entsprechend ungenau. Seit dem 19. Jahrhundert hat man sich mehr und mehr daran gewöhnt, Besitzverhältnisse zum Unterscheidungskriterium für die unterschiedlichen sozialen Schichten zu machen, und erst recht die sozialistischen Gruppierungen im Raum der Politik haben den Begriff der Klasse immer stärker in den Vordergrund geschoben. Das hat dazu geführt, dass man manche literarischen Erscheinungen nur noch mit Mühe und auf Umwegen mit ihren gesellschaftlichen Ursachen in Zusammenhang bringen kann. Wie sehr beispielsweise die Tatsache, dass der Blankvers den Alexandriner in der zweiten Hälfte des 18. Jahrhunderts verdrängte, auch mit sozialen Wandlungen verbunden ist, verbirgt die Vorstellung von Klassenantagonismen als der treibenden Kraft für gesellschaftliche und historische Veränderungen eher, als dass sie den Blick dafür öffnet. Aber die Überwindung des Alexandriners hängt eng mit der literarischen Geschmacksveränderung zusammen, die in der Mitte des Jahrhunderts das englische Theater an die Stelle des französischen rückte und mithin Shakespeare über Molière, Corneille und Racine stellte. Dabei handelt es sich aber keineswegs um einen spontanen oder unbegründeten Prozess, sondern um einen Blickwechsel, der mit der Heraufkunft des Bürgertums als der herrschenden und bestimmenden Schicht zusammenhängt. Das Bürgertum, das sich im Gegensatz zum Adel seinen Einfluss erarbeiten musste, weil es nicht aufgrund bloßer Herkunft, sondern zufolge seiner manuellen, intellektuellen und ökonomischen Leistungen zur Spitze der Gesellschaft vordrang, entwickelte ein Selbstbewusstsein, das ihm gestattete, sich nicht länger auf überkommene Regelungen zu verlassen, sondern die eigenen Ideen zum Maßstab des Handelns zu erheben. Das Individuum trat seinen Siegeszug an, und mehr und mehr rückte dementsprechend eine Dichtung in das Zentrum des Interesses, welche das Individuelle an die Stelle des Typischen, das Subjektive an die Stelle des Exemplarischen rückte. Dergleichen fand man aber bei Shakespeare viel eher als bei den Franzosen. Der literarische Orientierungswechsel hatte also etwas mit dem gesellschaftlichen Wandlungsprozess zum Bürgerlichen und den davon ausgelösten Bewusstseinsveränderungen zu tun, und dass der Blankvers in den Vordergrund trat und den französischen Alexandriner verdrängte, war auch nicht lediglich die unvermeidliche Folge der neuen Orientierung an Shakespeare, der nun einmal diesen Vers bevorzugte. Vielmehr gab der fünfhebige und ungereimte Vers dem Autor eine viel größere sprachlich-stilistische Freiheit als der streng geregelte, sechshebige und gereimte Jambus mit einer Zäsur nach der dritten Hebung, als welcher der französische Alexandriner in Deutschland Verwendung fand. Solcher ästhetische Freiheitsgewinn entsprach dem artistischen Trend der Zeit, immer weniger vorgegebenen Regeln zu folgen und entsprechend der beschriebenen bürgerlichen Emanzipation des Individuums und des Subjekts alle Elemente ästhetischer Selbstbestimmung hervorzuheben – nicht nur, indem man den Blankvers höher einschätzte als den Alexandriner, sondern auch hinsichtlich der Einhaltung oder der Sprengung der drei Einheiten, der Verwendung freier Rhythmen in der Lyrik oder von Prosa im Drama, des Gebrauchs der Alltagssprache, sogar des studentischen Jargons und gängiger Kraftwörter. Dergleichen drückt keinen Klassenkampf aus, bildet aber eine Folge gesellschaftlicher und mentaler Wandlungsprozesse und wird falsch eingeschätzt, wenn man darin nur eine ästhetische Metamorphose außerhalb der sozialen Realität erblickt.

Mitunter liegt der Einfluss gesellschaftlicher Umstände auf die Entstehung bestimmter literarischer Phänomene so deutlich zutage, dass man keine theoretische Begründung benötigt, um dessen Analyse zu rechtfertigen. Wenn Goethe in seiner *Faust*-Dichtung dem Motiv des Kindsmordes durch eine ledige Mutter eine hohe Bedeutung beimisst, dann haben wir einen Reflex auf die sozialen Verhältnisse und Rechtsvorstellungen der Epoche vor uns, der sich auch in anderen Werken der Zeit, etwa in Heinrich Leopold Wagners (1747–1779) Drama *Die Kindermörderin* von 1776 findet. Der künstlerische Konservativismus im Stalinismus und im Dritten Reich beruhte auf der Bevormundung der Künstler durch den Staat, der jeweils die einzuhaltende Stilrichtung bestimmte, artistische Experimente und Revolten gnadenlos verfolgte und auf diesem Wege dafür sorgte, dass der sogenannte sozialistische Realismus einerseits und die völkische Kunst andererseits allein die Kunstszene bestimmte. Überhaupt verdankt sich manche literarische Erscheinung gesellschaftlichen Zwängen. Das gilt z. B. für die sogenannte **verdeckte Schreibweise**, ein Verfahren, in autoritären Staaten an den Herrschenden und den herrschenden Zuständen Kritik zu üben, ohne dass dies offenkundig wird. Dazu greift man auf das Mittel der Verfremdung zurück, etwa indem man die Fabel revitalisiert und die inkriminierten Gesellschaftsphänomene aus der realen Welt in die der Tiere verlagert. Die **Zensur** ist in solchen Fällen meist machtlos. Es existieren jedoch auch literarische Textsorten, die keineswegs mit solcher Doppelbödigkeit arbeiten. Das **soziale Drama** des 19. Jahrhunderts etwa stellt die gesellschaftlichen Zustände meist unverschlüsselt in Frage. Der Zuschauer von Hauptmanns *Die Weber* hatte die Zeitung gelesen und wusste, dass hier die Wirklichkeit auf die Bühne gebracht wurde. Die sozialen Verhältnisse waren geradezu der Auslöser solcher Dichtungen, und der Naturalismus plädierte denn ja auch ganz offen für die direkte und genaue Wiedergabe der Realität in der Dichtung.

Die Literaturwissenschaft hat für die unterschiedlichen Aspekte, unter denen man die Frage nach der Beziehung von Literatur und Gesellschaft stellen kann, theoretische Begründungen gefunden und sogar fest umgrenzte Gruppierungen und Schulen fixiert. Von ihnen sollen einige vorgestellt werden. Am leichtesten ist der **literatursoziologische Positivismus** zu verstehen, dessen Name seinen Grundansatz deutlich zu erkennen gibt. Der Positivismus ist ein aus dem 19. Jahrhundert stammender Begriff, der – auf lat. *ponere* (= stellen, setzen, legen) zurückgehend – eine wissenschaftliche Analyse der reinen, meist **empirisch** feststellbaren **Fakten** bezeichnet, soweit sie den zentralen Untersuchungsgegenstand bestimmen. Zu ihnen gehören etwa der Grad der Lesefähigkeit der Bevölkerung, die vorhandenen literarischen Institutionen wie Theater, Verlage, Buchhandlungen, die Lehrpläne und tatsächlichen Unterrichtsinhalte der Schulen, literarische Preise und Preisausschreiben usf. Der literatursoziologische Positivismus bildet also einen Spezialfall des reinen **soziologischen Positivismus** und insofern keinen genuin literaturwissenschaftlichen Methodenansatz. Soziologischer Positivismus begnügt sich mit der Fixierung jener Tatsachen, die ein gesellschaftliches Phänomen begründen, und sucht mithin soziale Erscheinungen auf einen klar umgrenzbaren und empirisch nachweisbaren Begründungszusammenhang zurückzuführen. So kann man beispielsweise nachweisen, dass die wachsende Anzahl von Auto-Besitzern in einem engen Zusammenhang mit wachsenden Einkommen steht, aber nicht ohne Einschränkung, weil von einer bestimmten Höhe der Einkünfte an in einer Familie nicht ein weiteres, sondern ein besseres Automobil gekauft wird: Wer schon einen Zweitwagen hat, kauft keinen dritten für die Kinder, sondern statt eines VW einen Mercedes-Benz. Für solche positivistische Soziologie spielen also die bloßen Fakten und mit ihnen empirische Erhebungen und Statistiken eine herausragende Rolle.

Kritik an dieser Forschungsrichtung wurde vor allem von zwei Seiten aus geübt. Literarisch interessierte Kreise vermissten bei der positivistischen Literatursoziologie das ernsthafte Bemühen, Dichtung in den Mittelpunkt zu rücken und deren Erschließung und Interpretation als eigentliches Ziel zu etablieren. In der Tat geht es Literatursoziologen der beschriebenen Art viel eher um literarische Randerscheinungen als um den poetischen Text. Dieser bleibt fast unberücksichtigt, während Fragen nach den sozialen Schichten, die ins Theater gehen, Bücher kaufen, Bücher lesen, Kritiken im Zeitungsfeuilleton beachten oder Dichter der Dritten Welt kennen, ganz im Vordergrund literatursoziologischer Untersuchungen stehen. Wie lange sitzen Zehnjährige vor dem Fernsehapparat, wie lange lesen sie täglich? Lesen Ausländerkinder deutsche Bücher? Wer liest den Fortsetzungsroman in Tageszeitungen? – Solche und ähnliche Fragen beschäftigen die Literatursoziologen, ohne dass der poetische Text besondere Beachtung findet. Daraus zog Hans Norbert Fügen (geb. 1925) die Konsequenz, scharf zwischen Literatursoziologie und Literaturwissenschaft zu unterscheiden. Zwar leugnet er nicht, dass gesellschaftliche Tatbestände durchaus Einfluss auf literarische Texte ausüben können – man denke nur an die Bedeutung der Industrialisierung, der Proletarisierung und der Entstehung einer Massengesellschaft für den Naturalismus einerseits, den Expressionismus andererseits; aber eine entsprechende Analyse, die in zureichendem Maße die poetischen Texte heranzieht, gehört nicht zu den Aufgaben der Literatursoziologie, sondern zu denen der Literaturwissenschaft. In seinem Buch *Die Hauptrichtungen der Literatursoziologie und ihre Methoden* plädierte er deshalb für eine strikte Trennung zwischen beiden Disziplinen und forderte, dass weder der Soziologe auf dem Feld der Literatur dilettiert noch der Literaturwissenschaftler auf dem Feld der (Literatur-)Soziologie. Die Literatursoziologie soll nur soziale Fakten im Umkreis der Literatur im Blick haben und die Fragen des Ästhetischen, des geistigen Gehalts, der Formensprache usw. gänzlich unbeachtet lassen. Fügen plädierte also für eine Selbstbeschränkung der Literatursoziolgie, obgleich diese den Literaturwissenschaftlern ohnehin nur selten ins Handwerk gepfuscht hatte.

Der zweite Einwand kam weniger aus literatursoziologisch engagierten Kreisen als aus der Soziologie überhaupt und war noch entschiedener. Er richtete sich nämlich gegen den Positivismus generell, weil dieser nur Fakten konstatiert, aber keine Folgerungen aus ihnen zieht. Hauptvertreter dieser kritischen Richtung, die denn auch als **Kritische Theorie** in die Wissenschaftsgeschichte einging, waren Theodor W. Adorno (1903–1969) und Max Horkheimer (1895–1973), doch zählt man auch Walter Benjamin (1892–1940), Herbert Marcuse (1898–1979), Jürgen Habermas (geb. 1929) u. a. zu den Denkern der Kritischen Theorie. Im Übrigen hat sich Adorno ungleich intensiver um Probleme der Kunst- und Kulturtheorie gekümmert als Horkheimer, mit dem er Jahrzehnte in Deutschland und im amerikanischen Exil zusammenarbeitete und die **Frankfurter Schule** gründete. Rein soziologisch betrachtet, ging es in dem in den 50er, 60er und 70er Jahren ausgetragenen Positivismusstreit um die Frage, ob sich die Soziologie auf die Konstatierung gesellschaftlicher Tatbestände und Zusammenhänge beschränken und alle Wertungen vermeiden solle, oder ob es zu ihren Aufgaben gehöre, der Gesellschaft Ziele zu setzen, Auswege aus Fehlentwicklungen zu weisen und mithin die Gesellschaft kritisch zu analysieren und zu verändern. Der Einfluss der Vertreter der Kritischen Theorie war besonders in den 60er und 70er Jahren groß, also während der sogenannten Studentenrevolte. Manchem galt Adorno geradezu als *spiritus rector* dieser Bewegung, die sich mit dem Schlachtruf „Schlagt die Germanistik tot, macht die blaue Blume rot" auch gezielt gegen die deutsche Sprach- und Literaturwissenschaft wandte.

Adorno trat also keineswegs vornehmlich als Soziologe, sondern mehr noch als Kultur- und Kunsttheoretiker in Erscheinung, doch stehen auch seine Überlegungen auf diesen Gebieten mit den Grundvorstellungen der Kritischen Theorie in engstem Zusammenhang. Er setzt bei der alten Einsicht an, dass Kunst einerseits ein gesellschaftliches Phänomen bildet, insofern sie an den Menschen gebunden ist, andererseits aber gerade nicht Natur und mithin nicht ‚Wirklichkeit' ist, da sie nämlich nicht vorgefunden, sondern gemacht wird. Insofern steht sie in einem kritischen, in einem negativen Verhältnis zur Gesellschaft. Dies ist ein **dialektisches Verhältnis**. Der Begriff der **Dialektik** wird häufig nur sehr ungenau verstanden und deshalb oft mißbraucht. Er bezeichnet nämlich nicht die Gegensätzlichkeit der Widersprüche, sondern den **Widerspruch des mit sich Identischen** oder die **Differenz in der Identität**. Als gesellschaftliche Erscheinung ist Kunst ein soziales Phänomen und also mit sich identisch, wenn sie die gesellschaftlichen Verhältnisse spiegelt. Indem sie diese präsentiert, deckt sie aber auch deren Mängel und Diffusionen, Widersprüche und Ungerechtigkeiten, Selbstgefährdungen und Hohlheiten auf und hebt sie ins Bewusstsein des Rezipienten, das heißt: sie öffnet den Blick für notwendige Veränderungen, soziale Korrekturen und Befreiungsmöglichkeiten. Indem Kunst als Gesellschaftsprodukt mit sich identisch ist, gerät sie also zugleich in einen Widerspruch zu sich als Repräsentant der Wirklichkeit. Nur wer diesen Widerspruch denkt und also beides festhält – sowohl die Spiegelung der wirklichen Verhältnisse als auch deren Negierung (durch Kritik) –

wird der dialektischen Grundstruktur der Kunst gerecht. Und insofern ist mit der Beibehaltung der widersprüchlichen Elemente zugleich der Widerspruch aufgehoben, nämlich in jenem dreifachen Sinn, den Hegel (1770–1831) mit dem Begriff der **Aufhebung der Gegensätze** verknüpft hat: Kunst hebt den Widerspruch zwischen der Realitätswiedergabe und der Realitätsnegierung im Sinne der Bewahrung und Konservierung auf; Kunst hebt diesen Widerspruch aber zugleich auch im Sinne seiner Tilgung auf; Kunst hebt ihn zudem (her)auf, nämlich auf eine höhere Ebene, indem sie ihn ästhetisch fruchtbar macht.

Was Adorno in seinen zahllosen Schriften zur Kunst, insonderheit auch in seiner *Ästhetischen Theorie* immer wieder hervorhebt, das ist das Element der **Aufklärung**, das aller Kunst zu eigen ist. Denn indem sie die Gesellschaft darstellt, dekuvriert sie Widersprüche und Missstände und deckt Möglichkeiten der Veränderung auf. Auch der literaturwissenschaftliche Umgang mit Texten aus der Vergangenheit soll in diesem Sinne aufklärerisch und kritisch sein. Denn indem sie analysiert, was Dichtung zur Sprache bringt und wie sie das tut, stößt die Literaturwissenschaft stets auf das **kritische Potential**, das in jedem poetischen Werk verborgen ist und das es hervorzuheben gilt. Dieser Begriff bezeichnet jene Elemente, die dem Leser die Defizite im gesellschaftlichen Miteinander, in der Entwicklung des Individuums, im Prozess der Befreiung der Geschlechter und der sozialen Schichten usf. vor Augen führen und die zugleich ihre Veränderung anmahnen. Literaturwissenschaft im Sinne der Kritischen Theorie hebt daher stets das kritische Potential eines Textes hervor und bleibt insofern gegenwartsbezogen, weil die aufgedeckten Defizite zur Gegenwartsveränderung aufrufen, wenn sie nicht bereits historisch beseitigt wurden.

Die Vertreter der Kritischen Theorie waren insofern Marxisten, als sie sich an den frühen Schriften von Karl Marx (1818–1883) orientierten. Aber der Begriff des **Marxismus** ist heutzutage so komplex und schillernd, dass er sich nicht präzis fassen, sondern allenfalls in seinen Grundelementen beschreiben lässt. Der Ansatz des Marxismus ist **materialistisch**, und das bedeutet, dass er sich gegen den herrschenden **Idealismus** des 19. Jahrhunderts wandte, ja Marx behauptete gar, mit seiner später als **Dialektischer Materialismus** (Diamat) oder **Historischer Materialismus** (Histomat) bezeichneten Lehre die idealistische Philosophie Hegels vom Kopf auf die Füße gestellt, also umgekehrt und dadurch mit der Realität in Übereinstimmung gebracht zu haben. Der Gegensatz von Materialismus und Idealismus ist alt, spitzt sich aber im 19. Jahrhundert zu und kulminiert in der Auseinandersetzung von Marx mit Hegel. Hegels Anfänge gehen auf Platon und Aristoteles zurück, also schon auf die Anfänge der abendländischen Philosophie. Die Frage nach dem zuhöchst Seienden beantwortete Platon unter Hinweis auf den **Begriff,** der dem einzelnen, konkreten Ding, das er bezeichnet, insofern überlegen sei, als er im Gegensatz zu diesem weder entstanden noch vergänglich ist, während der einzelne Gegenstand, während alle Dinge dieser Welt geworden sind und wieder vergehen werden (vgl. Kapitel IV). Nicht der einzelne Stuhl, der einzelne Mensch, das einzelne Haus in seinem konkreten materiellen Dasein und seiner sinnlichen Präsenz ist also für Platon das eigentlich Seiende; vielmehr bildet der jeweils zugehörige Begriff, der jedem einzelnen Ding als dessen **Wesensbestimmung**, platonisch gesprochen: als dessen **Idee** (von gr. idéa) zugeordnet, aber nicht konkret und sinnlich vorhanden ist, das eigentlich und zuhöchst Seiende. Dem widerspricht nicht, dass man es nur mit dem geistigen Auge „sehen" kann, nicht hingegen mit dem Sinnesorgan. Der Begriff des Idealismus hat also nichts mit moralischen Idealen zu tun, sondern leitet sich von der **Ideenlehre** im geschilderten Sinne her.

Aristoteles hat in seiner *Kategorienschrift* die Auffassung seines Lehrers Platon insofern in ihr Gegenteil verkehrt, als er als **erste Substanz** das jeweils Einzelne, also das konkret Vorhandene und Jeweilige bezeichnet, den Begriff, die Wesensbestimmung, die Idee hingegen nur als **zweite Substanz**. Unter ‚Substanz' versteht man im Gegensatz zu den **Akzidentien** dasjenige, das an sich selbst existiert und nicht lediglich an anderem. Substanz ist Haus, Hase, Mensch und Stuhl, während Größe, Farbe, Beschaffenheit zu den Akzidentien zählen. Aristoteles spricht nun dem konkret Einzelnen die Bestimmung, erste Substanz zu sein, deshalb zu, weil dieses von sich aus vorliegt, vorhanden und vorfindlich ist, während die Idee, der Begriff, die Wesensbestimmung eines konkret Einzelnen erst gedacht werden muss und mithin vom Denken vermittelt ist. Dieses Vermitteltsein macht für Aristoteles die Zweitrangigkeit der zweiten Substanz aus. Zwar hat er diese Auffassung an anderer Stelle ein wenig korrigiert, aber nicht prinzipiell verworfen, und jedenfalls ist deutlich zu erkennen, dass der Gegensatz von idealistischem und materialistischem Denken schon am Anfang der abendländischen Philosophie seinen Ausdruck findet.

Hegel hat u. a. in seinen Büchern *Phänomenologie des Geistes* und *Wissenschaft der Logik* den **absoluten Geist** als das zuhöchst Seiende hervorgehoben. Marx aber sah die materielle Welt als die Basis allen Weltgeschehens an. Darin spielt der Mensch die entscheidende Rolle, weil er zufolge seiner Fähigkeit, die Welt durch Arbeit zu verändern, in gewissem Sinne Geschichte erst hervorbringt. Diese besteht für Marx aus dem Kampf der sozialen Klassen, welche durch die Arbeit gebildet werden und die sich danach bestimmen, wieweit sie über die **Produktionsmittel**, also Maschinen und Kapital, verfügen und wieweit sie allein auf die eigene **Arbeitskraft** angewiesen sind. Die Geschichte, d. h. die Auseinandersetzung zwischen den Klassen, vollzieht sich in Umschlägen aus der einen in die andere Gesellschaftsform, wobei immer neue Klassengesellschaften entstehen, bis im Sozialismus und schließlich in der klassenlosen Gesellschaft des Kommunismus der Ausgleich zwischen allen Antagonismen erreicht ist. Als besonders markante Phase dieser Entwicklung gilt der Umschlag der feudalen Gesellschaft in eine bürgerliche, die dann von dem proletarisch geprägten Sozialismus des sogenannten Arbeiter- und Bauernstaates abgelöst wird und schließlich in die klassenlose Gesellschaft übergeht. Dieser Prozess ist nach marxistischer Auffassung ebenso determiniert wie das Ergebnis; man vermag ihn vielleicht zu beschleunigen, eventuell auch zu bremsen, aber weder in eine andere Richtung zu leiten noch wirklich aufzuhalten. Wir haben es also – wie beim Christentum auch – mit einem **teleologischen Weltbild** zu tun, nämlich mit einer Vorstellung, die die Weltgeschichte zwangsläufig und unaufhaltsam auf ein fest umrissenes Ziel (gr. télos) zulaufen sieht. Insofern bildet das Gesetz, wonach die Geschichte in dialektisch geprägten Umbrüchen auf die klassenlose Gesellschaft zuläuft, für den Marxisten die eigentliche Realität der Welt, die „wirkliche Wirklichkeit" – eine Auffassung, die für die Kunst- und Kulturpolitik sogenannter sozialistischer Staaten gravierende Folgen nach sich zog.

Von entscheidender Bedeutung ist nun, in welchem Verhältnis der Geist zur Materie, marxistisch gesprochen: der **Überbau** zur **Basis** steht. Grundsätzlich dominieren nach marxistischer Lehre die Basisphänomene, d. h. die gesellschaftlichen Strukturen, die Verteilung der Produktionsmittel, also die **Produktionsverhältnisse**. Diese bestimmen nämlich letztlich auch die Herrschaftsverhältnisse, die Rolle des Einzelnen in der Gesellschaft, die Verteilung der Güter usf. Die Produktionsverhältnisse markieren so gesehen die Phase, in der sich der materialistisch-dialektische Geschichtsprozess befindet. Alle Überbauphänomene spiegeln im Prinzip diese Basisverhältnisse. Zu ihnen gehört alles, was geistiger Art ist: Kunst, Philosophie, Theologie, Rechtsordnungen usw. Diese können sich vorübergehend von der Basis lösen, sich auch gegen sie kehren und damit einen Irrweg einschlagen, aber stets nur für kurze Zeit. Die Basis reguliert solche Abweichungen über kurz oder lang und u. U. mit Hilfe ihrer Machtmittel. Man darf sich indes über die Abhängigkeit des Überbaus von der Basis kein zu einfaches Bild machen. Die Vorstellung von einer direkten und unmittelbaren Einflussnahme der Basisverhältnisse auf den Überbau gilt z. B. allgemein als **vulgärmarxistisch**. Denn oft halten sich die alten Anschauungen, Rechtsnormen, sozialen Verhaltensweisen, obgleich sich die Basisverhältnisse längst geändert haben, und mitunter sind auch komplizierte Vermittlungsprozesse zu konstatieren, die Veränderungen nur in gemäßigter Form hervorrufen. Zudem ist das Verhältnis von Basis und Überbau auch unterschiedlich zu interpretieren. Entsteht das Bewusstsein lediglich als affirmative, die jeweilige historische Phase und mithin das herrschende Gesellschaftssystem rechtfertigende Denkweise, so handelt es sich um ein **falsches Bewusstsein,** um **Ideologie**. Die bürgerliche Ideologie beispielsweise verkennt nach marxistischer Auffassung, dass die bürgerliche Gesellschaft lediglich ein Durchgangsstadium auf dem historisch unausweichlichen Weg in den Sozialismus und endlich in die klassenlose Gesellschaft bildet. Sie irrt nicht nur, sondern hintertreibt auch den Fortschritt, indem sie zum Beharren auf bürgerlichen Standpunkten und damit zum Verharren der Geschichte aufruft, auf diese Weise den Einblick in das notwendige Vorwärtsschreiten der Geschichte verstellt und neue Erkenntnisse blockiert. Fortschrittlich ist allein derjenige, der zufolge seines Einblicks in das Weltgesetz die jeweilige historische Phase als notwendiges Durchgangsstadium auf dem Weg zum endgültigen Geschichtsziel versteht und daran mitwirkt, dass dieses möglichst bald erreicht wird. Mit diesem Argument haben alle totalitären sozialistischen Regime ihre Kritiker aus den eigenen Reihen mundtot gemacht: Sofern diese die Missstände in der Gesellschaft aufdeckten und anprangerten, beschuldigte man sie, sich nur mit den Oberflächenphänomenen der Gesellschaft zu befassen, nicht aber mit deren eigener Wahrheit, nämlich Durchgangsstation zum wirklichen und echten Sozialismus zu sein. Und aus diesem Grund glaubte man den kritischen Schriftstellern **Objektivismus** einerseits, fehlende **Parteilichkeit** andererseits und schließlich auch noch fehlenden **Realismus** vorwerfen zu können.

Der Begriff der Parteilichkeit bezeichnet in diesem Zusammenhang keineswegs bloßen Subjektivismus. Vielmehr befindet sich nach marxistischer Sehweise überhaupt nur der im rechten Sinne parteiliche Künstler mit der Wirklichkeit in Übereinstimmung und damit auf dem Boden des wahren, nämlich des sozialistischen Realismus. Parteilichkeit bedeutet nämlich im Marxismus Identifikation mit dem Gang der Geschichte als einer Bewegung, die auf die klassenlose Gesellschaft zuläuft, und daher auch die Identifizierung mit dem sozialistischen Staat, der im Gegensatz zur bürgerlich-kapitalistischen Gesellschaft die richtige Richtung eingeschlagen hat und sich mit dem Weltgesetz in Übereinstimmung befindet. Da dieses Gesetz die wirkliche Wirklichkeit verkörpert, steht derjenige, der den sozialistischen Staat kritisiert, ohne seine fundamentale Berechtigung zugleich hervorzuheben, in Distanz zur Realität und verfehlt ganz und gar die gebotene realistische Darstellungsweise aller Kunst. Wer die tatsächlichen Mängel und Fehler der sozialistischen Gesellschaft darstellt, mag sich zwar an Fakten orientieren; aber solange er nicht auch die gebotene Parteilichkeit berücksichtigt, handelt es sich bei seinen Arbeiten um bloßen Objektivismus. Was ihnen fehlt, das ist eine **Perspektive**, nämlich die künstlerische Einbeziehung der **konkreten Utopie**. Dieser von Ernst Bloch (1885–1977) in seinen Büchern *Vom Geist der Utopie* und *Das Prinzip Hoffnung* geprägte und philosophisch begründete Begriff bezeichnet das zwar noch nicht erreichte, aber erreichbare Ziel der glücklichen Menschheit, das freilich letztlich nur in einer klassenlosen Gesellschaft realisiert werden kann. So stellt sich im Sprachgebrauch des Marxismus der Zusammenhang von Objektivismus, Parteilichkeit, Realismus, Perspektive und Utopie in den Künsten dar.

Natürlich variieren die marxistischen Einlassungen zur gesellschaftlichen Entwicklung, je nachdem ob sie wie im 19. Jahrhundert unter der Herrschaft des Bürgertums formuliert wurden oder in den sozialistischen Staaten des 20. Jahrhunderts. Vieles, was Marx dachte, wirkt viel überzeugender als das, was später die mächtigen Kulturfunktionäre verordneten, und zwar auch dann, wenn man Marx keineswegs in jeder Hinsicht folgen mag. So begegnet bei ihm und Engels (1820–1895) noch nicht explizit jenes Prinzip eines ästhetischen Konservativismus, das den sozialistischen Realismus oft so unerträglich macht, aber in dem zu einem Staatssystem erstarrten Marxismus vorherrscht. Perspektivismus und Parteilichkeit lassen sich nun einmal nicht in *l'art pour l'art* realisieren, weder in experimenteller Literatur noch in abstrakter Malerei, und überhaupt gilt den staatlichen Kunstaufsehern alles Avantgardistische als Element eines bürgerlichen Subjektivismus, der dem kommunistischen Weltgesetz allzu fern steht. Denn sozialistische Kunst muss Bauern und Arbeiter als gesellschaftlich treibende Kräfte präsentieren und den Sieg der klassenlosen Gesellschaft wenigstens im Sinne einer konkreten Utopie erkennbar machen. Als antibürgerlich erweist sich daher die Kunst in allen ihren Formen nur, wenn sie sich **volkstümlich** artikuliert und als **Arbeiterkunst** zu erkennen gibt.

Dabei heißt ‚Arbeiterkunst' nicht ‚Kunst von Arbeitern', sondern ‚Kunst für Arbeiter', die im Sozialismus als die tragende soziale Schicht angesehen werden. Aber natürlich galt es stets als Zeichen für Fortschrittlichkeit, wenn einmal ein Proletarier selbst zum Pinsel oder zur Feder griff, und die DDR hat seinerzeit mit dem sogenannten **Bitterfelder Weg** ein entsprechendes Exempel statuiert: Der Arbeiter lernte zu dichten, und der Dichter sollte körperlich arbeiten. Wirklich bewährt hat sich dergleichen nicht. Aber nur, wenn man solche Prämissen kennt, versteht man die sozialistische Literatur – sowohl diejenige, die vom Staat gefördert, als auch jene, die vom Staat verfolgt wurde. Und auch literaturwissenschaftlichen Einlassungen marxistischen Zuschnitts wird man nur gerecht, wenn man die jeweilige gesellschaftliche Situation berücksichtigt, in der sie entstanden, und die Absichten und methodischen Implikationen kennt, die mit ihnen verknüpft waren. Dies ist zudem auch schon deshalb unabdingbar, weil der Begriff des Marxismus, wie gesagt, so überaus schillernd und komplex ist und von ganz unterschiedlichen Strömungen reklamiert wurde. Es stand eben nicht dieselbe Auffassung von marxistischer Literaturwissenschaft im Vordergrund, wenn Theoretiker und Interpreten außerhalb des staatlichen Sozialismus diskutierten oder im Rahmen sozialistischer Institutionen, wenn Intellektuelle der westlichen Welt sich auf Marx beriefen oder Literaturfunktionäre der Sowjetunion im Anschluss an einen Parteitag der KP ihr Regelwerk verkündeten. Da sich also ganz unterschiedliche Publikationen aus ganz unterschiedlichen Zeiten als marxistische Verlautbarungen verstehen, tut man gut daran, sie mit aller Umsicht und Vorsicht zu lesen.

Was nun die Frage nach dem Verhältnis von Lesepublikum und Literatur betrifft, so hat schon die Literatursoziologie positivistischen Zuschnitts Kategorien hervorgebracht, die diese Beziehung schlagwortartig darstellen. Auf eine Abhandlung von Ruth A. Inglis über *Das Verhältnis von Literatur und Gesellschaft in objektiver Betrachtung*, die bereits 1938 erschienen ist und in der hunderte von Erzählungen auf die Gestaltung der Heldinnen hin untersucht wurden, geht die Unterscheidung von der sogenannten **Kontrolltheorie** und ihrem Gegensatz, der **Reflektionstheorie**, zurück. Die Kontrolltheorie unterstellt, dass Literatur ihre Leser prägt und in Schwung bringt. Das kann auf wichtigen und weniger wichtigen Feldern geschehen, kann länger anhalten und auch nur eine vorübergehende Modeerscheinung betreffen. Goethes *Werther* etwa hat im wörtlichen Sinne Mode gemacht, denn seine blau-gelbe Frackkleidung fand seinerzeit viele Imitatoren und galt als chic. Weniger harmlos war die angeblich einsetzende Welle von Selbstmorden, auf die Goethe in der geringfügigen Überarbeitung des Romans von 1775 wohl mit einem Vierzeiler vor dem zweiten Teil des Romans reagierte:

> Du beweinst, du liebst ihn, liebe Seele,
> Rettest sein Gedächtniss von der Schmach;
> Sieh, dir winkt sein Geist aus seiner Höhle:
> *Sei ein Mann, und folge mir nicht nach.*

Aber heute gilt es keineswegs als sicher, dass 1774, im Erscheinungsjahr des Romans, tatsächlich die Selbstmordrate stark anstieg. Eher lässt sich im Sinne der Reflektionstheorie behaupten, dass *Werther* auf bestimmte gesellschaftliche Erscheinungen reagierte und sie spiegelte. Das gilt ganz gewiss für die Phänomene einer Empfindungs- und Freundschaftskultur, die seinerzeit überall zu beobachten waren, im Göttinger Hainbund oder im Darmstädter Kreis ebenso wie in den zahlreichen anderen Freundschaftsbünden in der Epoche der Empfindsamkeit, aber auch für die allgemeine Sensibilität, die man hinsichtlich erotischer Verhältnisse empfand und pflegte. Dergleichen prägte natürlich den literarischen Geschmack des zeitgenössischen Publikums, der denn auch durch Goethes Roman und durch zahllose andere poetische Texte bedient wurde.

Dass der Zeitgeschmack die Künste beeinflusst, weil diese schon um ihres Erfolges willen entsprechend reagieren, hat bereits Levin L. Schücking 1931 in seiner *Soziologie der literarischen Geschmacksbildung* zum Gegenstand einer Untersuchung gemacht und dabei den Begriff des **Geschmacksträgertyps** geprägt. Von diesem existieren nicht nur sehr unterschiedliche Varianten, sondern er verändert sich auch im Lauf der Geschichte, und zwar entsprechend den gesellschaftlichen Wandlungen. Allerdings glaubt Schücking mit dem Geschmacksträgertyp schon einen zureichenden Grund für die literarischen Unterschiede und literaturgeschichtlichen Veränderungen gefunden zu haben, während doch die Erfahrung lehrt, dass viele Faktoren Einfluss auf das Gesicht eines poetischen Textes gewinnen. Robert Escarpit (1918–2000), dessen Abhandlung *Das Buch und der Leser. Entwurf einer Literatursoziologie* erstmals in französischer Sprache 1958 in Paris erschien, zeigt denn auch, dass das Verhältnis von Autor, Werk und Leserschaft außerordentlich komplex, ja kompliziert ist und dass man viele Elemente berücksichtigen muss, wenn man die kommunikativen Strukturen in den Blick bekommen will, die ein literarisches Produkt prägen.

Aber zweifellos hat sich mit dem Blick auf den Leser die Literaturwissenschaft nachhaltig verändert und zugleich dem erkenntnistheoretischen Tatbestand entsprochen, dass es den Text-an-sich nicht gibt, weil er nur als gelesenes Medium, als rezipiertes sprachliches Produkt existiert. Andernfalls ist von ihm nichts zu erkennen und über ihn nichts auszusagen. Dementsprechend tritt der Leser mehr und mehr in den Vordergrund literaturwissenschaftlicher Untersuchungen. Im Jahr 1959 erschien in Paris das Buch *La littérature et le lecteur* von Arthur Nisin (1918–1961), und Harald Weinrich (geb. 1927) plädierte 1967 *Für eine Literaturgeschichte des Lesers*. So hat sich denn auch längst eine als **Wirkungsgeschichte** der

Literatur bezeichnete Forschungsrichtung etabliert. Sie lässt sich allerdings nur unter großen Schwierigkeiten betreiben, weil über die Wirkung der Literatur auf die Leser objektiv nur wenig herauszufinden ist. In aller Regel sieht man sich auf Äußerungen der Leser selbst angewiesen, so dass genaugenommen an die Stelle der Wirkungsgeschichte die **Rezeptionsgeschichte** der Literatur getreten ist, also die Analyse der individuellen Gründe, deretwegen Literatur gelesen, die Untersuchung, wie die Texte jeweils verstanden wurden und welche inneren und äußeren bloß subjektiven Reaktionen sie bei den unterschiedlichen Lesern geweckt haben.

Damit ist jedoch die Frage, welche Bedeutung der Leser für den Text besitzt, wieder aus dem Blick geraten, und man hat sie deshalb mit Hilfe der Untersuchung der so bezeichneten **Rezeptionsästhetik** revitalisiert. Der Begriff erweitert die Analyse der ästhetischen Vorstellungen des Autors nach Maßgabe seines Schönheitsideals, seiner Sprachauffassung, vor allem auch der geltenden ästhetischen Normen, also die Analyse der **Produktionsästhetik**, um den Gesichtspunkt der Leserorientierung: Welche Ziele will ein Autor beim Leser erreichen, wie schätzt er den Leser und seine Rezeptionsfähigkeit ein, welche Vorlieben und welche Antipathien unterstellt er, wenn er seinen Text abfasst, und welche ästhetischen Strategien verfolgt er bei der Komposition seines Werkes, um diesen Rezeptionsverhältnissen zu entsprechen? – Die sogenannte Konstanzer Schule, an ihrer Spitze der Romanist Hans Robert Jauß ([1921–1997] *Literaturgeschichte als Provokation*), hat diesen Ansatz erweitert, indem sie das ganze Arsenal der Erfahrungen der Leser zur Grundlage der Entstehung eines literarischen Textes erklärte und dafür den Begriff **Erwartungshorizont** prägte. Jedes Werk werde in den Erwartungshorizont des Lesers gestellt, dessen Elemente und Strukturen daher als Voraussetzungen eines literarischen Textes analysiert werden müssten, wenn man diesen verstehen wolle; denn er antworte auf die Lesererwartungen, die nicht als subjektive und individuelle Elemente zu verstehen, sondern als objektiver Zustand zu klassifizieren seien, welcher alle gesellschaftlich vermittelten Elemente der Rezeption umfasse und sich daher auch geschichtlich wandle. So sehr dergleichen einleuchtet und so stark seinerzeit die Wirkung dieser Theorie auch war, so stellte sich doch bald heraus, dass sie in der Praxis ebenfalls nicht leicht umzusetzen ist. Die Frage, wie die Erwartungen des Lesers zu fassen und zu fixieren sind, welche Quellen herangezogen und genutzt werden können, um den jeweiligen Erwartungshorizont zu erkennen, lässt sich nicht befriedigend beantworten, und jedenfalls lesen sich manche der interpretierenden Passagen wie geistesgeschichtlich geprägte Analysen (s. Kapitel VI): Das, was dort Geist der Zeit, Lebensgefühl einer Epoche, Denkweise einer Generation genannt wird, bildet hier oftmals ein Element des Erwartungshorizontes und wirkt so wenig gesellschaftlich vermittelt wie in den geistesgeschichtlich geprägten Abhandlungen. Gleichwohl hat auch dieser Ansatz erheblich zu einem Umdenken der Literaturwissenschaft beigetragen, die mehr und mehr die Rezeptionsverhältnisse als ein den literarischen Text konstituierendes Element berücksichtigt.

Arbeitsteil

1. Heben Sie die wichtigsten Merkmale positivistischer Literatursoziologie hervor und skizzieren Sie die Einwände gegen sie!

2. Worin besteht das Element des Kritischen in der Kritischen Theorie?

3. Worin bestehen die materialistischen Grundlagen des Marxismus?

4. Worin besteht für den Marxisten das Endstadium der geschichtlichen Entwicklung?

5. Was ist für den Marxisten Objektivismus, was Realismus?

6. Was war der „Bitterfelder Weg"?

7. Was versteht man unter Kontrolltheorie, was unter Reflektionstheorie?

8. Geschmacksträgertypen – welchen Einfluss haben sie nach Schücking auf die Literatur?

9. Worin unterscheidet sich eine Wirkungsgeschichte von einer Rezeptionsgeschichte der Literatur?

10. Was verbindet Jauß mit dem Begriff „Erwartungshorizont"?

B. Texte

V, 1   **Hans Norbert Fügen**

Aus: *Wege der Literatursoziologie*

Einleitung

III

[...] Trotz der Menge wissenswerter Einzelfakten, die von den vermehrten literatursoziologischen Untersuchungen mitgeteilt werden*, bilden sie wegen der bedeutenden methodischen Divergenzen eine nur schwache Basis für den Entwurf eines Schemas, mit dessen Hilfe die Grenzen des Problemfeldes umrissen werden können und das offen ist für die Bildung über den Einzelfall hinausreichender Urteilskomplexe, die als Elemente einer literatursoziologischen Theorie gelten könnten. Dieses Schema müßte zur Klassifikation und analytischen Untersuchung literarischer Prozesse und Gebilde beitragen, die Beeinflussung und Abhängigkeit dieser Phänomene einerseits und gesamtgesellschaftlichen Phänomene andererseits mit einfassen. Es ginge dabei also um ein Konzept der Erforschung dessen, was man in der Alltagssprache literarisches Leben, literarischen Betrieb oder, vornehmlich im einschlägigen Schrifttum der Deutschen Demokratischen Republik, Literaturgesellschaft nennt**, und zwar mit den Mitteln der Soziologie.

Das deskriptive Schema einer möglichen Literatursoziologie kommt allerdings nicht aus ohne die definitorische Absicherung seiner beiden Grundbegriffe, d. h. es muß ausgedrückt werden, welche Vorstellungen von Soziologie und von Literatur in das Schema eingehen. Dabei kommt es besonders bei der Bestimmung von ‚Literatur' nicht auf einen alle denkbaren Möglichkeiten umfassenden oder eine ontisch autonome Wesenheit treffenden Begriff an, sondern es geht um den Aufweis eines Unterscheidungskriteriums, das sich als soziologisch relevant erweist.

Versteht man unter Soziologie die Wissenschaft von den Prozessen und Strukturen zwischenmenschlichen Verhaltens und unter Literatur jede schriftliche oder durch häufige mündliche Wiederholung in eine relativ feste Form gebrachte Darstellung eines Geschehensablaufs, die ihrer Intention nach auf die konkrete empirische Nachprüfbarkeit ihres Inhalts verzichtet, ohne einen wie immer verstandenen, in seiner geschichtlichen Entwicklung variablen Wahrheitsanspruch aufzugeben, dann wäre Literatursoziologie der Zweig der Soziologie, der erstens dieses Schrifttum als Objektivation sozialen Verhaltens und sozialer Erfahrung untersucht und zweitens sich in seinem Erkenntnisinteresse auf ein zwischenmenschliches Verhalten richtet, das die Herstellung, Tradition, Diffusion und Rezeption fiktionalen Schrifttums und seiner Inhalte betreibt; dieses durch eine spezifische Tradition und Normierung von anderen Klassen sozialen Verhaltens differenzierte zwischenmenschliche Handeln soll als literarisches Verhalten bezeichnet werden.

IV

Der durch die Definition abgesteckte Rahmen wird von der Literatursoziologie mit empirischem Gehalt gefüllt, wenn sie nicht nur literarisches Verhalten beschreibt, sondern über die Klassifikation noch hinaus auf eine Systematisierung abzielt, die schließlich relativ stabile Strukturen erkennen läßt. Wie jeder andere Bereich sozialen Handelns ist das literarische Verhalten von einer unübersichtlichen Menge individuell motivierter Aktionen durchsetzt, die von der Literatursoziologie unberücksichtigt bleiben können. Dies gilt, trotz der weit verbreiteten Rudimente der Genie-Religion – deren Erforschung und Kritik übrigens den eigentümlichen, aber nicht besonders wirksamen deutschen Beitrag zur Literatursoziologie darstellen – auch für die Schriftsteller und deren literarisches Verhalten. Als spezielle Soziologie muß sich auch die Literatursoziologie auf das Verhalten konzentrieren, das eine relative Stabilität aufweist, auf jene Invarianzen, die allen am literarischen Verhalten teilnehmenden Individuen eine relativ zuverlässige Orientierung ermöglichen. Diese Stabilität ist dort zu finden, wo von der individuellen Motivation unabhängige, sozial-kulturell vorgegebene Verhaltenserwartungen deutlich werden, die zu erfüllen subjektiv sinnvoll und objektiv verstehbar ist. Rollenerwartungen und Rollenerfüllungen, d. h. Normierungen differenzierender Art, erreichen auch innerhalb des literarischen Verhaltens ihre größte Eindeutigkeit und Stabilität dort, wo sich literarische Institutionen entwickelt haben. Man kann bei der ersten Fixierung dieser Institutionen an der vorwissenschaftlichen Alltagserfahrung anknüpfen, die neben der Literatur im oben definierten Sinne die literarische Kritik, den Buchhandel und die Bibliotheken als literarische Institutionen kennt und den Schriftstellern wie dem Publikum zum mindesten eine diffuse soziale Rolle zuweist, der in der Regel entsprochen wird.*** [...]

---

* Dass eine noch so umfangreiche Kenntnis von Einzelfakten ohne theoretische Klammer kaum mehr als eine Kuriositätensammlung bieten kann, zeigt L. L. Schückings Soziologie der literarischen Geschmacksbildung, Leipzig und Berlin 1931, 2. Aufl., Bern und München 1961.
** Zu ‚literarisches Leben' als wissenschaftlichem Terminus vgl. H. G. Göpfert im Börsenblatt für den deutschen Buchhandel (Frankfurter Ausgabe) Nr. 33 vom 27.4.1965, S. 760–762; auch W. Kayser in Das literarische Leben der Gegenwart. Deutsche Literatur in unserer Zeit, 3. Aufl., Göttingen 1961. Zu ‚Literaturgesellschaft' vgl. H. Koch, Unsere Literaturgesellschaft. Dietz Verlag Berlin, 1965.
*** An diese Alltagserfahrung knüpft auch das theoretische Konzept von R. Escarpit, Das Buch und der Leser, Köln und Opladen 1962, an, lässt allerdings die Kritik als literarische Institution außer acht.

(In: Wege der Literatursoziologie, S.16–20)

V, 2   **Theodor W. Adorno**

Aus: *Rede über Lyrik und Gesellschaft*

Das kurze Gedicht von Stefan George, zu dem ich Ihnen nun noch einiges sagen möchte, entstand in einer viel späteren Phase dieser Entwicklung.

Es ist eines der berühmten Lieder aus dem *Siebenten Ring*, aus einem Zyklus aufs äußerste verdichteter, in aller Leichtigkeit des Rhythmus an Gehalt überschwerer Gebilde, aller Jugendstilornamente ledig. Ihre verwegene Kühnheit hat erst die Vertonung durch den großen Komponisten Anton von Webern dem schmählichen Kulturkonservativismus des Kreises entrissen; bei George klaffen Ideologie und gesellschaftlicher Gehalt weit auseinander. Das Lied lautet:

> Im windes-weben
> War meine frage
> Nur träumerei
> Nur lächeln war
> Was du gegeben
> Aus nasser nacht
> Ein glanz entfacht -
> Nun drängt der mai
> Nun muß ich gar
> Um dein aug und haar
> Alle tage
> In sehnen leben.

Am hohen Stil ist keine Sekunde Zweifel. Das Glück der nahen Dinge, das Mörikes soviel älteres Gedicht noch streift, verfällt dem Verbot. Es wird fortgewiesen von eben jenem Nietzeschen Pathos der Distanz, als dessen Nachfahren George sich wußte. Zwischen Mörike und ihm liegt abschreckend der Abhub der Romantik; die idyllischen Reste sind ohne Hoffnung veraltet und zu Herzenswärmern verkommen. Während Georges Dichtung, die eines herrischen Einzelnen, die individualistische bürgerliche Gesellschaft und den für sich seienden Einzelnen als Bedingung ihrer Möglichkeit voraussetzt, ergeht über das bürgerliche Element der einverstandenen Form nicht anders als über die bürgerlichen Inhalte ein Bannfluch. Weil aber diese Lyrik aus keiner anderen Gesamtverfassung als der von ihr nicht nur a priori und stillschweigend, sondern auch ausdrücklich verworfenen bürgerlichen reden kann, wird sie zurückgestaut: sie fingiert von sich aus, eigenmächtig, einen feudalen Zustand. Das verbirgt sich gesellschaftlich hinter dem, was das Klischee Georges aristokratische Haltung nennt. Sie ist nicht die Pose, über die der Bürger sich empört, der diese Gedichte nicht abtätscheln kann, sondern wird, so gesellschaftsfeindlich sie sich gebärdet, von der gesellschaftlichen Dialektik gezeitigt, die dem lyrischen Subjekt die Identifikation mit dem Bestehenden und seiner Formenwelt verweigert, während es doch bis ins Innerste dem Bestehenden verschworen ist: von keinem anderen Ort aus kann es reden als dem einer vergangenen, selber herrschaftlichen Gesellschaft. Ihm ist das Ideal des Edlen entlehnt, das die Wahl eines jeden Wortes, Bildes, Klanges in dem Gedichte diktiert; und die Form ist, auf eine kaum dingfest zu machende, gleichsam in die sprachliche Konfiguration hineingetragene Weise, mittelalterlich. Insofern ist das Gedicht, wie George insgesamt, in der Tat neuromantisch. Beschworen aber werden nicht Realien und nicht Töne, sondern eine entsunkene Seelenlage. Die artistisch erzwungene Latenz des Ideals, die Abwesenheit jedes groben Archaismus, hebt das Lied über die verzweifelte Fiktion hinaus, die es doch bietet; mit der Wandschmuck-Poesie der Frau Minne und der Aventuren läßt es so wenig sich verwechseln wie mit dem Requisitenschatz von Lyrik aus der modernen Welt; sein Stilisationsprinzip bewahrt das Gedicht vorm Konformismus. Für die organische Versöhnung widerstreitender Elemente ist ihm so wenig Raum gelassen, wie sie in seiner Epoche real mehr sich schlichten ließen: bewältigt werden sie nur durch Selektion, durchs Fortlassen. Wo nahe Dinge, das, was man gemeinhin konkret unmittelbare Erfahrungen nennt, in Georges Lyrik überhaupt noch Einlaß finden, ist er ihnen verstattet einzig um den Preis von Mythologisierung: keine darf bleiben, was sie ist. [...] Im Zeitalter ihres Untergangs ergreift George in der Sprache die Idee, die der Gang der Geschichte ihr verweigerte, und fügt Zeilen zusammen, die klingen, nicht als wären sie von ihm, sondern als wären sie von Anbeginn der Zeiten da gewesen und müßten für immer so sein. Die Donquixoterie dessen aber; die Unmöglichkeit solcher wiederherstellenden Dichtung, die Gefahr des Kunstgewerbes wächst noch dem Gehalt des Gedichts zu: die schimärische Sehnsucht der Sprache nach dem Unmöglichen wird zum Ausdruck der unstillbaren erotischen Sehnsucht des Subjekts, das im anderen seiner selbst sich entledigt. Es bedurfte des Umschlags der ins Maßlose gesteigerten Individualität zur Selbstvernichtung – und was ist der Maximinkult des späten George anderes als die verzweifelt positiv sich auslegende Abdankung von Individualität –, um die Phantasmagorie dessen zu bereiten, wonach die deutsche Sprache in ihren großen Meistern vergebens tastete, das Volkslied. Nur vermöge einer Differenzierung, die so weit gedieh, daß sie die eigene Differenz nicht mehr ertragen kann, nichts mehr, was nicht das von der Schmach der Vereinzelung befreite Allgemeine im Einzelnen wäre, vertritt das lyrische Wort das An-sich-Sein der Sprache wider ihren Dienst im Reich der Zwecke. Damit aber den Gedanken einer freien Menschheit, mag auch die Georgesche Schule ihn mit niedrigem Höhenkultus sich selber verdeckt haben. George hat seine Wahrheit daran, dass seine Lyrik in der Vollendung des Besonderen, in der Sensibilität gegen das Banale ebenso wie schließlich auch gegen das Erlesene, die Mauern der Individualität durchschlägt. Zog ihr Ausdruck sich zusammen in den individuellen, so wie sie ihn ganz mit Substanz und Erfahrung

der eigenen Einsamkeit sättigt, dann wird eben diese Rede zur Stimme der Menschen, zwischen denen die Schranke fiel.
(In: *Noten zur Literatur I*, S. 97–104)

V, 3   **Erich Köhler**

Aus: *Über die Möglichkeiten historisch-soziologischer Interpretation*

Wir verwerfen entschieden eine Oberflächensoziologie, die sich ausschließlich statistischer Methoden bedient und mit der Feststellung der Klassen- oder Standeszugehörigkeit der Teilnehmer am literarischen Leben ihr Geschäft für erledigt hält. Wir distanzieren uns mit gleicher Entschiedenheit von einer Soziologie, die glaubt, jedes geistige Phänomen aus dem fortwährenden Einfluß der ökonomischen Verhältnisse erklären zu können. Wäre diese Auffassung richtig, dann – ich zitiere meinen Lehrer Werner Krauss – „wäre die Literatur nur noch eine unorganische Folge von bloßen Reflexen. Die vulgärmaterialistische Auflösung der Literatur in [diese Art von] Soziologie muß ebenso wie die idealistische Souveränitätserklärung der geistigen Schöpfung das wirkliche Wesen der literarischen Phänomene verfehlen". Eine Literatursoziologie, die ernst genommen sein will, kann nicht den eigenen Sinnzusammenhang der Literatur, das Beharrungsvermögen ihrer Formen und die Schwerkraft der von ihr erstellten Ideale verleugnen. Es wäre naiv zu glauben, daß jede Veränderung, die im Unterbau der Gesellschaft vor sich geht, sich in der Kunst sogleich in neuen Themen und Formen niederschlagen müsse. Solche Veränderungen vermögen den bereits vorhandenen Bestand an literarischen Formen, Themen und Motiven und das Maß von deren Fähigkeit zur Rezeption von Neuem erst dann zu sprengen, wenn sie den Charakter eines geschichtlichen Umbruchs tragen. An solchen Wendepunkten der Geschichte brechen die Impulse des Unterbaus sichtbar durch die traditionell und ideologisch verfestigten Formen, Stile und Wertbegriffe der Literatur. Ihre fast unmittelbare Wirkung ist besonders dann deutlich und faßbar, wenn sie sich in neuen literarischen Stilen und Gattungen niederschlagen und mit ihnen zugleich ein neues Welt- und Menschenbild geboren wird. In diesen Fällen kann mit Evidenz nachgewiesen werden, wie sich objektiv bestimmbare Sachverhalte des ökonomisch sozialen Unterbaus, der konkreten geschichtlichen Wirklichkeit, in Strukturelemente der Kunst verwandeln und die überlieferten Formen verdrängen.
(In: Methoden der deutschen Literaturwissenschaft, S. 305f.)

V, 4   **Friedrich Engels**

Aus: *Brief an Minna Kautsky*

Ich bin keineswegs Gegner der Tendenzpoesie als solcher. Der Vater der Tragödie, Aeschilus, und der Vater der Komödie, Aristophanes, waren beide starke Tendenzpoeten, nicht minder Dante und Cervantes, und es ist das Beste an Schillers „Kabale und Liebe", daß sie das erste deutsche politische Tendenzdrama ist. Die modernen Russen und Norweger, die ausgezeichnete Romane liefern, sind alle Tendenzdichter. Aber ich meine, die Tendenz muß aus der Situation und Handlung selbst hervorspringen, ohne daß ausdrücklich darauf hingewiesen wird, und der Dichter ist nicht genötigt, die geschichtliche zukünftige Lösung der gesellschaftlichen Konflikte, die er schildert, dem

Leser in die Hand zu geben. Dazu kommt, daß sich unter unsern Verhältnissen der Roman vorwiegend an Leser aus bürgerlichen, also nicht zu uns direkt gehörenden Kreisen wendet, und da erfüllt auch der sozialistische Tendenzroman, nach meiner Ansicht, vollständig seinen Beruf, wenn er durch treue Schilderung der wirklichen Verhältnisse die darüber herrschenden konventionellen Illusionen zerreißt, den Optimismus der bürgerlichen Welt erschüttert, den Zweifel an der ewigen Gültigkeit des Bestehenden unvermeidlich macht, auch ohne selbst direkt eine Lösung zu bieten, ja unter Umständen ohne selbst Partei ostensibel zu ergreifen. Ihrer genauen Kenntnis und wunderbar lebensfrischen Darstellung sowohl des österreichischen Bauernvolks wie der Wiener „Gesellschaft" bietet sich da Stoff die Menge, und daß Sie auch Ihre Helden mit der feinen Ironie zu behandeln wissen, die die Herrschaft des Dichters über sein Geschöpf dokumentiert, haben Sie im „Stefan" bewiesen. […]

(In: Marx, Engels: Über Literatur, S. 82)

V, 5   **Karl Marx**

Karl Marx an Ferdinand Lassalle

Ich komme nun zu „Franz von Sickingen". D'abord muß ich loben die Komposition und die Aktion, und das ist mehr, als man von irgendeinem modernen deutschen Drama sagen kann. In the second instance, alles rein kritische Verhältnis zu der Arbeit beiseite gesetzt, hat sie beim ersten Lesen mich sehr aufgeregt und wird darum auf Leser, bei denen das Gemüt mehr vorherrscht, diesen Effekt in noch stärkerm Grad hervorbringen. Und dies ist eine zweite, sehr bedeutende Seite. Nun the other side of the medal: *Erstens* – dies ist rein formell –, da Du einmal in Versen geschrieben hast, hättest Du die Jamben etwas künstlerischer verarbeiten können. Indes, so sehr *Dichter von Fach* von dieser Nachlässigkeit schockiert werden, betrachte ich sie im ganzen als einen Vorzug, da unsere poetische Epigonenbrut nichts als formelle Glätte übrigbehalten hat. *Zweitens:* Die beabsichtigte Kollision ist nicht nur tragisch, sondern ist die tragische Kollision, woran die revolutionäre Partei von 1848/49 mit Recht untergegangen ist. Ich kann also nur meine höchste Zustimmung dazu aussprechen, sie zum Drehpunkt einer modernen Tragödie zu machen. Aber ich frage mich dann, ob das behandelte Thema passend zur Darstellung dieser Kollision war? Balthasar kann sich in der Tat einbilden, daß, wenn Sickingen, statt seine Revolte unter einer ritterlichen Fehde zu verstecken, das Banner eines Antikaisertums und offnen Kriegs gegen das Fürstentum aufgepflanzt, er gesiegt hätte. Können wir aber diese Illusion teilen? Sickingen (und mit ihm Hutten, mehr oder minder) ging nicht unter an seiner Pfiffigkeit. Er ging unter, weil er als *Ritter und als Repräsentant einer untergehenden Klasse* gegen das Bestehende sich auflehnte oder vielmehr gegen die neue Form des Bestehenden. Streift man von Sickingen ab, was dem Individuum und seiner besondern Bildung, Naturanlage usw. angehört, so bleibt übrig – Götz von Berlichingen. In diesem letztern *miserablen* Kerl ist der tragische Gegensatz des Rittertums gegen Kaiser und Fürsten in seiner adäquaten Form vorhanden, und darum hat Goethe mit Recht ihn zum Helden gemacht. Soweit Sickingen – selbst Hutten gewissermaßen, obgleich bei ihm wie bei allen Ideologen einer Klasse bedeutend solche Aussprüche modifiziert werden müßten – gegen die Fürsten kämpft (gegen den Kaiser [Karl V.] entsteht die Wendung ja nur, weil er aus einem Kaiser der Ritter in einen Kaiser der Fürsten sich umwandelt), ist er in der Tat nur ein Don Quixote, wenn auch ein historisch berechtigter. Daß er die Revolte unter dem Schein einer ritterlichen Fehde beginnt, heißt weiter nichts, als daß er sie *ritterlich* beginnt. Sollte er sie anders beginnen, so müßte er direkt, und gleich im Beginn, an Städte und Bauern appellieren, d. h. exakt an die Klassen, deren Entwicklung = negiertem Rittertum.

Wolltest Du also die Kollision nicht einfach auf die im Götz von Berlichingen dargestellte reduzieren – und das war nicht Dein Plan –, so mussten Sickingen und Hutten untergehn, weil sie in ihrer Einbildung Revolutionäre waren (letztres kann von Götz nicht gesagt werden) und ganz wie der *gebildete* polnische Adel von 1830 sich einerseits zu Organen der modernen Ideen machten, andererseits aber in der Tat ein reaktionäres Klasseninteresse vertraten. Die *adligen* Repräsentanten der Revolution – hinter deren Stichworten von Einheit und Freiheit immer noch der Traum des alten Kaisertums und des Faustrechts lauert – durften dann nicht so alles Interesse absorbieren, wie sie es bei Dir tun, sondern die Vertreter der Bauern (namentlich dieser) und der revolutionären Elemente in den Städten mußten einen ganz bedeutenden aktiven Hintergrund bilden. Du hättest dann auch in viel höherm Grade grade die modernsten Ideen in ihrer reinsten Form sprechen lassen können, während jetzt in der Tat, außer der *religiösen* Freiheit, die bürgerliche *Einheit* die Hauptidee bleibt. Du hättest dann von selbst mehr *shakespearisieren* müssen, während ich Dir das *Schillern*, das Verwandeln von Individuen in bloße Sprachröhren des Zeitgeistes, als bedeutendsten Fehler anrechne. – Bist Du nicht selbst gewissermaßen, wie Dein Franz von Sickingen, in den diplomatischen Fehler gefallen, die lutherisch-ritterliche Opposition über die plebejisch-münzersche zu stellen?

Ich vermisse ferner das Charakteristische in den Charakteren. Ich nehme aus Karl V., Balthasar und Richard von Trier. Und gab es eine Zeit von mehr derber Charakteristik als die des 16. Jahrhunderts? Hutten ist mir viel zu sehr bloßer Repräsentant von „Begeisterung", was langweilig ist. War er nicht zugleich geistreich, ein Witzteufel, und ist ihm also nicht großes Unrecht geschehn?

Wie sehr selbst Dein Sickingen, der nebenbei auch viel zu abstrakt gezeichnet ist, leidet an einer von allen seinen persönlichen Berechnungen unabhängigen Kollision, tritt hervor in der Art, wie er seinen Rittern Freundschaft mit den Städten etc. predigen muß, andrerseits dem Wohlgefallen, womit er selbst faustrechtliche Justiz an den Städten ausübt.

Im einzelnen muß ich hier und da übertriebenes Reflektieren der Individuen über sich selbst tadeln – was von Deiner Vorliebe für Schiller herrührt. [...]
(In: Marx, Engels: Über Literatur, S. 83–85)

V, 6   Bertolt Brecht

Aus: *Notizen über realistische Schreibweise*

Für die Praxis der realistischen Schriftsteller ist es wichtig, daß die literarische Theorie den Realismus in bezug auf seine verschiedenen gesellschaftlichen Funktionen, das heißt in seiner Entwicklung begreift.

Die bürgerlich revolutionäre realistische Dramatik der John Gay, Beaumarchais und Lenz zeigt folgende Charakteristika: Auf der den Problemen oder Selbstbespiegelungen der Feudalen überlassenen Bühne werden die Probleme und Selbstbespiegelungen der aufsteigenden bürgerlichen Klasse eingeführt. Revolutionär wirkt schon die Übernahme des bisher monopolisierten Bühnenapparats selber, bei John Gay in seiner „Bettleroper" die Tatsache, daß die „Unterwelt" ihre Oper etabliert und nicht adelige Personen singen. Die Wirklichkeit betritt die Bühne, das heißt, die Klasse betritt sie, die anfängt, die Wirklichkeit zu bestimmen. Dabei tritt ein eigentümlicher Widerspruch auf. Einerseits wird die vornehme Bühne mit einem gewissen Behagen entweiht durch die ordinäre Redeweise der Plebs, aber zugleich erhält doch auch diese Plebs ihre Weihe, indem sie sich der bisher monopolisierten gehobenen Formen bedient. Sie entwickelt, das Zeremoniell der herrschenden Klasse verhöhnend, sofort ihr eigenes Pathos. Neben ihrer gehobenen Sprache erscheint die Sprache der Herrschenden als geschraubt. Die Hauptsache ist, daß der Blickpunkt nunmehr der Bürger ist, bei Beaumarchais im „Figaro" und bei Lenz im „Hofmeister" der emanzipierte Lakai. Das ist echter Realismus, denn der Bürger war eben wirklich das treibende Zentrum der ökonomischen Entwicklung geworden, und jetzt schickte er sich an, auch das politische Zentrum zu werden. Der Friseur Figaro allein kann noch die verwickelten kulinarischen Probleme der Hofgesellschaft einigermaßen ordnen, besser als der Adel versteht er die adeligen Verhältnisse. Der Kuppler tritt auf als der große Produktive, die konsumierende Schicht ist als Schmarotzertum entlarvt, das zum Schmarotzen schon unfähig ist. Nach der Aufführung des „Figaro" konnte man ruhig sagen: Hier hat ein Realist gesprochen.

Der Realismus des Lenz zeigt andere Züge. Sie werden den Geschichtsforscher nicht befremden. Sein Hofmeister ist eigentlich ein Hauslehrer. Daß er noch als Hofmeister behandelt wird und als solcher sich behandeln läßt, während er schon ein Hauslehrer ist, das ist seine Tragödie. Denn dieses deutsche Standardwerk des bürgerlichen Realismus ist eine Tragödie im Gegensatz zum französischen. Man hört geradezu das Gelächter der Franzosen über den deutschen Hauslehrer, der durch die Anknüpfung geschlechtlicher Beziehungen zu seiner adeligen Schülerin nicht etwa Karriere macht, sondern gezwungen wird, sich zu entmannen, um seinen Dienst ausüben zu können. Dieses Gelächter des Franzosen und dieser wilde Protest des Deutschen sind beides Ergebnisse revolutionärer realistischer Haltung.

Die deutschen Realisten der Bühne, Lenz, der junge Schiller, Büchner, der Kleist des „Kohlhaas" (dieses Werk kann aus verschiedenen Gründen der dramatischen Literatur zugezählt werden), der junge Hauptmann, der Wedekind von „Frühlings Erwachen", sind auch darin Realisten, daß ihre Werke Trauerspiele sind. Das Trauerspiel des Bürgertums weicht dem Trauerspiel des Proletariats („Die Weber"). Die nicht vollzogene bürgerliche Revolution wirft ihren Schatten. „Die Weber", das erste große Werk, das die Emanzipation des Proletariats hervorbringt, ist ein Standardwerk des Realismus. Der Proletarier betritt die Bühne, und er betritt sie als Masse. Alles wirkt hier als revolutionär. Die Sprache, schlesischer Volksdialekt, das Milieu in seinen minutiösen Details, die Vorstellung des Verkaufs der Ware Arbeitskraft als eines großen Gegenstandes der Kunst. Und doch ist hier eine monumentale Schwäche zu spüren, etwas ganz und gar Unrealistisches in der Haltung des Stückschreibers. Es ist dies der Appell an das Mitleid des Bürgertums, ein ganz und gar vergeblicher Appell, das heißt dann vergeblich, wenn er nicht nur ein Vorschlag ist, zur besseren Ausbeutung der Massen gewisse Reformen oberflächlicher Art zu genehmigen.
[…]

Im Auftrag der erschöpften, von den Produktivkräften bedrohten Klassen, die nicht mehr imstande sind, die auftauchenden Schwierigkeiten produktiv zu lösen, kann der

Künstler nicht realistisch arbeiten. Hauptmann hatte in seinen ersten Werken realistisch gearbeitet, er hatte in den „Webern", wie wir sagen, ein Standardwerk des Realismus hervorgebracht, jedoch zeigte schon dieses Werk, wenn man nach seinem Auftraggeber, nach der Klasse, die es provozierte, fragt, einen interessanten Widerspruch. Es ist durchaus möglich, als Auftraggeber auch die bürgerliche Klasse, genauer gesagt, gewisse Teile der bürgerlichen Klasse, zu entdecken, zumindest in einer vorübergehenden Allianz mit Teilen der proletarischen Klasse; es hatte zwei Auftraggeber, die zueinander im Widerspruch standen. Das Werk war ein naturalistisches Werk. Der Klassenkampf war dargestellt, das war realistisch, aber er hatte einen eigentümlichen Naturcharakter im bürgerlichen Sinn, das heißt, die Natur war metaphysisch aufgefaßt, die einander bekämpfenden Kräfte hatten sich entwickelt und hatten insofern eine Geschichte, aber nur insofern, sie entwickelten sich nicht weiter und hatten vor sich keine Geschichte mehr. Es war natürlich, daß die Proletarier kämpften, aber es war auch natürlich, daß sie besiegt werden. Der Einfluß der Umgebung auf die Menschen wurde zugegeben, aber nicht, um auf diese den revolutionären Geist zu lenken; die Umgebung trat als Schicksal auf, wurde nicht als von Menschen aufgebaut und von Menschen veränderbar dargestellt. In seiner weiteren „Entwicklung" wandte sich Hauptmann vom Realismus ab. [...]

Großer allseitiger, auf dem ganzen Gebiet der Gesellschaft schöpferischer Realismus kann in der Kunst nur entwickelt werden in Zusammenarbeit mit aufsteigenden Klassen, die in das Ganze der gesellschaftlichen Institutionen, die gesamte gesellschaftliche Realität, eingreifen müssen, um sich zu entwickeln. Damit realistische Tendenzen, teilweiser Realismus, Naturalismus, das heißt mechanistischer, mystischer, heroischer Realismus, möglich ist, muß eine herrschende Klasse noch genügend lösbare Aufgaben von Ausmaß angeben können. Damit echter Realismus möglich wird, muß eine Möglichkeit der Lösung aller gesellschaftlicher Probleme (einer Beherrschung der Wirklichkeit) gegeben sein: Eine neue Klasse muß da sein, welche die Weiterentwicklung der Produktivkräfte übernehmen kann.

(In: Gesammelte Werke, Bd. 19, S. 362–367)

VI Literatur und Geschichte

Jeder literarische Text wurde zu einer bestimmten Zeit geschrieben und bildet mithin ein historisches Produkt. Will man es verstehen, so muss man es mit seiner **Entstehung** in Verbindung bringen. Diese heutzutage trivial wirkende Erkenntnis ist noch gar nicht so alt, denn sie hat sich erst im letzten Drittel des 18. Jahrhunderts wirklich durchgesetzt. Bis dahin hatte man es, verglichen mit der heutigen Zeit, einfacher im Umgang mit Literatur, denn es gab Regeln und Gesetze, nach denen sie herzustellen und zu beurteilen war (vgl. Kapitel IV).

Den Blick für die geschichtliche Abhängigkeit der Literatur geöffnet zu haben, ist das Verdienst Johann Gottfried Herders. Am Beispiel Shakespeares, des Alten Testaments und **Ossians** (Bezeichnung für einen südirischen Sagenzyklus und dessen Hauptfigur sowie Held der vielleicht größten literarischen Fälschung durch den Dichter Mcpherson im 18. Jahrhundert) zeigt er, zu welch neuem Textverständnis die historische Sehweise führen kann, nämlich dass beispielsweise die Verschiedenheit des griechischen und des nordischen Dramas aus der Verschiedenheit ihrer Entstehung zu erklären sei; ferner, dass die vielbeschworenen Einheiten der Handlung, der Zeit und des Ortes auf die Gegebenheiten des griechischen Dramas zurückzuführen und für dieses sinnvoll sind, dass sie sich aber nicht ohne weiteres auf das Theater anderer Zeiten und Völker als Richtschnur und Regelmaß übertragen lassen. Als Folgerung ergibt sich zwangsläufig, dass es keine für alle Epochen gleich gültigen Normen gibt; vielmehr muss jedes einzelne Werk und jede Epoche, der es angehört, zunächst einmal als eigenständig und eigenwertig begriffen werden. Jeder Text bildet also jeweils eine eigene Individualität, die Herder allerdings wiederum eingebettet sieht in einen organisch verlaufenden Entwicklungsprozeß der Menschheit, dessen Fortschreiten er gerne mit den der menschlichen Entwicklung entnommenen Metaphern des „Kindheits-", „Jünglings-" und „Mannesalters" beschreibt. Erst die Kenntnis des Volkes, des Landes, der Geschichte, der Sprache und der Vorstellungswelt, aus der heraus ein Werk entsteht, macht nach Herders Auffassung das Verständnis dieses Werkes möglich: „Man kann die Frucht nicht anders als durch den Baum kennen lernen, auf dem sie entsproß" (Herder: Sämtliche Werke, Bd. 12, S. 107).

Mit dieser Forderung nach historischem Verstehen ist bei Herder eine andere eng verbunden: die nach unmittelbarer **Einfühlung** in die Seele des Autors. Denn „nur Seele entdeckt die Seele, nur ein Genie kann das andere verstehen, reizen, ahnden" (Herder: Sämtliche Werke, Bd. 8, S. 327). Ein Sich-Zurück-Versetzen-Können in die jeweilige Entstehungszeit eines Werks („Tretet in die Kindheit der damaligen Zeit zurück ...", „Man muß wieder Morgenländer werden, um es sinnlich zu fühlen ..." [Herder: Sämtliche Werke, Bd. 6, S. 12]) sowie die Einfühlung in die Seele des Autors („lesen Sie ... gleichsam in die Seele ihres Urhebers zurück" [Herder: Sämtliche Werke, Bd. 10, S. 109]), das sind für Herder die beiden Voraussetzungen, die Verstehen erst ermöglichen. Insofern er den Blick für die Notwendigkeit einer geschichtlichen Betrachtungsweise nicht nur der Literatur, sondern überhaupt aller geistig-kulturellen Erscheinungen öffnete, hat er den **Historismus** begründet. Unter diesen Begriff subsumiert man die seit dem Ende des 18. Jahrhunderts sich mehr und mehr durchsetzenden Strömungen und Wege der geschichtlichen Betrachtungsweise aller mit menschlichem Handeln zusammenhängenden Phänomene.

Die Literaturwissenschaft systematisch mit entsprechenden Fragestellungen vertraut gemacht zu haben, ist das Verdienst Wilhelm Scherers (1841–1886). Seine methodische Betrachtungsweise, die sich gleichzeitig mit einem erkenntnistheoretischen und geschichtspolitischen Ansatz verband, wurde unter dem Namen literaturwissenschaftlicher **Positivismus** bekannt und prägte die deutsche Literaturwissenschaft vornehmlich in den letzten 30 Jahren des 19. Jahrhunderts. Der Begriff kommt, wie erwähnt, von lat. *ponere* (setzen, stellen, legen, vgl. Kapitel V) und hebt das Faktische, Reale als eigentliche Grundlage jeder Erkenntnis hervor. Als Begründer der positivistischen Methode überhaupt gilt Auguste Comte (1798–1857), der denn auch allein die beobachtbaren, für die sinnliche Erfahrung wahrnehmbaren Tatsachen zur Grundlage menschlicher Erkenntnis erklärte. Durch deren umfassende Verknüpfung gelangt man zur Einsicht in Gesetze und von ihnen aus schließlich zu dem einen, **allgemeinen Gesetz**, das alle anderen Gesetze in sich begreift. Der Anspruch der Wissenschaftlichkeit, den der Positivismus erhebt, besteht darum entgegen landläufiger Ansicht gerade nicht in der bloßen Anhäufung von Tatsachen, sondern in der Zusammenstellung von aus diesen Tatsachen abzuleitenden Gesetzen und gesetzmäßig ablaufenden Entwicklungen.

Dieser geschichtsphilosophischen Konstruktion verdankt der Positivismus seine starke Anziehungskraft und einen großen Teil seines Erfolges. Denn er versprach nicht nur, Antwort zu geben auf die Frage nach dem Sinn der Geschichte, dem Ziel geschichtlicher Entwicklung und der Bewertung einzelner Zeiträume – die Zwangsläufigkeit der Entwicklung hat der Positivismus Comtes mit anderen geschichtsphilosophischen Systemen des 19. Jahrhunderts (Hegel, Marx) gemein –, sondern er schien gleichzeitig die „Geschichte zur Wissenschaft zu erheben" (Rothacker [1888–1965]: *Einleitung in die Geisteswissenschaften*, S. 250) und auf Grund der Beschränkung der Erkenntnis auf das Erfahr- und Beobachtbare der Geschichtswissenschaft zu einem den **Naturwissenschaften** vergleichbaren Höchstmaß an objektiv gültiger und gesicherter Erkenntnis verhelfen zu können. Dass gerade in dieser geschichtsphilosophischen Theorie ein Widerspruch schlummert, weil der gesetzliche Ablauf der Geschichte als Konstruktion selbst weder der positivistischen Forderung nach strikter Faktenorientierung noch der Erfahrung des historisch bloß Zufälligen entspricht, wurde von den Positivisten selbst nicht gesehen.

Es sind in erster Linie zwei geschichtliche Werke, die dem Positivismus in der deutschen Literaturwissenschaft zum Durchbruch verhalfen bzw. mit ihrer

Wirkung auf Wilhelm Scherer die positivistische deutsche Literaturwissenschaft begründeten. Das eine stammt von dem Engländer Henry Thomas Buckle (1821–1862): *History of Civilization in England*, 1857–1861. In der Übersetzung von Arnold Ruge erregte es bald nach seinem Erscheinen, 1860/61, die Aufmerksamkeit des Kreises junger Gelehrter, der sich in Berlin unter dem Namen „Selbstmörderclub" zum Stammtisch traf; ihm gehörte auch Wilhelm Scherer an. Buckle unternimmt es im Widerspruch zu dem (später daher auch geänderten) Titel seines Buches, für die Kulturgeschichte Frankreichs, Spaniens, Schottlands und Englands naturgesetzlich zwangsläufige Entwicklungen nachzuweisen, wobei er dem Einfluss der Klimata auf die kulturellen Erscheinungen eine besondere Rolle zuerkennt.

Bei dem anderen Werk handelt es sich um eine literaturgeschichtliche Darstellung, die *Histoire de la Littérature Anglaise* von Hippolyte Taine (1828–1893), die 1864 erschien und deren Einleitung zusammen mit den Grundsätzen seiner 1865 gedruckten *Philosophie de l'Art* zu den programmatischen Texten des literarhistorischen Positivismus gehört. Die folgende Passage macht dies verständlich:

> Die neue Methode, der zu folgen ich bestrebt bin, und die sich in alle reinen Geisteswissenschaften einzuführen beginnt, besteht darin, die menschlichen Werke und insonderheit die Kunstwerke als Erzeugnisse und Tatsachen anzusehen, deren Wesen zu bestimmen und deren Ursachen zu erforschen sind – nichts weiter. In diesem Verstande verdammt die Wissenschaft weder noch begnadigt sie – sie stellt fest und erklärt [...] Sie macht es wie die Botanik, welche mit der gleichen Liebe sowohl den Lorbeer- und den Orangenbaum als auch die Tanne und die Birke betrachtet, sie ist selber eine Art angewandte Botanik – nicht auf Pflanzen, sondern auf Menschenwerke. Unter dieser Überschrift folgt sie der allgemeinen Bewegung, welche heute die reinen Geisteswissenschaften den beschreibenden Naturwissenschaften nahe bringt und ihnen, indem sie den ersteren die Principien und Grundsätze, Vorsichtigkeiten und Geleise der letzteren gibt, eine gleiche Zuverlässigkeit vermittelt und einen gleichen Aufschwung zusichert.

> (Taine: *Philosophie der Kunst*, S. 16f.).

Auf den Schriftsteller und sein Werk bezogen, ergeben sich aus dieser allgemeinen Voraussetzung wissenschaftlichen Forschens folgende Konsequenzen: Das Werk ist zu analysieren und zu beschreiben; dann ist nach den Ursachen der einzelnen Komponenten ebenso zu fragen wie nach denen des ganzen Textes. In den Mittelpunkt des Interesses rückt darum die Person des Autors: „Die Existenz der Dinge ohne die dazu gehörigen Individuen hat keine Bedeutung; man muß die Individuen selbst kennen" (Taine: *Geschichte der englischen Literatur*, S. 2). Zum Verständnis des Individuums tragen vor allem folgende Elemente bei, wie Taine zu Beginn seines Essays über Balzac erläutert: „[...] sein Charakter, seine Erziehung und sein Leben, seine Vergangenheit und seine Gegenwart, seine Leidenschaften, Fähigkeiten, Tugenden und Laster, seine ganze Seele und jede seiner Handlungen lassen ihre Spuren in den Gedanken und Schriften zurück. Um Balzac verstehen und beurteilen zu können, muß man sein Temperament und sein Leben kennen" (Taine: *Honoré de Balzac*, S. 1). Auf eine Formel gebracht heißen die Komponenten, die das künstlerische Individuum bestimmen und das Werk bedingen: ‚race' – Naturanlage, Abstammung und erbliche Anlagen; ‚milieu' – gesellschaftliche, politische Umwelt; ‚moment historique' – historischer Zeitpunkt und Standort. Kennt man diese den Autor formenden Bedingungen, so kann man auch das Werk erklären und damit verstehen. Diese Auffassung über die Einheit von Leben und Werk sowie über die Erklärbarkeit des Werkes durch das Leben des Autors bezeichnet man als **Biografismus**. Hinsichtlich der Interpretation kann es für den literaturwissenschaftlichen Positivismus allein darum gehen, das literarische Werk auf seine Bedingungen hin zu untersuchen.

Der Name Wilhelm Scherer ist untrennbar mit der methodischen und systematischen Übertragung des englischen und französischen Positivismus auf die deutsche Literaturwissenschaft verbunden. Doch zeigen neuere Untersuchungen (etwa Sternsdorff: *Wissenschaftskonstitution und Reichsgründung*), die sich vor allem auf bisher unveröffentlichte Manuskripte und Briefe stützen, dass Scherer im Lauf seiner Entwicklung eine vermittelnde Rolle einnimmt zwischen einer für die Literaturgeschichte wünschenswerten, den Naturwissenschaften ähnlichen objektiven Sicherheit in den Ergebnissen und einem von dem Gegenstand bedingten subjektiven Spielraum des Verständnisses auf seiten des jeweiligen Interpreten.

Sehr viel stärker als Taine betont Scherer, dass der „Maßstab der Geschichtswissenschaft" (Scherer: *Kleine Schriften zur neueren Litteratur, Kunst und Zeitgeschichte*, S. 66) die Grundlage aller literaturwissenschaftlichen Arbeit bilden müsse. Er versteht darunter „Einzeluntersuchungen, in denen die sicher erkannte Erscheinung auf die wirkenden Kräfte zurückgeführt wird, die sie ins Dasein riefen" (Scherer: *Vorträge und Aufsätze zur Geschichte des geistigen Lebens in Deutschland und Österreich*, S. 411). In diesem methodischen Vorgehen, das auf die Entdeckung historischer Gesetze zielt, besteht einer der wichtigen Berührungspunkte mit dem englischen und französischen Positivismus und gleichzeitig eine vordergründige Übereinstimmung mit den Naturwissenschaften:

> Denn wir glauben mit Buckle, dass der Determinismus, das Dogma vom unfreien Willen, diese Centrallehre des Protestantismus, der Eckstein aller wahren Erfassung der Geschichte sei (...), dass die Ziele der historischen Wissenschaft mit denen der Naturwissenschaft insofern wesentlich verwandt seien, als wir die Erkenntnis der Geistesmächte suchen, um sie zu beherrschen, wie mit Hilfe der Naturwissenschaften die physischen Kräfte in menschlichen Dienst gezwungen werden.
>
> (Scherer: *Zur Geschichte der deutschen Sprache*, S. XIIf.).

Der Ton liegt zum einen auf der „Erkenntnis der Geistesmächte", die, wie beispielsweise auf dem Gebiet der Naturwissenschaften die Gesetze der Physik, in den historischen Wissenschaften den Ablauf der Geschichte und die Entwicklung der Kultur bestimmen. Darüber hinaus zeigt die Verbindung des „Dogmas vom unfreien Willen" mit dem eben genannten Erkenntnisziel, dass sowohl der Gang der Geschichte als auch die herausragenden historischen Führergestalten auf die sie bewirkenden Kräfte und Einflüsse zurückgeführt werden müssen. Eine solche

Auffassung richtet sich gegen ein Geschichtsverständnis, das den Zufall und metaphysische Einwirkungen als geschichtsbildende Mächte anerkennt.

Von diesem Ansatz aus wird auch der Rückgriff auf eines der wesentlichen Prinzipien der Naturwissenschaften erklärlich, auf die **Kausalität**, die für die Geschichtswissenschaft, also auch für die Literaturgeschichte als „Grundkategorie" zu gelten hat, nach der die Historie „als lückenlose Kette von Ursachen und Wirkungen" (Scherer: *Kleine Schriften zur neueren Litteratur,* S. 67) zu untersuchen sei. Allerdings wird der Begriff nicht so scharf gefasst wie in den Naturwissenschaften, denn eine ähnlich enge und direkte Beziehung zwischen Ursache und Wirkung wie in der Natur lässt sich im Kulturellen, im literarischen Bereich nicht aufdecken: Gewiss spielen Goethes Erfahrungen mit Lotte in Wetzlar eine ganz entscheidende Rolle für das Entstehen des *Werther,* aber sie führen nicht mit strikter und gesetzmäßiger Notwendigkeit zur Abfassung des Romans und auch nicht zur Einbeziehung bestimmter Motive, Ereignisse, Personenkonstellationen etc. Im Zusammenhang mit der ‚historischen Grundkategorie' verwendet Scherer anstelle des Begriffs ‚Kausalität' daher auch den der **Motivierung**. Dieser der Psychologie entlehnte Begriff ist zweifellos weniger mißverständlich als der der Kausalität. Dennoch hat sich der Begriff ‚Kausalität' durchgesetzt.

Unumstößlich ist für Scherer die Tatsache, dass sich „die ganze Methode, der ganze Charakter der wissenschaftlichen Arbeit" unter dem Einfluss der Naturwissenschaften verändert haben: „Der rücksichtslose Wahrheitssinn, die Vorurtheilslosigkeit, die Unbekümmertheit um das Resultat stammt von daher" (Scherer: *Vorträge und Aufsätze,* S. 411f.). Aber auch die Orientierung an Tatsachen und die Aufdeckung von Gesetzmäßigkeiten werden von den sogenannten exakten Wissenschaften übernommen. „Gewissenhafte Untersuchung des Thatsächlichen ist die erste und unerläßliche Forderung. Aber die einzelne Thatsache als solche hat an Werth für uns verloren. Was uns interessiert, ist vielmehr das Gesetz, welches daran zur Erscheinung kommt" (Scherer*: Vorträge und Aufsätze,* S. 412). Das Gesetz bildet das „reale Allgemeine", weil es auf Fakten beruht und zugleich unterschiedliche Erscheinungen miteinander verknüpft, und wird für Scherer zu der das geistige Leben und die Geschichte „bewegenden Kraft" (*Kleine Schriften zur neueren Litteratur,* S. 68).

Die Gewinnung des „realen Allgemeinen" aus der Analyse einzelner Lebensläufe und Werke bildet für Wilhelm Scherer die eigentliche Aufgabe der Literaturwissenschaft. Sie richtet daher ihre Aufmerksamkeit in erster Linie auf die „natürlichen Anlagen, die äußerlichen Lebensbedingungen und die den Autor treibenden Einflüsse" (Scherer: *Kleine Schriften zur neueren Litteratur,* S. 68). Taines Begriffe ‚race', ‚milieu', ‚moment historique' klingen hier deutlich an und werden von Scherer selbst später in die zur Formel gewordenen Begriffe ‚Ererbtes', ‚Erlerntes' und ‚Erlebtes' zusammengefasst. So heißt es über Goethe:

> Seine Absicht ist nicht, sich darzustellen, sondern: sich zu erklären […] Er sucht nicht zu verhüllen, sondern offenbar zu machen, was er anderen verdankt. Wir

erblicken die Zeitrichtungen, die mehr ihn ergreifen als er sie! Er legt dieses Verhältnis im Großen dar und hat uns dadurch selbst die Wege gebahnt, die wir jetzt zu verfolgen streben, [...] wenn wir durch genaue Analyse die in ihm vorhandenen Kräfte zu sondern, jede einzelne in ihrer sonstigen Erscheinung nachzuweisen, das Ererbte von dem Erlernten und Erlebten zu scheiden, die allmälige Differenzierung einfacher Grundlagen und die Art, wie sie sich vollzieht, unter welchen Hilfen, unter welchen Hemmungen, bloßzulegen und das Gesetzliche darin zu erkennen suchen [...]

(Scherer: *Aufsätze über Goethe*, S. 14f.).

Da es Scherer um „das Gesetzliche" geht, muss neben die Beschreibung und die Analyse die **vergleichende Methode** treten. Denn erst der Vergleich macht ja Klassifikationen und Gruppierungen möglich, wenn nämlich einander ähnliche Elemente im Werk eines Künstlers als solche erkannt und auf der Grundlage dieser Ähnlichkeit allgemeine Regeln gefunden werden können. Auch sichere Erkenntnisse über Zeiträume, für die sie nur wenig Tatsachenmaterial besitzen, ergeben sich für Literarhistoriker allenfalls durch vergleichende Untersuchungen. In solchen Fällen ist die Erklärbarkeit nur aufgrund einer „klaren und sicheren Kühnheit der Combination und Construction" (Scherer: *Kleine Schriften zur neueren Litteratur*, S. 67), also aufgrund historischer **Analogieverfahren** gegeben. Scherer spricht daher von der „Denkbarkeit des Geschehenen" (Scherer: *Kleine Schriften zur neueren Litteratur;* S. 68), die dem Historiker mitunter als Ersatz für schriftliche Zeugnisse genügen müsse.

Die historische Analogie-Bildung macht es Scherer auch möglich, bei der Suche nach den großen historischen Bewegungsgesetzen über die erklärende Erforschung der Ursachen und die beschreibende Darstellung hinauszugehen. So sieht er die Entwicklung der deutschen Literatur in einem sich in dreihundertjährigem Wechsel vollziehenden Auf und Nieder von Wellenberg zu Wellental und erinnert mit der geschichtsphilosophischen Konstruktion an Comtes Gesetzesdenken; doch handelt es sich in der deutschen Literaturgeschichte nicht um eine zwangsläufige Entwicklung auf einen Endzustand hin, sondern um eine rhythmisch ablaufende Bewegung. Scherer spricht von drei **Blütezeiten** der deutschen Literatur, die um 600, 1200 und 1800 liegen und deren erste von den späteren Höhepunkten aus miterschlossen wird. Da Scherer außerdem die Beobachtung gemacht zu haben glaubt, dass bestimmte Hoch-Zeiten der literarischen Entwicklung verbunden sind mit einer dominierenden Rolle der Frauen, charakterisiert er die einzelnen Perioden der Literatur als weibliche und männliche; letztere bezeichnen die Zeiten des Verfalls, in denen dann der Einfluss der Frauen auf die kulturelle Entwicklung äußerst gering ist.

Mit einer solchen Auffassung vom literaturgeschichtlichen Ablauf wird aber gerade eine **Wertung** in die Literaturwissenschaft eingeführt, die nicht nur über die Feststellung gegebener Tatsachen hinausgeht, sondern die auch schon eine bestimmte Vorstellung vom Geschichtsverlauf zur Voraussetzung hat. In ihr verbindet sich die Vorstellung von der Kausalität als der Grundkategorie der Geschichtswissenschaft mit einem Ansatz, der Elemente des Historismus aufnimmt. Dazu gehört vor allem der Glaube an den **Volksgeist** als eine der tätigen und im Herderschen Sinn organisch sich entwickelnden Mächte, „aus denen das Individuum seine Kraft zieht" (Walzel [1864–1944]: *Analytische und synthetische Literaturforschung*, S. 266). Zu ihm ist aber auch die Überzeugung von einer Beförderung der Humanität durch die ästhetische Erziehung zu rechnen, die sich mit dem nationalen Entwicklungsgedanken verbindet und in der Reichseinigung von 1871 einerseits das lang ersehnte Ziel, andererseits in den politisch-wirtschaftlichen Folgen auch schon die Gefahr des Abgleitens in das Wellental sieht: „War die Nation um 1800 übergeistig, so fängt sie jetzt schon an, übermateriell zu werden und droht jenen Mächten zu verfallen, die einst im vierzehnten und fünfzehnten Jahrhundert nicht zum Heil unserer Bildung und unseres Charakters die deutsche Welt regierten" (Scherer: *Geschichte der deutschen Litteratur*, S. 720).

Die Verdienste des Positivismus im Bereich der Literaturwissenschaft sind nicht zu bestreiten. An ihrer Spitze steht ein Feld, von dem hier nicht nochmals die Rede sein kann, weil es nur am Rande zum Thema ‚Literatur und Geschichte' gehört, nämlich die **Edition** (vgl. aber Kapitel II). Denn eine an Fakten orientierte Interpretation muss natürlich auf einer gesicherten Textgrundlage basieren. Nicht von ungefähr fallen daher die Anfänge der bedeutenden historisch-kritischen Schiller-, Herder-, Lessing- und Goethe-Ausgaben in diese Zeit. Das zweite zentrale Arbeitsgebiet positivistischer Literaturwissenschaft bildet die Erforschung biografischer Einzelheiten im Leben des Autors, denn die kausale Verkettung von Leben und Werk macht die Kenntnis der Biografie zur Bedingung für das Verständnis der Literatur. Allerdings müssen diese biografischen Arbeiten jeweils nicht nur durch stoff- und motivgeschichtliche **Quellenforschung** ergänzt werden, die die Beziehung zu vorangegangenen Dichtern und Epochen herstellt, sondern auch durch Fragen nach der **Wirkung** des jeweiligen Textes sowohl auf das Publikum wie auf nachfolgende Autoren. Das dritte Feld ist dann die Interpretation der Literatur auf dem Weg erklärender **Begründung** der Einzeltexte sowie die zusammenhängende Darstellung der Literaturgeschichte.

Der Positivismus der Scherer-Schule hat die literaturwissenschaftliche Arbeit in den letzten dreißig Jahren des 19. Jahrhunderts geprägt, ja zu einem guten Teil hat er der Literaturwissenschaft erst zur vollen Anerkennung im Kreis der traditionellen Universitätsdisziplinen verholfen. Aber in den neunziger Jahren hat er seinen Höhepunkt schon überschritten. Denn Scherers Ansatz führte bei seinen minder begabten Nachfolgern zu bloßem Faktensammeln und zur Stoffhuberei als Selbstzweck. Literaturwissenschaftliches Arbeiten begnügte sich oftmals mit dem bloßen Anhäufen von Lebenszeugnissen, Stoffen und Motiven, ohne diese als Material und Ausgangspunkt zur Erforschung allgemeiner Gesetze hinter den Einzelfakten zu nutzen. Aber auch abgesehen von einer solchen Verflachung konnte man Zweifel an der Leistungsfähigkeit des literaturwissenschaftlichen Positivismus hegen. Für ihn hängt das **Verstehen** eines Textes ja entscheidend von der Kenntnis der ihn bedingenden **Ursachen** ab, die man vor allem in der Person des Autors suchte. Aber versteht man ein poetisches Werk wirklich schon dadurch, dass man es auf seine Entstehungsbedingungen zurückführt? Muss man nicht ganz andere Eigenschaften hervorheben als jene, die uns die Analyse allgemeiner Gesetzmäßigkeiten nach dem Vorbild der Naturwissenschaften und nach Maßgabe der Kausalität vor Augen führt? Schon bald nach Scherer, ja beinahe noch während der Herrschaft des Positivismus wurde entsprechende Kritik laut.

Gerade gegen die Übertragung naturwissenschaftlicher Erkenntnisprinzipien auf die Geisteswissenschaften richtet sich der methodische Ansatz, der unter dem Namen **Geistesgeschichte** bekannt ist und der, wie der Positivismus mit der Person Wilhelm Scherers, mit der Wilhelm Diltheys (1833–1911) verbunden ist. Auch wenn schon Friedrich Schlegel den Begriff ‚Geistesgeschichte' verwendete, bildet sich der methodische Ansatz erst mit Diltheys Bemühen heraus, auf dem Boden des deutschen Idealismus und insbesondere von Hegels Interpretation des Geistes und seiner Rolle in der Geschichte aus die Geisteswissenschaften durch eine philosophische Grundlegung gegen die Naturwissenschaften abzugrenzen. In der Literaturwissenschaft setzte sich die geistesgeschichtliche Methode seit 1906, dem Erscheinungsjahr von Diltheys unter dem programmatischen Titel *Das Erlebnis und die Dichtung* versammelten Studien zu Lessing, Goethe, Novalis und Hölderlin, immer stärker durch; ihre Blütezeit fällt in die Zwanzigerjahre und knüpft sich in erster Linie an die Namen Rudolf Unger (1876–1942), Hermann August Korff (1882–1963), Fritz Strich (1882–1963) und Paul Kluckhohn (1886–1957).

Unter dem Begriff ‚Geistesgeschichte' fasst Dilthey die wissenschaftlichen Disziplinen zusammen, die sich, wie Geschichte, Nationalökonomie, Rechts- und Staatswissenschaften, Religions- und Literaturwissenschaften, Bildende Kunst, Musik, Philosophie und Psychologie, mit der „Menschheit oder menschlich-gesellschaftlich-geschichtlicher Wirklichkeit" (Dilthey: *Der Aufbau der geschichtlichen Welt in den Geisteswissenschaften,* S. 81) beschäftigen. Entscheidend für die Trennung dieser Wissenschaften von den Naturwissenschaften ist die Auffassung, dass es „in der geschichtlichen Welt keine naturwissenschaftliche Kausalität [gibt]; denn Ursache im Sinne dieser Kausalität schließt in sich, daß sie nach Gesetzen mit Notwendigkeit Wirkungen herbeiführt; die Geschichte weiß nur von den Verhältnissen des Wirkens und Leidens, der Aktion und Reaktion." (Dilthey: *Der Aufbau der geschichtlichen Welt,* S. 197)

Das geschichtliche Leben und die einzelnen Ausprägungen dieses Lebens sind, aufbauend auf den Individuen, zu komplex, als dass sie in gesetzmäßigen Abläufen voll erfasst werden könnten:

> Nun unterscheiden sich zunächst von den Naturwissenschaften die Geisteswissenschaften dadurch, daß jene zu ihrem Gegenstande Tatsachen haben, welche im Bewußtsein als von außen, als Phänomene und einzeln gegeben auftreten, wogegen sie in diesen von innen, als Realität und als ein lebendiger Zusammenhang ori-

ginaliter auftreten. Hieraus ergibt sich für die Naturwissenschaften, daß in ihnen nur durch ergänzende Schlüsse, vermittels einer Verbindung von Hypothesen, ein Zusammenhang der Natur gegeben ist. Für die Geisteswissenschaften folgt dagegen, daß in ihnen der Zusammenhang des Seelenlebens als ein ursprünglich gegebener überall zugrunde liegt. Die Natur e r k l ä r e n wir, das Seelenleben v e r s t e - h e n wir. Denn in der inneren Erfahrung sind auch die Vorgänge des Erwirkens, die Verbindungen der Funktionen als einzelner Glieder des Seelenlebens zu einem Ganzen gegeben. Der erlebte Zusammenhang ist hier das erste, das Distinguieren der einzelnen Glieder desselben ist das Nachkommende. Dies bedingt eine sehr große Verschiedenheit der Methoden, vermittels deren wir Seelenleben, Historie und Gesellschaft studieren, von denen, durch welche die Naturerkenntnis herbeigeführt worden ist.

(Dilthey: *Die geistige Welt*, S. 143f.)

Die verschiedenen erkenntnistheoretischen Kategorien in den Natur- und Geisteswissenschaften werden also mit dem unterschiedlichen Verhältnis des Menschen zur **Natur** einerseits und zur **Geschichte** andererseits begründet. Denn steht die Natur dem Menschen als eine fremde Macht gegenüber und liegt in der Naturerkenntnis die denkerische Bewältigung des Naturgeschehens mit der Möglichkeit, es mit gesetzlichen Abläufen unter dem Kausalitätsprinzip zu erklären, so handelt es sich bei dem Verstehen der Geschichte und der geschichtlichen Entwicklung immer um ein Selbst-Verstehen, da der Mensch als geschichtliches Wesen an dieser Geschichte beteiligt ist und sie mitgestaltet. Diese Tatsache allein macht es möglich, dass er Geschichte verstehen kann. **Erklären** und **Verstehen** werden fortan zu gegensätzlichen Erkenntnisbegriffen: „Wir vermögen es [sc. zu verstehen], weil wir ja eben in der Geschichte nur unser eigenes Leben, unser eigenes Werk wiederfinden, in unendlich mannigfachen Modifikationen, in je nach der wechselnden historischen Bedingtheit unermeßlich verschiedenen Schattierungen und Brechungen zwar, aber doch eben als im Grundwesen gleichartiges, uns innerlich begreifliches Leben" (Unger: Aufsätze zur Prinzipienlehre der Literaturgeschichte, S. 30).

Am Beispiel der Autobiografie macht Dilthey deutlich, wie dieser Vorgang des Verstehens zu denken ist: der rückschauende Autor sieht sein Leben nicht als eine Folge von durch Ursache und Wirkung bedingten Ereignissen, sondern er überblickt es als ein zusammenhängendes Ganzes, in dem einzelne Momente und Erfahrungen aufeinander bezogen und in ihrer Gesamtheit dem Verständnis zugänglich sind. In diesem Rückblick auf das Leben werden zwei Kategorien besonders wichtig, erstens: das **Erlebnis**. Der Begriff bezeichnet indes nicht – wie im Positivismus – erfahrene Tatbestände, sondern einen psychologischen Akt, in dem unter Beteiligung aller Seelenkräfte innere und äußere Erfahrungen zu einer Einheit verschmolzen werden. Auf dieser Einheit baut die zweite Kategorie auf, die **Bedeutung** oder das ‚Bedeutsame', mit dem die in dem Erlebnis aus dem Lebensstrom hervorgehobenen einzelnen Momente in einer auf den Zeitpunkt der Rückschau bezogenen Sinngebung gewertet werden: Bedeutung erhält die einzelne Lebenserfahrung im Rückblick durch ihren „Zusammenhang mit dem

Ganzen, durch die Beziehung von Vergangenheit und Zukunft, von Einzeldasein und Menschheit" (Dilthey: *Der Aufbau der geschichtlichen Welt*, S. 233). Da jedoch das Leben noch nicht abgeschlossen ist, kann das Urteil über einzelne Lebensphasen ebensowenig endgültig sein wie das über den gesamten Lebensverlauf; es ist notwendigerweise zu überprüfen und gegebenenfalls zu revidieren: Die Geschichtlichkeit des Lebens bedingt die Geschichtlichkeit des Verstehens.

Nur von diesen allgemeinen Voraussetzungen her lässt sich der folgende Satz richtig verstehen: „Poesie ist Darstellung und Ausdruck des Lebens" (Dilthey: *Das Erlebnis und die Dichtung*, S. 126). Denn grundsätzlich ist der Dichter in derselben Weise bestimmt wie jeder andere Mensch, doch heben ihn eine gesteigerte Empfänglichkeit und Erlebensweise aus der Masse der Menschen heraus; sein gesamter Lebensbezug wird mehr oder weniger stark geprägt von der ‚Phantasie‘, deren Eindrücke er in die Bilderwelt der Dichtung umsetzt: Die dichterische Phantasie ist der

> Inbegriff der Seelenprozesse, in denen die dichterische Welt sich bildet. Die Grundlage dieser Seelenprozesse sind immer Erlebnisse und der durch sie geschaffene Untergrund des Auffassens [...] Der Dichter lebt in dem Reichtum der Erfahrung der Menschenwelt, wie er sie in sich findet und außer sich gewahrt [...] das Dichterauge ruht sinnend und in Ruhe auf ihnen; sie sind ihm b e d e u t s a m; die Gefühle des Dichters werden von ihm angeregt, bald leise, bald mächtig, gleichviel wie fern dem eigenen Interesse diese Tatsachen liegen oder wie lange sie vergangen sind: sie sind ein Teil seines Selbst.
>
> (Dilthey: *Das Erlebnis und die Dichtung*, S. 131f.).

Wenn der Dichter nun die eine oder andere bedeutsam gewordene Lebenserfahrung gestaltet, ‚bedeutsam‘ aber gleichzeitig ein Geschehen genannt wird, „sofern es uns etwas von der Natur des Lebens offenbart", dann lässt sich Dichtung nur noch als Lebensdeutung bestimmen: „Die Dichtung ist Organ des Lebensverständnisses, der Poet ein Seher, der den Sinn des Lebens erschaut" (Dilthey: *Die geistige Welt*, S. 391). Dichtung, als „Organ des Lebensverständnisses" gesehen, unterscheidet sich prinzipiell nicht von anderen, seien es religiöse, seien es philosophische Möglichkeiten der Lebensdeutung; ihr Unterschied zur philosophischen Bewältigung des Daseins beispielsweise besteht nur in dem Verfahren: statt in begrifflich denkerischer Weise die Deutung des Lebens zu geben, macht sie sie im Bild anschaulich. Von daher wird auch verständlich, dass der Kunstwerkcharakter der Literatur in der geistesgeschichtlichen Betrachtung vernachlässigt wird. Jedes einzelne Werk eines großen Dichters wird dadurch, dass es eine umfassendere Auffassung des Lebens darstellt, zum Teil einer umfassenden dichterischen Weltsicht, und diese wird nicht so sehr als eigene künstlerische Vorstellung gesehen, sondern in einen Zusammenhang mit dem Weltbild von Theologen und Philosophen der Zeit gebracht. Eine Epoche gilt daher als **Synthese** aller ihrer kulturellen Erscheinungen.

Eine solche Betrachtungsweise führt über die Literaturgeschichte im eigentlichen Sinne hinaus zur „**Ideengeschichte**" (Korff: *Geist der Goethezeit*, Bd. I, S. IX), wie Hermann August Korff seine Darstellung der Goethezeit denn auch nennt. Auch Rudolf Unger sieht Literatur als einen Ausdruck des **„Gesamtgeistes einer Epoche"** an und sucht übergreifende Zusammenhänge aufzudecken. Für ihn wird Literatur jedoch in erster Linie zur „Spiegelung der Entwicklung sachlicher Probleme, und demgemäß die Literaturgeschichte [zur] **Problemgeschichte"** (Unger: Aufsätze zur Prinzipienlehre, S. 144). Die der Dichtung zugeschriebene Funktion der Lebensdeutung verkürzt Unger, indem er diese „Deutung des Lebens nach seinen zeitlichen Erscheinungen und überzeitlichen Gründen" als Deutung „nach seinen Problemen" (Unger: Aufsätze zur Prinzipienlehre, S. 151) auf wenige **Grundprobleme,** das Verhältnis des Menschen zum Schicksal, das zur Natur und die daraus entstehende Beziehung des Menschen zu Liebe und Tod sowie auf die Gestaltung des Religiösen in der Dichtung reduziert.

Ein weiterer Versuch, das Wesen des Geistes zu erfassen und die Vielzahl seiner Äußerungen auf wenige übergreifende Konstanten zurückzuführen, stammt von Fritz Strich. Er verweist in Anlehnung an Wölfflins *Kunstgeschichtliche Grundbegriffe* auf die Stilgeschichte, versteht ‚Stil' jedoch nicht so sehr als formal-ästhetische Ausdrucksform, sondern bezeichnenderweise als „einheitliche und eigentümliche Erscheinungsform der ewig menschlichen Substanz in Zeit und Raum" (Strich: *Deutsche Klassik und Romantik oder Vollendung und Unendlichkeit,* S. 20). Strichs Stilbegriff bezeichnet also in erster Linie die hinter den Dingen erscheinenden „geistigen Grundhaltungen" (Strich: *Deutsche Klassik und Romantik,* S. 17) und kann darum die „Urphänomene der Menschen" (Strich: *Deutsche Klassik und Romantik,* S. 29) umfassen, die in den sogenannten **„Grundbegriffen"** fixiert werden.

Bei aller Verschiedenheit geistesgeschichtlicher Fragestellungen liegt die entscheidende Leistung gegenüber dem Positivismus in der Betrachtung des dichterischen Werkes als eines organischen Ganzen und in der Erweiterung des literaturwissenschaftlichen Blickwinkels auf philosophisches Denken hin. Im Einzelnen erweisen sich diese Ansätze als fruchtbar bei der Behandlung von bis dahin weniger beachteten Epochen wie Barock und Romantik sowie bei der Darstellung des Mittelalters. Allerdings lassen sich von seiner Leistung aus auch die Grenzen dieses methodischen Ansatzes zeigen. Sie werden nicht so sehr offenbar an der Problematik, die mit der Übertragung kunstgeschichtlicher Grundbegriffe auf die Literatur entsteht, oder an der Vernachlässigung der formalen Analyse eines Werks; vielmehr liegen sie einerseits in der Verengung, die mit der Rückführung der Mannigfaltigkeit dichterischer Werke auf wenige Grundzüge, die eine Typisierung oder Gruppierung ermöglichen, einhergeht. Das Einzelwerk und der einzelne Autor werden allzu leicht hinter allgemeinen, Sinneinheit stiftenden Konstruktionen übersehen, die Epochen, ein Gesamtwerk oder gar die Literatur eines ganzen Jahrhunderts ins Auge fassen. Man glaubt deshalb auch sehr oft, auf die Analyse konkreter Einzelheiten verzichten zu können. Dies bildet den zweiten eklatanten Mangel geistesgeschichtlicher Literaturwissenschaft.

Das gilt auch für die Literaturgeschichtsschreibung. Allzu leicht reduziert sie sich einerseits auf Epochenportraits, weil die Mannigfaltigkeit der geistigen Strömungen in aller Regel nur für einen begrenzten Zeitraum erforscht und aufgearbeitet werden kann. Korffs *Geist der Goethezeit* und Strichs *Deutsche Klassik und Romantik* stehen stellvertretend für viele Werke dieser Art. Andererseits wird Literaturgeschichte als Ideen- und Problemgeschichte leicht zu einer einseitigen, die formgeschichtlichen, ästhetischen und stilistischen Aspekte vernachlässigenden Inhaltsanalyse von Literatur. „Zwischen dem Dilettantismus fadenscheiniger Synthesen und dem antiästhetischen sowohl wie antihistorischen Geist der Abstraktion läuft der schmale Weg echter Geistesgeschichte" (Viëtor: *Deutsche Literaturgeschichte als Geistesgeschichte*, S. 909) – dieses Fazit Karl Viëtors (1892–1951) fasst die im methodischen Ansatz selbst liegenden Gefahren geistesgeschichtlicher Betrachtungsweise deutlich zusammen.

Ihnen ist zweifellos auch zu einem guten Teil die Tatsache anzulasten, dass diese Methode und ihre Vorstellungen vom Wesen der Geschichte nicht unschuldig an dem doppelten Sündenfall der Literaturwissenschaft sind, nämlich an der **nationalsozialistisch** geprägten Germanistik im Dritten Reich und an den staatlich verordneten, staatlich kontrollierten **marxistisch-kommunistisch** ausgerichteten Geisteswissenschaften in den entsprechenden Staaten. Denn die Vorstellung von allgemein wirksamen, die Geschichte durchziehenden „Grundbegriffen" wie das Deutsche, das Heldische, das Weibliche, das Prinzip der Treue usf. pervertierte im Nationalsozialismus zur Blut-und-Boden-Ideologie, zur Etablierung des „Völkischen" als Maßstab für Kunst und Literatur, ohne sich wirklich fundamental verwandeln zu müssen. Und auch die amtlich geforderte und oft genug polizeilich erzwungene Parteilichkeit der Künste und der Kunstwissenschaften zugunsten der angeblich revolutionären Werktätigen, des Sozialismus und der klassenlosen

Blut und Boden.
Monatszeitschrift für wurzelstarkes
Bauerntum

Gesellschaft hatte etwas mit der geistesgeschichtlichen Etablierung unwiderlegbarer Prinzipien in der Geschichte und in den Künsten zu tun. Marx hat Hegels Philosophie auch in dieser Hinsicht in ihr Gegenteil verkehrt, ist ihr dadurch jedoch auch verbunden geblieben, und die etablierten Kulturmachthaber, die sich auf Marx beriefen, wussten nur nicht, was alles sie Hegel und mit ihm dem Idealismus der Geistesgeschichte verdankten.

Aber selbstverständlich haben die Mängel der geistesgeschichtlichen Betrachtungsweise keineswegs nur zu literaturwissenschaftlichen Abwegigkeiten geführt, sondern auch zur Entwicklung wissenschaftlicher Methoden, die andere Aspekte berücksichtigten und sich den Mängeln zu entziehen versuchten, die der Geistesgeschichte anhaften. Im Bereich der Literaturgeschichtsschreibung sind es zwei Felder, die hier genannt werden sollen, die **Formgeschichte** und die **Sozialgeschichte** der Literatur.

Formgeschichte hat sich erfolgreich nur als Gattungsgeschichte etabliert. Denn hier wirft der Formbegriff kaum große Probleme auf. Jedermann weiß, was ihn in etwa erwartet, wenn er ein Buch mit dem Titel *Geschichte des deutschen Dramas* (Otto Mann [1899–1985], ersch. 1960) oder *Geschichte der deutschen Lyrik seit 1945* (Hermann Korte [geb. 1949], ersch. 1989) zur Hand nimmt. Und auch wenn Unterarten einer Gattung in ihrer historischen Entwicklung dargestellt werden – beispielsweise in der *Geschichte des deutschen Liedes* (1925) von Günther Müller (1890–1957), der *Geschichte der deutschen Elegie* von Friedrich Beißner (3. Aufl. 1965) oder der *Geschichte der deutschen Ballade* von Wolfgang Kayser (2. Aufl. 1943) – kann der Leser sicher sein, dass er eine Bestimmung der Form, eine Beschreibung von deren geschichtlichen Veränderungen und Beispiele für deren unterschiedliche Handhabung vorfindet. Hingegen ist dem Titel nicht zu entnehmen, ob der Verfasser den gesellschaftlichen, geistigen, literarischen Kontext berücksichtigt und wieweit er Fragen des Inhalts, der Thematik, der Motivgeschichte aufgreift. Eine allgemeine Formgeschichte der Dichtung, die sich als Konkurrenz zu ideengeschichtlichen oder problemgeschichtlichen Studien versteht, wurde immer wieder einmal erprobt, am nachdrücklichsten von Paul Böckmann (1899–1987) in seiner *Formgeschichte der deutschen Dichtung* (1949). Aber sie scheitert letztlich an der Weite des Formbegriffs und seiner fehlenden Präzision. Denn abgesehen von den gewählten literarischen Gattungen und Textarten, also den eher äußeren Formen sprachlicher Präsentation, gehören Stil und Tektonik, Figurengruppierung und Handlungsführung, Darbietungstechnik und Darbietungsweise (Humor, Ironie, Dramatik, Tragik usf.) zum Komplex dichterischer Form. Diese Vielfalt macht es aber letztlich unmöglich, geschichtliche Wandlungen und Entwicklungen dingfest zu machen, weil der einheitliche Aspekt fehlt, den man verfolgen müsste. Vor allem bilden Form und Stil keine reinen Äußerlichkeiten eines Kunstwerks, sondern besitzen ihre Funktion jeweils als Ausdruck des Gehalts. Böckmann hat deshalb einen Formbegriff entwickelt, der diesen Aspekt berücksichtigt: Die literarische Form versteht er als das Geflecht aller Ausdruckskomponenten der Problem-, Inhalts- und Themenvermittlung. So entgeht er zwar der Gefahr, Form als selbständiges und mithin letztlich funktionsloses Vehikel literarischen Ausdrucks zu untersuchen, aber dafür lesen sich ganze Partien seiner *Formgeschichte* wie erweiterte und leicht verwandelte Kapitel einer Geistesgeschichte. Wahrscheinlich lässt sich Formgeschichte auch gar nicht anders darstellen als durch die Verbindung von Denkgeschichte sowie Historie der Ästhetik mit Stil- und Ausdrucksgeschichte unter beständiger Berücksichtigung der Einzelwerke und ihrer individuellen Art. Dann aber besteht die Gefahr, dass die Formgeschichte uferlos wird.

Der Begriff der Sozialgeschichte ist außerordentlich komplex. Er legt nicht fest, ob das Gesellschaftliche mit Stoffen und Motiven, mit Themen und Handlungsstrukturen, mit Stil- und Ausdrucksproblemen, mit literarischer Produktion oder literarischer Rezeption usf. verbunden wird, oder ob nicht sogar mehreren dieser Aspekte Rechnung zu tragen ist. Das hier aufgenommene Textbeispiel (VI, 8) lässt solchen Pluralismus erkennen und gestattet nicht ohne weiteres eine ideologische oder methodologische Einordnung nach Kriterien, wie sie in Kapitel V als Interpretationsansätze präsentiert wurden. Vielmehr können Sozialgeschichten der Literatur oder einer Epoche höchst unterschiedliche Schwerpunkte setzen, doch steht natürlich jeweils der Aspekt des Gesellschaftlichen im Mittelpunkt, einerlei, welche sozialen Aspekte man besonders betont und hervorhebt.

Weiterführende Literatur

Žmegač, Ždenko (Hg.): *Zur Kritik literaturwissenschaftlicher Methodologie.* **Laermann:** *Was ist literaturwissenschaftlicher Positivismus?* **Riha:** *Literaturgeschichte als Geistesgeschichte.* **Viëtor:** *Deutsche Literaturgeschichte als Geistesgeschichte.* **Barner, König (Hg.):** *Zeitenwechsel: Germanistische Literaturwissenschaft vor und nach 1945.*

Arbeitsteil

1. Charakterisieren Sie Herders Begründung des Historismus!

2. Erläutern Sie den erkenntnistheoretischen Ansatz des Positivismus!

3. Welche Rolle spielen das „Ererbte, Erlernte und Erlebte" in der positivistischen Literaturwissenschaft?

4. Erläutern Sie den Begriff ‚Biografismus'!

5. Welche Fragen wären für einen positivistischen Interpretationsansatz von Goethes *Die Leiden des jungen Werthers* wichtig?

6. Versuchen Sie, Leistungen und Grenzen des Positivismus anzugeben!

7. Worin unterscheiden sich nach Diltheys Definition die Geistes- von den Naturwissenschaften?

8. Warum erweist sich der Begriff der Kausalität als untauglich für die Geisteswissenschaften?

9. Definieren Sie den positivistischen und den geistesgeschichtlichen ‚Erlebnis'-Begriff und vergleichen Sie beide miteinander!

10. Erläutern Sie die Begriffe ‚Ideengeschichte' und ‚Problemgeschichte'!

11. Inwiefern basieren ideologisch geprägte Arten der Literaturwissenschaft (nationalsozialistische, kommunistisch-marxistische) auf der geistesgeschichtlichen Betrachtungsweise?

12. Was kann man unter dem Begriff ‚Formgeschichte' verstehen?

B. Texte

VI, 1   **Wilhelm Scherer**

Aus: *Bemerkungen über Goethes „Stella"* (1876)

Der Stoff.

[…]
Woher Goethe den Stoff zur *Stella* genommen hat, das steht so ziemlich fest. Der Name „Stella" kündigt zu offenbar die Quelle an. […] Der Name ist von Jonathan Swift zuerst gebraucht, um seine geliebte Esther Johnson poetisch zu bezeichnen. Schon Caro, Hettner – ich weiß nicht, ob andere – haben daher das Doppelverhältnis Swifts zu Stella und

Vanessa herbeigezogen, jenen erschütternden Roman, der in den zugänglichsten Berichten über Swifts Lebensgeschichte im vorigen Jahrhundert erzählt wurde – denselben Stoff, der wahrscheinlich Lessing bei der *Miß Sara Sampson* vorschwebte und den Goethe ohne allen Zweifel kannte. Die Gestalt Swifts, des Dechanten von St. Patrick, war ihm und seinen Genossen sehr geläufig. Herder hatte eine so große Vorliebe für ihn, daß er selbst den Beinamen „der Dechant" davon trug.

An Swift hatte Stella die älteren Rechte. Aus London schrieb er der fernen Geliebten ausführliche Tagebücher von beispielloser Offenheit, voll von den innigsten Äußerungen sehnsüchtiger Zärtlichkeit. Plötzlich wird er einsilbig und kalt. Er hat Vanessa kennen gelernt. Er liebt sie, er wird geliebt, ja sie kommt ihm mit dem Geständnis zuvor. Er ist entschlossen, sie nicht zu heiraten, um Stellas willen. Aber er hat lange nicht die Kraft, sie zu meiden. Endlich verlässt er London, kehrt in Stellas Nähe zurück, bittet Vanessa, ihm nicht zu folgen. Sie thut es doch. Mag er sie rauh behandeln, sie liebt ihn um so glühender, er wird gerührt und neu gewonnen.

Stella litt unter diesem Kampf entsetzlich. Liebe und Eifersucht brachten sie an den Rand des Grabes. Swift will alles thun, was ihr Ruhe und Trost bringen kann. Sie verlangt, Swifts Frau zu werden. Swift willigt in die Verheiratung unter der Bedingung, daß dieselbe Geheimnis bleibe. Vanessa, die nicht abläßt von dem Geliebten, hört gleichwohl davon, schreibt an Stella, um sie selbst zu fragen; diese bejaht und sendet den Brief an Swift. Wuthentbrannt eilt er zu Vanessa, wirft den Brief auf den Tisch und entfernt sich sprachlos.

Vanessa fiel in ein hitziges Fieber und starb bald darauf. Swift und Stella versöhnten sich nach einiger Zeit. Aber sie kränkelt dem Tod entgegen. Auch jetzt weigert sich Swift, ihre rechtmäßige Verbindung öffentlich bekannt zu machen. Man weiß bis heute nicht den Grund für seine Weigerung.

Lessing sah dem Stoffe das Dramatische an. Er reducirte ihn auf seine wesentlichen Bestandtheile: der Held, welcher eine Frau verläßt, weil es ihn zu einer andern zieht – die beiden Frauen, welche, in irgend einer Weise zusammengebracht, auf einander stoßen – der Conflict, in welchen der treulose Mann dadurch eingeklemmt wird – sein Schwanken – die Katastrophe.

Auch Lessings Sara ist bereit, wie es früher Stella war, ihre Ehe geheim zu halten; wenn sich Mellefont dazu entschlösse. „Ich will mit Ihnen nicht um der Welt willen" – sagte sie zu ihm – „ich will mit Ihnen um meiner selbst willen verbunden sein. Sie sollen mich, wenn Sie nicht wollen, für ihre Gattin nicht erklären dürfen; Sie sollen mich erklären können für was Sie wollen. Ich will Ihren Namen nicht führen; Sie sollen unsere Verbindung so geheim halten, als Sie es für gut befinden; und ich will derselben ewig unwerth sein, wenn ich mir in den Sinn kommen lasse, einen andern Vortheil als die Beruhigung meines Gewissens daraus zu ziehen." Daß Mellefont selbst diese Bitte nicht erfüllt, wird aus seinem flatterhaften, feste Pflichten scheuenden Charakter erklärt.

Auch Goethes Stella ist „so krank, so liebeskrank" wie Swifts Stella; und der Name ihrer Freundin Sara, die um sie weint, klingt eigentümlich aus Lessing nach. Auch Goethes Stella fragt sich vergeblich, warum sie nicht in bürgerlicher Ehrbarkeit dem unwiderstehlichen Verführer angehören konnte. Aber die Frage taucht nur auf; sie fügt sich in alles, was der Geliebte will, und wenn es auch eine Grille wäre. Das Benehmen Fernandos aber ist durch seine frühere Ehe zwingend begründet.

Aus der Geschichte Swifts, wie aus Lessings *Miß Sara* hat doch Goethe wesentlich nichts als den äußeren Umriß entnommen. Aber er schafft ein reines Gegenbild zu Sara. Bei Lessing überbietet sich alles in heftigem Begehren; bei Goethe überbietet sich alles in großmüthigem Verzichten.

Goethe wollte einen versöhnenden Abschluß, wie in der mittelalterlichen Sage vom Grafen von Gleichen. Er wollte eine Liebe darstellen, welche alles überwindet, welche zur Eifersucht sagt: „Furie, wo ist deine Geißel?" Er konnte daher keine heftige, leidenschaftliche Vanessa, er konnte keine buhlerische, dämonische, zum Verbrechen bereite Marwood, er konnte nur eine sanft duldende, hochherzig verzeihende Cäcilie brauchen. […]

Der Anlaß

[…]
Auch die Liebe zu Lili hat ohne Zweifel auf die Stella eingewirkt. Liest man im vierten Bande von *Dichtung und Wahrheit* die Beschreibung des Musikabends, an welchem Goethe die niedliche Blondine kennen lernte, so vergleicht damit das Concert bei Stellas Onkel, so wird man einige Züge in freier Umgestaltung übertragen finden, und es fragt sich noch, welcher Bericht der treuere ist. Die gleich darauf folgende Begegnung Stellas und Fernandos im Bosket, Freundin Sara als die dritte dabei, könnte eine Reminiscenz aus Rousseaus *Nouvelle Héloïse* sein. Aber so wie sich Stella im Theater beobachtet weiß, wie sie sicher ist, dass Fernando jede ihrer Bewegungen bemerkt und liebt, wie sie fühlt, daß das Schütteln ihres Federbusches ihn mehr anzieht als all die blinkenden Augen ringsum, und daß alle Musik nur Melodie zu dem ewigen Liede seines Herzens ist: „Stella! Stella! wie lieb du mir bist!" – so hat Goethe im Theater nach Lili ausgeschaut, so sie mit Blicken verfolgt, so um ihretwillen die ganze Welt umher vergessen.

Blauäugig und blond ist Stella wie Lili. Es währte nicht lange, so erzählte Lili die Geschichte ihrer Jugend, ihres ganzen früheren Lebens und sie konnte einige Koketterie nicht läugnen. „Diese Geständnisse gingen aus einer so reinen, kindhaften Natur hervor", – bemerkt Goethe – „daß sie mich dadurch aufs allerstrengste sich zu eigen machte." Auch Stella erinnert den Geliebten: „Gestand ich dir nicht in den ersten Tagen meiner vollen Liebe zu dir alle kleine Leidenschaften, die je mein Herz gerührt hatten? und ward ich dir darum nicht lieber?"

Aus der Hauptliebesscene zwischen Fernando und Stella kann man eine Anzahl von Ausdrücken und Wendungen zusammentragen, welche sich in den beiden ersten Lili-Liedern, *Neue Liebe, Neues Leben* und *An Belinden*, wiederfinden. „Neue Liebe, neue Lebenswonne" erwartet der rückkehrende Fernando von der Geliebten. Stella ist sein „Engel", sie ist die „unendliche Lieb' und Güte". „Rose! meine süße Blume!" nennt er sie. Wie das Lied von Lili sagt: „die Jugendblüthe" und: „Reizender ist mir des Frühlings Blüthe nun nicht auf der Flur; wo du Engel bist, ist Lieb und Güte, wo du bist, Natur." Taumelnden Rausch der Liebeswonne athmet das Stück wie die Lieder.

Und wenn schon in den Liedern der Dichter sich wider Willen festgehalten fühlt mit unendlicher Gewalt: so hat auch Fernando die unwiderstehliche Anziehungskraft Stellas, in weiter Ferne, auf der Flucht vor ihr empfunden. Ja, mit sonderbarem, nachträglichem Einklang von Leben und Dichtung: auch Goethe ist wirklich entflohen und vergebens entflohen; die Schweizerreise heilte ihn nicht von seiner Leidenschaft. Mit vollem Rechte schrieb er in ein für Lili bestimmtes Exemplar der *Stella:*

Im holden Thal, auf schneebedeckten Höhen,
War stets dein Bild mir nah.
Ich sah's um mich in lichten Wolken wehen,
Im Herzen war mir's da!
Empfinde hier, wie mit allmächt'gem Triebe
Ein Herz das andre zieht,
Und daß vergebens Liebe
Vor Liebe flieht.

Selbst Stellas Charakter mag aus Lili geschöpft sein. Sie soll sich später bereit erklärt haben, alle dermaligen Verhältnisse aufzugeben und mit nach Amerika zu gehen. Goethe glaubte in ihr an eine Kraft, welche alles Widerstrebende überwältigt hätte. Aber die widerstrebenden Verhältnisse waren stärker als sie und er, und „das Mädchen beschied sich früher als der Jüngling". Jene Kraft ausschließlicher Hingebung wurde jedoch Stella im reichsten Maße zu Theil: sie ist dadurch, obgleich Abbild, fast ein Gegenbild zu Lili geworden. –

(In: Aufsätze über Goethe, S. 128–130 u. 138–141)

VI, 2 — Wilhelm Dilthey

Aus: *Das Erlebnis und die Dichtung* (1906)

LESSING

[...]
Aber der *Nathan* ist mehr als ein bloßes dramatisches Lehrgedicht. Ein lebendiges Kunstwerk entspringt in der Ganzheit der menschlichen Natur: das Neue, das es erblicken läßt, ist Erlebnis: indem wir nun das Erlebnis, das im *Nathan* zum Ausdruck kommt, in seinem ganzen Umfang zu erfassen suchen, müssen wir über die bisherige Darstellung von Lessings Verhältnis zur deutschen Aufklärung hinausgehen.

Lessing, wie wir ihn nachzuverstehen versucht haben, mußte das Lebendige, Lebenschaffende, Menschliche und Menschenverbindende, das Glückbringende der deutschen Aufklärung tiefer in sich durchleben als ein anderer Zeitgenosse. Das siebzehnte Jahrhundert vereinigt die großen Denker und Forscher durch die gemeinsame Arbeit an der Begründung der modernen Naturerkenntnis. In ihr entsprang das neue Bewußtsein von der Solidarität des menschlichen Geschlechts und seinem Fortschritt. Das Jahrhundert der Aufklärung entwickelte dann die Folgerungen aus den neuen Ideen. Der menschliche Geist erkannte seine Souveränität gegenüber allen Autoritäten der Vergangenheit; er erfaßte im eigenen Denken sein Verhältnis zum Unsichtbaren; aus ihm leitete er das Verhältnis der Menschen zueinander ab; sie arbeiten gemeinsam unter demselben inneren Gesetz an dem allumfassenden Fortschritt des menschlichen Geschlechts. Hierin war eine neue rationale Ordnung der Beziehungen gegeben, welche die Menschen verbinden. Dieses neue Ideal schuf, wohin es drang, eine Verbindung der freien Geister untereinander; es gab jetzt eine Stelle, an der die äußeren Unterschiede der ständischen Gliederung aufgehoben waren; es entstand ein Charaktertypus, dessen Wesen in der Verwirklichung dieses Ideals lag. Nirgend hat diese Aufklärung so einheitlich, so harmonisch, so stark alle Kreise der Gesellschaft durchdrungen, als in dem protestantischen Norddeutschland. [...]

Und welche ist nun die Handlung, mittels deren diese freien Geister miteinander verbunden sind? Sie beruht auf dem dargelegten Moment, das dem Drama Lessings erst sein eigenstes Gepräge gibt. Es erweitert die Seele durch große Wahrheiten; es erhebt durch die Anschauung freier Charaktere, welche ohne die Beweggründe des positiven Religionsglaubens das Gute tun: seine letzte und höchste Wirkung liegt doch in der Rührung, welche die Verbindung dieser menschlichen zu einer neuen Gemeinschaft hervorruft. Nicht Leidenschaft vereinigt sie. Wohl macht sie sich in den Beziehungen zwischen dem Tempelherrn und Recha zunächst geltend, sie schürzt den Knoten des Stückes, aber sie wird aufgelöst in das starke, ruhige Gefühl geschwisterlicher Zusammengehörigkeit. Hier herrschen die universalen Stimmungen, die aus den höchsten Relationen zur unsichtbaren Welt entspringen, aus dem Verhältnis derer, die gemeinsam in dieser Region leben. Leise, feine Fäden gehen zwischen diesen Personen hin und her – ein Entdecken verwandter Naturen, ein Sichbefreunden, ein reinstes Glück, das von da ausgeht. Die Gemeinschaft, die so entsteht, ist eine innere, unabhängig von Nation, Bekenntnis, Stand und Wirken in der Welt. Wir alle sind durch die Ziele, die wir im Leben verfolgen, mit anderen zu einem Gefüge von Handlungen und Schicksalen verknüpft, das unsere äußere Welt ausmacht. In ihr siegen oder unterliegen wir, leiden oder triumphieren. Ihr gehören zunächst auch die Personen des Stückes an: sie leben in Staatsgeschäften, führen Krieg, treiben Handel, vollziehen fromme Pflichten. Aber jenseits dieses äußeren Lebensgefüges dulden und geniessen sie ein von diesem äußeren Schicksal Unabhängiges. Dieses macht sie in letzter Instanz, in einer rein innerlichen Welt, gebunden oder frei, glücklich oder elend. Mag nun der Mensch wie der Klosterbruder und Al Hafi die Welt verlassen, oder mag ihm wie dem Nathan ein eingeschränktes Geschick in ihr beschieden sein, oder wie dem Saladin ein königliches Wirken – gemeinsam ist ihnen nach Lessing die Anlage sich zu vollendeter Menschlichkeit zu entwickeln. Und das verbindet sie miteinander. So schildert das Gedicht, in Übereinstimmung mit dem eigensten und höchsten Zug der deutschen Aufklärung, wie aus der freien Menschlichkeit eine Gemeinschaft entsteht, ein Bewußtsein, zusammen fortzuschreiten einer besseren Gesellschaft entgegen, sicheres Vertrauen, Seelenruhe, eine große Lebensfreude, Heiterkeit.

Hiermit spricht Lessings Dichtung einen der höchsten Züge des Lebens aus, einen Zug, der in dem Drama bis dahin nie ausgedrückt worden war. Das Einverständnis mit dem Gleichgesinnten begleitet unser Leben wie eine unsichtbare Harmonie: nicht Abwesenheit noch Tod vermag sie aufzuheben. Töne von verschiedener Höhe und Tiefe, Stärke und Lindigkeit fügen sich zu ihr zusammen, immer klingt sie um uns.

Wie die Vernunftreligion, in der für Lessing diese Beziehungen gegründet sind, im Denken beruht, so nähern sich auch die Personen einander durch das Denken – fragend, antwortend, dialektisch ihre Verständigung suchend, aus der dann erst das gehaltene Gefühl des Einverständnisses und der Befreundung hervorbricht. Diese Vorgänge sind zusammengefaßt zu einer Handlung, die in einem äußeren Symbol die erreichte Gemeinschaft der freien Geister zum tiefsten Ausdruck bringt. Nicht durch Affekt, welcher die Kluft der Geburt, des Blutes, ja des religiösen Glaubens selber überspringt, wird im Verlauf der Handlung zwischen Judentum und Christentum das Band geknüpft; vielmehr blutsverwandt sind die Nationen, sind die großen Religionen, welche sich in die Erde teilen. Fremd, ja feindlich einander gegenübertretend, entdecken sie, daß sie eine Familie bilden. Das ist das große Geheimnis, welches der Schluß symbolisch ausdrückt. Auf einem Stamm sind die religiösen Ideen gewachsen, entsprossen aus einer Einheit des ersten Glaubens; sie bilden eine Entwicklung der religiösen Vernunft.

Von Lessings Gedankendrama gehen Linien der Wirkung zu Schillers *Don Carlos*, zu Kants Religionsschrift, zu Herders Humanität, zu Goethes Plan der Geheimnisse, ja selbst zu Hegels ersten theologischen Schriften. Zu mächtigem Ausdruck aber gelangte der Gehalt dieses Gedichts in der *neunten Sinfonie* Beethovens. Auch sie führt hindurch durch die partikulare Leidenschaft und ihre Schmerzen zu der universalen Stimmung, in der sich ganz im Geiste der Lessingschen Aufklärung die Harmonie der Welt, die Güte des göttlichen Wesens, die allgemeine Menschenliebe und eine das ganze Leben durchdringende, verklärte Heiterkeit verbinden. So hat Beethoven den Gehalt dieser Dichtung, losgelöst von allem Endlichen und Vergänglichen, das ihr anhaftet, in die Ewigkeit erhoben.

Das neue Ideendrama fordert auch eine eigene Form. Die straffe Handlung der *Emilia Galotti*, in der jeder Satz der Katastrophe zuzueilen scheint, musste der freien Vergegenwärtigung einer Welt von Ideen und Idealen Platz machen. So erhält jede Szene einen selbständigen Gehalt. Der Zuschauer kann sich der Auffassung desselben in gelassener Stimmung hingeben. Der Dialog geht lässig wechselnd, auf verschlungenen Wegen wie ein Spaziergänger vorwärts und wird doch jedes Mal durch eine innere dramatische Bewegung dem Ziel, das der Zusammenhang fordert, entgegengeführt. Und welchen Hintergrund für diese Szenen bilden das weiträumige Kaufhaus Nathans, vor ihm der Platz mit den Palmen, die das Grabmal des Erlösers umgeben, die Kreuzgänge des Klosters, durch die man den Patriarchen mit seinem geistlichen Pomp ziehen sieht, der Palast des Sultans mit seiner phantastischen Architektonik! Sie unterscheiden und charakterisieren gleichsam die Hauptpersonen, wie deren Tracht. Ihr fremdartiger Glanz beschäftigt das Auge, die südliche Heiterkeit der Szenerie macht die Seele leicht und frei. Zugleich faßt doch die Einheit derselben Stadt räumlich die Szenen zusammen. Die Einheit der Zeit ist streng gewahrt. Ein Tag umschließt die Handlung. In ihm vollzieht sich die ganze innere Wandlung in Recha, dem Tempelherrn, Saladin und die Befreundung der Hauptpersonen zueinander. Durch eine Art von perspektivischer Kunst blicken wir weiter rückwärts in die Geschichte der Personen und in die Vorbedingungen dessen, was der Tag umfaßt. So setzt sich in diesem deutschen Drama Racines Seelendarstellung fort, welche auf der Bühne selbst den ganzen Zusammenhang inneren Geschehens sehen läßt; dabei gestattet der Wechsel des Ortes doch, ohne die Vertrauten und die Berichte der französischen Tragödie, diese Vollständigkeit des inneren Zusammenhanges zu erreichen. Auf diesem Wege ist Goethes Seelendrama weitergegangen.
[...]
(In: *Das Erlebnis und die Dichtung*, S. 96 u. 100–102)

VI, 3   Hermann August Korff

Aus: *Geist der Goethezeit* (1923)

[...]

Man braucht literarisch Gebildeten heute nicht mehr auseinanderzusetzen, dass der *Werther* nicht in dem gewöhnlichen Sinne die Geschichte einer unglücklichen Liebe, sondern die Darstellung eines Menschenschicksals ist, das sich nur zufällig in der Geschichte einer unglücklichen Liebe erfüllt, aber sich schließlich auch an einem andern Konflikte der Seele mit der Welt erfüllen könnte. Und doch hat das Motiv der

‚unglücklichen Liebe' eine tief symbolische Bedeutung, die man nicht wohl übersehen kann, ohne dem Ganzen jene innere Notwendigkeit zu nehmen, die man so unmittelbar gerade hier zwischen Stoff und Idee empfindet. Denn allerdings ergeben sich die Leiden des jungen Werther aus einer unglücklichen Liebe; aber es ist doch nicht bloß die unglückliche Liebe zu der im bürgerlichen Sinne ‚versagten' Lotte, sondern die unglückliche Liebe des seelenhaften Menschen zur Welt überhaupt, die gegenüber den unendlichen Ansprüchen des innern Gottes überall ‚versagt'. Ja unter Bezug auf seine pantheistische Grundlage könnte man Werther wohl als eine Szene aus der unglücklichen Liebe Gottes zu seiner Welt betrachten. Jedenfalls erklärt sich der ungeheure Widerhall, den Goethes Jugendroman gefunden hat, zutiefst nicht aus seiner bloßen ‚Geschichte', sondern aus der Tatsache, daß sich in dieser Geschichte zum erstenmal in idealer Gestalt der faustische Menschentypus offenbart, den sie alle damals in sich fühlen und hinter dessen Existenz wegen ihres tiefproblematischen Verhältnisses zum Leben das dunkle Fragezeichen des Selbstmordes droht. Wenn es trotz alledem so schwer gewesen ist, sich über die tiefere Bedeutung des *Werther* bewußte Rechenschaft zu geben, so beruht das nicht zum geringsten auf der Form des Briefromans, die in ihrer rein dokumentarischen Selbstdarstellung des Helden scheinbar auf alle Fingerzeige verzichtet, wie der Dichter das Schicksal seines Helden seinerseits aufgefaßt wissen will. – Reiner als irgendeine andere Gestalt der Sturm-und-Drang-Dichtung verkörpert Werther den gotterfüllten, seelenhaften Menschen. Und weitaus deutlicher noch als im *Urfaust* wird durch ihn, worin das Wesen eines solchen besteht: in der beseelenden und beseligenden Kraft der Seele. In Werther antizipiert der Dichter, was späterhin in der Kritik der Vernunft der Philosoph in seiner ganzen transzendentalen Bedeutung entdeckt: die weltschöpferische Kraft des Subjekts. Was ist die Welt? Die Welt ist meine Vorstellung. Und die Form des Briefromans, in dem wir in der Tat nur von der Vorstellungswelt Werthers, d. h. die Welt als eine Vorstellung Werthers, erfahren, ist deshalb auf das tiefste mit dem Wesen dieser Dichtung des Subjektivismus verknüpft. Das Organ der weltschöpferischen Kraft des Subjekts aber ist ein von der Phantasie beflügeltes und von der Ahnung um die metaphysische Einheit aller Wesen getragenes Gefühl, das sich in alles einzufühlen, es zu erleben imstande ist und, weil es, wie schon das Wort sagt, sich in die Welt einfühlt, auch im Grunde immer nur sich erlebt und aus den ‚Dingen', die in den Umkreis seiner Organe gelangen, immer nur seine Welt, den objektiven ‚Gegenstand' eines subjektiven Gemütszustandes erschafft. Aber diese Welt höchster Seelenhaftigkeit ist auch eine Welt der höchsten Seligkeit, und die Gotterfülltheit des Menschen beweist sich unmittelbar durch die Kraft zur Schöpfung einer solchen durch ihre Beseeltheit beseligenden Welt, wie sie sich in den ersten Briefen Werthers so wundervoll vor uns auftut. In diesen Briefen aber wird nun von Werthers gotterfülltem Herzen in allmählicher Steigerung nacheinander voll Seligkeit erfaßt: erst die mailiche Natur, dann der idyllische Zauber naturhaften Menschenlebens und endlich als das Letzte und Höchste ein durch die Augen der Liebe gesehenes und von der Liebe innerlich verklärtes Menschenkind, in dem sich die ganze Seligkeit der Welt gleichsam vereinigt. [...]

[...] Werther wird nicht nur in seiner Liebe zu Lotte, sondern in seiner Liebe zur ganzen Welt enttäuscht. Unter der Enttäuschung aber erlischt seine Liebe selbst, und wo vormals die von innen erleuchtete Zauberlaterne die Welt mit beseligenden Bildern erfüllte, da sieht es jetzt aus wie auf der Bühne, nachdem der Vorhang gefallen und die Lichter erloschen sind. Hierfür am bezeichnendsten ist ja der Umschlag in Werthers Naturgefühl. Verklärte sich ihm im Lichte der Liebe die Natur zu einer seligen und

beseligenden Gotteswelt, so hat es sich, kaum dass sich der Himmel seiner Liebe mit
Wolken bedeckt hat, vor seiner Seele wie ein Vorhang weggezogen, ... und der Schau-
platz des unendlichen Lebens verwandelte sich vor ihm in den Abgrund des ewig offenen Grabes. „Das volle, warme Gefühl meines Herzens an der lebendigen Natur, das
mich mit so vieler Wonne überströmte, das ringsumher die Welt mir zu einem Paradiese schuf, wird mir jetzt zu einem unerträglichen Peiniger, zu einem quälenden Geist, der
mich auf allen Wegen verfolgt." „Wie faßt' ich das alles (sagt er mit einem Rückblick auf
die einstmals so innig gefühlte Natur) in mein warmes Herz, fühlte mich in der überfließenden Fülle wie vergöttert, und die herrlichen Gestalten der unendlichen Welt bewegten sich allbelebend in meiner Seele." Und jetzt? Nicht mehr die schaffende, sondern die
zerstörende Gewalt der Natur ist es, die Werther erblickt. „Mir untergräbt das Herz die
verzehrende Kraft, die in dem All der Natur verborgen liegt; die nichts gebildet hat, das
nicht seinen Nachbar, nicht sich selbst zerstörte. Und so taumle ich beängstigt, Himmel
und Erde und ihre webenden Kräfte um mich her! Ich sehe nichts als ewig verschlingen-
des, ewig wiederkäuendes Ungeheuer." Wie dem Gotterfüllten auch die Natur sich mit
Gott erfüllte, so ist auch dem Gottverlassenen die Natur entgöttert. Aber da sie
nur der Reflex seines Gemütes ist, so kann ihm die Welt zwar zu unendlicher Seligkeit
werden, wenn sein Herz von dem Flutstrom des Göttlichen emporgetragen wird, kann
aber ihm ihrerseits keinerlei Trosteskraft gewähren, wenn dem Flutstrom der Seele die
innere Ebbe folgt; und sie verwandelt sich schließlich nur in die äußeren Kulissen seiner
inneren Hölle. [...] Dieser Vorgang der Desillusionierung ist das typische Geschick des
faustisch-wertherischen Menschen, der sich darum auch in allen möglichen Formen im
Werther wiederholt. – Am deutlichsten aber spiegelt sich diese überall unglückliche
Liebe der Seele zur Welt in Werthers Schicksal als Künstler. Denn Werther ist
Künstler! Und nicht nur durch seine dilettantischen Versuche in der bildenden Kunst,
sondern unendlich viel mehr noch durch – seine Briefe, in denen ja vor unsern Augen
die Welt zu einem Zaubergarten wird und in denen die idealisierende Kraft seiner Liebe
ihre höchste schöpferische Kraft erweist. Freilich, Werther kommt nicht auf den Gedanken, „eigentlich zum Dichter geboren zu sein", wie Goethe später von sich aus Italien
schreibt. Seine Leidenschaft ist die bildende Kunst, als solche aber keineswegs darauf
allein gerichtet, nur die äußeren Umrisse der Natur, sondern dasjenige in einer Zeichnung festzuhalten, was er beim Anblick der Natur empfindet. Sein Künstlerehrgeiz ist
die Naturbeseelung und die beseelte Natur! Das heißt, wie sein ganzes Verhältnis zur
Welt ein wesentlich künstlerisches ist, so ist sein ausübendes Künstlertum nur der Versuch, dieses subjektive Verhältnis irgendwie zu objektivieren, die beseelende Kraft seiner Seele irgendwie zu ‚verwirklichen'. Aber auch hier erlebt er nur die ewig wiederkehrende Enttäuschung seines Lebens, dass sich auch in der Kunst die innerste Intention
der Seele nicht verwirklichen läßt. Auch das Kunstwerk bleibt in seiner Endlichkeit hinter der Unendlichkeit jener hohen Idee zurück, die dem Künstler in dem göttlichen
Augenblicke der Empfängnis vorschwebt. Auch hier lauert auf die Seele die Stunde der
Resignation, wenn sie nicht von vornherein durch die Unmöglichkeit, ihre Gefühle ganz
aufs Papier zu bringen, zu jedem künstlerischen Versuch entmutigt wird. Werther insbesondere gehört zu diesen von vornherein entmutigten Künstlern, die vor der Innigkeit
ihrer inneren Gesichte verzweifeln, mehr als tote Umrisse auf dem Papier festzuhalten.
„Noch nie war ich glücklicher, noch nie war meine Empfindung an der Natur, bis aufs
Steinchen, aufs Gräschen herunter, voller und inniger; und doch – ich weiß nicht, wie
ich mich ausdrücken soll – meine vorstellende Kraft ist so schwach, alles schwimmt
und schwankt so vor meiner Seele, daß ich keinen Umriß packen kann." Aber er kann

keinen Umriß packen, weil er nicht bloße Umrisse, sondern in diesen Umrissen etwas Seelisches sieht, das mit den bloßen Umrissen nicht mehr zu packen ist.

Es ist nun im *Werther* wie im *Faust*: Was sich in der Dichtung im großen als ein einmaliger Wechsel der Stimmung abspielt, das ist ein im kleinen immer wiederkehrender Rhythmus des Lebens, den Werther selbst aus langer Erfahrung schmerzlich kennt und der deshalb seinen Reflex in weltschmerzlichen Reflexionen findet, die von Anfang an und auch da schon seine Briefe durchziehen, wo sie seine gehobene Stimmung widerspiegeln. Von vornherein ist der Werther das Selbstporträt eines Künstlers, wie dasjenige Böcklins, dem der geigende Tod über die Schulter sieht. Denn dem müssen ja die Stimmen des Todes wie eine geheimnisvolle Lockung im Ohre klingen, den die Enttäuschungen des Lebens dem Leben selber allmählich entfremdet haben. Werther aber ist, unterhalb seines ewigen Schwankens zwischen Weltseligkeit und Weltschmerz, im ganzen eben dadurch der dem Leben innerlich entfremdete Mensch, der dem Tode unaufhaltsam in die Arme treibt, weil er mehr und mehr den Zusammenhang mit dem Leben verliert. – [...]

(In: *Geist der Goethezeit*, Bd. I, S. 306–307 u. 310–313)

VI, 4   **Franz Stuckert**

Aus: *Die Entfaltung der deutschen Dichtung im 19. Jahrhundert*

Die deutsche Dichtung des 19. Jahrhunderts, uns in einem großen Teil ihrer Werke noch nahe und unmittelbar verständlich und noch nicht erhoben zu der unbestrittenen und zeitlosen Gültigkeit von Klassik und Romantik, ist der Prüfstein jedes dichtungsgeschichtlichen Verständnisses. Gegenüber der ungeheuren, weit auseinanderstrebenden und ganz uneinheitlichen Fülle ihrer Erscheinungen zeigt es sich, daß keine der literaturwissenschaftlichen Forschungsmethoden, weder die geistesgeschichtliche noch die form- oder die stammesgeschichtliche, weder die soziologische noch die existentielle für sich allein ausreicht, diese Fülle im Sinne einer fruchtbaren Aneignung und bildenden Auswertung wirklich zu ordnen und zu bewältigen. Das vermag nur aus einer neuen Werthaltung zu geschehen, aus der heraus die Bedeutung und Aufgabe der Dichtung im Gesamtdasein eines Volkes in der Tiefe erkannt und umfassend bestimmt wird. Dieser neue Standpunkt ist in den letzten anderthalb Jahrzehnten von der Forschung langsam gewonnen und durch das Erlebnis des völkischen Umbruches zur unumstößlichen Gewißheit erhärtet worden: Dichtung ist nicht leeres Spiel und schöner Schein, nicht festlicher Schmuck und anregende Bereicherung des Daseins, sondern tiefster Wesensausdruck eines Volkes, ja noch mehr, in ihr vollzieht sich am klarsten und wirksamsten die innere Formung jeder völkischen Gemeinschaft. So bietet die Dichtung ein unendlich reiches Spiegelbild des nationalen Lebens, eine Deutung der großen Lebensfragen, die ein Volk bewegen, und in ihrem Raum wachsen auch die Seher und Propheten, die die neuen Werte setzen und verkünden, unter denen ein Volk gläubig und tapfer seinen Weg in die Zukunft beschreitet.

Aus diesem Gesichtspunkt, ob und wieweit der völkische Lebensgehalt in ihren Werken künstlerisch echten und zeitlos gültigen Ausdruck gefunden hat, ist die Dichtung jedes Zeitalters zu betrachten und zu bewerten. Allerdings muß dieser Begriff „Lebensgehalt" in voller Breite gefaßt werden; denn das völkische Dasein prägt sich nicht nur in dem großen historischen oder politischen Drama oder in dem eine ganze Daseinswelt umspannenden Roman aus, sondern auch in einer kurzen Novelle, die blitzhaft die Situation eines ganzen Menschenlebens erhellt, oder in einem kleinen lyrischen Gedicht, das ganz neue Tiefen individuellen Fühlens aufschließt. Entscheidend ist dabei immer nur, ob das dichterisch Ausgesagte und Geformte vermöge der bindenden und bannenden Kraft des Wortes überindividuelle Gültigkeit zu erlangen vermag, indem es ein leise von allen Gefühltes oder dumpf Geahntes in reiner Klarheit erfaßt und zum gültigen Sinnbild erhebt.

(In: *DVjs*, 16, 1938, S. 376f.).

VI, 5   Ernst Bertram (1884–1957)

Aus: *Möglichkeiten deutscher Klassik*

Artfremd – mit diesem Vorwurf, der gewiß sehr ernstlich zu prüfen wäre, wendet sich der Verteidiger des Volkshaften, wie gegen alles Mittelmeerische, so auch gegen das griechische Erbe.

Aber die Frühgeschichte Europas, die sich heute so überraschend und großartig wieder vor uns auftut, sie soll uns doch nicht umsonst belehrt haben gerade für das Griechische: wir wissen um die geschwisterliche Urverwandtschaft aller Frühzeiten der arisch-nordischen Völker. Was wir von der Frühe des einen dieser Völker wissen und besitzen, das deutet uns die Frühe der anderen. Denn alle sind, mindestens in ihrer führenden und schicksalbestimmenden Schicht, verwandten Blutes, wie verwandter Sprache. Das höchste Geschwister aber, so sah es schon die Volkstumslehre Herders und der deutschen Romantik, ist die griechische Frühe, und ihre Bildwerke, die höchsten Darstellungen und Verklärungen nordischen Geblüts, die wir besitzen, zeigen, wie die Helden und Götter ihrer Dichtung, die reinste Traumwirklichkeit, die je aus diesem nordischen Blut gestiegen ist.

In den bloßen Gegensatz Norden und Süden also, nordisch und mittelmeerisch, germanisch und fremdblütig läßt sich das Verhältnis des Deutschtums zum antiken Griechentum nie und nimmer auflösen.

(In: Bertram: Deutsche Gestalten, Leipzig 1935, S. 313f., abgedruckt in: Ernst Loewy: *Literatur unterm Hakenkreuz*, S. 69).

VI, 6   Redaktionskollegium der *Weimarer Beiträge. Zeitschrift für deutsche Literaturgeschichte*

Aus: *Über die Aufgaben der Zeitschrift für deutsche Literaturgeschichte*

Die Praxis der sozialistischen Entwicklung stellt auch der Germanistik ihre Aufgaben bei der Entwicklung des sozialistischen Bewußtseins der Menschen. Über diese Aufgaben heißt es in der Entschließung der III. Hochschulkonferenz der SED: „Für die Verwirklichung der sozialistischen Revolution auf dem Gebiet der Ideologie und Kultur ist es unerläßlich, in allen Bereichen der Literatur- und Sprach-, Kunst- und Musikwissenschaft den dialektischen und historischen Materialismus zur festen theoretischen Grundlage der gesamten Arbeit zu machen. Eine unbedingte Voraussetzung dafür ist die kämpferische, in der Öffentlichkeit geführte Auseinandersetzung mit revisionistischen, idealistischen Auffassungen und Theorien an unseren wissenschaftlichen Institutionen und mit den offen reaktionären, proimperialistischen Theorien in West-deutschland." In der Entschließung wird gefordert, die Erscheinungen der sozialisti-schen Literatur wissenschaftlich zu bearbeiten und eine marxistische Darstellung der Geschichte der deutschen Literatur zu geben. Die Lösung dieser Aufgaben setzt einen kompromißlosen Kampf gegen die Mißachtung der neuen sozialistischen Literatur voraus. Aus dieser allgemeinen Aufgabenstellung der Hochschulkonferenz leiten sich auch die Forderungen her, die an die Zeitschrift für deutsche Literaturgeschichte zu stellen sind. [...]

Es ist nicht die Aufgabe der Literaturwissenschaft, in der Deutschen Demokratischen Republik der Flut von Veröffentlichungen in Westdeutschland mit einer gleich großen Zahl von Arbeiten engegenzutreten. Aber es ist ihr dringendes Anliegen, wissenschaft-lich qualifizierte, von sozialistischer Parteilichkeit getragene Arbeiten vorzulegen, deren Thematik sich aus den Hauptproblemen der Literatur und der Literaturgeschichte her-leitet und die Überlegenheit der sozialistischen Wissenschaft unter Beweis stellt. Gleich-ermaßen sind fundierte Auseinandersetzungen mit den repräsentativen Werken der Literaturwissenschaft unumgänglich. Nur auf diese Weise kann die Vorstellung von einer ideologischen Koexistenz mit wissenschaftsfeindlichen Auffassungen ebenso radi-kal überwunden werden wie die Versuche, unter falscher Flagge zu segeln, d.h. liberali-stische Anschauungen unter marxistischem Anspruch vorzutragen,

Die marxistische Literaturwissenschaft, wie sie durch die Zeitschrift gefördert und ver-breitet werden soll, wird nicht auf die Parteinahme für den Sieg des Sozialismus verzich-ten. Sie wendet sich aber gegen sektiererische Tendenzen, die Forschungsergebnisse bürgerlicher Gelehrter zu mißachten, die Wertvolles besonders auf dem Gebiete der Quellenforschung und der Textkritik geleistet haben und leisten.

Die wichtigste Aufgabe unter allen vordringlichen Erfordernissen ist, eine Geschichte der deutschen Literatur zu konzipieren und diesem Vorhaben Einzelforschungen unter-zuordnen, die in der Zeitschrift veröffentlicht und diskutiert werden sollten.

Um ihren gesellschaftlichen Auftrag allseitig zu erfüllen, ist es Aufgabe der Zeitschrift, Beiträge zu veröffentlichen, die den zeitgenössischen Schriftstellern durch theoretische Untersuchungen eine tiefere Einsicht in die Gesetzmäßigkeiten des künstlerischen Schaffens zu ermöglichen. Eine solche Hilfe ist nur möglich, wenn die Bemühungen um die Grundlegung einer marxistisch-leninistischen Literaturtheorie verstärkt werden. Der Literaturwissenschaftler als Theoretiker und Kritiker der zeitgenössischen Litera-tur hat besonnene, von wissenschaftlichem Ernst getragene Untersuchungen einzelner Werke und die Einschätzung ganzer Entwicklungsstufen und Entwicklungsbedingun-gen der sozialistischen Literatur zu liefern.

(*Weimarer Beiträge*, IV, 1958, S. 133ff.).

VI, 8   **Winfried Freund** (geb. 1938)

Aus: *Deutsche Aufklärung bis zur Französischen Revolution 1680–1789*

Wie vor ihm kein anderer deutscher Romancier führt Goethe die zeitgenössische Nei-gung, Roman und Leben zu vermischen, jenen wahrscheinlicher und dieses illusionsof-fener zu gestalten, bis zur vollständigen Negation des moralischen gelenkten Exempel-stils. Hauptpastor Johann Melchior Goeze gerät deshalb in christliche Wut über das

„Pestgeschwür", die „verfluchungswürdige" Lehre Goethes. Hätte er den ‚Werther' nach dem alten Tugend-Lasterschema erzählt, des Hauptpastors heiliger Zorn wäre nicht erregt worden. So aber wird

> alles dieses [...] mit einer, die Jugend hinreissenden Sprache, ohne die geringste Warnung oder Misbilligung erzählt: vielmehr schimmert die Zufriedenheit und Achtung des Verfassers für seinen Helden allenthalben durch. Natürlich kann die Jugend keine andere als diese Lehre daraus ziehen: Folgt euren natürlichen Trieben.

Goeze ist kein Einzelfall, auch sein gewiß intimer Feind Lessing wünscht sich „cynische" Erzählerbemerkungen, um die Affekte und Sehnsüchte Werthers in Distanz zu halten. Friedrich Nicolai besorgt den Zynismus dann durch eine Parodie, die das Bedrohliche am Affekt nach althergebrachter Gewohnheit in eine Posse verwandelt, und auch Goethe gibt in der zweiten Fassung des ‚Werther' (1787) nach, er distanziert sich selbst: „Ich korrigire am ‚Werther' und finde immer daß der Verfasser übel gethan hat, sich nicht nach geendigter Schrifft zu erschießen."

Dies sind Beispiele für die Opposition, im Gegensatz dazu steht die Identifikation. Es gibt nicht nur zahlreiche Übersetzungen, Nachdrucke, Nachahmungen und Motivplünderungen des ‚Werther' in den siebziger Jahren; es gibt u. a. auch nächtliche Wallfahrten der Jugend Wetzlars zu Jerusalems Grab, wo man gemeinsam weint – die Revolte Werthers, im Roman immerhin noch angelegt, wird zugunsten seiner konventionell empfindsamen Wollust am Schmerz eingeebnet.

Beide Reaktionsweisen sind typischer für die Sozialgeschichte des Romans noch im späten 18. Jahrhundert als Blanckenburgs literaturkritische Analyse des ‚Werther'. Romane genießen keine Autonomie, ihre Fiktionen sind Eingriffe in das Leben; anders hätte auch der ‚Werther' nicht geschrieben werden und seine Hoffnung nie entstehen können. Die kritisch-satirische Rezeption beharrt dann auf den objektiven Bestimmungen der Praxis als vernünftigen Regeln bürgerlichen Daseins; die empfindsam weinende auf passiver Erbauung unterdrückter Sehnsüchte. Äußeres und Inneres, zweckmäßige Tätigkeit der Vernunft und verstörte Sehnsucht des Herzens stehen sich in der Rezeption so schroff gegenüber wie im zweiten Buch des ‚Werther'; die versöhnliche Utopie der ursprünglich heiteren Lust am Dasein scheitert nicht nur im Roman, sondern auch noch in seinen Lesern vollkommen.

(In: Hansers Sozialgeschichte der deutschen Literatur, Bd. 3, 2, S. 710f.)

VII Text, Struktur, Zeichen

Jede Textanalyse ist abhängig von den Fragestellungen, die ihr zu Grunde gelegt werden. Dies bedeutet, dass ein literarischer Text nur Antworten auf die Fragen geben kann, die an ihn gestellt werden. Wissenschaftlicher Umgang mit Literatur heißt, präzise Fragestellungen für die Analyse und Interpretation eines Textes zu formulieren. Diese können sehr unterschiedlicher Art sein und sich entweder auf den Text selbst oder auf die Beziehungen eines Textes zu außertextuellen Faktoren wie z. B. gesellschaftliche oder geschichtliche Zusammenhänge (vgl. Kap. V und VI) beziehen. Ausgangspunkt jeder literaturwissenschaftlichen Auseinandersetzung mit einem Text ist indessen die Erfassung seiner gedanklichen und formalen Eigenheiten, **der ‚Text selbst'**. Genaues Lesen von literarischen Texten und die Fähigkeit, ihre spezifische Verfasstheit zu erkennen und zu beschreiben, stellen literaturwissenschaftliche Grundkompetenzen dar, geht es doch darum, die Besonderheit literarischer Texte im Vergleich zu anderen sprachlichen und schriftlichen Hervorbringungen zu erfassen. Dabei ist es wichtig, das, was in einem literarischen Text dargestellt wird, und die Art und Weise, wie dies geschieht, etwas plakativ und vereinfachend gesprochen, ‚Inhalt' und ‚Form', als zwei Seiten einer Medaille, d. h. in ihrer wechselseitigen Bedingtheit zu erkennen. Oder anders gesagt: Es gibt keinen literarischen Inhalt, der nicht vermittelt ist, und Literaturwissenschaft beschäftigt sich mit den spezifischen Vermittlungsweisen literarischer Inhalte.

Es gab und gibt verschiedene Ansätze in der Literaturwissenschaft, die sich ausschließlich oder in erster Linie am Text orientieren. Ihnen liegen unterschiedliche, **historisch bedingte Auffassungen von Literatur** zu Grunde, die mit bestimmten theoretischen Vorentscheidungen einhergehen.

1. Werkimmanente Interpretation und Hermeneutik

Die sogenannte **werkimmanente Interpretation** stellt eine überaus einflussreiche literaturwissenschaftliche Richtung dar, die sich in Deutschland nach dem Zweiten Weltkrieg etablierte und bis in die 60er-Jahre hinein die dominierende Schule blieb. Der Name dieser Richtung ist Programm: ‚immanent' kommt vom lat. *immanere* ‚bleiben, anhaften' und bedeutet ‚darin bleibend'; damit ist ausgedrückt, dass die literaturwissenschaftliche Analyse innerhalb des Werks selbst bleibt, d. h. nur den Text selbst in den Blick nimmt. Nachdem sich zahlreiche Vertreter der Germanistik in der Zeit des Nationalsozialismus der völkisch-politischen Vereinnahmung geöffnet und die ‚deutsche' Literatur in den Dienst der herrschenden Blut-und-Boden-Ideologie gestellt hatten, erschien es nun als ein Gebot der Stunde und dazu unverfänglich, den literarischen Text von allen äußeren Faktoren wie der Biografie des Autors oder der Autorin, geschichtlichen, gesellschaftlichen und politischen Verbindungen abzukoppeln und seine ‚**Autonomie**‘, d. h. seine Unabhängigkeit von bedingenden Faktoren und seine Eigengesetzlichkeit, zu begründen. Die Ausblendung ihrer historischen Bedingtheit sollte die Literatur vor künftigem politischen Missbrauch bewahren. So heißt es etwa in Gero von Wilperts (geb. 1933) *Sachwörterbuch der Literatur* in der Ausgabe von 1955 (spätere Auflagen formulieren anders) unter dem Stichwort ‚Interpretation‘ ganz im Geist der Werkimmanenz:

> [...] allg. erklärende Auslegung und Deutung von Schriftwerken nach sprachlichen, inhaltlichen und formalen Gesichtspunkten (Aufbau, Stil, Metrik); bes. e. Methode der modernen →Dichtungswissenschaft, die durch möglichst eindringliche, tiefe Erfassung e. dichter. Textes in seiner Ganzheit als untrennbare Einheit von →Gehalt und →Form rein aus sich heraus – ohne Seitenblicke auf biographisches oder literaturgeschichtliches Wissen – zu e. vertieften Verständnis und voller Einfühlung in die eigenständigen weltschöpferischen Kräfte des Sprachkunstwerks führen, die Dichtung als Dichtung erschließen will.
>
> (von Wilpert: *Sachwörterbuch der Literatur*, S. 246f.)

Interpretation ist zu dieser Zeit also ‚werkimmanent‘, d. h. sie versucht, nur sprachliche, inhaltliche und formale Gesichtspunkte, die dem Text selbst abzulesen sind und die allein seinen Kunstwerkcharakter begründen, zu berücksichtigen. Und tatsächlich sind es nur literarische ‚Kunstwerke‘, ‚Dichtung‘, wie man sagte, die in den Blickpunkt der werkimmanenten Interpretation traten. Nichtfiktionale Texte oder Trivial- und Unterhaltungsliteratur wurden nicht berücksichtigt.

Der bekannteste Vertreter der werkimmanenten Interpretation war der Züricher Literarhistoriker Emil Staiger (1908–1987), der bereits in seinem 1939 erschienenen und 1953 wiederaufgelegten Buch *Die Zeit als Einbildungskraft des Dichters* die Grundlagen des werkimmanenten Ansatzes darlegte. Berühmt und entsprechend häufig zitiert wurde die folgende Aussage:

> Denn was den Literaturhistoriker angeht, ist das Wort des Dichters, das Wort um seiner selbst willen, nichts was irgendwo dahinter, darüber oder darunter liegt. Nach dem Ursprung eines Kunstwerks aus dem Stamm, dem Unbewußten – oder was es auch immer sei – können wir ja dann erst fragen, wenn der unmittelbare künstlerische Eindruck nachgelassen hat. Doch eben dies, was uns der unmittelbare Eindruck aufschließt, ist der Gegenstand literarischer Forschung; daß wir begreifen, was uns ergreift, das ist das eigentliche Ziel aller Literaturwissenschaft.
>
> (Staiger: *Zeit als Einbildungskraft*, S. 13)

„[...] begreifen, was uns ergreift" – aus dieser Formulierung spricht deutlich vernehmbar die geistesgeschichtliche Tradition, in der die werkimmanente Interpretation steht, die **Hermeneutik**. Der Begriff ‚Hermeneutik‘ kommt vom gr. *hermeneuein* ‚auslegen, erklären, übersetzen‘ und bezeichnet die ‚**Kunst der Auslegung**‘. Auch der Name des mythologischen Götterboten Hermes führt auf diesen Wortzusammenhang zurück, erklärt er sich doch aus der Vermittlungs- und Auslegungstätigkeit des Hermes, dessen Aufgabe es war, den Menschen die Botschaften der Götter zu überbringen und sie ihnen zu erläutern. Die Anfänge der Hermeneutik liegen weit zurück: Bereits in der Antike machte man die Erfahrung, dass ältere Texte, z. B. diejenigen Homers und Hesiods (8./7. Jahrhundert v. Chr.), späteren Jahrhunderten nicht mehr ohne weiteres verständlich waren, sondern ausgelegt, erklärt werden mussten. Auch die Bibel ist ein Werk, das wegen seiner vielen Gleichnisse und dunklen Stellen der Erklärung bedurfte und im Mittelalter eine eigene biblische Auslegungstradition entstehen ließ. In diesem Zusammenhang ist besonders die **Lehre vom vierfachen Schriftsinn** anzuführen, derzufolge einem Bibelwort neben seiner wörtlichen Bedeutung (,sensus literalis' oder ,sensus historicus') eine geistliche Bedeutung (,sensus spiritualis') zukommt. Dieser *sensus spiritualis* wiederum ist unterteilt in den ,sensus mysticus' oder ,sensus allegoricus', der das sakramentale Faktum der Kirche bezeichnet, den ,sensus moralis' oder ,sensus tropologicus', der sich auf das Verhalten des Einzelnen bezieht, und den auf die heilsgeschichtliche Zukunft ausgerichteten ,sensus anagogicus'. So bedeutet beispielsweise ,Jerusalem' nach dem *sensus historicus* die Stadt Jerusalem, nach dem *sensus allegoricus* die kirchliche Glaubensgemeinschaft, nach dem *sensus moralis* die Nächstenliebe und nach dem *sensus anagogicus* das himmlische Jerusalem, also das Seelenheil.

Ein wichtiger Name in der neueren Geschichte der Hermeneutik ist Friedrich Schleiermacher (1768–1834). Schleiermacher setzte sich systematisch mit dem **Vorgang des Verstehens** auseinander, und viele spätere Theoretiker bezogen sich auf ihn. Nach Schleiermacher ist ,Hermeneutik' die ,Kunst, die Rede eines anderen zu verstehen'. Ein späterer Vertreter der Hermeneutik, Wilhelm Dilthey (1833–1911), hat auf den grundsätzlichen methodischen **Unterschied zwischen Natur- und Geisteswissenschaften** hingewiesen, der darin bestehe, dass es die Naturwissenschaften mit Fakten zu tun hätten, die erklärt werden müssten, während es in den Geisteswissenschaften auf das Verstehen ankomme (vgl. dazu auch die Ausführungen in Kapitel VI). Dieses Verstehen fasste er als ein ,**Erleben**', das letztlich von einem nichtrationalen Moment getragen ist. Und schließlich hat Hans-Georg Gadamer (1900–2002), der sich aus philosophischer Perspektive mit dem Verstehen auseinandersetzte, in seinem Buch *Wahrheit und Methode* (1960) deutlich gemacht, dass jedes Verstehen Interpretation sei, d. h. „daß die eigenen Gedanken des Interpreten in die Wiedererweckung des Textsinnes immer schon mit eingegangen sind" (S. 365). Vor diesem Hintergrund wird die hermeneutische Dimension von Staigers Formulierung, Gegenstand literarischer Forschung sei es, zu „begreifen, was uns ergreift", offenkundig: ,Begreifen' meint ,verstehen', und begriffen werden soll das ,was uns ergreift', also jene irrationale Erfahrung, das subjektive Erlebnis des Ästhetischen in der Begegnung mit dem Kunstwerk. Es sind also zwei Momente, die den hermeneutischen Verstehensakt bestimmen: das emotionale ,Ergriffensein' und das rationale Begreifen. Während ersteres den Abstand zwischen Subjekt und Objekt, interpretierender Instanz und Text, überbrückt, stellt letzteres diesen Abstand immer wieder her. Dabei verändern sich aber beide durch die Wechselbeziehung, in der sie stehen, das Subjekt durch die ästhetische Erfahrung, das Objekt des Textes durch den subjektiven Zugriff. Das hermeneutische Verstehenskonzept ist also dadurch gekennzeichnet, dass gefühlsmäßige Kunsterfahrung und rational-wissenschaftliche Durchdringung ständig aufeinander bezogen und aneinander relativiert werden.

Textauslegung im Sinne der Hermeneutik ist also ein dynamischer Prozess, dem die Struktur des sog. **hermeneutischen Zirkels** zugrunde liegt. Festgestellt wurde dieser Zirkel als problematisches Verhältnis von Einzelnem und Ganzem schon vor Schleiermacher, aber erst Schleiermacher hat sich systematisch mit ihm auseinandergesetzt. Das zu interpretierende Werk wird als Einzelnes begriffen, das indessen nur vor dem Hintergrund aller anderen Werke des Autors, aber auch der literarischen Produktion seiner Zeit verstanden werden kann. Der Horizont des Ganzen stellt den Interpretationsrahmen für das Einzelne dar, das seinerseits wieder zum Verständnis des Ganzen beiträgt. *„Der Sprachschatz und die Geschichte des Zeitalters eines Verfassers verhalten sich wie das Ganze, aus welchem seine Schriften als das Einzelne müssen verstanden werden, und jenes wieder aus ihm",* heißt es in *Hermeneutik und Kritik*, Schleiermachers hermeneutischer Hauptschrift von 1838 (S. 95).

Der hermeneutische Zirkel kann zwischen ganz unterschiedlichen Größen beobachtet werden, zwischen Einzelwerk und Gesamtwerk eines Autors oder einer Autorin, zwischen Einzelwerk und gesamter Literaturproduktion einer Zeit, zwischen einem einzelnen Vertreter einer Gattung, etwa des Romans, und der ganzen Gattungsgeschichte etc. Stets bestimmt das Einzelne das Ganze und umgekehrt. Der hermeneutische Zirkel vollzieht sich aber auch zwischen Text und Interpret/in, zwischen erkennendem Subjekt und zu erkennendem Objekt. Ausgangspunkt ist die, wie es Staiger ausdrücken würde, ‚Ergriffenheit' des Subjekts durch das literarische Kunstwerk und dabei spielen die individuellen Voraussetzungen (Veranlagung, Vorbildung, Erwartung etc.) zweifellos eine große Rolle. Sie leiten die Wahrnehmung des Textobjekts, wobei der erste Eindruck vom Text bei genauerer Analyse entweder bestätigt oder auch korrigiert wird. Auf diese Weise wirkt der Text auf das interpretierende Subjekt zurück, das sich nun mit einem differenzierteren Blick dem Objekt des Textes zuwenden kann usw. Streng genommen ist der hermeneutische Zirkel gar kein Zirkel, sondern eine Spirale, deren Drehungen idealerweise immer kleiner werden, weil Interpretation und Text einander immer näher kommen, sich aber nie treffen, da der Prozess der Annäherung ein unabschließbarer ist. Zwar stellt die Hermeneutik den geistesgeschichtlichen Hintergrund der werkimmanenten Interpretation dar, jedoch verweist die Struktur des hermeneutischen Zirkels darauf, dass immer schon außertextuelle Vorannahmen in die Interpretation eingehen, Werkimmanenz in Reinform also nicht zu verwirklichen ist.

Dass von außerhalb des Textes kommende Wissen, wie z. B. Sprach- und Kulturgeschichte, für die Interpretation eines Werkes von Bedeutung sein kann, erkannten die Vertreter der werkimmanenten Interpretation durchaus selbst. Allerdings sahen sie darin eher eine Vorstufe für das ‚eigentliche' Geschäft der Interpretation. Die **Interpretation** selbst ist ein komplexes Verfahren, denn sie muss alle Elemente des Texts in den Blick nehmen und formale und inhaltliche Phänomene, ‚Gehalt' und ‚Gestalt', wie es in der Sprache der Zeit hieß, aufeinander beziehen. Man ging davon aus, dass sich im wahren Kunstwerk alles zu einem vollkommenen Ganzen füge. „Kunstgebilde sind vollkommen, wenn sie stilistisch einstimmig sind", schreibt Staiger in seinem Hauptwerk *Die Kunst der Interpretation* von 1955 (S. 14). Die werkimmanente Interpretation verfolgt also nicht ein einzelnes Motiv oder einen bestimmten Aspekt, sondern arbeitet den ästhetischen Gesamtzusammenhang eines literarischen Werks heraus. Alle anderen Fragestellungen erscheinen als sekundär. Grundlage des immanenten Interpretationsverfahrens und Basis seiner Wissenschaftlichkeit ist die genaue Beschreibung der Textphänomene als kontrollierendes Gegengewicht zur interpretierenden Subjektivität.

Der bekannteste Vertreter der werkimmanenten Interpretation neben Staiger ist Wolfgang Kayser (1906–1960), dessen erstmals 1948 erschienenes Buch *Das sprachliche Kunstwerk* Generationen von Studierenden der Nachkriegszeit als Einführung in die Literaturwissenschaft diente. Während Staigers Ansatz stärker von der interpretierenden Subjektivität bestimmt ist, legt Kayser vermehrt Wert auf die **Objektivierung**, d. h. den rationalen Nachvollzug des interpretatorischen Verfahrens. Jedoch wird bereits im Vorwort von *Das sprachliche Kunstwerk* der werkimmanente Ansatz greifbar:

> Eine Dichtung lebt und entsteht nicht als Abglanz von irgend etwas anderem, sondern als in sich geschlossenes sprachliches Gefüge. Das dringendste Anliegen der Forschung sollte demnach sein, die schaffenden sprachlichen Kräfte zu bestimmen, ihr Zusammenwirken zu verstehen und die Ganzheit des einzelnen Werkes durchsichtig zu machen.
>
> (Kayser: *Das sprachliche Kunstwerk*, S. 5)

In Misskredit geriet die werkimmanente Interpretation in den 60er-Jahren, insbesondere während der Zeit der 68er Studentenbewegung, als eine verstärkt politisch argumentierende Generation forderte, den gesellschaftlichen und politischen Bedingungen der Literatur Rechnung zu tragen. In der Literaturwissenschaft führte dies u.a. zur Ausbildung sozialwissenschaftlicher Deutungsansätze (vgl. Kap. V). Auch wenn die Zeit der werkimmanenten Interpretation mittlerweile ein halbes Jahrhundert zurückliegt und als historische Epoche begriffen werden muss, so hat sie doch das Selbstverständnis und die Methodik der Literaturwissenschaft bis heute nachhaltig geprägt. Die Vorstellung, dass das literarische Werk als weitgehend losgelöst von geschichtlichen und kulturellen Zusammenhängen zu betrachten sei, wird heute nicht mehr geteilt; vielmehr werden die vielfältigen Verflechtungen der Literatur mit außerliterarischen Bereichen wahrgenommen (vgl. insbes. Kap. VIII). Der Anspruch, dem Text selbst und seiner Erscheinungsform in der literaturwissenschaftlichen Analyse vordringliche Aufmerksamkeit zu widmen, gilt jedoch nach wie vor. Die genaue Erfassung dessen, was im Text steht und wie es sich vermittelt, gehört wie am Beginn dieses Kapitels vermerkt zu den grundlegenden philologischen Fähig- und Fertigkeiten, die unabhängig davon, welcher methodische Ansatz oder welche erkenntnisleitende Fragestellung verfolgt wird, die literaturwissenschaftliche Arbeit bestimmen.

2. Andere werkimmanente Verfahren: New Criticism, Explication de texte, Formalismus

Auch in anderen Ländern wurden mehr oder weniger zeitgleich literaturwissenschaftliche Ansätze und Verfahrensweisen entwickelt, die sich vornehmlich auf den ‚Text selbst‘ beziehen. Zwischen ihnen und der werkimmanenten Interpretation gibt es eine Reihe von Gemeinsamkeiten, aber selbstverständlich auch Unterschiede. In diesem Zusammenhang ist der amerikanische **New Criticism** zu nennen, der, nach ersten Ansätzen in den 30er- und 40er-Jahren, bis in die 60er-Jahre des 20. Jahrhunderts hinein die maßgebliche literaturwissenschaftliche Richtung im anglo-amerikanischen Bereich war. Die Vertreter des New Criticism bilden keine geschlossene Schule, teilen aber die Auffassung von der Eigengesetzlichkeit der Literatur und versuchen, die vermeintlich objektive Textstruktur von der subjektiven Rezeption zu trennen. Grundlegend für den New Criticism ist die Auffassung von der Vielschichtigkeit und Mehrdeutigkeit eines literarischen Textes, die durch sog. *Close reading* (genaues, textnahes Lesen) nachvollzogen werden.

In Frankreich kam es zur Ausbildung der sogenannten **Explication de texte**, die zwischen 1930 und 1960 tonangebend war. Auch hier steht die Autonomie des Einzeltextes und dessen genaue stilistische Erfassung im Mittelpunkt. Allerdings wird – im Vergleich mit der werkimmanenten Tradition – dem Verstehensprozess weniger Aufmerksamkeit geschenkt; die Ergebnisse der Stilanalyse werden als individueller Ausdruck des Autors/der Autorin objektiviert.

Weiter anzuführen ist der **Russische Formalismus**, dessen Blütezeit in die Jahre 1915 bis 1930 fiel. Zu den Hauptvertretern zählen Boris M. Ějchenbaum (1886–1959), Viktor B. Šklovskij (1893–1984), Jurij N. Tynjanov (1894–1943) und Roman Jakobson (1896–1982). Kennzeichnend für den Russischen Formalismus, der unter der stalinistischen Diktatur bekämpft wurde, ist die Orientierung auf die Sprache; der poetische Text wird als sprachliches Kunstwerk betrachtet. Deshalb arbeiteten in den formalistischen Kreisen, die sich in Moskau und St. Petersburg bildeten, Linguisten und Literaturwissenschaftler eng zusammen. Es ging ihnen vor allem darum, das ‚Wesen‘ der poetischen Sprache von nicht-poetischer Sprache zu unterscheiden und die Bedingungen ihrer ‚Evolution‘ zu bestimmen. Ein wesentlicher Unterschied zur werkimmanenten Interpretation, aber auch zum New Criticism und zur Explication de texte, besteht darin, dass im Russischen Formalismus nicht das einzelne literarische Werk im Mittelpunkt steht, sondern, abstrakter und genereller, **die poetische Sprache** an sich, die für die ‚**Literarizität**‘ eines Textes, d. h. für seine spezifisch literarische Verfasstheit verantwortlich ist. Dazu zählen Klang, Vers, Rhythmus, aber auch die von Šklovskij in seinem 1916 veröffentlichten Aufsatz *Die Kunst als Verfahren* beschriebenen Techniken der **Verfremdung** oder der **Desautomatisierung**. Šklovskij führt aus:

> Wenn wir uns über die allgemeinen Gesetze der Wahrnehmung klar werden, dann sehen wir, daß Handlungen, wenn man sich an sie gewöhnt hat, automatisch werden. So geraten z.B. alle unsere Angewohnheiten in den Bereich des Unbewußt-Automatischen; [...] Und gerade um das Empfinden des Lebens wiederherzustellen, um die Dinge zu fühlen, um den Stein steinern zu machen, existiert das, was man Kunst nennt. Ziel der Kunst ist es, ein Empfinden des Gegenstandes zu vermitteln, als Sehen, und nicht als Wiedererkennen; das Verfahren der Kunst ist das Verfahren der „Verfremdung“ der Dinge und das Verfahren der erschwerten Form, ein Verfahren, das die Schwierigkeit und Länge der Wahrnehmung steigert, denn der Wahrnehmungsprozeß ist in der Kunst Selbstzweck und muß verlängert werden; die Kunst ist ein Mittel, das Machen einer Sache zu erleben; das Gemachte hingegen ist in der Kunst unwichtig.
>
> (Šklovskij: *Kunst als Verfahren*, S. 15).

Die zitierte Passage bringt das Textverständnis der Formalisten auf anschauliche Weise zum Ausdruck: Während in der geistesgeschichtlich-hermeneutischen Tradition das literarische Kunstwerk aus heutiger Perspektive betrachtet gelegentlich mit einer etwas weihevollen Aura umgeben wurde, spricht der Formalismus pragmatischer davon, dass literarische Kunstwerke ‚gemacht‘ sind und das Produkt genau beschreibbarer formaler Verfahren darstellen. Der Autor erscheint in der Sicht des Formalismus, der im Westen erst in den 50er/60er-Jahren rezipiert wurde, daher nicht als ‚Schöpfer‘, sondern als Konstrukteur.

3. Strukturalismus

Viele der formalistischen Betrachtungsweisen setzten sich im Strukturalismus fort. Es ist kein Zufall, dass es zwischen Formalismus und Strukturalismus auch personelle Kontinuitäten gibt. So entwickelte sich der russische Linguist und Philologe Roman Jakobson, der bereits dem Moskauer Linguistik-Zirkel angehört hatte, seit den 1920er-Jahren auf der Grundlage formalistischer Theorieansätze zu einem Hauptvertreter des Strukturalismus. Sowohl für die Formalisten als auch für die Strukturalisten liefert der Genfer Linguist Ferdinand de Saussure (1857–1913) die maßgebliche theoretische Vorgabe. In seinem aus Vorlesungsmitschriften von Schülern rekonstruierten Hauptwerk *Grundfragen der allgemeinen Sprachwissenschaft (Cours de linguistique générale)* (1916) unterscheidet de Saussure grundsätzlich zwischen diachroner, d.h. die historische Entwicklung der Sprache verfolgender, und synchroner, auf den zu einem bestimmten Zeitpunkt gegebenen Sprachzustand bezogener Sprachbetrachtung. Außerdem führte er eine weitere grundlegende Unterscheidung ein, diejenige zwischen *langue* und *parole*. ‚Langue' meint das abstrakte Regelsystem der Sprache, während ‚parole' die individuelle, konkrete Redeäußerung bezeichnet. Der Blick auf das System der Sprache, die ‚langue', weist darauf hin, dass de Saussure wie auch der Strukturalismus, der sich auf ihn beruft, vom Systemgedanken her argumentiert. Das bedeutet, dass die Sprache ebenso wie die Kultur, aber auch ein einzelner Text als ein System begriffen werden, das einzelne Elemente in ihrem Verhältnis zueinander und zum Ganzen korreliert. Systeme funktionieren nach bestimmten Regeln und Gesetzmäßigkeiten, die es zu ergründen gilt. Strukturalistische Textanalyse ist funktionalistisch orientiert, d. h. sie fragt nach der Funktion eines Elements im Gesamtzusammenhang des Systems bzw. der Struktur. Damit ist bereits ausgedrückt, dass für den Strukturalismus als literaturwissenschaftliche Analysemethode nicht etwa die sich im Text ausdrückende Individualität des Autors von Bedeutung ist, sondern der Text als **Struktur**. Grundlegend für das strukturalistische Denken ist die Auffassung, dass Bedeutung Texten nicht wesenhaft oder substanziell innewohnt, sondern dass sie erst in der Verbindung, d. h. im Zusammenwirken der Textelemente entsteht.

Ein Text besteht aus **Zeichen**. Ferdinand de Saussure hat das sprachliche Zeichen als Verbindung zweier Bestandteile definiert, des Bezeichnenden, auch **Signifikant (*signifiant*)** genannt, und des Bezeichneten, des **Signifikats (*signifié*)**. Der Signifikant ist ein Lautbild, etwa ‚Baum' oder ‚arbor', das Signifikat eine Vorstellung, eben die Vorstellung des Objekts ‚Baum', die das Lautbild ‚Baum' bzw. ‚arbor' in uns hervorruft. De Saussures *Cours de linguistique générale* verbildlicht die Zeichenrelation folgendermaßen

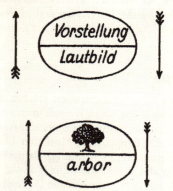

De Saussure stellt zwei Grundsätze des sprachlichen Zeichens auf: Der erste Grundsatz ist die **„Beliebigkeit des Zeichens"**. Er besagt, dass die Vorstellung ‚Baum' durch keinerlei innere Verbindung mit der Lautfolge ‚Baum' verknüpft ist, die ihr als Bezeichnung dient. Als Beweis für diese Behauptung führt de Saussure die Verschiedenheit der Sprachen an: Die alten Römer sagten ‚arbor', die Deutschen sagen ‚Baum‘, die Franzosen ‚arbre‘ und die Engländer ‚tree‘. Daraus folgt, dass die Verbindung zwischen Signifikant und Signifikat arbiträr ist und allein durch Konventionen geregelt wird. Daher spricht man auch von der ‚**Konventionalität‘ des sprachlichen Zeichens**. Der Grundsatz von der Beliebigkeit des sprachlichen Zeichens besagt nicht, dass die Bezeichnung von der freien Wahl der sprechenden Person abhinge. Der zweite de Saussure'sche Grundsatz hält den „lineare[n] Charakter des Zeichens" fest. Dazu heißt es im *Cours*: „Das Bezeichnende, als etwas Hörbares, verläuft ausschließlich in der Zeit und hat Eigenschaften, die von der Zeit bestimmt sind: a) *es stellt eine Ausdehnung* dar, und b) *diese Ausdehnung ist messbar in einer einzigen Dimension:* es ist eine Linie" (S. 82). Der Grundsatz von der **Linearität des sprachlichen Zeichens** ist wichtig, weil er vor Augen führt, dass sich jeder einzelne Lautgebungsakt nur durch Unterscheidung von dem ihm vorausgehenden und dem ihm nachfolgenden bestimmt. Für das strukturalistische Sprach- und Textverständnis ist dieser Gedanke von zentraler Bedeutung, weil eben nicht davon ausgegangen wird, dass Texte vorausgesetzte Bedeutungen, etwa einer Autorintention, wiedergeben, sondern dass Textbedeutung erst im Prozess der Zeichensetzung entsteht. Oder noch einmal anders ausgedrückt: Das sprachliche Zeichen, das in der Verbindung von Signifikant und Signifikat besteht, wird nur dadurch bedeutend, dass es einen bestimmten Signifikanten mit einem bestimmten Signifikat zusammenfügt und sich eben darin von den anderen Zeichen unterscheidet. Seine Bedeutung liegt nicht in ihm selbst, sondern in der Unterscheidung von den anderen Zeichen. Dieser Sachverhalt wird als ‚**Differenzialität‘ des Zeichens** beschrieben. Das sprachliche Zeichen bestimmt sich nach de Saussure also nicht durch seinen Bezug auf den externen Gegenstand, seine Referenz, sondern allein durch seine relative Position im System der Zeichen. Wie im Schachspiel die Figuren ihre Bedeutung oder ihren Wert nicht in sich tragen, sondern erst über die Unterscheidung von einander erhalten (der Bauer hat eine andere Bedeutung im Spiel als der König, dieser unterscheidet sich in seinem Spielwert von der Dame etc.), erhält auch das sprachliche Zeichen seine Bedeutung erst im Wechselspiel mit den anderen sprachlichen Zeichen. De Saussures Zeichenverständnis ist für die Literaturwissenschaft deshalb grundlegend geworden, weil sich mit seiner Hilfe die Mehrdeutigkeit literarischer Texte erklären lässt: Wenn es keinen determinierten Zusammenhang zwischen Signifikant und Signifikat gibt, kann sich die Bedeutung eines Zeichens ändern, je nachdem in welchen historischen oder kontextuellen Bezügen es steht.

Der literaturwissenschaftliche Strukturalismus kann als eine Spielart ahistorischen, werkimmanenten Textverstehens betrachtet werden, insofern als keine außertextuellen Informationen für die Analyse herangezogen werden. Vielmehr versuchen strukturalistische Textanalytiker in Anlehnung an die formalisierten Beschreibungsverfahren der Naturwissenschaften mit größtmöglicher Exaktheit und ‚Objektivität‘ vorzugehen. Roman Jakobson beispielsweise hat vom „Doppelcharakter der Sprache" gesprochen und versucht, diesen Doppelcharakter mittels zweier Operationen, nämlich **Selektion und Kombination** zu beschreiben. Damit

PIG AND PEPPER

haven't been invited yet.'
'You'll see me there,' said the Cat, and vanished.
Alice was not much surprised at this, she was getting so used to queer things happening. While she was looking at the place where it had been, it suddenly appeared again.
'By-the-bye, what became of the baby?' said the Cat. 'I'd nearly forgotten to ask.'
'It turned into a pig.' Alice quietly said, just as if it had come back in a natural way.

– 89 –

Seite aus Lewis Carroll:
Alice's Adventures in Wonderland (1865)

ist das Folgende gemeint: Der Sprecher/die Sprecherin wählt zwischen verschiedenen linguistischen Größen, z. B. Lauten oder Wörtern, aus und kombiniert die ausgewählten Elemente zu linguistischen Einheiten von höherem Komplexionsgrad. Am Beispiel eines Zitats aus Lewis Carrolls (1832–1898) *Alices Abenteuer im Wunderland (Alice's Adventures in Wonderland)* (1865) erläutert er das Prinzip: „‚Hast du ‚pig' oder ‚fig' gesagt?' fragte die Katze. ‚Ich habe *pig* gesagt', antwortete Alice" (zit. n. Jakobson, *Doppelcharakter,* S. 164). Der Unterschied – und hier werden wir daran erinnert, dass im Strukturalismus die **Unterscheidungen** wichtig sind – zwischen dem Verschlusslaut p und dem Reibelaut f verändert in dem gemeinsamen Code, der Alice und die Katze verbindet, also der englischen Umgangssprache, die Bedeutung der Mitteilung in ganz grundsätzlicher Weise. Doch hat sich Alice in ihrer Entscheidung für den Verschlusslaut p nicht nur gegen den Reibelaut f entschieden, sie hat dabei noch eine Reihe weiterer Entscheidungen getroffen, beispielsweise hat sie sich für das gespannte Merkmal von p gegen das ungespannte Merkmal von b entschieden.

Jedes tatsächlich ausgewählte Phonem stellt also ein ganzes Bündel selektierter Merkmale dar. So wird in Alices Äußerung das Phonem p mit den Phonemen i und g kombiniert, die ihrerseits jeweils wieder ein Bündel ausgewählter Merkmale bilden. Was hier auf der Grundlage der Phoneme, die sich zu einem Wort verbinden, beschrieben wurde, lässt sich gleichermaßen in Bezug auf das Verhältnis von Wörtern und Satz darstellen. Bei der Bildung von Sätzen wählen wir unter einer Vielzahl gleich-, ähnlich- oder andersbedeutender Wörter diejenigen aus, die mit anderen, ebenfalls ausgewählten Wörtern, zu einem Satz verbunden werden. „Somit sind das Zusammenwirken von simultanen Einheiten und die Verkettung der nacheinanderfolgenden Einheiten die zwei Wege, die wir als Sprecher bei der Kombination sprachlicher Bestandteile beschreiten", schreibt Jakobson in seiner Abhandlung über den *Doppelcharakter der Sprache* (S. 164). Der Akt der Kombination bewirkt **Kontextbildung**, insofern als jede sprachliche Einheit zum Kontext für einfachere Einheiten wird bzw. ihren eigenen Kontext in einer übergeordneten sprachlichen Einheit findet. Der Akt der Selektion hingegen ist durch **Substitution** bestimmt, weil jede Möglichkeit der Entscheidung prinzipiell für eine andere eingesetzt werden kann, die ihr in einer Hinsicht gleichwertig, in einer anderen Hinsicht ungleichwertig ist.

Die sprachlichen Operationen der Selektion/Substitution und Kombination/ Kontextbildung hat Jakobson mit der **Metapher**nbildung und der Bildung von **Metonymie**n in Zusammenhang gebracht. In diesem Kontext führt er die Begriffe ‚**Similarität**' (Ähnlichkeit) und ‚**Kontiguität**' (Berührung) ein. Die Metapher stellt ja, wie im Kapitel zur Stilanalyse ausgeführt, eine Bedeutungsübertragung aufgrund von Ähnlichkeiten dar. Die ältere Metaphernforschung hat davon gesprochen, dass der ‚eigentliche' Ausdruck durch einen ‚nichteigentlichen' Ausdruck substituiert wird. (Heute geht man nicht mehr davon aus, dass es ‚eigentliche' Bedeutungen gibt, man ist vielmehr der Meinung, dass erst der situative Kontext Bedeutungen festlegt.) Wenn z. B. ein Kamel als ‚Wüstenschiff' bezeichnet wird, hat sowohl eine Selektion als auch eine Substitution stattgefunden: Der Sprecher/die Sprecherin hat das Wort ‚Wüstenschiff' aus einer Vielzahl von ähnlichen Wörtern ausgewählt (selektiert) und durch eben diese Auswahl das Wort ‚Kamel' ersetzt (substituiert). Die Metonymie ist ebenfalls eine Bedeutungsübertragung; sie kommt jedoch nicht durch semantische Ähnlichkeit, sondern durch einen engen sachlichen Zusammenhang (Kontext) bzw. Kontiguität zweier Dinge oder Erscheinungen zustande. Wenn jemand sagt, „Lass uns noch ein Gläschen Wein miteinander trinken", wird die Flüssigkeit im Glas aufgrund der sachlichen Berührung von Glas und Wein durch das Glas ersetzt. Das Moment des Metonymischen wird nun auf die Syntaxbildung übertragen. In der Formulierung ‚ein Gläschen Wein trinken' fallen Kombination und Kontextbildung (Kontiguität) in eins: ‚ein Gläschen Wein' und ‚trinken' werden syntaktisch kombiniert und bilden in der Kombination einen übergeordneten Kontext.

Wüsten-Schiff

A.E.

Warum sind diese Beobachtungen für die Literaturwissenschaft relevant? Jakobson stellt selbst einen Bezug zur Dichtung her, wenn er schreibt, dass in der Dichtung die **Wechselbeziehung zwischen Similarität und Kontiguität** in besonderer Weise zum Ausdruck komme. So sei in der Romantik und im Symbolismus ein Primat des metaphorischen Prozesses, im Realismus hingegen eine Dominanz der Metonymie festzustellen. Dabei setzt er Metonymie (Bedeutungsübertragung aufgrund eines Sachzusammenhangs) und **Synekdoche** (Pars pro toto/Ersetzung eines engeren durch einen weiteren Begriff und umgekehrt) gleich. Als Beispiel führt er die große Aufmerksamkeit an, die der Erzähler in Lev N. Tolstojs (1828–1910) Roman *Anna Karenina* (1875–1877/1878) der Handtasche der Titelheldin als Pars pro toto für diese selbst widmet. Auch der filmischen Bildmontage spricht Jakobson einen Hang zur Synekdoche zu, eine These, die sich am Beispiel des von dem russischen Regisseur Sergej M. Ejzenštejn (1898–1948) gedrehten Films *Panzerkreuzer Potemkin* (1925) belegen lässt. Der Film, der von einem im Jahr 1905 gegen die zaristische Obrigkeit auf dem Panzerkreuzer ausbrechenden Aufstand erzählt, inszeniert die immer wieder ins Bild gerückte Kanone des Panzerkreuzers als Pars pro toto für diesen selbst, aber auch für das ihm innewohnende revolutionäre Potenzial. Bei jedem symbolischen Prozess, schreibt Jakobson, komme es zu einer gewissen Rivalität zwischen metonymischen und metaphorischen Prozessen. In *Linguistik und Poetik* hat Jakobson diese Überlegungen dahingehend weiter geführt, dass er als wesentliches Merkmal der **poetischen Sprachfunktion** (im Unterschied zu nicht-poetischem Sprechen) die Projektion des Äquivalenzprinzips, das den Prozess der Selektion und Substitution bestimmt, auf die Achse der Kombination beschreibt.

> Die Selektion vollzieht sich auf der Grundlage der Äquivalenz, der Ähnlichkeit und Unähnlichkeit, der Synonymie und Antinomie, während der Aufbau der Sequenz auf Kontiguität basiert. *Die poetische Funktion projiziert das Prinzip der Äquivalenz von der Achse der Selektion auf die Achse der Kombination.*
>
> (Jakobson: *Linguistik und Poetik*, S. 94)

Man spricht in diesem Zusammenhang auch von der Projektion des **Paradigma**s, also der Äquivalenzklassen, auf das **Syntagma**, das Satz- oder Textgefüge. Um nur eines von Jakobsons Beispielen anzuführen, sei hier der erste Vers der Schlussstrophe von Edgar Allen Poes (1809–1849) Gedicht *The Raven* (1845) zitiert:

> And the Raven, never flitting, still is sitting, *still* is sitting

‚To flit' (flitzen, huschen, flattern) und ‚to sit' gehören einer Äquivalenzklasse an, auch und gerade weil sie durch einen semantischen Gegensatz miteinander verbunden sind. Aufgrund ihrer Stellungsgleichheit und semantischen Similarität könnten sie einander substituieren, in Poes Verszeile aber bilden sie einen kombinatorisch-syntaktischen Zusammenhang. Auch ‚still' und ‚sitting' gehören einem semantischen Paradigma, dem der Bewegungslosigkeit, an, stehen aber im zitierten Vers syntagmatisch nebeneinander. Schließlich wäre noch anzumerken, dass ‚flitting', ‚still' und ‚sitting' – die beiden letztgenannten Wörter werden auch noch wiederholt – einem gemeinsamen lautlichen Paradigma angehören: dem Paradigma, das durch den hellen i-Vokal gebildet wird. Als Kennzeichen der dichterischen Sprache bewirkt die *Projektion des Paradigmas auf das Syntagma* auch, dass „jede Metonymie leicht metaphorisch und jede Metapher leicht metonymisch gefärbt" (Jakobson: *Linguistik und Poetik*, S. 110) ist.

Folgendes Schema soll die – zugegebenermaßen etwas komplizierten – Zusammenhänge des Jakobson'schen Ansatzes nochmals verbildlichen (die aus ihren jeweiligen Äquivalenzklassen selektierten und kombinierten Wörter sind fett unterlegt):

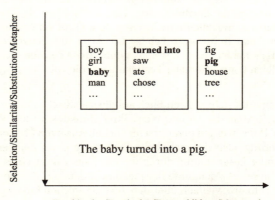

In Zusammenarbeit mit Claude Lévi-Strauss (geb. 1908), dem Begründer der strukturalen Anthropologie und Ethnologie, veröffentlichte Roman Jakobson im Jahr 1962 eine berühmt gewordene strukturalistische Analyse von Charles Baudelaires (1821–1867) Gedicht *Les Chats*, das, im März 1840 geschrieben, 1847 in der Zeitschrift *Le Corsaire* erstmals veröffentlicht wurde. Es handelt sich bei dieser Analyse um eine überaus differenzierte formale linguistische, grammatische und rhetorische Zergliederung des Gedichts, dessen innere Gesetzlichkeiten Lévi-Strauss und Jakobson freizulegen suchen. Die Analyse geht bis in lautliche Details hinein, die mit einigermaßen diffizilen semantischen und syntaktischen Beobachtungen in Zusammenhang gebracht werden. Theoriegemäß werden u. a. metaphorische und metonymische Beziehungen ins Verhältnis gesetzt und dabei einer wechselseitigen Relativierung zugeführt. Nach der Lektüre dieser Analyse fragt man sich freilich, ob das Ergebnis den Aufwand tatsächlich rechtfertigt; als Exempel einer strukturalistischen Modellanalyse, die, wie die beiden Verfasser schreiben, „dem Gedicht den Charakter eines absoluten Gegenstandes" (Jakobson/Lévi-Strauss, *Les Chats*, S. 196) verleiht, ist sie zweifellos aufschlussreich.

Auf strukturalistischer Grundlage entwickelte sich auch die **Semiotik**, die Wissenschaft von den Zeichen, die sich prinzipiell allen Bereichen kultureller Zeichenverwendung widmet. Dabei kommen auch andere Zeichenkonzepte als das de Saussure'sche, teils in Verbindung mit ihm, teils in Konkurrenz, zum Einsatz. Zu nennen ist in diesem Zusammenhang die dreifache Zeichenbeziehung nach Charles Sanders Peirce (1839–1914), die Repräsentamen (das konkrete Zeichen), Interpretant (Zeichenbedeutung im Bewusstsein des Interpreten) und Referent (das Objekt der Bezugnahme) unterscheidet. Außerdem differenziert Peirce drei Formen des zeichenhaften Objektbezugs, auf die auch in der Literaturwissenschaft immer wieder Bezug genommen wird: Das **ikonische Zeichen** (Ikon) bildet im weitesten Sinne ab, wenngleich nicht ‚wirklichkeitsgetreu‘, so doch hinsichtlich mindestens einer wiedererkennbaren Eigenschaft. Das Verkehrsschild, auf dem eine Bahnschranke abgebildet ist, wäre ein solches ikonisches Zeichen. Dagegen operiert das **indexikalische Zeichen** (Index) auf der Grundlage von Kausalbeziehungen: Rauch indiziert Feuer, d. h. lässt auf Feuer schließen. Und schließlich unterscheidet Peirce noch das **symbolische Zeichen** (Symbol), das nur auf der Grundlage konventioneller Festlegungen (die rote Rose steht für Liebe) funktioniert.

Die **Literatursemiotik** richtet ihren Blick auf die spezifische Zeichenverwendung in literarischen Texten, die Art und Weise ihrer Sinnkonstitution, Rezeption und Interpretation. Dabei werden in unterschiedlichen Ansätzen Phänomene wie z. B. Mehrfachkodierung, also die mehrfache Bedeutung eines Zeichens oder einer Zeichenfolge, oder Leserlenkung durch die Zeichenstruktur eines Textes untersucht. Gerade dieses letztgenannte Beispiel macht deutlich, dass die literaturwissenschaftliche Semiotik vielfach über den Text als solchen hinausgeht und nach den Verbindungen zu anderen zeichenhaft organisierten Bereichen fragt bzw. auch den Zeichen entschlüsselnden konkreten Leser oder die Leserin als literarische Instanz berücksichtigt.

So sehr der Strukturalismus im Zeichen wissenschaftlicher Exaktheit und Objektivierbarkeit angetreten war, so sehr musste er sich bald hinsichtlich seines Selbstanspruches kritisch befragen lassen. Neben dem Vorwurf, der strukturalistische Ansatz vernachlässige konkrete geschichtliche Gegebenheiten zugunsten des abstrakten System- oder Strukturcharakters, hat man auch auf den ‚blinden Fleck‘ hingewiesen, dem der strukturalistische Blick verhaftet ist, indem er nicht hinter die eigenen Kategorienbildungen zurückgehen kann. D. h. die Unterscheidungen, die er vornimmt, werden als selbstverständlich gesetzt, weil sie derselben kulturellen Ordnung entstammen, die den Strukturalismus selbst hervorgebracht hat. Die Kategorien und Unterscheidungen, die zum Einsatz kommen, werden nicht hinsichtlich ihrer geschichtlichen, ideologischen oder wissenschaftlichen Bedingtheit kritisch reflektiert. Von daher hat man die Frage gestellt, ob die Strukturen, die der Strukturalismus analysiert, tatsächlich in den Phänomenen selbst liegen oder nicht vielmehr ein Produkt der **strukturalistischen Tätigkeit** sind. Diese Problematik des strukturalistischen Ansatzes kommt etwa in Gérard Genettes (geb. 1930) Aufsatz *Strukturalismus und Literaturwissenschaft* zum Ausdruck:

Gewiß ist der Strukturalismus apriori berechtigt, Strukturen überall da zu studieren, wo er welche antrifft. Aber erstens sind Strukturen bei weitem keine Zufallsbewegungen, sondern Systeme von latenten Beziehungen, eher Konzepte als Apperzeptionen, die die Analyse in dem Maße konstruiert, wie sie sie freilegt, und mitunter in der Meinung, sie entdecke sie, auch zu erfinden versucht ist.
(Genette: *Strukturalismus und Literaturwissenschaft*, S. 77)

Die ‚Struktur' des Strukturalismus ist also ein höchst ambivalentes Gebilde zwischen Konzept und Apperzeption, d.h. zwischen analytischer Konstruktion und erfassender Objektwahrnehmung, die, so haben Strukturalisten dies selbst gesehen, im produktiven Sinne ein unauflösliches Wechselverhältnis begründen. Der französische Literaturtheoretiker und Semiotiker Roland Barthes (1915–1980), der selbst mit seinen frühen Schriften dem strukturalistischen Ansatz verhaftet ist, hat die Struktur des Objekts als ein ‚Simulacrum' des Objekts bezeichnet, also als ein (durchaus positiv zu bewertendes) Trugbild, das etwas im Objekt zur Anschauung bringen kann.

4. Poststrukturalismus/Dekonstruktion

In der Kritik am Strukturalismus kündigt sich bereits der Poststrukturalismus an, eine Sammelbezeichnung für verschiedene Strömungen, denen gemeinsam ist, dass sie sich zeitlich ‚nach' dem und auf der Grundlage des Strukturalismus herausgebildet haben, auch wenn sie den Strukturalismus kritisieren. Zu ihnen gehören sowohl textbezogene Denkansätze wie die Dekonstruktion als auch textübergreifende Ansätze wie die Diskursanalyse oder die Cultural Studies, die im VIII. Kapitel *Text, Kultur, Medien* besprochen werden. Der bereits genannte französische Literaturtheoretiker und Semiologe Roland Barthes wird üblicherweise als eine Übergangsfigur zwischen Strukturalismus und Poststrukturalismus betrachtet. Ein dezidiert poststrukturalistisches Textverständnis formuliert er in *Die Lust am Text* (*Le Plaisir du Texte*) von 1973:

Text heißt *Gewebe*; aber während man dieses Gewebe bisher immer als ein Produkt, einen fertigen Schleier aufgefaßt hat, hinter dem sich, mehr oder weniger verborgen, der Sinn (die Wahrheit) aufhält, betonen wir jetzt bei dem Gewebe die generative Vorstellung, daß der Text durch ein ständiges Flechten entsteht und sich selbst bearbeitet; in diesem Gewebe – dieser Textur – verloren, löst sich das Subjekt auf wie eine Spinne, die selbst in die konstruktiven Sekretionen ihres Netzes aufginge. Wenn wir Freude an Neologismen hätten, können wir die Texttheorie als eine *Hyphologie* definieren (*hyphos* ist das Gewebe und das Spinnnetz).
(Barthes: *Lust am Text*, S. 94)

Drei Dinge fallen in diesem kurzen Abschnitt auf: Zum einen ist die zitierte Stelle von einer besonderen Aufmerksamkeit auf die Materialität, die Gemachtheit des Textes, gekennzeichnet, die sich zweifellos vom Formalismus und vom Strukturalismus herschreibt. Der Begriff ‚Text' (von lat. *textus* ‚Gewebe', ‚Geflecht', ‚Verbindung', ,Zusammenhang') wird wörtlich genommen und auf seine ,Textur', das Flecht-Werk, zurückgeführt. Zweitens wird dieses Text-Gewebe, von dem hier die Rede ist, nicht als etwas Abgeschlossenes, d. h. als fertiges Produkt, präsentiert, sondern als etwas, das in einem dauerhaften Entstehungsprozess begriffen ist. Der hier vorliegende Strukturbegriff unterscheidet sich grundlegend vom strukturalistischen, der davon ausgeht, dass Strukturen abgeschlossene, im Prinzip vollständig zu analysierende Gebilde sind. Daher betrachteten Jakobson und Lévi-Strauss das von ihnen analysierte Gedicht *Les Chats* als ,absoluten Gegenstand'. Die poststrukturalistische Textstruktur ist deshalb nicht abgeschlossen – und hier wird ein dritter Aspekt deutlich –, weil ihr Produzent als nicht außerhalb ihrer angesiedelt, sondern als Teil der Struktur selbst betrachtet wird. Während also der Strukturalismus von einer Subjekt-Objekt Trennung ausgeht, stellt der Poststrukturalismus solche scheinbar eindeutigen Unterscheidungen prinzipiell in Frage und verabschiedet sich vom Denken der ,binären', also zweiwertigen (,gut/böse', ,Mann/Frau', ,Subjekt/Objekt' etc.) Oppositionen, weil er in ihnen kulturelle Konstruktionen bzw. metaphysische Setzungen erkennt.

,Metaphysikkritik' ist ein zentrales Stichwort innerhalb der **Dekonstruktion**, die auf den französischen Philosophen und Texttheoretiker Jacques Derrida (1930–2004) zurückgeht. ,Dekonstruktion' ist ein Kunstwort, das sich aus *,De*struktion' und *,Kon*struktion' zusammensetzt. Derrida ,destruiert' sogenannte ,metaphysische Einheiten' wie ,Sinn' und ,Bedeutung', ,Subjekt' oder ,Gott', Größen, die, wie er geltend macht, von der philosophischen Tradition des Abendlandes, der Metaphysik, gesetzt und Jahrhunderte lang verwendet wurden, ohne dass sie als gesetzte erkannt und hinterfragt wurden. Wie der Poststrukturalismus insgesamt ist die Dekonstruktion ein Teil der **Postmoderne**, die aus dem die Moderne seit 1900 generell auszeichnenden Krisenbewusstsein einen positiv-produktiven Denkansatz entwickelt. Die Postmoderne klagt nicht mehr wie noch die Moderne über Verlusterfahrungen, etwa den Verlust des Ichs, den Verlust des Sinns, den Verlust der Sprache etc., sondern erkennt in der Unmöglichkeit, alte Sinneinheiten aufrechtzuhalten, die Chance und die Freiheit zu einem ,anderen' Denken, zu einem Denken, das deshalb anders ist, weil es sich von herkömmlichen Begriffen und Sinneinheiten absetzt, ohne selbst neue, positive Festlegungen treffen zu wollen. Derridas Schriften, allen voran die 1967 erschienene *Grammatologie* (frz. *De la grammatologie),* arbeiten sich an den Begriffen der abendländischen Philosophie ab, die sie indessen nicht einfach verabschieden können, weil eine solche **Philosophiekritik**, wie sie Derrida vorlegt, immer nur auf der Grundlage und im Rahmen der überlieferten philosophischen Denkweisen stattfinden kann. Daher kann der philosophischen Tradition keine Alternative entgegengesetzt werden, sie kann vielmehr immer nur gleichsam mit ihren eigenen Begriffen, der von ihr geschaffenen Sprache, denn eine andere gibt es nicht, kritisiert und als gesetzte gegengelesen werden. Die ,Andersheit' der Dekonstruktion besteht also im Akt der Durchstreichung der überlieferten Begriffe, die im Zuge ihrer kritischen Destruktion, schon dadurch, dass sie Gegenstand der Auseinandersetzung sind, immer wieder eingesetzt, d. h. neu konstruiert werden. Allerdings ist diese Konstruktion immer schon mit einem Moment der Destruktion versehen, insofern als die Konstruktionen der metaphysischen Tradition als Konstruktionen erkennbar werden. Konstruktion und Destruktion verbinden sich also zur ,Dekonstruktion'.

Warum sind solche Gedankenspiele für die Literaturwissenschaft von Bedeutung? Bereits das Wortspiel ,Dekonstruktion' verweist auf die eminente Rolle, die der **Sprache** im Denken von Jacques Derrida zukommt. Derridas Dekonstruktion arbeitet nicht nur in und mit der Sprache – dies tut jede Philosophie –, sondern sie stellt im Gegensatz zu anderen Philosophien ihre eigene Sprachlichkeit aus und bezieht aus ihr ihre Argumente. Die *Grammatologie* setzt aber auch ganz explizit bei einer Kritik von de Saussures Zeichenbegriff an: Die Unterscheidung von Signifikant und Signifikat kritisiert Derrida als metaphysisch, weil sie den Signifikanten dem Signifikat unterordne. Dem gegenüber macht Derrida geltend, dass auch das Signifikat eigentlich ein Signifikant ist, weil es ebenfalls nur innerhalb eines bestimmten Verweisungszusammenhangs Bedeutung erhalte. Derrida setzt de Saussures Zeichenbegriff ein anderes Konzept entgegen, das der **différance**. Diese Wortneuschöpfung, die das frz. *différence* (dt. ,Differenz') mit a statt mit e schreibt, soll zum Ausdruck bringen, dass das strukturalistische Prinzip der Differenz, also der Unterscheidung, das nach de Saussure, wie im vorigen Kapitel dargestellt, wesentliche Bedingung für die Möglichkeit der Zeichenbedeutung ist, anders gefasst werden muss. In seinem für die Dekonstruktion grundlegenden Aufsatz *Die différance* führt Derrida aus, dass er das a verwende, weil es eine Dauer oder Unabgeschlossenheit anzeige (wie z. B. in ,*durance',* dt. ,Dauer'); und unabgeschlossen sind die Bedingungen der Zeichenbedeutung, weil im System der Sprache der Verweisungszusammenhang ein unendlicher ist: Jedes Zeichen unterscheidet sich von allen anderen Zeichen. Oder anders gesagt: Bei dem Versuch, die Bedeutung eines Zeichens zu erklären, muss man sich auf alle anderen Zeichen beziehen und es entsteht eine unendliche **Zeichenkette**. Während der Prozess der Unterscheidung bei de Saussure jedoch dahin führt, dass gleichsam als Endprodukt ein Signifikant durch Konvention fest mit einem Signifikat verbunden wird, sieht Derrida in der vermeintlichen Einheit des Zeichens ein **unendliches Differieren**, das eine stabile Identität des Zeichens unmöglich macht, und dies umso mehr als die Anzahl der aufeinander wirkenden Signifikanten und Signifikate prinzipiell unbegrenzt, das ,System' der Sprache daher notwendig unabgeschlossen ist.

> Die *différance* bewirkt, daß die Bewegung des Bedeutens nur möglich ist, wenn jedes sogenannte „gegenwärtige" Element, das auf der Szene der Anwesenheit erscheint, sich auf etwas anderes als sich selbst bezieht, während es das Merkmal (*marque*) des vergangenen Elementes an sich behält und sich bereits durch das Merkmal seiner Beziehung zu einem zukünftigen Element aushöhlen läßt, wobei die Spur sich weniger auf die sogenannte Zukunft bezieht, als auf die sogenannte Vergangenheit und die sogenannte Gegenwart durch eben diese Beziehung zu dem,

was es nicht ist: absolut nicht ist, nicht einmal eine Vergangenheit oder eine Zukunft als modifizierte Gegenwart, konstituiert. Ein Intervall muß es von dem trennen, was es nicht ist, damit es es selbst sei, aber dieses Intervall[,] das es als Gegenwart konstituiert, muß gleichzeitig die Gegenwart in sich selbst trennen und so mit der Gegenwart alles scheiden, was man von ihr her denken kann, das heißt, in unserer metaphysischen Sprache, jedes Seiende, besonders die Substanz oder das Subjekt.

(Derrida: *Die différance*, S. 42)

Hier wird recht anschaulich deutlich, wie sehr die Dekonstruktion sich an der ‚metaphysischen‘ Sprache abarbeitet, die sie selbst verwendet. Doch wie das a in *différance* eine Differenz markiert, so versucht auch die vielfach als schwierig empfundene Schreibart der Dekonstruktion dem Differenzgedanken dadurch Ausdruck zu verleihen, dass sie ihre eigene, notwendig metaphysische Sprache beständig selbst unterläuft. Derrida bezeichnet die *différance* auch als **Spur** und, v. a. in der *Grammatologie*, als ‚**Schrift**‘. Hier rückt der Begriff der Schrift in Gegensatz zu dem der Stimme, unter deren Vorzeichen Derrida die philosophische Tradition des Abendlands als ‚logozentrisch‘ (von gr. *logos* ‚Wort‘, ‚Rede‘, ‚Vernunft‘) beschreibt. Seit Platon verbinde das westliche Denken mit dem gesprochenen Wort Geist und Präsenz, während das geschriebene Wort eine Abwertung als starr und sekundär erfahren habe. Während das gesprochene Wort die Anwesenheit des Sprechenden erfordere, sei die Schrift durch dessen Abwesenheit gekennzeichnet. Demgegenüber sei, so Derrida, die Schrift produktiver, weil sie unabhängig von ihrem Entstehungszusammenhang immer wieder neu und d. h. verschieden gelesen werden könne und durch das Spiel der *différance* einen unendlichen Prozess der Bedeutungsdekonstruktion ins Werk setze. Die vom Prinzip der Differenz bestimmte Betrachtungsweise der Schrift ist in der jüngeren Literaturwissenschaft auf fruchtbaren Boden gestoßen und hat zu einer Vielzahl dekonstruktiver Lektüren älterer und neuerer literarischer Texte geführt, bei denen nicht mehr die Ermittlung *einer* Textbedeutung im Mittelpunkt steht, sondern die **Sinnpluralität** von Texten aufgewiesen bzw. auch gezeigt wird, wie ein und derselbe Text einander widerstrebende Bedeutungen bündelt. Namentlich zu Autoren wie Heinrich von Kleist oder Franz Kafka, deren Texte voller sprachlicher und gedanklicher Mehrdeutigkeiten, Widersprüchlichkeiten und Paradoxien sind, gibt es eine Vielzahl dekonstruktiver Lektüren. Im Mittelpunkt der dekonstruktiven Lektüre steht ‚der Text selbst‘, denn, so formuliert Derrida in der *Grammatologie*: „*Ein Text-Äußeres gibt es nicht*“ (Derrida: *Grammatologie*, S. 274).

Mit dem Ansatz der Dekonstruktion lässt sich etwa auch eine theoretische Begründung für das Phänomen der **Intertextualität** geben. Unter ‚Intertextualität‘ versteht die Literaturwissenschaft die Eigenschaft literarischer Texte, sich auf andere Texte zu beziehen und ihre eigene Bedeutungsstruktur über diese intertextuellen Bezugnahmen aufzubauen. Es lassen sich verschiedene Richtungen des Intertextualitätsansatzes unterscheiden. Michail M. Bachtin (1895–1975), der russische Sprach- und Literaturtheoretiker, begründete über die Tatsache, dass

Wörter niemals nur eine Bedeutung haben, sondern in unterschiedlichen Zusammenhängen Unterschiedliches meinen können, das Konzept von der Vielstimmigkeit des Wortes im Roman. Dieses Konzept besagt, dass über ein einzelnes Wort unterschiedliche Stimmen dialogisch aufeinandertreffen. Im Gegensatz zur Monologizität eines Textes, die als autoritär dargestellt wird, ist die **Dialogizität** gleichbedeutend mit subversiver, unhierarchischer Offenheit und Dynamik. Julia Kristeva (geb. 1941) entwickelte diesen Gedanken Bachtins zu einer Theorie der Intertextualität weiter, die jeden Text als Zitat und Transformation anderer Texte betrachtet. Roland Barthes oder Gérard Genette sind andere Theoretiker der Intertextualität, deren Ansätze hier nicht im Einzelnen behandelt werden können. Aber zweifellos handelt es sich bei der intertextuellen Betrachtung von Literatur um ein aus dem Geist des Poststrukturalismus entstandenes Projekt, insofern als davon ausgegangen wird, dass ein einzelner Text kein in sich abgeschlossenes Gebilde darstellt, sondern dass er aufgrund seiner sprachlichen Zeichenhaftigkeit mit allen anderen Texten des **kulturellen Archivs**, d. h. der dem kulturellen Gedächtnis zur Verfügung stehenden Überlieferung, in Verbindung steht. So ist die Bedeutung eines einzelnen Zeichens im Text nicht nur von den anderen Zeichen innerhalb des Textes abhängig, sondern gleichermaßen von allen anderen Zeichen des sprachlich-literarischen Universums. Intertextualität ist nicht nur eine abstrakte Eigenschaft von literarischen Texten, vielmehr nehmen viele Texte explizit Bezug auf andere Texte. Man spricht in diesem Fall von ‚markierter‘ (im Unterschied zu ‚nichtmarkierter‘, d. h. nur impliziter) Intertextualität. Diese konkreten Bezüge können in besonderer Weise für die Analyse nutzbar gemacht werden, weil die Autoren und Autorinnen der betreffenden Texte offenbar bei ihren Lesern und Leserinnen die Kenntnis der zitierten Vorgängertexte voraussetzen. Der Intertextualitätsansatz öffnet auf der einen Seite die Betrachtung eines Einzeltextes auf die Gesamtheit aller Texte, stellt also ein Aufbrechen der im engeren Sinne immanenten Perspektive dar; auf der anderen Seite wird das Text-Paradigma nicht verlassen, wenn man sich vor Augen führt, dass der Poststrukturalismus die Gesamtheit der Texte und der Kultur überhaupt als **texte général** beschreibt, in dem es kein Textäußeres gibt.

Abschließend sei mit Paul de Mans (1919–1983) Ansatz der **New Rhetoric** eine weitere Variante dekonstruktivistischen Denkens benannt, die ein überliefertes System, das der klassischen Rhetorik, im Zeichen des poststrukturalistischen Perspektivenwechsels reformuliert. Während die alte Rhetorik das Ensemble ihrer Figuren und Tropen als ein Instrument der Überzeugung betrachtet, d. h. als Mittel des wirkungsvollen Redeeinsatzes, geht der belgisch-amerikanische Literaturtheoretiker de Man im Anschluss an Friedrich Nietzsche davon aus, dass Sprache generell rhetorisch sei. Und dies bedeutet, dass Sprache grundsätzlich von dem außersprachlichen Bereich, auf den sie sich bezieht, geschieden ist. Sie besteht nur aus Übertragungen, d. h. aus rhetorischen Operationen, ohne die ‚Wirklichkeit‘ tatsächlich erfassen zu können. Jedes Wort ist eine Metapher, weil es, wie bereits de Saussure argumentiert hat, mit dem von ihm bezeichneten

Gegenstand in keinem ursprünglichen Zusammenhang steht, sondern auf diesen lediglich übertragen wird. Allerdings reflektiert jeder sprachliche Akt diese seine ‚**Rhetorizität**‘, indem er eine sprachliche Figur einsetzt und zugleich deutlich macht, dass es sich ‚nur‘ um eine sprachliche Figur handelt. In diesem Sinn ist auch der Titel von Paul de Mans bekanntestem Buch *Allegorien des Lesens* (*Allegories of Reading*) (1979) zu verstehen: Das Verständnis der klassischen **Allegorie** geht davon aus, dass das eine gesagt wird und etwas anderes gemeint ist, das jedoch eindeutig bestimmt werden kann. So heißt es beispielsweise in dem alten Kirchenlied „Es kommt ein Schiff geladen“: „das Segel ist die Liebe, der Heilig Geist der Mast“. Gegenüber diesem traditionellen Verständnis der Allegorie betrachtet de Man die Sprache in dem Sinne als allegorisch, dass sie grundsätzlich etwas anderes meint als das, was sie sagt: Sie meint etwas ‚Wirkliches‘, sagt aber immer nur etwas ‚Sprachliches‘. Diese ‚Anders-Rede‘ – und nichts anderes meint ja der Begriff ‚Allegorie‘ (von gr. *állos* ‚anderer‘ und *agoreúein* ‚sagen, sprechen‘) – macht in de Mans Perspektive die Sprache prinzipiell unlesbar, weil jedes Lesen immer nur liest, dass die sprachliche Bezeichnung *nicht* das Bezeichnete ist. Von Paul de Man ausgehende Lektüren literarischer Texte nehmen sprachlich-rhetorische Widerständigkeiten und Aporien in den Blick und begründen eben aus ihnen die spezifische Literarizität eines Textes.

Weiterführende Literatur

Culler: *Dekonstruktion.* **Danneberg:** *Theorie der werkimmanenten Interpretation.* **Grübel:** *Formalismus und Strukturalismus.* **Link:** *Das lyrische Gedicht als Paradigma des überstrukturierten Textes.* **Pfister:** *Konzepte der Intertextualität.*

Arbeitsteil

1. Erläutern Sie das Funktionieren und verschiedene Anwendungsmöglichkeiten des hermeneutischen Zirkels.

2. Unterscheiden Sie im Textausschnitt VII, 1 auf der Grundlage werkimmanenter Betrachtung gewonnene Argumente und Argumente, die über den unmittelbaren Text hinausgehen.

3. Wo sehen Sie im Textausschnitt VII, 1 Ansätze eines hermeneutischen Textverstehens?

4. Erläutern Sie den Zeichenbegriff von Ferdinand de Saussure und beschreiben Sie seine literaturwissenschaftliche Bedeutung.

5. Zeigen Sie am Beispiel des Textausschnitts VII, 2 typisch strukturalistische Analyseverfahren auf.

6. Worin liegen Stärken und Schwächen der hermeneutischen und der strukturalistischen Methode im Vergleich?

7. Was unterscheidet den poststrukturalistischen vom strukturalistischen Denkansatz?

8. Beschreiben Sie das Textverständnis, das in dem Beispieltext VII, 3 zum Ausdruck kommt.

9. Überlegen Sie, worin der interpretatorische Stellenwert der intertextuellen Bezüge in den Textausschnitten VII, 4a und VII, 4b liegen könnte.

10. Versuchen Sie Franz Kafkas kurzen Text *Kleider* (VII, 5) hermeneutisch, strukturalistisch und dekonstruktiv zu lesen. Vergleichen Sie die unterschiedlichen Vorgehensweisen und Ergebnisse.

B. Textbeispiele

VII, 1
Erich Trunz

Aus: Nachwort zu *Die Leiden des jungen Werther*

Es ist der Roman des Subjektivismus, und doch ist darin die Ganzheit der Welt, und in allen seinen Partien sind die Gegengewichte gegen den Subjektivismus deutlich vorhanden. Hier liegt das künstlerische Geheimnis des Werks, seine Komposition; in einem bis ins Feinste abgewogenen Verhältnis vereinigt sie die Motive zu einem symphonischen Aufbau, der in dieser Vollendung nur möglich ist durch eine geniale Konzeption, verbunden mit einem hohen Kunstverstand. Goethe sagt in *Dichtung und Wahrheit*, er habe den Roman *ziemlich unbewusst, einem Nachtwandler ähnlich*, geschrieben [...]. Diese erste Niederschrift besitzt bereits die Fülle der Motive, verbunden zum Geflecht des Ganzen. Die Umarbeitung von 1786 gestaltete diese Komposition noch reicher und ausgewogener, ohne die ursprüngliche Kraft des Ganzen zu beeinträchtigen.

Da Werther der Roman des Subjektivismus ist, hat er eine Form, die vom Ich ausgeht: es ist ein Briefroman. Alle Briefe stammen von dem Helden selbst; sie werden zur Geschichte einer Seele. Alle geschilderten Geschehnisse sind also nur solche, die den Schreiber innerlich berühren. Ein Brief kann von Ereignissen überspringen zu Gefühlen, Betrachtungen, Gedanken; er kann Stimmungen durch Klang und Form vermitteln; er kann fragmentarisch sein. Die Briefform des Werther-Romans ist also die gemäße Form, um den Charakter und die innere Entwicklung Werthers zu zeigen. Wir spüren aus den Briefen aber auch die Person des Empfängers, Wilhelm, mit dem Werther engstens befreundet ist [...] und der dem feinsinnigen Freunde seine leidenschaftlichen Stimmungen zwar nicht vorwirft, aber doch lieber *historische Briefe* [...] erbittet; man merkt aus Werthers Briefen Wilhelms begütigend-kluge Antworten [...]; man kann auch nicht sagen, Wilhelm sei ein schlechter Freund, der aus Werthers Briefen den Weg zur Katastrophe sehe und nichts tue; Wilhelm weiß, daß seine Briefworte nichts mehr nützen, er will daher Werther abholen – und vermutlich ist das für ihn ein Opfer –, aber Werther täuscht ihn absichtlich, indem er den Reisetermin hinausschiebt und in dieser Zeit den Selbstmord ausführt [...]. Der Leser, der die Briefe liest – wie Wilhelm sie las –, empfindet sich gleichsam als den Freund, an den sie gerichtet sind; Wilhelm hat etwa die Funktion, die auf manchen Gemälden, die uns weite Bereiche zeigen, eine Rückenfigur im Vordergrund hat: wir sehen von ihr selbst nicht viel, aber wir blicken mit ihr ins Bild, und ihre Haltung wird auch zu der unseren; und so blicken wir mit freundschaftlichen, verstehend-besorgten Augen auf Werthers Erlebnisse. – Zu den Briefen an Wilhelm treten nur ganz wenige Briefe an Lotte [...]; sie zeigen, wie schwer Werther es seinen Freunden macht und wie weit er davon entfernt ist, sich in ihre Lage einzufühlen, er, der so gern anderen vorwirft, daß sie sich nicht einfühlen könnten (in die Seele der Selbstmörderin, des Bauernknechtes usw.). – Hätten wir Werthers Tagebuch (von dem er sagt, daß er es vernachlässige,[...]), so belauschten wir ein Selbstgespräch; der Brief aber richtet sich immer noch an die Welt, will Einblick geben und Ausdruck sein.

(In: Goethe, Werke, HA, Bd. 6, S. 550f.)

VII, 2   Roman Jakobson / Claude Lévi-Strauss

Aus: *Les Chats*

Les Chats

Les amoureux fervents et les savants austères,
Aimes également, dans leur mûre saison,
Les chats puissants et doux, orgeuil de la maison,
Qui comme eux sont frileux et comme eux sédentaires.

Amis de la science et de la volupté,
Ils cherchent le silence et l'horreur des ténèbres;
L'Érèbe les eût pris pour ses coursiers funèbres,
S'ils pouvaient au servage incliner leur fierté.

Ils prennent en songeant les nobles attitudes,
Des grands sphinx allongés au fond des solitudes,
Qui semblent s'endormir dans un rêve sans fin;

Leurs reins féconds sont pleins d'étincelles magiques,
Et des parcelles d'or, ainsi qu'un sable fin,
Étoilent vaguement leurs prunelles mystiques.

Die Katzen

Die glühenden Verliebten und die strengen Gelehrten
Lieben gleichermaßen in der Zeit ihrer Reife
Die mächtigen und sanften Katzen, Stolz des Hauses,
Die wie sie frösteln und wie sie seßhaft sind.

Freunde des Wissens und der Lust,
Suchen sie das Schweigen und den Schrecken der Finsternis;
Der Erebos hätte sie als seine Totenrosse genommen,
Wenn sie ihren Stolz der Knechtschaft beugen könnten.

Sie nehmen sinnend die edlen Haltungen
Der großen Sphinxe ein, die, ausgestreckt in der Tiefe
                                        der Einsamkeiten,
Einzuschlafen scheinen in einem Traum ohne Ende;

Ihre fruchtbaren Lenden sind voll magischer Funken,
Und Goldpartikeln, wie feiner Sand,
Besternen flimmernd ihre mystischen Pupillen.

[...]
Zunächst die Gliederung des Textes. Deutlich lassen sich mehrere Gliederungen unterscheiden, sowohl hinsichtlich der Grammatik als auch der semantischen Beziehungen zwischen den verschiedenen Teilen des Gedichts. Wir haben bereits festgestellt, daß die drei Passagen, die jeweils mit einem Punkt enden, also die beiden Quartette und das Ganze der beiden Terzette, eine erste Gliederung darstellen. Das erste Quartett bringt in Form eines objektiven und statischen Tableaus einen wirklichen oder als wirklich angenommenen Sachverhalt. Das zweite Quartett schreibt den Katzen Bestrebungen zu, die von den Mächten des Erebos gedeutet werden, und den Mächten des Erebos Bestrebungen, die auf die Katzen gerichtet sind, aber von diesen zurückgewiesen werden. Diese beiden Abschnitte erfassen also die Katzen von außen: in der Passivität, für die die Verliebten und die Gelehrten empfänglich sind, bzw. in der Aktivität, die die Mächte der Finsternis für sich in Anspruch nehmen. Diesen Gegensatz nun überwindet der letzte Teil, der den Katzen eine passive Rolle zuerkennt, die sie aktiv ausüben. Sie wird nicht mehr von außen, sondern von innen her interpretiert.

Eine zweite Gliederung ergibt sich, wenn man die Gruppe der zwei Terzette der Gruppe der zwei Quartette gegenüberstellt. Dabei zeigt sich eine enge Beziehung zwischen dem ersten Quartett und dem ersten Terzett, ebenso zwischen dem zweiten Quartett und dem zweiten Terzett. In der Tat: (1) Die Gruppe der beiden Quartette steht zur Gruppe der beiden Terzette in Opposition, weil letztere den Betrachterstandpunkt *(Verliebte, Gelehrte,* Macht des *Erebos)* aufgeben und die Katzennatur jenseits aller räumlichen und

221

zeitlichen Grenzen ansiedeln. (2) Im ersten Quartett wurden diese räumlich-zeitlichen Grenzen eingeführt *(maison, saison)*; im ersten Terzett werden sie aufgehoben *(au fond des solitudes, rêve sans fin)*. (3) Das zweite Quartett definiert die Katzen durch die Finsternis, in die sie sich begeben; das zweite Terzett durch das Licht, das sie ausstrahlen *(étincelles, Étoilent)*.

Schließlich ist dem noch eine dritte Gliederung hinzuzufügen. Sie faßt, diesmal in einem Chiasmus, einerseits das Anfangsquartett und das Endterzett zusammen, andererseits die inneren Strophen, also das zweite Quartett und das erste Terzett. In der ersten Gruppe weisen die Hauptsätze den Katzen die Rolle des Objekts, bzw. des Attributs zu, während die beiden andern Strophen ihnen von Beginn an die Rolle des Subjekts vorbehalten.

Diese Phänomene der formalen Distribution haben ihre semantische Grundlage. Ausgangspunkt des ersten Quartetts ist das Zusammenleben der Katzen mit den Gelehrten oder den Verliebten im selben Haus. Aus dieser Kontiguität (Nachbarschaft) ergibt sich eine doppelte Ähnlichkeit *(comme eux ... comme eux)*. Auch im Schlußterzett entwickelt sich eine Kontiguitätsrelation bis zur Ähnlichkeit: während aber im ersten Quartett das metonymische Verhältnis von Katzen und menschlichen Hausbewohnern deren metaphorisches Verhältnis begründet, ist diese Situation im letzten Terzett in gewisser Weise verinnerlicht: die Kontiguitätsrelation ist eher synekdochisch als eigentlich metonymisch. Die Nennung der Körperteile der Katze *(Lenden, Pupillen)* trägt bei zu einer metaphorischen Evokation der astralen und kosmischen Katze, die mit dem Übergang von der Genauigkeit zur Ungenauigkeit *(également – vaguement)* zusammenfällt. Die Analogie zwischen den inneren Strophen beruht auf Äquivalenzbeziehungen, wobei die eine (Katzen und *Totenrosse*) vom zweiten Quartett zurückgewiesen, die andere (Katzen und *Sphinxe*) vom ersten Terzett angenommen wird. Im ersten Fall führt das zu einer Verweigerung der Kontiguität (zwischen den Katzen und dem Erebos), im zweiten zur Ansiedlung der Katzen *in der Tiefe der Einsamkeiten*. Es zeigt sich also, daß dieser Abschnitt, in Umkehrung des vorhergehenden, durch eine Äquivalenzrelation gebildet wird, die sich von der Ähnlichkeit (also einem metaphorischen Mittel) bis hin zu positiven bzw. negativen Kontiguitätsrelationen (also metonymischen Mitteln) steigert.

Bisher ist uns das Gedicht als ein Gefüge von Äquivalenzen erschienen, die in ihrer Gesamtheit das Bild eines geschlossenen Systems bieten. Es bleibt ein letzter Gesichtspunkt, unter dem sich das Gedicht als offenes System darstellt, das dynamisch vom Anfang zum Ende hin fortschreitet.

Es sei daran erinnert, daß wir im ersten Teil dieser Arbeit eine Teilung des Gedichts in zwei Sechszeiler herausgearbeitet haben, die getrennt sind durch ein Distichon, dessen Struktur stark mit dem übrigen kontrastiert. In unserer Zusammenfassung haben wir diese Teilung vorläufig beiseite gelassen. Im Unterschied zu den anderen scheint sie uns nämlich die Etappen einer Progression von der Ordnung des Realen (im ersten Sechszeiler) zu der des Surrealen (im zweiten Sechszeiler) zu kennzeichnen. Der Übergang vollzieht sich innerhalb des Distichons. Dieses entführt den Leser für einen kurzen Augenblick durch die Häufung von semantischen und formalen Verfahren in ein zweifach irreales Universum, weil es mit dem ersten Sechszeiler den Charakter der Außenperspektive teilt, zugleich aber die mythologische Resonanz des zweiten Sechszeilers vorwegnimmt:

Vers:	1 bis 6	7 und 8	9 bis 14
	von außen		von innen
	empirisch	mythologisch	
	real	irreal	surreal

Mit diesem plötzlichen Umschwung in der Tonart wie im Thema erfüllt das Distichon eine Funktion, die derjenigen einer Modulation in musikalischen Kompositionen nicht unähnlich ist.
[…]
(In: Blumensath [Hg.], S. 184, S. 196–198)

VII, 3   Roland Barthes

Aus: *Der Tod des Autors*

Die Abwesenheit des *Autors* macht es ganz überflüssig, einen Text ‚entziffern' zu wollen. Sobald ein Text einen *Autor* zugewiesen bekommt, wird er eingedämmt, mit einer endgültigen Bedeutung versehen, wird die Schrift angehalten. Diese Auffassung kommt der Literaturkritik sehr entgegen, die es sich zur Aufgabe setzt, den *Autor* (oder seine Hypostasen: die Gesellschaft, die Geschichte, die Psyche, die Freiheit) hinter dem Werk zu entdecken. Ist erst der *Autor* gefunden, dann ist auch der Text ‚erklärt', und der Kritiker hat gewonnen. Daher ist es nicht erstaunlich, dass historisch gesehen, die Herrschaft des *Autors* auch diejenige des *Kritikers* gewesen ist und dass die Kritik – selbst die Neue – heute zusammen mit dem *Autor* verschwindet. Die vielfältige Schrift kann nämlich nur *entwirrt*, nicht *entziffert* werden. Die Struktur kann zwar in allen ihren Wiederholungen und auf allen ihren Ebenen nachvollzogen werden (so, wie man eine Laufmasche ‚verfolgen' kann), aber ohne Anfang und ohne Ende. Der Raum der Schrift kann durchwandert, aber nicht durchstoßen werden. Die Schrift bildet unentwegt Sinn, aber nur, um ihn wieder aufzulösen. Sie führt zu einer systematischen Befreiung vom Sinn. Genau dadurch setzt die Literatur (man sollte von nun an besser sagen: die *Schrift*), die dem Text (und der Welt als Text) ein ‚Geheimnis', das heißt einen endgültigen Sinn verweigert, eine Tätigkeit frei, die man gegentheologisch und wahrhaft revolutionär nennen könnte. Denn eine Fixierung des Sinns zu verweigern heißt letztlich, Gott und seine Hypostasen (die Vernunft, die Wissenschaft, das Gesetz) abzuweisen.
(In: *Der Tod des Autors*, S. 191)

VII, 4   Johann Wolfgang Goethe

Aus: *Die Leiden des jungen Werthers*

a)
Wir traten an's Fenster. Es donnerte abseitwärts, und der herrliche Regen säuselte auf das Land, und der erquickendste Wohlgeruch stieg in aller Fülle einer warmen Luft zu uns auf. Sie stand auf ihren Ellenbogen gestützt; ihr Blick durchdrang die Gegend, sie sah gen Himmel und auf mich, ich sah ihr Auge thränenvoll, sie legte ihre Hand auf die

meinige und sagte – Klopstock! – Ich erinnerte mich sogleich der herrlichen Ode, die ihr in Gedanken lag, und versank in dem Strome von Empfindungen, den sie in dieser Losung über mich ausgoß. Ich ertrug's nicht, neigte mich auf ihre Hand, und küßte sie unter den wonnevollsten Thränen. Und sah nach ihrem Auge wieder – Edler! hättest du deine Vergötterung in diesem Blicke gesehen, und möchte ich nun deinen so oft entweihten Nahmen nie wieder nennen hören.

b)

Das Haus, die Nachbarschaft, die Stadt kam in Aufruhr. Albert trat herein. Werthern hatte man auf das Bette gelegt, die Stirn verbunden; sein Gesicht schien wie eines Todten, er rührte kein Glied. Die Lunge röchelte noch fürchterlich, bald schwach, bald stärker, man erwartete sein Ende.

Von dem Weine hatte er nur ein Glas getrunken. Emilia Galotti lag auf dem Pulte aufgeschlagen.

Von Alberts Bestürzung, von Lottens Jammer laßt mich nichts sagen.

(In: *Die Leiden des jungen Werthers*, Fassung von 1787, S. 53 und S. 275)

VII, 5   Franz Kafka

Kleider

Oft wenn ich Kleider mit vielfachen Falten, Rüschen und Behängen sehe, die über schönen Körper schön sich legen, dann denke ich, daß sie nicht lange so erhalten bleiben, sondern Falten bekommen, nicht mehr gerade zu glätten, Staub bekommen, der, dick in der Verzierung, nicht mehr zu entfernen ist, und daß niemand so traurig und lächerlich sich wird machen wollen, täglich das gleiche kostbare Kleid früh anzulegen und abends auszuziehn.

Doch sehe ich Mädchen, die wohl schön sind und vielfach reizende Muskeln und Knöchelchen und gespannte Haut und Massen dünner Haare zeigen, und doch tagtäglich in diesem einen natürlichen Maskenanzug erscheinen, immer das gleiche Gesicht in die gleichen Handflächen legen und von ihrem Spiegel widerscheinen lassen.

Nur manchmal am Abend, wenn sie spät von einem Feste kommen, scheint es ihnen im Spiegel abgenützt, gedunsen, verstaubt, von allen schon gesehn und kaum mehr tragbar.

(In: *Drucke zur Lebzeiten*, S. 28f.)

VIII Text, Kultur, Medien

Das vorausgehende Kapitel befasste sich mit literaturwissenschaftlichen Betrachtungsweisen, die sich vornehmlich am ‚Text selbst' und an seiner spezifischen literarischen Verfasstheit orientierten. Gerade die am Ende vorgestellten poststrukturalistischen Theorieansätze führten zu einem neuen Verständnis des Phänomens ‚Textualität'. Der von Jacques Derrida in der *Grammatologie* formulierte Satz, ein *„Text-Äußeres"* gäbe es nicht (Derrida: *Grammatologie*, S. 274), wurde vielfach als Begründung dafür genommen, die historische, gesellschaftliche oder allgemeine kulturelle Einbettung eines Textes zu ignorieren. Dies änderte sich mit dem Ende der 80er-/Anfang der 90er-Jahre des 20. Jahrhunderts. Nach den manchmal recht abstrakt geführten Theoriediskussionen der zurückliegenden Jahrzehnte kam in der Literaturwissenschaft das Bedürfnis auf, sich wieder Konkreterem zuzuwenden – freilich ohne hinter das gewonnene theoretische Reflexionsniveau zurückzufallen. Hinzu kam, dass sich die Beschäftigung mit Literatur in einer Zeit, in der das Buch in eine zunehmende Konkurrenz mit anderen, audiovisuellen und elektronischen, Medien geriet, vermehrtem (wissenschafts-)politischen Rechtfertigungsdruck ausgesetzt sah. In diesem Zusammenhang hatte der Philosoph Odo Marquardt (geb. 1928) in den 80er-Jahren dem Ästhetischen eine Kompensationsfunktion im Hinblick auf die durch die Naturwissenschaften hervorgerufenen Schäden und Ängste zugesprochen. Literaturwissenschaftler/innen waren sich rasch einig, dass sich das Selbstbewusstsein der Geisteswissenschaften nicht auf diese Kompensationsfunktion beschränken sollte und wollte. Vielmehr machte man geltend, dass auch und gerade die Literaturwissenschaft einen spezifischen und eigenständigen Beitrag zum Verständnis der komplexen Gegenwart zu leisten im Stande sei. Dies war die Geburtsstunde der **kulturwissenschaftlichen Wende in den Geisteswissenschaften**, die wie andere Fächer auch weite Teile der Literaturwissenschaft erfasste.

Der sogenannte ‚cultural turn', die kulturwissenschaftliche Wende also, führte in den 90er-Jahren des letzten Jahrhunderts dazu, dass sich viele Geisteswissenschaftler/innen unterschiedlicher Fachgebiete – Philosophie, Geschichte, Sprach- und Literaturwissenschaft, Kunstwissenschaft, Ethnologie etc. –, als Kulturwissenschaftler/innen (um)definierten. Was steckt dahinter? Während andere Fachvertreter/innen argwöhnten, es handle sich bei diesem ‚Trend' lediglich um ‚alten Wein in neuen Schläuchen' (Hans Robert Jauß [1921–1997]), machte sich bei den Befürwortern und Befürworterinnen der neuen Richtung Kulturwissenschaft so etwas wie Aufbruchstimmung breit. Die Herausforderung lag zum einen darin, Fragestellungen und Gegenstände, die außerhalb der traditionellen Fachgrenzen lagen und die nun als kulturell bedeutungsvoll wahrgenommen wurden, in den kritischen literaturwissenschaftlichen Blick zu nehmen, und zum anderen, im Zusammenhang damit, **die Fachgrenzen im Blick auf verstärkten**

interdisziplinären Austausch zu erweitern. Konkret heißt das, dass auf der einen Seite neue Themen in alten Texten aufgespürt, auf der anderen Seite aber auch nichtliterarische Texte im Hinblick auf ihre sprachlichen und kulturellen Muster gelesen werden. Die kulturwissenschaftlich orientierte Literaturwissenschaft wollte den Elfenbeinturm des ‚nur‘ Ästhetischen verlassen. So fanden denn auch seit den 90er-Jahren eine große Zahl interdisziplinärer kulturwissenschaftlicher Tagungen statt, die sich Themen widmeten wie dem Ritual, dem Verhältnis von Schriftlichkeit und Mündlichkeit, dem kulturellen Gedächtnis, dem kulturellen Wandel von Dingen (gemeint sind tatsächlich so konkrete Objekte wie Handtaschen, Schmuckstücke, Schreibtischutensilien...), ‚Stoff und Materialität‘, ‚Fußball‘ oder dem ‚11. September‘. Bemerkt sei dazu, dass die kulturwissenschaftliche Wende mit einem tiefgreifenden institutionellen Wandel verbunden ist, der die Universität und ihr traditionelles Bildungsangebot vor erhebliche Herausforderungen stellt; so wird im Zuge der mit der Studienreform einhergehenden Entwicklung neuer Studiengänge an deutschen Universitäten allenthalben mehr Wert auf Praxisbezug und innovative Studiengangsangebote gelegt, die oftmals zwischen den traditionellen Fächern angesiedelt sind. Wer einmal die aktuellen Vorlesungsverzeichnisse deutscher Hochschulen konsultiert, wird feststellen, dass die Stichwörter ‚Kultur‘ und ‚Medien‘ mittlerweile regelmäßig auftauchen und vielerorts eigene medienwissenschaftliche und kulturwissenschaftliche Studiengänge eingerichtet werden – an denen vielfach Literaturwissenschaftler/innen maßgeblich beteiligt sind.

1. Der Begriff ‚Kultur‘

Das Stichwort ‚**Kultur**‘ allein gewährleistet natürlich noch nicht Innovation und Fortschritt. Hierfür ist eher das veränderte Begriffsverständnis geltend zu machen, das dem überkommenen Kultur-Begriff im Zuge des ‚cultural turn‘ eine neue, erweiterte Geltung verlieh. Wörtlich bedeutet ‚Kultur‘ (von lat. ‚cultura‘) ‚Pflege, Landbau‘. Im deutschen Sprachraum ist der Begriff seit dem 17. Jahrhundert bezeugt; zum einen wurde er im Sinne von ‚landwirtschaftliche Bodenbewirtschaftung‘, zum anderen aber auch mit der Bedeutung ‚Pflege geistiger Güter‘ gebraucht. Bereits früh fungierte er als **Gegenbegriff zum Begriff** ‚**Natur**‘. Seit dem 18. Jahrhundert wurde der Begriff auch mit der Bedeutung ‚die innere Ausbildung der Persönlichkeit betreffend‘ gebraucht; in diesem Verständnis dient er als **Gegenbegriff zu** ‚**Zivilisation**‘ und damit auch als eine Art Kampfbegriff im deutsch-französischen Meinungsstreit, in dem die Innerlichkeit deutscher Kultur der Äußerlichkeit französischer Zivilisation gegenüber gestellt wurde. Normative Geltung erlangte der Begriff im 19. Jahrhundert, als man begann, ihn auf die sogenannten ‚höheren‘ Bildungsgüter, also Musik, Kunst, Dichtung, zu beziehen; es liegt auf der Hand, dass ein so verstandener Kulturbegriff mit einer starken sozialen Abgrenzungsfunktion einhergeht. In bildungsbürgerlichen Kreisen wird ‚Kultur‘ bis heute in diesem wertenden Sinne verstanden. Dem normativen Kulturbegriff, der Kultur weitgehend mit Bildung gleichsetzt, steht im Bereich der Wissenschaft ein eher deskriptiver Kulturbegriff gegenüber, der unter ‚Kultur' **die Gesamtheit menschlicher Hervorbringungen** begreift und dabei die Bereiche des Wissens, des Glaubens, der Moral, der Kunst, des Rechtswesens und der Gesetze sowie Tradition und Bräuche einschließt.

Einem veränderten Begriffsverständnis von ‚Kultur' leistete u. a. der amerikanische Literaturwissenschaftler Leslie Fiedler (1917–2003) Vorschub, der 1969, bezeichnenderweise im *Playboy,* einen folgenreichen Artikel mit dem Titel *Cross the border, close the gap!* veröffentlichte. Dieser Artikel, ins Deutsche unter der Überschrift *Überquert die Grenze, schließt den Graben!* übertragen, gilt als ein zentrales Gründungsmanifest der **Postmoderne.** Fiedler fordert in seinem Artikel eine neue (postmoderne) Kritik, d. h. eine veränderte Haltung den künstlerischliterarischen Hervorbringungen der Zeit, also der 60er-Jahre, gegenüber. Es gehe nicht um die Wörter auf dem Papier, schreibt Fiedler, sondern um die Wörter im Leben: Fiedlers Text ist ein Plädoyer für einen neuen Lebensbezug der Kunst. Es gelte, die von der Moderne erzeugten sozialen und kulturellen Differenzen in einem neuen Verständnis von **Pop-Kultur** einzuebnen. Aufgehoben werden soll damit die gängige, normative Unterscheidung von ‚hoher' und ‚niederer' bzw. Nicht-Kultur. In der Konsequenz bedeutet das, dass man z. B. das Liebeskonzept in Goethes *Werther* ohne weiteres mit Liebeskonzeptionen, wie sie etwa in der Popmusik zum Ausdruck kommen, ins Verhältnis setzen und vergleichen kann.

Zur Vorgeschichte der Kulturwissenschaften, wie sie sich heute in Deutschland präsentieren, gehört in gewisser Weise auch die Gründung des *Birmingham Centre for Contemporary Cultural Studies* im Jahr 1964 unter Richard Hoggart (geb. 1918), Raymond Williams (1921–1988) und Stuart Hall (geb. 1932). Die am *Centre* betriebene Forschung folgte einem materialistischen Kulturverständnis (‚Material Culture'), das soziologische Fragestellungen mit Problemen der **Massen- und Medienkultur** verband. Die Ausstrahlung in der angelsächsischen Welt, insbesondere auch in die USA, war stark und wirkte über die internationalen Verflechtungen der Forschung in den 80er- und 90er-Jahren des 20. Jahrhunderts auch auf die Formierung der Kulturwissenschaften in Deutschland ein.

Umberto Eco (geb. 1932), der in Bologna lehrende Literaturwissenschaftler, Semiotiker und Autor, hat bereits in den siebziger Jahren eine sehr umfassende und zugleich grundlegende Definition von ‚Kultur' vorgeschlagen, die in die neue kulturwissenschaftliche Richtung weist. In seinem Buch *Zeichen* schreibt er:

> Kultur ist die Art und Weise, wie unter bestimmten historisch-anthropologischen Bedingungen auf allen Ebenen, von der Aufteilung in elementare Wahrnehmungseinheiten bis zu den ideologischen Systemen, der Inhalt segmentiert (und die Erkenntnis damit objektiviert) wird.
>
> (Eco: *Zeichen,* S. 186)

D. h. Kultur wird von Eco als die Art und Weise definiert, wie wir die Welt einteilen, z. B. in ‚gut' und ‚böse', ‚Stadt' und ‚Land', ‚Körper' und ‚Geist', ‚Natur' und

‚Kultur' etc. (auffällig ist bei dieser Reihe tatsächlich, wie stark unsere Kultur zweiwertigen Einteilungsmustern folgt). Ecos Bestimmung reflektiert, dass Wissen und Erkenntnis nicht ‚objektiv' sind, sondern dass sie innerhalb bestimmter (kultureller) Ordnungen als ‚objektiv' angesehen, d. h. objektiviert werden.

2. Kultur als Text

Wie aber stellt sich nun das Verhältnis zwischen Literatur- und Kulturwissenschaft bzw. das Modell **Literaturwissenschaft als Kulturwissenschaft** genauer dar? Ein Erklärungsmuster, auf das sich viele Wissenschaftler und Wissenschaftlerinnen berufen, begreift **Kultur als Text.** Hinter dieser Auffassung, dass Kultur ähnlich wie ein Text zu lesen sei und geschrieben werde, stehen v. a. anthropologische und ethnologische Ansätze, die es in ihren Fachdisziplinen traditionellerweise mit (fremden) Kulturen zu tun haben und für die es *common sense* ist, den Menschen als Kulturwesen zu betrachten, d. h. als geprägt von den ihn umgebenden kulturellen Verhältnissen. Bezeichnenderweise wurde schon seit den dreißiger Jahren des 20. Jahrhunderts im Bereich der Ethnografie, also der beschreibenden Erfassung fremder Kulturen, eine begründete Skepsis gegenüber herkömmlichen Aufzeichnungsverfahren vernehmbar. Man sah in den praktizierten Beschreibungsformen eurozentrische Wahrnehmungsmuster, die, so die Kritik, auf die untersuchten Kulturen projiziert würden und diese unter das Regime westlicher Machtansprüche stellten. Deshalb – und hier zeigt sich einmal mehr die Nähe von Literatur- und Kulturwissenschaft – plädierte man für literarische Schreibweisen innerhalb der Ethnografie (*Writing Culture*-Debatte), weil man der Ansicht war, die offenere, weniger fixierende literarische Sprache würde dem ‚Anderen' der fremden Kultur gerechter und ließe ihm als ‚Anderem' den eigenen Raum, ohne es mittels der klassifizierenden westlichen Wissenschaftssprache beherrschen zu wollen. Im gleichen Zuge begann man, den eigenen westlichen Betrachterstandpunkt als (macht)politisch gesetzten zu thematisieren, zu hinterfragen und in die Darstellung des ‚Anderen' miteinzubeziehen, um auf diese Weise die Polarität der ethnografischen Subjekt-Objekt-Relation aufzubrechen. Wie sich etwa im Werk des französischen Schriftstellers und Ethnologen Michel Leiris (1901–1990) literarische und ethnografische Schreibweisen vermischen, so nahm beispielsweise auch der deutsche Schriftsteller Hubert Fichte (1935–1986) seit den 60er-Jahren in seinen Werken Reisen und die Begegnung mit anderen Kulturen zum Anlass literarischer Erfahrung und Selbsterfahrung. Theoretisch wird das Konzept ‚Kultur als Text' in einer berühmt gewordenen Formulierung des amerikanischen Anthropologen und Kulturwissenschaftlers Clifford Geertz (geb. 1926) fassbar. Geertz schreibt in seinem Werk *Dichte Beschreibung*:

> Der Kulturbegriff, den ich vertrete [...], ist wesentlich ein semiotischer. Ich meine [...], daß der Mensch ein Wesen ist, das in selbstgesponnene Bedeutungsgewebe verstrickt ist, wobei ich Kultur als dieses Gewebe ansehe. Ihre Untersuchung ist daher keine experimentelle Wissenschaft, die nach Gesetzen sucht, sondern eine

interpretierende, die nach Bedeutungen sucht. Mir geht es um Erläuterungen, um das Deuten gesellschaftlicher Ausdrucksformen, die zunächst rätselhaft scheinen. (Geertz: *Dichte Beschreibung,* S.9)

Diese kurze Passage macht deutlich, dass hier mannigfache Bezüge zu literaturwissenschaftlichen Erklärungsmodellen vorliegen. Zum einen wird der vorgestellte Kulturbegriff als semiotischer qualifiziert. ‚Semiotisch‘ heißt ‚zeichenhaft‘ (vgl. dazu Kap. VII. 3); nach Geertz besteht die Kultur, wie ein Text, aus Zeichen – das können sprachliche, bildliche, körperliche Zeichen etc. sein –, die wir verstehen und interpretieren müssen. Offensichtlich wird hier auch der Zusammenhang mit der Hermeneutik. Wenn es heißt, dass der Mensch in selbstgesponnene Bedeutungsgewebe verstrickt sei, dann bedeutet das, dass er die **Zeichen der Kultur** auf der einen Seite deutet und auf der anderen Seite selbst ständig kulturelle Zeichen hervorbringt. Insofern ist der Mensch in seine Kultur eingesponnen wie eine Spinne in ihr Netz; gleichzeitig webt er aber selbst an diesem Netz der Kultur. Zu erinnern ist in diesem Zusammenhang an Roland Barthes' Beschreibung des Texts als Gewebe (vgl. Kap. VII. 4). Kultur wird von Geertz als ein aus Zeichen bestehendes Gewebe definiert, das gelesen, interpretiert und verstanden werden muss – nicht nur von dem/r Wissenschaftler/in, der/die sie analysiert, sondern auch von den Menschen, die in der entsprechenden Kultur leben und an ihr mitwirken. Aus der Feder von Clifford Geertz stammt eine in der kulturwissenschaftlichen Diskussion vielzitierte Analyse des balinesischen Hahnenkampfs, eine von Geertz als Kunstform gedeutete soziale Praxis. Der rituelle Hahnenkampf auf Bali macht Geertz' Interpretation zufolge „gewöhnliche Alltagserfahrungen verständlich, indem er sie durch Handlungen und Gegenstände darstellt, deren praktische Konsequenzen aufgehoben und auf das Niveau des reinen Scheins reduziert [...] wurden, auf dem ihre Bedeutung stärker artikuliert und deutlicher wahrnehmbar ist" (Geertz: *Dichte Beschreibung,* S. 246). Im Hahnenkampf werden unterschiedliche Beziehungen zu Alltagserfahrungen aufgerufen und lesbar, indem kulturelle Bedeutungskomplexe wie etwa Männlichkeit, Stolz oder Gnade in einen strukturellen Zusammenhang gebracht werden. Ganz im Unterschied zur strukturalen Anthropologie (vgl. Kap. VII. 3) geht es nicht um die Herausarbeitung invarianter Strukturen und Beziehungen, sondern um ein offenes Geflecht von Deutungen und Bedeutungen. Gleichwohl haben Kritiker/innen von Geertz vermerkt, dass seine Analysen allzu leicht bestimmte kulturelle Bedeutungen festzuschreiben versuchen, indem sie implizit von kultureller Geschlossenheit und Einheitlichkeit ausgehen.

3. Diskursanalyse

Kulturwissenschaftliche Ansätze in der Literaturwissenschaft sind von mannigfaltiger Art. Bis heute einflussreich ist die ebenfalls in den sechziger Jahren entstandene Diskursanalyse, die sich mit dem Namen Michel Foucaults (1926–1984) verbindet. Zwar ist ihr Bezugsparadigma nicht die ‚Kultur‘, sondern der ‚Diskurs‘, aber insofern als es sich bei der Diskursanalyse um einen Ansatz handelt, der über den Einzeltext hinausgeht, gehört sie in ein Kapitel, das sich mit der Relation von Literatur und dem außerliterarischen Bereich befasst. Und dass die Diskursanalyse gerade für die jüngere Literaturwissenschaft von eminenter Bedeutung ist, zeigt die Vielzahl von Foucault-Zitaten in neueren Forschungsarbeiten.

Was ist ein **Diskurs**? Der Begriff kommt aus dem Italienischen; ‚discorso' bedeutet zunächst die richtungslose Hin- und Herbewegung, das orientierungslose Herumrennen. Michel de Montaigne (1533–1592) verwendet den Begriff des ‚discours' im Gegensatz zu ‚conversation' und versteht darunter die lineare Bewegung einer monologischen Argumentation mit autoritärem Geltungsanspruch. Diesem so verstandenen Diskurs versucht er die offene Struktur seiner Essais entgegen zu stellen. Der französische Historiker und Philosoph Michel Foucault gibt in seinen Schriften keine eindeutige Bestimmung des Begriffs; in unterschiedlichen Zusammenhängen wird er jeweils etwas anders akzentuiert. Dies ist nicht inkonsequent, sondern Reflex eines offenen, im Prozess begriffenen Denkens, das eigene Begriffe und Konzepte ständig weiter denkt und revidiert. Man könnte den ‚Diskurs' nach Foucault grob als eine geregelte, d. h. **nach überindividuellen Regeln funktionierende Redeweise** definieren, die weder mit der ‚langue' noch mit der ‚parole' (nach de Saussure) identisch ist, sondern systematisch dazwischen, d. h. zwischen allgemeiner Sprachstruktur und individueller Redeäußerung, angesiedelt ist. Der Diskurs ermöglicht erst individuelle Redeakte, d. h. er schreibt vor, was in bestimmten Zusammenhängen überhaupt und wie gesagt werden kann. Man kann nämlich nicht überall alles sagen. So kann man in einem literaturwissenschaftlichen Seminar nicht davon sprechen, dass ein Text von Gott diktiert worden sei. Dies konnten mittelalterliche Mystikerinnen von ihren Werken durchaus behaupten, der moderne literaturwissenschaftliche Diskurs lässt eine solche Äußerung jedoch nicht zu. Nikolaus Wegmann (geb. 1954) hat Diskurse als anerkannte Verständigungsniveaus beschrieben, als Funktionseinheiten, die den Erfolg sozialer Kommunikation gewährleisten (Wegmann: *Diskurse der Empfindsamkeit*, S. 13).

So kann man beispielsweise von ‚Subjekt-Diskursen' sprechen, die sich auch in literarischen Texten wieder finden. In Goethes Werther-Figur verkörpert sich z. B. der Genie-Diskurs, der das Subjekt als problematisches, in sich zerrissenes autonom setzt, während Baron Instetten in Theodor Fontanes (1819–1898) Roman *Effi Briest* (1894/95) Gefangener eines preußischen Ehrenkodex ist, der ihm die Grenzen seines Denkens und Handelns auferlegt und der gleichfalls von wiederkehrenden **diskursiven Regelmäßigkeiten** wie Selbstdisziplin, Moral, gesellschaftliches Ansehen etc. geprägt ist. Diskurse sind nie in der Verfügung des/der Einzelnen, vielmehr verfügen sie ihrerseits über das einzelne Subjekt.

In seiner Schrift *Archäologie des Wissens (L'archéologie du savoir)* von 1969 hat Foucault den prinzipiellen Unterschied zwischen Sprach- und **Diskursanalyse** dargelegt: Die Sprache ist ein System für mögliche Aussagen mit einer endlichen Menge von Regeln, das eine unendliche Zahl von Performanzen, also konkreten

Redeaufführungen, gestattet. Demgegenüber stellt das Feld der diskursiven Ereignisse eine endliche Menge formulierter linguistischer Sequenzen dar.

> Die von der Sprachanalyse hinsichtlich eines beliebigen diskursiven Faktums gestellte Frage ist stets: gemäß welchen Regeln ist eine bestimmte Aussage konstruiert worden und folglich gemäß welchen Regeln könnten andere ähnliche Aussagen konstruiert werden? Die Beschreibung der diskursiven Ereignisse stellt eine völlig andere Frage: wie kommt es, daß eine bestimmte Aussage erschienen ist und keine andere an ihrer Stelle?
>
> (Foucault: *Archäologie*, S. 42)

Die Diskursanalyse untersucht individuelle Äußerungen nicht psychologisch im Hinblick auf das Subjekt, das sie vorbringt, da die Logik dieser Äußerung bzw. ihre Regelhaftigkeit nicht im Sprecher oder in der Sprecherin liegt, sondern im übergreifenden diskursiven Zusammenhang. Vielmehr ist es der Diskursanalyse darum zu tun herauszufinden, welche epistemologischen, d. h. wissenschaftstheoretischen, politischen, gesellschaftlichen etc. Faktoren eine Äußerung überhaupt möglich machen. In seiner 1970 am Collège de France gehaltenen Antrittsvorlesung formuliert Foucault die ‚Regel der Äußerlichkeit' als für die Diskursanalyse leitendes Prinzip:

> Man muß nicht vom Diskurs in seinen inneren und verborgenen Kern eindringen, in die Mitte eines Denkens oder einer Bedeutung, die sich in ihm manifestieren. Sondern vom Diskurs aus, von seiner Erscheinung und seiner Regelhaftigkeit aus, muß man auf seine äußeren Möglichkeitsbedingungen zugehen; auf das, was der Zufallsreihe dieser Ereignisse Raum gibt und ihre Grenzen fixiert.
>
> (Foucault: *Ordnung des Diskurses*, S. 35)

Was ist mit einem solchen Unterfangen gewonnen? Wozu braucht man die Diskursanalyse? Indem sie die **Bedingungen und Regeln** untersucht, nach denen Diskurse gebildet werden, erkennt sie, dass die Diskurse bestimmten politischen, gesellschaftlichen und denkgeschichtlichen Zwecken und Funktionen dienen. Auf diese Weise wird eine kritische Reflexion ihrer Verwendungsweisen und Folgerungen möglich. Gelegentlich wurde gegen Foucault der Vorwurf erhoben, er propagiere ein autoritäres Denken. Auf diese Idee könnte man kommen, wenn man an seine Vorstellung des Diskurses als eine der individuellen Verfügbarkeit und Kontrolle entzogene Einheit denkt, die uns alle bestimmt und kontrolliert. Jedoch ist dieser Vorwurf ungerechtfertigt, denn es geht Foucault ja gerade darum, solche autoritären **Machtstrukturen** aufzuzeigen und sie zu durchschauen – insofern verfolgt die Diskursanalyse tatsächlich ein aufklärerisches Projekt. Die Diskursanalyse zeigt, wie Diskurse ‚Wirklichkeit' erzeugen. Das wird besonders deutlich in *Wahnsinn und Gesellschaft (Folie et déraison)*, dem ersten größeren Werk von Foucault aus dem Jahr 1961, in dem er zeigt, wie in der Zeit der Aufklärung, als die Vernunft zum neuen Leitwert wurde, der Wahnsinn durch Ausgrenzung, durch Negation des Vernünftigen konstituiert wurde – mit gravierenden Folgen für Subjekte, die aus dem Bereich dessen, was als vernünftig angesehen wurde, herausfielen und somit als ‚wahnsinnig' deklariert wurden.

> Die Geisteskrankheit ist durch die Gesamtheit dessen konstituiert worden, was in
> der Gruppe all der Aussagen gesagt worden ist, die sie benannten, sie zerlegten, sie
> beschrieben, sie explizierten, ihre Entwicklungen erzählten, ihre verschiedenen
> Korrelationen anzeigten, sie beurteilten und ihr eventuell die Sprache verliehen,
> indem sie in ihrem Namen Diskurse artikulierten, die als die ihren gelten sollten,

schreibt Foucault dazu in der *Archäologie* (S. 49).

Foucault untersucht nicht nur die Regelhaftigkeit und Funktionsweise einzelner
Diskurse wie des medizinischen, juristischen, biologischen etc. Diskurses, sondern er hat auch sehr Grundsätzliches zum Verständnis wissenschaftlicher Dar-
stellungsweisen überhaupt geleistet. Als sein zentrales Werk gilt *Die Ordnung der
Dinge* (1966), dessen Untertitel lautet *Eine Archäologie der Humanwissenschaften
(Les mots et les choses. Une archéologie des sciences humaines).* Mit ‚**Archäologie**‘
ist nicht gemeint, dass Relikte aus der Vergangenheit aufgespürt werden sollen,
vielmehr geht es um Wissensformen der Gegenwart, die uns selbstverständlich,
wenn nicht gar natürlich erscheinen. Sie sollen mit einem verfremdenden Blick
betrachtet und als geschichtlich gewordene erkannt werden. In einem Interview
hat Foucault davon gesprochen, dass er „Ethnologie der eigenen Kultur" betreibe.
In der *Ordnung der Dinge* schreibt Foucault eine Geschichte der abendländischen
Episteme, d. h. der Denk- und Wissensordnungen. Seinen (berühmt gewordenen)
Einstieg nimmt er über den Bezug auf einen Text des Schriftstellers Jorge Luis
Borges (1899–1986), in dem die Rede von „eine[r] gewisse[n] chinesische[n] Enzyklopädie" ist. In dieser Enzyklopädie, so heißt es, gruppieren sich die Tiere wie
folgt:

> „[…] a) Tiere, die dem Kaiser gehören, b) einbalsamierte Tiere, c) gezähmte, d)
> Milchschweine, e) Sirenen, f) Fabeltiere, g) herrenlose Hunde, h) in diese Gruppie-
> rung gehörige, i) die sich wie Tolle gebärden, k) die mit einem ganz feinen Pinsel
> aus Kamelhaar gezeichnet sind, l) und so weiter, m) die den Wasserkrug zerbro-
> chen haben, n) die von weitem wie Fliegen aussehen."

Foucault bemerkt dazu:

> Bei dem Erstaunen über diese Taxinomie [sic!] erreicht man mit einem Sprung, was
> in dieser Aufzählung uns als der exotische Zauber eines anderen Denkens bezeich-
> net wird – die Grenze unseres Denkens: die schiere Unmöglichkeit, *das* zu denken.
> (Foucault: *Ordnung der Dinge*, S. 17)

Mit dem Hinweis darauf, dass wir nur das denken können, was wir gewohnt sind
zu denken, wird im Folgenden, so könnte man sagen, die Geschichte der abendländischen Denkgewohnheiten analysiert. Foucault zeigt, wie die frühneuzeitli-
che Episteme der Ähnlichkeit, in der Erkenntnis sich auf die **Wahrnehmung von
Ähnlichkeiten**, z. B. zwischen Gräsern und Sternen, stützt, im 17./18. Jahrhundert
durch das **Zeitalter der Repräsentation** abgelöst wird, in dem ein Ding ein anderes bezeichnen kann, ohne durch eine Form der Ähnlichkeit mit ihm verbunden
zu sein. Zwischen Zeichen und Bedeutung vollzieht sich ein Bruch, der für das
neuere wissenschaftliche Denken bestimmend ist und der auch, wie gezeigt, zur

Grundlage von de Saussures Sprach- und Zeichentheorie wird (vgl. Kap. VII. 3). Gleichwohl wird im Zeitalter der Repräsentation noch eine eindeutige Zuordnung von Zeichen und Bedeutung angenommen; das Zeichen ist transparent. Dieses Denken jedoch gerät nach Foucault mit der Wende zum 19. Jahrhundert in die Krise; mit dem Bewusstsein, dass sich die Bedeutung der Dinge nicht mehr an den Bezeichnungen ablesen lässt, greift der Gedanke von der Geschichtlichkeit der Dinge Raum, der für Foucault die **Entstehung der modernen Humanwissenschaften** markiert. Dass solche Überlegungen auch für die Analyse von literarischen Texten Relevanz haben, liegt auf der Hand: Texte bestehen aus Zeichen (vgl. Kap. VII); dass aber Zeichen historisch unterschiedlich ‚funktionieren‘, dass hinter ihnen verschiedene Wissenskonzepte stehen, veranlasst je spezifische Lektüre- und Analyseeinstellungen.

Mit der Foucault'schen Diskursanalyse lassen sich auch Regelhaftigkeiten des **literarischen bzw. des literaturwissenschaftlichen Diskurses** untersuchen und Produzent/inn/en sowie Rezipient/inn/en von Literatur als diskursive Phänomene beschreiben. Eine solche Betrachtung von Literatur geht nicht vom einzelnen Autor oder der Autorin bzw. von deren schöpferischem Ingenium aus; vielmehr nähme eine diskursanalytische Perspektive beispielsweise die Regelmäßigkeiten und das literatur- und gesellschaftspolitische Funktionieren des Genie-Diskurses, des Liebes-Diskurses, des Tugend-Diskurses, des Ehr-Diskurses etc. als solche in den kritischen Blick. Der sicherlich bekannteste Aufsatz von Michel Foucault zum Gegenstandsbereich der Literatur ist der auf einen Vortrag im Jahr 1969 zurückgehende Essay *Was ist ein Autor?*. Dass literarische Texte Autoren (oder Autorinnen) haben, erscheint uns selbstverständlich (wie selbstverständlich, zeigt sich nicht zuletzt daran, dass Studierende der Literaturwissenschaft – sehr zum Leidwesen der Lehrenden – Präsentationen immer gerne mit der ‚Biografie des Autors‘ beginnen…). Foucault fragt nun nach der **diskursiven Funktion von Autorschaft**, indem er feststellt: „Die Autor-Funktion ist […] charakteristisch für die Existenz-, Zirkulations- und Funktionsweisen bestimmter Diskurse innerhalb einer Gesellschaft" (Foucault: *Autor*, S. 245). Vier Punkte sind dabei insbesondere wichtig: Erstens hat der Autor eine Aneignungsfunktion; das bedeutet, dass er eine Instanz ist, der das (heute urheberrechtlich geregelte) Eigentum an Texten und Büchern zugesprochen werden kann. Dies war nicht immer so: Bis zum Ende des 18. Jahrhunderts ging das Eigentum an einem Werk an den Verleger, der es publizierte, über, da es in der Tradition des römischen Rechts als Sacheigentum am Manuskript verstanden wurde. Zweitens weist Foucault darauf hin, dass die Funktion ‚Autor‘ zeit- und kulturabhängig ist. Es habe eine Zeit gegeben, schreibt er, in der Texte, die wir heute ‚literarisch‘ nennen, gelesen und verbreitet wurden, ohne dass sich die Autorfrage stellte. Ihr echtes oder vermeintliches Alter war Autorität genug. Man könnte in diesem Zusammenhang an den Anfang des anonym überlieferten *Nibelungenliedes* denken, der sich auf das Alter der im Folgenden zu erzählenden Geschichte beruft: „Uns ist in alten maren wunders vil geseit". Demgegenüber wurden im Mittelalter, so Foucault, Texte, die wir heute wissenschaftlich nennen (medizinische, kosmologische, naturwissenschaftliche, geografische etc.), mit einem Autornamen versehen. Mit Formeln wie ‚Hippokrates sagt', ‚Plinius berichtet' versuchten sie, ihren Wahrheitswert an die Autorität des Autors zu binden, da naturkundliches Wissen als solches noch nicht hinreichend legitimiert war. Erst im 17./18. Jahrhundert kam es zu einer Umkehrung, so dass wir heute bei einem literarischen Text wissen wollen, wer ihn geschrieben hat, nicht unbedingt aber bei einem wissenschaftlichen Sachtext. Drittens wird der Autor als hinter dem Text stehendes Vernunftwesen konstruiert, als vernunftbegabter Ursprung des Schreibens und Quell einer schöpferischen Kraft. Jedoch, argumentiert Foucault, sei das, was aus einem Individuum einen Autor mache, „nur die mehr oder weniger psychologisierende Projektion der Behandlung, die man den Texten angedeihen lässt" (Foucault: *Autor*, S. 248). Will sagen: die Vorstellung eines hinter dem Text stehenden Autors ermöglicht es, den Text mit Hilfe psychologischer Kriterien wie Rationalität oder Emotionalität zu beurteilen. Schließlich, viertens, verweist die Funktion ‚Autor' nicht auf ein reales Individuum, sondern kann eine **Ego-Pluralität** bezeichnen. So ist der Verfasser, der im Vorwort eines mathematischen Traktats ‚ich' sagt, eine andere Instanz als die im Traktat selbst argumentierende, Beweise vortragende und Schlüsse ziehende Figur und nochmals unterschieden von jenem dritten Ich, das im gleichen Traktat seine Arbeit im Horizont anderer mathematischer Werke platziert und reflektiert. Da diese Ichs jeweils unterschiedliche Funktionen erfüllen und es der diskursanalytischen Perspektive gerade auf diese verschiedenen Funktionen ankommt, spricht Foucault hier von „Ego-Pluralität".

Foucault untersucht also, was die Funktion ‚Autor', d.h. die Vorstellung, die wir mit dem Autor verbinden, im Diskurs leistet. Die genannten unterschiedlichen Gesichtspunkte erscheinen uns selbstverständlich und gleichsam natürlich; indessen ist es das Verdienst der Diskursanalyse, ihre historische Bedingtheit und kulturell-politischen Effekte aufgewiesen zu haben und damit auch die Möglichkeit, künftige, möglicherweise ganz andere Autorschaftskonzepte denkbar zu machen. Die diskursanalytische Frage nach dem Autor möchte also nicht wissen, wer den Text geschrieben hat und welche lebensgeschichtlichen Umstände ihn oder sie möglicherweise motiviert haben, sondern sie rückt die diskursiven Effekte, die sich mit der Funktion ‚Autor' verbinden, also die expliziten und impliziten Annahmen und Einteilungen, die den **Autorschaftsdiskurs** regulieren, in den Blick.

Im Hinblick auf eine stärkere Berücksichtigung der Literatur hat u. a. Jürgen Link den diskursanalytischen Ansatz weiter gedacht. Ausgehend von der Frage, wie sich die von Foucault untersuchten Spezialdiskurse, also etwa der medizinische, der juristische oder der politische Diskurs zueinander verhalten, nimmt er einen vermittelnden **Interdiskurs** an – und dieser Interdiskurs ist die Literatur. Medizinisches, pädagogisches, juristisches, biologisches usw. Wissen kommt in literarischen Texten, so argumentiert Link, nicht nur vor, sondern konstituiert sie wesentlich mit. Literatur hat im Hinblick auf die ausdifferenzierten Wissensdiskurse eine reintegrative, d. h. wieder zusammenführende Funktion. Link widmet sich vornehmlich den sog. ,imaginären interdiskursiven Elementen', das sind ,elementar-literarische Anschauungsformen' wie z. B. Analogien, Metaphern, Symbole, Mythen. Sie prägen und bestimmen das Denken und die Wahrnehmung in einer Kultur, ohne dass dies den Angehörigen einer Kultur bewusst ist. Eine besonders wichtige elementar-literarische Anschauungsform ist für ihn das **Kollektivsymbol**, eine Art kollektiv verankertes Sinn-Bild, das sich aus sozial- bzw. technikgeschichtlichen Zusammenhängen heraus erklärt. Ein solches Kollektivsymbol, das Link untersucht hat, ist das des Ballons; in der Literatur des 18. und 19. Jahrhunderts kommt der Ballon vielfach vor, aber in ganz unterschiedlichen diskursiven Konstellationen, die ihn einmal als Maschine, ein anderes Mal als Vehikel begreifen und so Aufschluss über sich verändernde Diskursordnungen geben.

4. Text/Kontext oder: New Historicism

Es dürfte deutlich geworden sein, dass es der Diskursanalyse nicht um den Einzeltext geht, weil sie immer eine Serie von ,Redeäußerungen' (wie es im diskursanalytischen Sprachgebrauch heißt) oder einzelnen Texten benötigt, um Aussagen über die Ordnung des Diskurses machen zu können. Wenn im diskursanalytischen Diskussionskontext von Literatur die Rede ist, geht es immer zugleich um die Relation Literatur – außerliterarischer Bereich. Traditionellerweise wird in diesem Zusammenhang auch mit den Begriffen ,**Text**' und ,**Kontext**' operiert. Diese Begriffe sind jedoch insofern kritisch zu sehen, als sie dazu verführen, einen gegebenen Kontext anzunehmen, der den Text bedingt. Das ist nur die halbe Wahrheit, denn der Kontext ist keine fixe Größe. Man könnte auch sagen, dass jeder Text für einen anderen Text Kontext ist. Deshalb ist es problematisch, wenn unreflektiert von einem geistesgeschichtlichen, politischen oder sozialen ,Hintergrund' ausgegangen wird. Man muss sich dabei vor Augen führen – und dies lehrt ja auch der hermeneutische Zirkel (vgl. Kap. VII. 1) –, dass jeder Text zur Konstitution des Kontexts beiträgt, der Kontext dem Text also nicht vorausgeht. Goethes *Werther* ist nicht einseitig als Reflex des Sturm-und-Drang-Kontexts zu verstehen, sondern trägt im gleichen Maße zu dessen Konstituierung bei. Der sogenannte ,geistesgeschichtliche Hintergrund' wird durch das Ensemble der individuellen geistesgeschichtlichen Textzeugnisse gebildet. ,Text' und ,Kontext' bedingen einander also wechselseitig und sind in einer ständigen Austauschbeziehung miteinander zu denken. Genau dies ist der Grundgedanke des **New Historicism**, einer kulturwissenschaftlichen Forschungsrichtung, die in gewisser Weise aus der Diskursanalyse hervorgegangen ist.

Begründet wurde diese Forschungsrichtung durch den amerikanischen Literaturwissenschaftler Stephen J. Greenblatt (geb. 1943), der sich im Anschluss an Foucaults kritische Analyse der Autorfunktion die Frage gestellt hat, wie Autorschaft bzw. ein auktoriales Ich entsteht. In seinem berühmt gewordenen Buch *Verhand-lungen mit Shakespeare (Shakespearean Negotiations* [1988]) steht Shakespeare im Mittelpunkt, aber nicht als biographische Autorpersönlichkeit, sondern als eine Art Kraftfeld, das einen **Austausch sozialer und kultureller Energie** ermöglicht. Grundsätzlich geht es Greenblatt um das Verhältnis von Gesellschaft und Kunst – eine im Übrigen alte Frage (vgl. Kap. VI), zu der die Wissenschaft offensichtlich immer wieder zurückkehrt. Greenblatt schreibt:

> Ich vermute, daß die allgemeine Frage [...] – nämlich: Was ist die historische Beziehung zwischen Kunst und Gesellschaft bzw. zwischen der diskursiven Praxis eines institutionell abgegrenzten Bereichs und der eines anderen? – nicht zu einer eindeutigen, theoretisch zufriedenstellenden Antwort führen wird. [...] der Kapitalismus hat charakteristischerweise weder Herrschaftsformen hervorgerufen, in denen alle Diskurse miteinander koordiniert zu sein scheinen, noch solche, in denen sie radikal voneinander isoliert oder diskontinuierlich zu sein scheinen. Er hat vielmehr Herrschaftsformen ins Leben gerufen, in denen die Tendenz der Differenzierung und die der monologischen Organisation gleichzeitig wirksam sind, zumindest einander so schnell abwechseln, daß der Eindruck der Gleichzeitigkeit entsteht.
>
> (Greenblatt: *Grundzüge einer Poetik der Kultur*, S. 266f.)

Hier wird deutlich, dass Greenblatt nach einer Erklärungsgrundlage jenseits des alten und starren Basis-Überbau-Schemas sucht. Er nimmt ein Oszillieren zwischen abgegrenzten diskursiven Bereichen einerseits und ihrer Vermengung andererseits an. In diesem Zusammenhang werden die Begriffe der ‚**Zirkulation**' und des ‚**Austauschs**' wichtig. Greenblatt stellt diese ökonomischen Termini neben die traditionellen ästhetischen oder rhetorischen Begriffe, mit denen üblicherweise das Verhältnis von ‚Wirklichkeit' und ‚Kunst' beschrieben wird, wie etwa ‚Symbolisierung', ‚Allegorisierung', ‚Darstellung' oder ‚Mimesis', denn:

> Wir müssen Begriffe entwickeln, mit denen wir darlegen können, wie Material – [...][z. B.] amtliche Dokumente, private Papiere, Zeitungsausschnitte usw. – von einem Bereich des Diskurses in einen anderen übersetzt und damit ästhetisches Eigentum wird.
>
> (Greenblatt: *Grundzüge einer Poetik der Kultur*, S. 276).

Darin liegt in der Tat das Problem, dessen Brisanz Greenblatt an einer Modellanalyse über den Fall des Häftlings Gary Gillmore und dessen literarische Verarbeitung in Norman Mailers Roman *Gnadenlos* (1979) vorführt. Dokumente, Protokolle, private Briefe finden Eingang in einen Roman, der seinerseits für eine NBC-Kurzfilmserie verfilmt wurde und, wie Greenblatt formuliert, damit half, „Autos, Waschpulver und Deodorants zu verkaufen" (ebd. 275). Das Modell von der Zirkulation sozialer und kultureller Energie versucht, den **Zusammenhang von Diskursbereichen** wie des juristischen und des literarischen Diskurses oder einfach zwischen ‚Realität' und ‚Kunst' denkbar zu machen, ohne in das traditionelle historistische Modell von der geschichtlichen Bedingtheit der Phänomene zurückzufallen.

Anliegen und Leistung des New Historicism werden u. a. auch in Greenblatts ,Lektüre' des Yosemite-Nationalparks anschaulich, die einmal mehr das Verfahren, Kultur als Text zu betrachten, exemplifiziert. Greenblatt beschreibt nicht ohne Ironie, wie der asphaltierte Weg, der in den Park hinein führt, plötzlich abbricht und ein Schild den Beginn der Wildnis ankündigt. Signifikant ist, dass die ,Wildnis' nicht einfach beginnt, sondern dass sie als solche markiert wird und man an einem Kiosk Eintrittsgeld in die Wildnis entrichtet. Der Blick auf die Nevada-Wasserfälle wird durch ein Geländer und durch eine Tafel reguliert, die auf die beste Perspektive zum Fotografieren aufmerksam macht. Dies hat zur Folge, dass ein Großteil derer, die den Park besuchen, von der gleichen Stelle aus mehr oder weniger dasselbe Foto machen und auf diese Weise ein standardisiertes, gleichwohl aber für authentisch gehaltenes Bild der ,Natur' gewinnen. Auch die Erfahrung des Parks ist von einem Zirkulationsprozess geprägt: „Die Wildnis wird gleichzeitig festgehalten und ausradiert durch die amtlichen Gesten, die ihre Grenzen festlegen; das Natürliche wird dem Künstlichen gegenübergestellt in einer Weise, die deren Unterscheidung sinnlos macht" (Greenblatt: *Grundzüge einer Poetik der Kultur*, S. 273). Damit sind zwei kulturwissenschaftliche Zentralbegriffe aufgerufen, ,**Natur**' und ,**Kultur**': Parks wie Yosemite bringen die Unterscheidung zwischen Natürlichem und Künstlichem erst hervor, ermöglichen es aber gleichzeitig, die wechselseitige Durchdringung beider und damit ihren diskursiven Konstruktionscharakter zu erkennen. ,Natur' und ,Kultur' sind in kulturwissenschaftlicher Perspektive keine Gegensätze, ,Natur' ist nichts natürlicherweise Gegebenes, sondern immer schon ein Kulturprodukt. Das muss man sich etwa auch vor Augen halten, wenn Fontanes Effi Briest als unter den Zwängen der Gesellschaft leidendes Naturwesen konstruiert wird; hinter ihrer ,Natürlichkeit' steht immer eine historische und d. h. innerhalb einer bestimmten Kultur entwickelte Auffassung von Natur. Auch das, was wir heute als ,Natur' zu bezeichnen geneigt sind, ist im Sinne der Kulturwissenschaften eine Konstruktion, weil historisch und je nach Sach- und Funktionszusammenhang veränderlich. So war das physikotheologische Naturverständnis des 17. und frühen 18. Jahrhunderts, das im Wirken der Natur göttliche Zweckhaftigkeit erkannte, zweifellos ein anderes als das der Romantik, das zwar bis heute nachwirkt, für den Landwirt aber gewiss ein anderes ist als für die Wandergruppe oder für die Landschaftsplanerin.

5. Konstruktion, Differenz, Identität

Mehrfach war in den vorausgegangenen Abschnitten von ,**Konstruktion**' die Rede. Damit ist tatsächlich ein Zentralbegriff der neueren Kulturwissenschaft benannt, die nicht mehr von ,Wesenheiten' oder natürlicherweise Gegebenem ausgeht. Daher wendet sich die moderne Kulturwissenschaft gegen jede Form von ,Essenzialismus' und versucht statt dessen, die Bedingungen, Verfahrensweisen und Wirkungen der kulturellen Konstruktionstätigkeit zu beschreiben. Im Zusammenhang mit der Einsicht in die prinzipielle Konstruiertheit der Kultur steht das

Bewusstsein von der Bedingtheit und der Relativität der Positionen, die sowohl die kulturell handelnden als auch die Kultur wissenschaftlich analysierenden Subjekte – und zwischen beiden besteht kein prinzipieller Unterschied – einnehmen. Dies wird besonders in den Ansätzen des sogenannten **Postkolonialismus** (aber natürlich nicht nur dort) deutlich, der sich mit der Frage auseinandersetzt, in welcher Weise die koloniale Herrschaft der westeuropäischen Mächte kolonisierte Kulturen und Subjekte erzeugt hat und wie sich diese nach dem Ende des Kolonialismus als selbstbewusste Angehörige ihrer von außen bestimmten, aber als solche gleichwohl zur ‚eigenen' gewordenen Kultur artikulieren können. Besonders einflussreich in diesem Zusammenhang war das Buch *Orientalismus* (*Orientalism* [1978]) des aus Palästina stammenden Literaturwissenschaftlers Edward W. Said (1935–2004), der als Anglist und Komparatist in den USA lehrte. Said zeigt, dass das noch heute weit verbreitete Bild des Orients, das auf der einen Seite Sinnlichkeit und Märchenhaftigkeit im Sinne der Erzählungen von *Tausendundeinernacht* transportiert, auf der anderen Seite aber durch Gewalt und Grausamkeit gekennzeichnet ist, eine westliche Erfindung, um nicht zu sagen Konstruktion, ist, mittels derer der Westen sein ‚Anderes' entwarf, um sich als ‚Eigenes' setzen zu können. Die Opposition ‚**eigen'/‚fremd'** verliert in dieser Perspektive ebenso ihren Ausschließungscharakter wie diejenige von Natur und Kultur; das Eigene und das Fremde sind stets aufeinander bezogen und gleichermaßen Konstruktion.

Eng verbunden mit dem kulturellen Konstruktionsbewusstsein ist das kulturwissenschaftliche Denken der **Differenz**, das als poststrukturalistisches Erbe (vgl. Kap. VII. 4) in der modernen Kulturanalyse zu konkreter Anwendung kommt. Jede Konstruktion ist mit Setzungen und Entscheidungen verbunden, die alternative Optionen ausschließen, diese aber gleichwohl als Möglichkeit und damit differenziell bewusst halten. Die Wahrnehmung von Differenzen prägt letztlich auch den Kulturbegriff selbst. So hat der Philosoph Wolfgang Welsch (geb. 1946) darauf aufmerksam gemacht, dass Kulturen heute keine in sich abgeschlossenen und homogenen Gebilde mehr sind, wie sie noch Johann Gottfried Herder (1744–1803) beschrieben hat. Vermutlich, muss man hinzufügen, waren sie es nie. Welsch schreibt:

> Unsere Kulturen haben de facto längst nicht mehr die Form der Homogenität und Separiertheit. Sie haben vielmehr eine neuartige Form angenommen, die ich als *transkulturell* bezeichne, weil sie durch die traditionellen Kulturgrenzen wie selbstverständlich *hindurchgeht*. Die kulturellen Verhältnisse sind heute weithin durch Mischungen und Durchdringungen gekennzeichnet.
>
> (Welsch: *Transkulturalität*, S. 70)

Das bedeutet: Kulturen sind in sich vielfach differenziert. Welsch weist darauf hin, dass die Kultur eines Arbeitermilieus, eines Villenviertels und der Alternativszene kaum etwas mit einander zu tun haben und außerdem noch horizontale Differenzierungen von weiblicher und männlicher, heterosexueller oder homosexueller Orientierung hinzukommen. Indessen sind Kulturen auch nach außen vielfach miteinander vernetzt, so dass Welsch gegenüber den gebräuchlichen Begriffen von ‚Interkulturalität' und ‚Multikulturalität' den Begriff ‚**Transkulturalität**' vorschlägt, der gleichzeitig von Differenzen und Verbindungen ausgeht.

Auch für die Konstruktion **kultureller Identität** hat der Differenzgedanke Konsequenzen: ‚Race' (ethnische Zugehörigkeit), ‚class' (Klasse), ‚gender' (Geschlecht) sind die gängigen sozialwissenschaftlichen Differenzierungsmerkmale, die auch in der aktuellen Literaturwissenschaft zur Beschreibung kultureller Identität aufgegriffen werden. ‚Nation', ‚Lokation', ‚Religion', ‚Generation' sind nur einige weitere in der gegenwärtigen Debatte um kulturelle Identitäten verwendete Unterscheidungen. Dass kulturelle Identität in zunehmendem Maß ein Thema auch der deutschen Literaturwissenschaft ist, darauf weist die große Zahl von Texten hin, die mittlerweile von Autorinnen und Autoren mit nichtdeutschem Hintergrund in deutscher Sprache verfasst sind (vgl. Chiellino [Hg.]: *Interkulturelle Literatur in Deutschland*). Gerade die türkisch-deutsche Literatur, zunächst unter dem Stichwort ‚Gastarbeiterliteratur', später unter dem Etikett ‚Migrantenliteratur' verhandelt, stellt hier einen nicht mehr zu übersehenden und viel beachteten Anteil, der sich differenzierenden transkulturellen Analysen anbietet. Dass die Frage der kulturellen Identität aufs Engste mit dem für die Literaturwissenschaft virulenten Problem der Darstellung verbunden ist, hat der Kulturtheoretiker Stuart Hall immer wieder geltend gemacht, indem er darauf hingewiesen hat, dass Identität nur innerhalb der Repräsentation stattfinde. Damit ist gesagt, dass Identität nur im Rahmen des schon Repräsentierten, also im Rahmen existierender Bilder und Vorstellungen, etwa von der eigenen Kultur oder von einer anderen, hergestellt wird. Identität in diesem als Akt gedachten Sinne ist Identifizierung und damit ein (im Übereinklang mit modernen sozialwissenschaftlichen Forschungsansätzen) grundsätzlich unabgeschlossener Prozess. In dieser Betrachtungsweise gerät das Medium, innerhalb dessen die Identifizierung stattfindet – und im Bereich der Literatur ist dies der sprachlich vermittelte Text – in den Blickpunkt.

6. Medien-Kultur/Kultur der Medien

Von Medien ist heute allenthalben die Rede, und selbstverständlich sind die Medien ein Teil der Kultur. Medienwissenschaft kann daher als ein Teilgebiet der Kulturwissenschaft betrachtet werden. Der Umgang mit Medien ist eine kulturelle Praxis, die in unterschiedlichen Kulturen unterschiedliche Formen annimmt, historisch veränderlich ist und Rückwirkungen auf den Menschen als Kulturwesen hat. Ein gerade auch für die Literaturwissenschaft zentrales kulturwissenschaftliches Thema stellt der Forschungsbereich zum Thema **Oralität** (Mündlichkeit) und **Literalität** (Schriftlichkeit) dar, der sich mit der Frage auseinandersetzt, wie mündliche bzw. schriftliche Kulturen funktionieren, wie in ihnen Überlieferung und Gedächtnis organisiert sind und welche kulturellen Verschiebungen sich im Übergang von der Mündlichkeit zur Schriftlichkeit ergeben. Dass sich der

Blick bei diesen Forschungsfragen auf die beteiligten Medien richten muss und dabei die **Schrift** als Medium in den Mittelpunkt der Aufmerksamkeit tritt, liegt auf der Hand.

Eine Brückenfunktion zwischen kultur- und medienwissenschaftlichen Betrachtungsweisen nimmt auch die Diskursanalyse ein. Das 1985 erschienene Buch *Aufschreibesysteme 1800/1900* des Diskursanalytikers Friedrich A. Kittler (geb. 1943), 1990 unter dem englischen Titel *Discourse Networks 1800/1900* veröffentlicht, veranschaulicht den engen Konnex von Kultur- und Medienanalyse in seiner unmittelbaren Relevanz für die Literaturwissenschaft. Mit ‚1800' und ‚1900' beschreibt Kittler zwei Umbrüche im Verständnis dessen, was wir als ‚Dichtung' bezeichnen. Dabei geht es ihm um die diskursiven Bedingungen des Lesens und Schreibens und damit um das Funktionieren des ganzen Komplexes ‚Literatur'. Das Buch heißt ‚Aufschreibesysteme' und nicht etwa ‚Schreib'- oder ‚Schriftsysteme', weil die sehr konkreten Techniken und Prozeduren des Lesens und Schreibens in den Blick gefasst werden. Kittler zeigt, dass um 1800 unser heutiges Dichtungsverständnis einsetzt und, zeitgleich mit der Einsetzung der Hermeneutik, in der Lesepädagogik Wert darauf gelegt wurde, dass Kinder ‚verstehen', was sie lesen. Es entstanden Fibeln und eine eigene Kinderliteratur; gleichzeitig wurde die Frau als Mutter, die als Ursprung und Natur konstruiert wurde, als Lese- und Schreiblehrerin eingesetzt, um namentlich die männlichen Kinder die ‚Natürlichkeit' des Wortes zu lehren und sie zu rede- und wortmächtigen Subjekten heranzubilden. Sie selbst bleibt jedoch stumm und ist im ‚Aufschreibesystem 1800' als selbstmächtig Sprechende oder Schreibende nicht vorgesehen. Im ‚Aufschreibesystem 1900' vollzieht sich Kittler zufolge ein ‚medial turn', eine mediale Wende. Um 1900 greife mehr und mehr ein Schreiben Raum, das weder im Geschriebenen, also im Inhalt, noch im Schreiber begründet ist, sondern dessen einzige Botschaft die eigene Medialität sei. Dabei tritt insbesondere die Signifikantenstruktur der Sprache selbst, die ‚Schrift' (vgl. Kap. VII. 3 und 4) in den Vordergrund. In der Innovation der Schreibmaschine, deren Schrifttypen, so Kittler, blinde und taktile Gewalt ausüben und die den Frauen eine den Männern unheimliche Macht über die Schrift verleihen, findet das neue ‚Aufschreibesystem' sein sprechendes Bild.

7. Der Begriff ‚Medium'

Der Begriff des Mediums ist heute in aller Munde, jedoch wird er vielfach unscharf und in unterschiedlichem Verständnis gebraucht. Der Begriff kommt aus dem lat. ‚medium' bzw. dem gr. ‚meson' und bedeutet wörtlich ‚Mittleres', ‚Öffentlichkeit', ‚Gemeinwohl', ‚öffentlicher Weg'. Als ‚Mittleres' transportiert er die Vorstellung einer **Vermittlung zwischen zwei Positionen**, etwa zwischen dem Sender und dem Empfänger einer Botschaft, die über ein Medium, z. B. einen Brief oder eine E-Mail, übermittelt wird. Gleichwohl geht die neuere Medientheorie davon aus, dass das Medium nicht neutral oder transparent im Hinblick auf die Botschaft ist, sondern dass es die Botschaft nicht unwesentlich prägt, ja, dass die

Botschaft eine andere ist, je nach dem Medium, in dem sie vorliegt. Der kanadische Medientheoretiker und Literaturwissenschaftler Herbert Marshall McLuhan (1911–1980) hat in seinem 1964 auf Englisch publizierten Werk *Die magischen Kanäle* (*Understanding media. The extensions of man*) die provozierende These aufgestellt, die bereits in der im vorigen Abschnitt angesprochenen Position von Kittler zum ‚Aufschreibesystem 1900' anklang, dass das Medium selbst die Botschaft sei: "The medium is the message." Medien sind nach McLuhan – aber dies ist nur *ein* Medienbegriff, dem andere zur Seite gestellt werden müssen – Werkzeuge, die den Körper des Menschen überschreiten und eine Ausweitung seiner Person darstellen.

Um nochmals auf die oben erwähnten Medien Brief und E-Mail zurückzukommen, so stellt sich doch die Frage, was genau daran das ‚Medium' ist: Ist es die Schrift oder das Papier, das Internet, das E-Mail-Programm oder der Computer? Tatsächlich liegt hier eine **konstitutive Unbestimmtheit des Begriffs,** mit der es umzugehen gilt und der unterschiedliche wissenschaftliche (und öffentliche) Verwendungsweisen je verschieden begegnen. Als Basismedien werden in der Medienwissenschaft ‚Text', ‚Bild', ‚Ton' und ‚Zahl' betrachtet. Man kann aber auch in einem spezifizierten Sinne von Medien sprechen, etwa von ‚Printmedien' (z. B. Flugblatt, Zeitung, Zeitschrift, Buch), von ‚Bildmedien' (z. B. Gemälde, Fotografie, Film, Fernsehen), von ‚Tonmedien' (z. B. Schallplatte, CD, Radio), von ‚technischen Medien' (z. B. Rundfunk, Fernsehen, Computer), ‚audiovisuellen' Medien (z. B. Film, Fernsehen, Computer), ‚digitalen Medien' (z. B. digitales Fernsehen, Computer), ‚Massenmedien' (z. B. Zeitung, Fernsehen, Internet), wobei jeweils ein bestimmter Aspekt die Gruppierung bestimmt. Eine weitere Medienklassifikation unterscheidet zwischen Primär-, Sekundär-, Tertiär- und Quartärmedien. Bei den Primärmedien kommt die Kommunikation zwischen Sender und Empfänger ohne ein technisches Hilfsmittel zustande. In diesem Sinn stellt die (mündliche) Sprache ein Primärmedium dar. Von Sekundärmedien spricht man, wenn zum Übermitteln der Information ein technisches Hilfsmittel benutzt wird, z. B. ein Tafelbild, Druckerzeugnisse oder Fotografien. Bei den Tertiärmedien benutzen beide Kommunikationspartner ein technisches Hilfsmittel, wie es etwa beim Fernsehen oder beim Telefon der Fall ist. Unter Quartärmedien versteht man digitale Medien, für die ein Computer als Kommunikationsmittel erforderlich ist, z. B. E-Mail oder Internet. Festgehalten werden muss, dass es nicht die zum Einsatz kommenden Apparate sind, die den Medienbegriff ausmachen, also nicht die ‚hardware'. Vielmehr muss die über die zugehörige ‚software', d. h. das jeweilige Programm der Kodierung, **vermittelte' Botschaft** stets mitgedacht werden, wenn sinnvollerweise von einem ‚Medium' die Rede sein soll. Eine Botschaft ist jedoch nur dann eine Botschaft, wenn sie ankommt. Daher bleibt die **Sender-Empfänger-Beziehung** für den Medienbegriff grundlegend.

Die moderne Literaturwissenschaft beschäftigt sich also nicht nur damit, wie ein (literarischer) Text als Medium funktioniert, sondern fragt auch danach, wie andere Medien ihre ‚message' konstituieren. Erst der vergleichende Blick vermag das Spezifische der einen wie der anderen Medialität zu erfassen. Das Nebeneinander der Medien ist darüber hinaus nicht als Medienkonkurrenz aufzufassen, vielmehr ist von einer **Medienkooperation** auszugehen. Wir lesen die Zeitung und wir schauen fern, wir nutzen das Internet und wir lesen Bücher. Außerdem gilt es zu bedenken, dass Medien ihre Grenzen überschreiten und ein Medium andere Medien in sich aufnehmen kann: Beispielsweise werden Texte illustriert, so dass wir in Büchern neben Wörtern auch Bilder finden; Bilder integrieren aber auch Text; Filme beruhen auf (Dreh-)Büchern und zitieren Texte; und das Medium Internet verbindet nun gar Text, Bild und Ton zu einer Medialität eigener Art. Die wissenschaftliche Auseinandersetzung mit den Wechselbeziehungen zwischen den unterschiedlichen Medien findet unter dem Stichwort ‚**Intermedialität**‘ statt und hat in den letzten Jahrzehnten zu außerordentlich lebhaften Forschungsdiskussionen geführt.

8. Text und Bild

Das Verhältnis von Text und Bild ist ein altes Thema in der Geschichte und Theorie der Literatur. Bereits der römische Lyriker und Dichtungstheoretiker Quintus Horatius Flaccus (65–8 v. Chr.) hatte, wie bereits in Kap. IV erwähnt, in seiner *Epistula ad Pisones* (*Brief an die Pisonen*) die Dichtung mit der Malerei verglichen: „ut pictura poesis" („Dichtungen gleichen Gemälden"). Wie auch immer dieser Vergleich bei Horaz im Einzelnen zu verstehen ist – dass die Sprache Bildkraft hat oder haben sollte, wusste bereits die antike Rhetorik, die mit dem Stilprinzip der *evidentia*, der Fähigkeit der Sprache, Sachverhalte anschaulich vor Augen zu stellen, große Bedeutung beimaß. Anschaulichkeit und Bildkraft der Rede werden zu einem nicht unwesentlichen Teil durch den Einsatz von Tropen und Figuren bewirkt. So wird z. B. die Metapher häufig auch als sprachliches Bild bezeichnet. Eine Text und Bild konkret kombinierende intermediale Form, die im 16. Jahrhundert entstand und sich bis weit in das 18. Jahrhundert hinein großer Beliebtheit erfreute, ist das **Emblem**. Es verbindet ein Bildelement, die sogenannte *Pictura,* mit einem *Motto* und einer *Subscriptio* zu einem komplexen Sinngebilde, dessen einzelne Bestandteile sich gegenseitig interpretieren, aber auch einen mehrfachen Bedeutungszusammenhang aufbauen (vgl. Textbeispiel VIII, 3). Die Dichtung des Barock griff vielfach auf die Emblematik zurück, zum einen um sich die Bildkraft konventioneller Wissensbestände zu Nutze zu machen, zum anderen um über die Herstellung komplexer Sinnzusammenhänge die eigene Kunstfertigkeit zu demonstrieren.

Ein Schlüsseltext der abendländischen Diskussion über das Verhältnis von Text und Bild ist Gotthold Ephraim Lessings kunsttheoretische Schrift *Laokoon: Oder über die Grenzen der Mahlerey und Poesie. Mit beyläufgen Erläuterungen verschiedener Punkte der alten Kunstgeschichte* (1766). Ausgehend von der spätantiken Laokoon-Gruppe und Vergils Erzählung der Laokoon-Geschichte in der *Aeneis* stellt Lessing die seiner Meinung nach prinzipiellen Unterschiede zwischen der bildkünstlerischen und der dichterischen Darstellungsweise heraus: Während Malerei und bildende Kunst Lessing zufolge durch das Nebeneinander von Farben und Formen im Raum, mithin durch das Prinzip der **Gleichzeitigkeit**, gekennzeichnet sind, ist die Dichtung durch das **Nacheinander** von Handlungen und durch das Moment der Zeitlichkeit bestimmt. Die Malerei stellt den angehaltenen Moment dar; sie darf das Hässliche nicht direkt gestalten, weil dieses auf Dauer gestellt abstoßend wirkt. Der Poesie hingegen ist es sehr wohl erlaubt, das Hässliche, etwa ein schmerzverzerrtes Gesicht, zu gestalten, da der hässliche Eindruck in der Abfolge der Wörter keinen Bestand hat. An die von Lessing postulierte Mediendifferenz knüpften zahllose Diskussionen an, die zum einen seinen Ansatz differenzierten, ihn aber auch in Frage stellten, etwa indem sie geltend machten, dass die Perzeption eines Kunstwerks gleichfalls sukzessive erfolge.

Laokoon-Gruppe

Ein beliebter und produktiver Forschungsansatz im Bereich der Text-Bild-Beziehungen besteht darin, konkrete Bildvorlagen in literarischen Texten ausfindig und für die Interpretation nutzbar zu machen. So hat etwa Peter-Klaus Schuster (geb. 1943) gezeigt, dass Fontanes Roman *Effi Briest* stark durch Bildmuster der christlichen Tradition bestimmt ist und die Hauptfigur Effi Briest vor dem Hintergrund der überlieferten Eva- und Maria-Darstellung lesbar wird, so etwa als Maria in der Eingangsszene, die Effi im blau und weiß gestreiften Kittelgewand im abgeschlossenen Garten des von Briest'schen Herrenhauses zeigt. Blau und weiß sind traditionell die Farben der Muttergottes, die auf mittelalterlichen Gemälden häufig in einem abgeschlossenen Garten, dem sogenannten *hortus conclusus*, dargestellt wird. Dass sich der Roman selbst der prägenden Kraft der abendländischen Bildtradition bewusst ist, kommt in den Postkarten zum Ausdruck, die Effi von der Hochzeitsreise an ihre Eltern schickt und die von zahlreichen ermüdenden Museums- und Galeriebesuchen berichten: „Ich habe noch immer das Ziehen in den Füßen, und das Nachschlagen und das lange Stehen vor den Bildern strengt mich an" (Fontane: *Effi Briest*, S. 41).

9. Bewegte Bilder

Als mit der bahnbrechenden Erfindung des **Films** um 1900 ‚die Bilder laufen lernten‘, stellte sich die Frage nach dem Verhältnis von Text und Bild bzw. ‚Bewegungsbild‘, wie Gilles Deleuze (1925–1996) formuliert, neu. Das von Lessing der Dichtung zugesprochene Moment der Zeitlichkeit, d.h. der Linearität, kennzeichnet auch das neue Medium des Films, das als weitere Gemeinsamkeit mit der Literatur das Merkmal aufweist, dass es Geschichten erzählt. Von daher ist es nicht weiter erstaunlich, dass der Film in den letzten Jahrzehnten verstärkt in den Aufmerksamkeitsbereich der Literaturwissenschaft getreten ist. Das literaturwissenschaftliche Interesse am Film gründet sich nicht zuletzt auch auf die Tatsache, dass es zahlreiche **Literaturverfilmung**en gibt, d. h. Filme, denen mehr oder weniger eng eine literarische Textvorlage zugrunde liegt. Berühmte Verfilmungen deutscher Literatur sind etwa Luchino Viscontis (1906–1976) *Der Tod in Venedig* (1970) nach Thomas Manns (1875–1955) gleichnamiger Novelle aus dem Jahr 1912, Rainer Werner Fassbinders (1946–1982) *Fontane Effi Briest* (1974), die als Fernsehserie ausgestrahlte Verfilmung von Alfred Döblins (1878–1957) 1929 erschienenem Roman *Berlin Alexanderplatz* (1979/80) ebenfalls von Fassbinder, Volker Schlöndorffs (geb. 1939) Verfilmung von Günter Grass' (geb. 1927) Roman *Die Blechtrommel* (1959) von 1979 oder aber Stanley Kubricks (1928–1999) Film *Eyes Wide Shut* (1999) nach Arthur Schnitzlers (1862–1931) *Traumnovelle* (1926). Ein besonders reizvolles Beispiel ist Fassbinders *Effi Briest*-Verfilmung, weil sie stets deutlich macht – und bereits der Titel des Films *Fontane Effi Briest* weist darauf hin –, dass sie eine literarische Vorlage verfilmt. So werden beispielsweise in Frakturschrift gesetzte Romanzitate als Inserts ins Filmbild gesetzt; auch tritt die Stimme des Erzählers deutlich hervor und manchmal auch in Widerspruch zu dem, was die Bilder zeigen, so dass die künstlerische Gemachtheit des Films ins Bewusstsein des Betrachters/der Betrachterin tritt. Der Film spielt mit seiner eigenen Intermedialität, auch dadurch, dass er seine Figuren immer wieder in gerahmten Bildern zeigt und Rahmenbrüche inszeniert. Freilich sollte man sich stets vor Augen halten, dass eine Literaturverfilmung nicht am zugrunde liegenden Text bzw. ihrer ,Werktreue' gemessen werden sollte. Doch die neuere Literaturwissenschaft interessiert sich nicht nur für Literaturverfilmungen. Sie betrachtet den Film als ein narratives Genre mit einer spezifischen Ästhetik. Text und Film haben ihre eigene Logik und folgen ihrer medienspezifischen Gesetzlichkeit, die im Falle des Films doch eine andere ist als bei einem literarischen Text, insofern als das Filmbild technisch vorgegeben ist, während der/die Leser/in eines Romans Bilder des Gelesenen im Kopf erzeugt. Auch muss bei der Filmanalyse das Zusammenspiel von Bild und Tonspur bedacht werden.

Die besondere Ästhetik des Films besteht darin, dass er, wie James Monaco (geb. 1942) vermerkt (Monaco: *Film verstehen,* S. 21), ebenso wie auch die **Fotografie**, zu den reproduzierenden Künsten gehört. D. h. das abgebildete Objekt (das fotografische Motiv, der/die Schauspieler/in) hat sich tatsächlich vor der Kamera befunden – im Unterschied zur Malerei, die nicht notwendigerweise nach dem Modell arbeitet – und die fotografische/filmische Reproduktionstechnik erlaubt eine hohe ,Wirklichkeitstreue'. Allerdings ist gerade hier Vorsicht geboten: Wie die Fotografie folgt auch der Film eigenen Kodes und Konventionen. Das, was gezeigt wird, ist nicht Realität; vielmehr wird der ,**Realitätseffekt**' (Roland Barthes), d. h. die aufgrund ihrer technischen Möglichkeiten zustande kommende

Wirkung dieser Medien, etwas erscheinen zu lassen als wäre es Wirklichkeit, gezielt als künstlerisches Mittel und zur Konstruktion einer Kunst-Wirklichkeit eingesetzt. Im Zeitalter der **Digitalität** verlieren indessen auch die reproduzierenden Künste ihren Realitätsindex; Bilder werden heute vielfach am Computer erzeugt – und erscheinen oft genug ‚wirklicher‘ als die ‚Wirklichkeit‘ selbst. Jedenfalls bedarf es, um die künstlerischen Mittel, mit denen der Film, ob analog oder digital, arbeitet, erkennen und beschreiben zu können, der Grundkenntnis seiner spezifischen Darstellungstechniken, wie etwa Kameraeinstellungen, Montageformen, Möglichkeiten der Bildbearbeitung.

10. Hypertext

Der Begriff ‚Hypertext‘ (von gr. ‚*hypér*‘ ‚über‘; lat. ‚*texere*‘ ‚weben, flechten‘) wurde in den 60er-Jahren des letzten Jahrhunderts von Theodor H. Nelson (geb. 1937) eingeführt. Er beschreibt eine Textform, die ‚über‘ die Vorstellung eines in sich abgeschlossenen Textes hinausgeht und jeden Text mit anderen Texten vernetzt. Vor allem elektronische Texte, die über sog. *links* mit anderen Texten verknüpft sind, erfüllen das Modell des Hypertexts (eine Vorform sind alte wissenschaftliche Texte mit Kommentierungen am Rand oder die heutige Form eines wissenschaftlichen Texts mit Fußnoten und Querverweisen). Die zugehörige Theorie der Hypertextualität ist poststrukturalistischen Denkansätzen verpflichtet, indem sie sich gegen Zentrismus und Hierarchisierung wendet. Die Linearität des Texts soll aufgebrochen werden zu Gunsten einer im Prinzip unendlichen Zahl von gleichberechtigten und gleichzeitigen Lektüremöglichkeiten. George P. Landow (geb. 1942) hat in diesem Zusammenhang die sogenannte ‚Konvergenzthese‘ aufgestellt, die besagt, dass im Computerzeitalter Theorie (und damit sind die poststrukturalistischen Theorien im Umkreis von Jacques Derrida und Roland Barthes gemeint) und Technologie sich einander annähern, ja konvergieren. Tatsächlich erinnert das Hypertext-Modell stark an Roland Barthes' Vorstellung vom Text als Gewebe (vgl. Kap. VII. 4). Allerdings ist zu bedenken, dass die Freiheiten der Textverknüpfung im Internet keinesfalls unendlich sind; die Optionen, die man als *user* hat, sind durch die Pfade vorgegeben, die andere angelegt haben. Vor dem Hintergrund der Hypertextualitätstheorie gab und gibt es im Internet zahlreiche Literaturprojekte, die den souveränen Autor abgeschafft und statt dessen die *user* des *nets* zu gleichberechtigten Autoren und Autorinnen erhoben haben. D. h. es entstehen Texte im Netz, die an unterschiedlichen Enden von verschiedenen Autorinnen und Autoren geschrieben werden und die im Prinzip unendlich sind. Wie ästhetisch befriedigend solche Texte letztlich sind, ist eine andere Frage und wie so vieles Geschmacksache … In jedem Fall aber verändern die fast permanente und mühelose Vernetzung des modernen Menschen, die ständige Verfügbarkeit der sich rasant vermehrenden Wissensbestände und die alltäglich gewordene **Mensch/Maschine-Kommunikation**, die den Computer im McLuhan'schen Sinne zur Extension des Menschen macht, die Bedingungen der Produktion und Rezeption von literarischen sowie nichtliterarischen Texten und stellen eine Herausforderung für die kultur- und medienwissenschaftliche Analyse dar.

Weiterführende Literatur

Baßler (Hg.): *New Historicism.* **Greenblatt:** *Grundzüge einer Poetik der Kultur.* **Kremer:** *Literaturwissenschaft als Medientheorie.* **Paech:** *Literatur und Film.* **Schuster:** *Theodor Fontane: „Effi Briest".*

Arbeitsteil

A. Fragen und Aufgaben

1. Erläutern Sie die Unterschiede zwischen dem alten und dem neuen Kulturbegriff.

2. Nennen Sie Argumente für eine kulturwissenschaftliche Öffnung der Literaturwissenschaft.

3. Was bedeutet die Formel ‚Kultur als Text'?

4. Was ist ein ‚Diskurs' und welche Ziele verfolgt die Diskursanalyse?

5. Arbeiten Sie das Naturverständnis im Textbeispiel VIII, 1 heraus und überlegen Sie, in welcher Hinsicht es für eine kulturwissenschaftliche Analyse aufschlussreich sein könnte.

6. Beschreiben Sie das Verhältnis von Fremdheit/Exotismus und Eigenem/Heimat im Textbeispiel VIII, 2.

7. Erläutern Sie den Begriff ‚Intermedialität' und benennen Sie unterschiedliche Formen.

8. Beschreiben Sie die spezifische Intermedialität des Emblems (vgl. Textbeispiel VIII, 3).

9. Welche Unterschiede zwischen Malerei und Dichtung nennt Lessing in dem im Textbeispiel VIII, 4 wiedergegebenen Ausschnitt aus seinem *Laokoon*?

10. Beschreiben und interpretieren Sie die Intermedialität der Stills (Szenenfotos) aus Fassbinders *Fontane Effi Briest* (VIII, 5).

11. Suchen Sie ein Literaturprojekt im Internet auf und beschreiben Sie die Unterschiede zu einem in Buchform vorliegenden literarischen Text.

B. Text- und Bildbeispiele

VIII, 1   **Johann Wolfgang Goethe**

Aus: *Die Leiden des Jungen Werthers*

Das volle, warme Gefühl meines Herzens an der lebendigen Natur, das mich mit so vieler Wonne überströmte, das rings umher die Welt mir zu einem Paradiese schuf, wird mir jetzt zu einem unerträglichen Peiniger, zu einem quälenden Geist, der mich auf allen Wegen verfolgt. Wenn ich sonst vom Felsen über den Fluß bis zu jenen Hügeln das fruchtbare Thal überschaute und alles um mich her keimen und quellen sah; wenn ich jene Berge vom Fuße bis zum Gipfel, mit hohen dichten Bäumen bekleidet, jene Thäler in ihren mannichfaltigen Krümmungen von den lieblichsten Wäldern beschattet sah, und der sanfte Fluß zwischen den lispelnden Röhren dahin gleitete, und die lieben Wolken abspiegelte, die der sanfte Abendwind am Himmel herüber wiegte; wenn ich dann die Vögel um mich den Wald beleben hörte, und die Millionen Mückenschwärme im letzten rothen Strahle der Sonne muthig tanzten, und ihr letzter zuckender Blick den summenden Käfer aus seinem Grase befreyte; und das Schwirren und Weben um mich her mich auf den Boden aufmerksam machte, und das Moos, das meinem harten Felsen seine Nahrung abzwingt, und das Geniste das den dürren Sandhügel hinunter wächst, mir das innere, glühende heilige Leben der Natur eröffnete: wie faßte ich das alles in mein warmes Herz, fühlte mich in der überfließenden Fülle wie vergöttert, und die herrlichen Gestalten der unendlichen Welt bewegten sich allbelebend in meiner Seele.

(In: *Die Leiden des jungen Werthers*, 2. Fassung von 1787, S. 105/107)

VIII, 2   **Theodor Fontane**

Aus: *Effi Briest*

„Aber das ist ja entzückend, Geert. Du sprichst immer von Nest, und nun finde ich, wenn du nicht übertrieben hast, eine ganz neue Welt hier. Allerlei Exotisches. Nicht wahr, so was Ähnliches meintest du doch?"
Er nickte.
„Eine ganz neue Welt, sag' ich, vielleicht einen Neger oder einen Türken oder vielleicht sogar einen Chinesen."
„Auch einen Chinesen. Wie gut du raten kannst. Es ist möglich, dass wir wirklich noch einen haben, aber jedenfalls haben wir einen gehabt; jetzt ist er tot und auf einem kleinen eingegitterten Stück Erde begraben, dicht neben dem Kirchhof. Wenn du nicht furchtsam bist, will ich dir bei Gelegenheit mal sein Grab zeigen; es liegt zwischen den Dünen, bloß Strandhafer drum rum und dann und wann ein paar Immortellen, und immer hört man das Meer. Es ist sehr schön und sehr schauerlich."
„Ja, schauerlich, und ich möchte wohl mehr davon wissen. Aber doch lieber nicht, ich habe dann immer gleich Visionen und Träume und möchte doch nicht, wenn ich diese Nacht hoffentlich gut schlafe, gleich einen Chinesen an mein Bett treten sehen."
„Das wird er auch nicht."
„Das wird er auch nicht. Höre, das klingt ja sonderbar, als ob es doch möglich wäre. Du willst mir Kessin interessant machen, aber du gehst darin ein bisschen weit. Und solche fremde Leute habt ihr viele in Kessin?"

„Sehr viele. Die ganze Stadt besteht aus solchen Fremden, aus Menschen, deren Eltern oder Großeltern noch ganz woanders saßen."

„Höchst merkwürdig. Bitte, sage mir mehr davon. Aber nicht wieder was Gruseliges. Ein Chinese, find' ich, hat immer was Gruseliges."

„Ja, das hat er", lachte Geert. „Aber der Rest ist, Gott sei Dank, von ganz anderer Art, lauter manierliche Leute [...]."

(In: *Effi Briest*, S. 45f.)

VIII, 3	**Emblem**

Amputat. Sic putres ramos, non utile lignum;
    Illorum vitio ne integra pars percat.
Rescindenda mali est quaevis occasio: ne fors
    Invaleant longa, crimina foeda, mora.

Böses bringt Böses hervor (Noxam noxa parit)

Ein fauler Ast den frischn verderbt /
    Böses vom bösen wird geerbt.
Drumb man das böse zeitlich soll
    Abschneiden / eh es wurtzelt wol.
Damit den fromn an Gut vnd Ehr /
    Die bösen bringen kein beschwehr.

(In: Henkel/Schöne [Hg.]: *Emblemata*, S. 164)

VIII, 4	**Gotthold Ephraim Lessing**

Aus: *Laokoon*

Wenn es wahr ist, daß die Malerei zu ihren Nachahmungen ganz andere Mittel, oder Zeichen gebrauchet, als die Poesie; jene nemlich Figuren und Farben in dem Raume, diese aber artikulierte Töne in der Zeit; wenn unstreitig die Zeichen ein bequemes Verhältnis zu dem Bezeichneten haben müssen: So können neben einander geordnete Zeichen, auch nur Gegenstände, die neben einander, oder deren Teile neben einander existieren, auf einander folgende Zeichen aber, auch nur Gegenstände ausdrücken, die auf einander, oder deren Teile auf einander folgen.

Gegenstände, die neben einander oder deren Teile neben einander existieren, heißen Körper. Folglich sind Körper mit ihren sichtbaren Eigenschaften, die eigentlichen Gegenstände der Malerei.

Gegenstände, die auf einander, oder deren Teile auf einander folgen, heißen überhaupt Handlungen. Folglich sind Handlungen der eigentliche Gegenstand der Poesie.

Doch alle Körper existieren nicht allein in dem Raume, sondern auch in der Zeit. Sie dauern fort, und können in jedem Augenblicke ihrer Dauer anders erscheinen, und in anderer Verbindung stehen. Jede dieser augenblicklichen Erscheinungen und Verbindungen ist die Wirkung einer vorhergehenden, und kann die Ursache einer folgenden, und sonach gleichsam das Centrum einer Handlung sein. Folglich kann die Malerei auch Handlungen nachahmen, aber nur andeutungsweise durch Körper.

Auf der andern Seite können Handlungen nicht für sich selbst bestehen, sondern müssen gewissen Wesen anhängen. In so fern nun diese Wesen Körper sind, oder als Körper betrachtet werden, schildert die Poesie auch Körper, aber nur andeutungsweise durch Handlungen.

(In: Werke und Briefe in 12 Bdn., Bd. 5/2, S. 116f.)

VIII, 5   **Szenenfotos aus Fassbinders** *Fontane Effi Briest*

Freilich, ein Mann in seiner Stellung
muß kalt sein. Woran scheitert man
denn im Leben überhaupt?
Immer nur an der Wärme.

Rainer Werner Fassbinder: *Fontane Effi Briest* (1974)

IX Literaturwissenschaft und Gender Studies

Die Gender Studies – auf Deutsch: ‚Geschlechterforschung' – sind ein integraler Bestandteil der Kulturwissenschaften. Da sie in den letzten Jahrzehnten zunehmend an Bedeutung gewonnen haben, ist ihnen in diesem Band ein eigenes Kapitel gewidmet. ‚**Gender**' bedeutet auf Englisch das linguistische ‚Genus' bzw. ‚Geschlecht'. Es ist kein Zufall, dass sich für die Forschungsrichtung, die sich mit der kulturellen Bedeutung der Geschlechterordnung befasst, die Bezeichnung ‚Gender' und nicht etwa das englische ‚**sex**' durchgesetzt hat, das ebenfalls mit ‚Geschlecht' zu übersetzen ist. Allerdings meint ‚sex' das biologische Geschlecht, also die biologischen Gegebenheiten von Männlichkeit und Weiblichkeit, während ‚gender' sprachliche Sachverhalte, d.h. das grammatische Geschlecht (von Wörtern), bezeichnet. Da die Kulturwissenschaften nicht naturwissenschaftlich-biologisch argumentieren, sondern sich für die Funktion von Geschlechterbildern und Rollenzuschreibungen an Frauen und Männer interessieren, ist ‚gender' der geeignetere Ausdruck. Wenn man sich nämlich die Frage stellt, welche Bedeutung es hat, ob beispielsweise ein literarischer Text von einer Frau oder von einem Mann geschrieben wurde oder welche Männer- bzw. Frauenbilder ein Roman entwirft, befindet man sich im Bereich des Sprachlichen oder, wie kultur- und literaturtheoretisch gerne formuliert wird, des Symbolischen.

Dies heißt nichts anderes als dass es der Kultur- und Literaturwissenschaft nicht um die Unmittelbarkeit natürlicher Phänomene geht, also bezogen auf das Geschlecht: um die biologisch-körperlichen Merkmale von Männlichkeit und Weiblichkeit, sondern um historisch wandelbare gesellschaftliche und kulturelle **Vorstellungen, Wahrnehmungsmuster und Bilder**, die sich mit den Zeichen ‚Mann' oder ‚Frau' verbinden. Diese Vorstellungen, Muster und Bilder sind immer schon sprachlich vermittelt und im Blickpunkt der kultur- oder literaturwissenschaftlichen Aufmerksamkeit steht gerade die Art und Weise dieser sprachlich-symbolischen Vermittlungen. Es lässt sich also festhalten: Die begriffliche Unterscheidung von ‚sex' und ‚gender', die sich in der Geschlechterforschung seit den 80er-Jahren eingebürgert hat, stellt dem ‚biologischen Geschlecht' (sex) das ‚soziale oder das kulturelle Geschlecht' (gender) gegenüber.

Die Gender Studies sind ein Forschungsfeld, das – wie der kulturwissenschaftliche Ansatz überhaupt – quer zur traditionellen Disziplineneinteilung steht bzw. sich durch alle herkömmlichen Fächer zieht. Am etabliertesten ist die Genderperspektive gewiss in den Geistes- und Sozialwissenschaften, aber auch in den Naturwissenschaften wird man sich zunehmend der Bedeutung des Faktors ‚Geschlecht' bewusst, sowohl im Bereich der naturwissenschaftlichen Gegenstände als auch im Blick auf die Art und Weise, wie (natur)wissenschaftliche Erkenntnis gewonnen und bewertet wird. Im Folgenden konzentriert sich die Aufmerksamkeit auf die literatur- und kulturwissenschaftliche Entwicklung der Gender

Studies, die sich ungefähr seit den 70er-Jahren des 20. Jahrhunderts herausgebildet und seitdem ihre Fragestellungen, Methoden, aber auch die Antworten, die sie geben, entscheidend verändert haben.

1. Was ist eine Autorin?

Im Gefolge der Studentenbewegung am Ende der 60er-Jahre, die gesellschaftliche Verhältnisse und Machtstrukturen kritisch hinterfragte, entwickelte sich in Amerika und Westeuropa der **Feminismus** als eine politische Bewegung. Unterdrückung und Emanzipation der Frau waren die Schlagworte, die in dieser Zeit die feministische Diskussion bestimmten. Dabei konnten sich die Vertreterinnen der Bewegung auf prominente Vorläuferinnen wie Mary Wollstonecraft (1759–1797) oder Simone de Beauvoir (1908–1986) berufen. Wollstonecraft hatte im Jahr 1792 ihre Kampfschrift *A Vindication of the Rights of Woman* veröffentlicht, in der sie für die Rechte der Frau und eine verbesserte Mädchenbildung eintrat. Simone de Beauvoirs *Das andere Geschlecht (Le Deuxième Sexe)* von 1949 ist ein Appell an die Frauen, die ihnen auferlegten Grenzen ihres Geschlechts hinter sich zu lassen. Im deutschen Kontext ist Alice Schwarzer (geb. 1942), die Gründerin der feministischen Zeitschrift *Emma*, zu nennen, die in ihrem 1975 erschienenen Buch *Der ‚kleine Unterschied‘ und seine großen Folgen. Frauen über sich – Beginn einer Befreiung* in den sexuellen Machtverhältnissen die Ursache für die gesellschaftliche Unterdrückung der Frau sah.

Vor diesem Hintergrund begannen sich in den 70er-Jahren vor allem Literaturwissenschaftlerinnen zu fragen, warum die Geschichte der deutschen Literatur vergleichsweise wenige Autorinnen verzeichnet. In der Tat: Auf den ersten Blick fallen einem nicht sehr viele Frauen ein, die sich als Schriftstellerinnen einen Namen gemacht haben: Hildegard von Bingen (1098–1179), Anna Louisa Karsch (1722–1791), Bettina von Arnim (1785–1859), Annette von Droste-Hülshoff (1797–1848), Else Lasker-Schüler (1869–1945), Ingeborg Bachmann (1926–1973), Christa Wolf (geb. 1929), Elfriede Jelinek (geb. 1946). Natürlich könnte man noch manche Namen ergänzen, aber verglichen mit der langen Liste männlicher Autoren in der Literaturgeschichte erscheint die Reihe der Autorinnen überschaubar. Die kritischen Fragen, die sich stellten, lauteten: Warum haben Frauen weniger geschrieben? Haben sie tatsächlich weniger geschrieben oder wurden ihre Werke nur nicht in den Kanon der Literaturgeschichte aufgenommen? Wenn sie geschrieben haben, welches waren die Bedingungen, unter denen sie arbeiten konnten?

Diese Fragen machen deutlich, dass die Anfänge der heutigen Gender Studies im Bereich der **sozialgeschichtlichen Frauenforschung** lagen. In den Blick genommen wurde beispielsweise die Frage der Mädchenbildung. Bekanntlich hatten Mädchen bis weit in das 20. Jahrhundert hinein vielfach sehr viel schlechtere Bildungsmöglichkeiten als ihre männlichen Altersgenossen. Auch die materiellen Arbeits- und Lebensbedingungen von Frauen gerieten in den kritischen lite-raturwissenschaftlichen Blick. So hat man z. B. darauf aufmerksam gemacht, dass viele Frauen als Schwestern, Töchter, Ehefrauen oder Geliebte, zu nennen wären etwa Luise Adelgunde Victoria Gottsched (1713–1762) oder Dorothea Tieck (1799–1841), zu literarischen Mitarbeiterinnen ihrer Brüder, Väter, Ehemän-ner wurden, ohne dass ihnen ein eigenständiger Status als Autorin zugebilligt wurde.

Ein im Hinblick auf die Frage nach der **Problematik weiblicher Autorschaft** inzwi-schen zum Klassiker gewordenes Buch ist Virginia Woolfs (1882–1941) *Ein Zim-mer für sich allein* (*A Room of One's Own* [1929]). Woolf beantwortet in diesem Essay die Frage, warum Frauen in der Literaturgeschichte so gut wie nicht auf-tauchen, mit dem Hinweis auf die konkreten materiellen und gesellschaftlichen Bedingungen, die erforderlich sind, um ein Kunstwerk hervorzubringen – und die Frauen verweigert werden. Die erste Bedingung ist ein eigenes Zimmer, in dem eine Frau allein sein kann, um Ruhe zum Nachdenken und zum Schreiben zu haben. Die zweite Bedingung, so Woolf, wäre ein Jahreseinkommen von 500 Pfund. Woolf erzählt die fiktionale Geschichte von Shakespeares Schwester Judith, die, genauso begabt wie er, keine Schulausbildung erhält und damit keine Möglichkeit, Grammatik und Logik zu lernen. Noch als Teenager soll sie verhei-ratet werden; sie sträubt sich und wird deshalb von ihrem Vater geschlagen. Judith reißt von zu Hause aus, geht nach London, um Schauspielerin zu werden, stößt dort aber nur auf Hohn und Spott. Schließlich erbarmt sich ein Schauspie-ler-Manager ihrer, mit der Folge, dass sie schwanger wird und sich aus Verzweif-lung in einer Winternacht umbringt. Soweit Virginia Woolfs Geschichte von Judith Shakespeare.

2. Écriture feminine

Ausgehend von der Aufmerksamkeit hinsichtlich schreibender Frauen kam in den 70er-Jahren auch die Frage nach einer spezifisch weiblichen Ästhetik auf. Die Frage, ob Frauen anders schreiben als Männer und wie diese ‚andere Schreib-weise' beschaffen sei, beschäftigte nicht nur die Theorie, sondern wurde auch von Autorinnen selbst aufgegriffen. Man könnte in diesem Zusammenhang auf Verena Stefans Buch *Häutungen* (1975) verweisen, ein Text, der erzählt, wie eine junge Frau aus einer heterosexuellen Beziehung und damit – dies wird gleichge-setzt – aus patriarchalen Machtverhältnissen ausbricht und ein neues Selbstbe-wusstsein in der lesbischen Liebe findet. Mit dieser Entwicklung geht die (heute nur noch schwer erträgliche) Entdeckung und Feier des weiblichen **Körpers** ein-her, dessen ‚Natürlichkeit' und Sinnlichkeit die Autorin in die literarische Sprache zu übertragen versucht: Kleinschreibung, Bilderreichtum, fragmentarische Sätze, die Authentizität suggerieren sollen, sind programmatische Merkmale des postu-lierten ‚**weiblichen Schreibens**'.

Begleitet wurde diese Bewegung insbesondere von französischen Theoretikerinnen wie Hélène Cixous (geb. 1937) und Luce Irigaray (geb. 1932), die beide durch die Schule der Dekonstruktion und der Psychoanalyse gegangen waren. Letzteres weist bereits darauf hin, dass das Konzept der ‚écriture feminine‘, das sich mit den Namen Cixous und Irigaray verbindet, nicht im Sinne essenzialistisch gedachter weiblicher Authentizität zu verstehen ist. Eben dies wird heute sehr viel differenzierter gesehen als in den 70er/80er-Jahren, in denen man überhaupt erst einmal **das ‚Andere‘ des Weiblichen** erkennen wollte und daher eher auf Identitäten und Wesenhaftigkeiten achtete als auf Differenzierungen und Relativierungen. Die z.T. sehr poetische, auf Mehrdeutigkeit setzende Sprache der Autorinnen legt jedoch durchaus unterschiedliche Lesarten nahe. Cixous beispielsweise versucht, der ‚männlichen Ökonomie‘, die auf Identität und Eigentum abziele, eine ‚weibliche Ökonomie‘ der Verschwendung und des Widerstands entgegenzusetzen, die von Frauen und Männern gleichermaßen praktiziert werden könne und insbesondere im literarischen Schreiben am Werk sei.

> Das deutlichste Kennzeichen eines weiblichen Textes, am einfachsten zu entziffern ist seine phonetische Seite. Ein weiblicher Text ist für die Stimme geschaffen, viel mehr als die klassischen Gedichte, die in Wirklichkeit kleine Maschinen sind. Wie kommt es zu einer solchen Musikalität, zu einer solchen Stimmhaftigkeit? Sie entsteht in der Auseinandersetzung, im Kampf mit der Sprache: Schreiben heißt für eine Frau lebhaft schreiben, frei schreiben, heißt gegen das Schriftbild, die Spiegelschrift ankämpfen, bedeutet, alles tun, damit die Sprache Dir nicht zuvor kommt, nicht vor Dir schreibt, heißt, sich mit aller Kraft von der furchtbaren Manie der Klischees loszureißen.

(Cixous: *Weiblichkeit in der Schrift*, S. 85f.)

Luce Irigarays theoretisches Projekt ist geleitet vom Postulat des ‚parler femme‘; statt des traditionellen ‚Über-die-Frau-Sprechen‘ oder ‚Als-Frau-Sprechen‘ versucht sie ein ‚Frau Sprechen‘ zu praktizieren. Dies impliziert ein ‚Durchqueren‘ der männlichen Tradition. In ihrer Habilitationsschrift *Speculum. Spiegel des anderen Geschlechts* (*Speculum de l'autre femme* [1974]) unternimmt sie eine textnahe Lektüre von Schriften der großen abendländischen Philosophen – von Platon über Hegel bis hin zu Freud –, in der sich die zitierten Texte bis zur Ununterscheidbarkeit mit ihren eigenen Kommentaren verbinden und auf diese Weise dekonstruiert werden. Wichtig für Irigaray ist dabei der Begriff der ‚Mimesis‘, einer der zentralen poetologischen Termini, der im landläufigen Sinne mit ‚Nachahmung‘ übersetzt wird. Irigaray fasst **‚Mimesis‘ als ironische Verdopplung** bzw. Spiegelung des männlichen philosophischen Diskurses, die dessen Schwachstellen bzw. die Stellen, an denen er Frauen ausschließt, deutlich vor Augen stellt. Die Frau ist nach Irigaray zu diesen Maßnahmen gezwungen, weil sie gar keine anderen Möglichkeiten hat zu sprechen. Immer schon von Männern bestimmt und definiert, hat die Frau keinen eigenen Ort in der ‚symbolischen Ordnung‘, d. h. in der Ordnung der Bedeutungen. Vielmehr konstituiert sich die symbolische Ordnung nach Irigaray gerade dadurch, dass das Weibliche als Anderes aus ihr ausgeschlossen wird. Allerdings gibt es innerhalb der symbolischen Ordnung ein symbolisches Weibliches; das ist jenes Weibliche, von dem die Männer sprechen. Das Weibliche ist also prinzipiell gespalten in ein symbolisches Weibliches und in ein Weibliches, das aus der symbolischen Ordnung ausgeschlossen ist. Daher sind die Frauen *Das Geschlecht, das nicht eins ist* (*Le sexe qui n'est pas un*), so der Titel einer 1977 erschienenen Schrift von Luce Irigaray.

3. Imaginierte Weiblichkeit

Wenn Luce Irigaray von einem symbolischen Weiblichen gesprochen hat, also von einem Weiblichen, das innerhalb der patriarchalisch bestimmten symbolischen Ordnung von Männern entworfen wird, um eben diese männlich dominierte Ordnung des Bedeutens abzustützen, wurden in den 70er-Jahren auch in Deutschland zahlreiche literaturwissenschaftliche Studien verfasst, die sich dem ‚Bild der Frau' bei verschiedenen Autoren und Autorinnen widmeten (vgl. etwa Doris Fulda Merrifield: *Das Bild der Frau bei Max Frisch*; Ingrid Müller: *Untersuchungen zum Bild der Frau in den Romanen von Hedwig Courths-Mahler*; Barbara Schulz Heather, *Gottfried Benn. Bild und Funktion der Frau in seinem Werk*). Diese Themen waren damals durchaus innovativ, weil die **literarische Darstellung von Frauen** in der Literaturwissenschaft zuvor nicht als problematisch bzw. als wissenschaftlich besonders ergiebiges Thema gesehen wurde. Und dass die Frau in der Literatur als ‚Bild' erscheint, lenkte die Wahrnehmung darauf, dass und wie diese Weiblichkeitsbilder konstruiert sind und bestimmte Funktionen innerhalb der männlich bestimmten Gesellschaft und Kultur erfüllen.

Bahnbrechend in der deutschsprachigen Literaturwissenschaft war Silvia Bovenschens (geb. 1946) 1979 erschienenes Buch *Die imaginierte Weiblichkeit. Exemplarische Untersuchungen zu kulturgeschichtlichen und literarischen Präsentationsformen des Weiblichen*. Der Titel des Buches verweist darauf, dass Weiblichkeit zum einen ein Produkt der Imagination, d. h. der Fantasie und der Einbildung, ist und dass sie als Bild, als ‚imago', erscheint (nicht zufällig steckt das ‚Bild' auch im Wort ‚Ein*bild*ung'). Bovenschen schreibt eine Geschichte der kulturellen Weiblichkeitsbilder, die (von Männern) produziert werden, um die Frau aus der männlichen Produktionssphäre auszuschließen.

Besonderes Augenmerk richtet sich dabei auf das Bild der gelehrten Frau, die als ‚unweiblicher' Blaustrumpf dargestellt wird, und die als naturhaft imaginierte empfindsame Seele.

> Die Frau ist als Verkörperung der Natureinheit das, was der Mann im Kunstwerk erst wiederherzustellen sucht. Doch diese Verwandtschaft wird den Frauen nicht zur Chance, sondern dient der Legitimation ihres Ausschlusses auch aus dieser Sphäre [der Sphäre der Kunst]. Mag die Gleichsetzung der Begriffe Frau und Natur, die immer wieder stattfindet, auch den Eindruck einer *natura naturans* vermitteln, gemeint ist allenfalls eine *natura naturata*.
>
> (Bovenschen: *Die imaginierte Weiblichkeit*, S. 37)

‚Natura naturans' und ‚natura naturata' sind Begriffe aus der spätmittelalterlichen und frühneuzeitlichen Naturphilosophie, die zum einen Natur als schaffende (‚natura naturans'), zum anderen Natur als geschaffene (‚natura naturata') beschreiben. Demnach erscheint die Frau im abendländischen Geschlechterdiskurs als geschaffene Natur, und das bedeutet, dass sie keinesfalls selbst schafft und damit als eigenständige Künstlerin nicht vorgesehen ist. Die Hexe ist ein anderes wirkmächtiges Frauenbild, dem Bovenschen nachspürt – wirkmächtig nicht zuletzt, weil das Bild von der Frau als mit dem Teufel in Verbindung stehende Hexe bis weit in die Neuzeit hinein zahlreichen Frauen im Zuge der Hexenverfolgungen das Leben gekostet hat.

Die Frauenbild-Forschung hat eine bemerkenswerte **Polarisierung des kulturellen Frauenbilds** beobachtet, das auf der einen Seite idealisiert, auf der anderen Seite extrem negativ dargestellt wird. In Werken der Literatur und der bildenden Kunst erscheinen Frauen entweder als Heilige oder als Hure, als aufopferungsvolle, gütige Mutter oder aber als Hexe, als ‚**femme fragile**', d. h. als zarte, schutzbedürftige Frau, oder als ‚**femme fatale**', d. h. als berechnende, Männer ins Verderben stürzende Verführerin, als Maria oder als Eva. Diese Aufspaltung des Frauenbilds in eine ‚gute Frau' und in eine ‚böse Frau' dient in der Perspektive der feministischen Literaturwissenschaft dem Selbst- und Machterhalt des männlichen Subjekts und damit der patriarchalisch organisierten Gesellschaft, in der die Frau idealisiert wird, um sie still zu stellen, und verteufelt wird, um sie aus dem Bereich der Kultur des Guten, Wahren und Schönen auszuschließen. Beide Strategien haben den Effekt, realen Frauen ihren gleichberechtigten Anteil an den produktiven kulturellen Tätigkeiten in der Gesellschaft, in Politik, Wissenschaft und Kunst zu verweigern. In ihrem Buch *Nur über ihre Leiche. Tod, Weiblichkeit und Ästhetik* (*Over her dead Body. Death, femininity and the aesthetic* [1992]) hat Elisabeth Bronfen (geb. 1958) am Beispiel zahlreicher literarischer Texte, die das Motiv der ‚schönen weiblichen Leiche' in den Mittelpunkt stellen, gezeigt, wie sich das männliche Künstlersubjekt über die Stillstellung des weiblichen Modells im Bild und im sich mit der Bildwerdung vollziehenden Tod der realen Frau konstituiert.

Um zwischen den in der symbolischen Ordnung nicht repräsentierten realen, historischen Frauen und dem eben diese männliche symbolische Ordnung stützenden symbolischen Frauenbild unterscheiden zu können, hat sich in der feministischen Literaturwissenschaft die begriffliche Differenzierung ‚**die Frauen**' und ‚**die Frau**' eingebürgert. Indessen muss an dieser Stelle festgehalten werden, dass die kulturellen Frauenbilder nicht nur von Männern produziert werden. Da Frauen der feministischen Theoriebildung zufolge keinen eigenen Ort in der kulturellen Ordnung haben, sondern immer schon von der männlichen Perspektive bestimmt sind und diese ihrerseits verinnerlicht haben, teilen sie in der Regel den männlichen Blick auf das weibliche Geschlecht.

Als Bestätigung dieser von der feministischen Literaturwissenschaft zur Diskussion gestellten Thesen könnte man beispielsweise die Tatsache lesen, dass Lotte in Goethes *Die Leiden des jungen Werthers* (1779/87) überhaupt nur in der Perspektive und in der Beschreibung der männlichen Hauptfigur sichtbar wird. Wir erfahren nicht, wie Lotte ‚wirklich‘ ist oder wie sie sich selbst wahrnimmt, sondern nur, wie sie von Werther gesehen wird. Und die Bilder, die Werther von seiner Geliebten entwirft, entsprechen dem **männlichen Weiblichkeitsbild**: Lotte erscheint als reines, natürliches Mädchen und in der viel zitierten Szene, die sie im Kreis ihrer Geschwister schildert, als treusorgende Mutterfigur und zugleich als Begehren weckende junge Frau.

> Ich ging durch den Hof nach dem wohlgebauten Hause, und da ich die vorliegende Treppe hinaufgestiegen war, und in die Thür trat, fiel mir das reitzendste Schauspiel in die Augen, das ich je gesehen habe. In dem Vorsaale wimmelten sechs Kinder, von eilf zu zwey Jahren, um ein Mädchen von schöner Gestalt, mittlerer Größe, die ein simples weißes Kleid, mit blaßrothen Schleifen an Arm und Brust, anhatte. – Sie hielt ein schwarzes Brot, und schnitt ihren Kleinen rings herum, jedem sein Stück nach Proportion ihres Alters und Appetits ab, gab's jedem mit solcher Freundlichkeit, und jedes rufte so ungekünstelt sein: Danke! indem es mit den kleinen Händchen lange in die Höhe gereicht hatte, ehe es noch abgeschnitten war, und nun mit seinem Abendbrote vergnügt, entweder wegsprang, oder nach seinem stillern Charakter gelassen davon ging, nach dem Hofthore zu, um die Fremden und die Kutsche zu sehen, darinnen ihre Lotte wegfahren sollte. – Ich bitte um Vergebung, sagte sie, dass ich Sie herein bemühe, und die Frauenzimmer warten lasse. Über dem Anziehen und allerley Bestellungen für's Haus in meiner Abwesenheit, habe ich vergessen meinen Kindern ihr Vesperbrot zu geben, und sie wollen von niemanden Brot geschnitten haben als von mir. – Ich machte ihr ein unbedeutendes Compliment; meine ganze Seele ruhte auf der Gestalt, dem Tone, dem Betragen, und ich hatte eben Zeit, mich von der Überraschung zu erhohlen, als sie in die Stube lief, ihre Handschuhe und Fächer zu hohlen.

(Goethe: *Werther,* S. 39/41)

Ein anschauliches Beispiel für die Polarisierung des Frauenbilds stellt Fontanes Effi Briest dar. Wie Peter-Klaus Schuster herausgearbeitet hat, ist die Protagonistin des gleichnamigen Romans (1894/95) sowohl als **Maria- als auch als Eva-Figur** angelegt. Die Eingangsszene zeigt Effi im blau-weißen Kittelgewand als Marienfigur im Hortus conclusus, dem geschlossenen Garten der Marienbildtradition, und nicht zufällig kommt ihr Kind an Weihnachten zur Welt. Zugleich ist Effi – ihr Name macht darauf aufmerksam, und ihr Gatte spricht es aus („[...] und manchmal nennt er mich auch seine ‚kleine Eva‘." [Fontane: *Effi Briest*, S. 33]) – auch eine Evafigur, die verführt und verführt wird. Da ihr Mann darauf besteht, sein männliches Ehrenprinzip durchzusetzen, um nicht das Gesicht zu verlieren, muss Effi am Ende des Romans sterben. Doch nicht nur Baron Instetten opfert, um sein gesellschaftliches Ansehen zu wahren, seine junge Gattin, auch der Romanautor, Theodor Fontane, so ließe sich feministisch argumentieren, gründet seine Autorschaft auf den mit ästhetischen Mitteln gestalteten Tod einer attraktiven Frau.

4. Dekonstruktiver Feminismus

Bereits im Kontext der ‚écriture feminine' wurde deutlich, dass sich die feministische Theoriebildung nicht unabhängig von anderen literatur- und kulturwissenschaftlich relevanten Theorieentwicklungen vollzog. Vor allem US-amerikanische Wissenschaftlerinnen haben auf der Grundlage eines dekonstruktiven Textverständnisses in den 80er- und 90er-Jahren des 20. Jahrhunderts **Weiblichkeit zeichen- und texttheoretisch** gelesen. Jeder zeichenhaften Repräsentation des Weiblichen wohnt, so argumentiert der dekonstruktive Feminismus, ein dekonstruktives, will sagen: ein **subversives Potenzial** inne, das darauf aufmerksam macht, dass die Repräsentation von Weiblichkeit etwas zu bannen versucht, das für die Bedeutungsordnung höchst bedrohlich zu sein scheint. Doch dieses Etwas, dieses Andere, das als Weibliches gefasst wird, ohne in dieser Bezeichnung aufzugehen, lässt sich nicht ohne Weiteres in Schrift und Zeichen still stellen. Weiblichkeit erscheint in der Sicht des dekonstruktiven Feminismus als Metapher jener Differenz (in diesem Zusammenhang ist an das de Saussure'sche Zeichenkonzept zu erinnern [vgl. Kap. VII. 3]), die Bedeutung erst ermöglicht. Als solche stellt sie ein beunruhigendes Potenzial dar, das sich in jeder sprachlichen Bedeutungssetzung erneut und diese dekonstruierend ein- und fortschreibt. Barbara Vinken (geb. 1960) formuliert:

> Weiblichkeit ist nicht eine biologische oder kulturelle Identität, sondern das differentielle Moment, das Identität erst ermöglicht, in der zustande gekommenen Identität aber verdrängt wird. [...] Weiblichkeit „ist" deshalb das Moment, das Identität durchkreuzt; „Frau" der Ort, wo die Fixiertheit des Geschlechtes durch das Spiel von Differenz und Division verrückt wird, wo Geschlecht, Bedeutung und Identität gleichzeitig erschaffen und zersetzt werden. Weiblichkeit ist „unheimlich", nicht weil sie das Gegenteil von Männlichkeit ist, sondern weil sie die Opposition von „männlich" und „weiblich" unterläuft. [...] Weibliches Lesen fördert die differentielle Relation zutage, die unterdrückt wird, damit die Zeichen in der Repräsentation Sinn machen können.

(Vinken: *Dekonstruktiver Feminismus*, S. 19)

Die Opposition ‚männlich/weiblich' erscheint im Lichte des dekonstruktiven Feminismus als metaphysische und d.h. männliche Setzung, um die männlich-metaphysische Bedeutungsordnung zu stützen. Als innerhalb dieser männlichen Bedeutungsordnung gesetztes Zeichen reflektiert und unterläuft ‚Weiblichkeit' jene Gesetze der Bedeutungsbildung, denen sich auch die Opposition ‚männlich/weiblich' verdankt. Gerade die Literatur gestaltet die Bedingungen der kulturellen Bedeutungsökonomie und deren Dekonstruktion in besonderer Anschaulichkeit. In einer differenzierten Lektüre von Honoré de Balzacs (1799–1850) Erzählung *Das Mädchen mit den Goldaugen (La fille aux yeux d'or* [1834]) hat Shoshana Felman (geb. 1942) gezeigt, inwiefern Weiblichkeit für den männlichen Protagonisten, Henri, zum Spiegel seines eigenen, idealisierten Selbstbildes wird und wie der Text im Spiel seiner Zeichen **die kulturelle Geschlechterordnung destabilisiert**.

Männlichkeit, entdeckt Henri, ist keine Substanz, von der Weiblichkeit das *Gegenteil* wäre, d.h. *Mangel* und negative *Reflexion* zugleich. Da Henri selbst das Gesicht einer Frau hat, ist das Weibliche, entdeckt Henri, nicht *außerhalb* des Männlichen, ist es nicht sein versicherndes heimliches *Gegenteil;* es ist *innerhalb* des Männlichen, es ist dessen unheimliche *Differenz von sich selbst.*

(Felman: *Weiblichkeit wiederlesen,* S. 57)

5. Geschlechter-Konstruktionen

In unterschiedlichen hier vorgestellten Ansätzen ist bereits deutlich geworden, dass die neuere Geschlechterforschung, die sich aus der Frauenforschung und der feministischen Theoriebildung entwickelt hat, nicht mehr biologisch argumentiert. D. h. sie geht nicht davon aus, dass Männern und Frauen aufgrund ihrer biologischen körperlichen Gegebenheiten ein bestimmtes ‚Wesen' oder bestimmte Eigenschaften zukommen. Vielmehr werden ‚Männlichkeit' und ‚Weiblichkeit' als **soziale oder kulturelle Muster** betrachtet, die gleichwohl in dem Sinne wirkmächtig sind, als sie konkrete Individuen mit Rollenerwartungen konfrontieren und je nachdem bestimmen. Dass Frauen nicht, weil sie mit bestimmten körperlichen Merkmalen ausgestattet sind, auch bestimmte weibliche Eigenschaften haben, wurde bereits von Simone de Beauvoir in aller Prägnanz formuliert. In ihrem bereits erwähnten Buch *Das andere Geschlecht*, das zum Klassiker der Frauenbewegung wurde, heißt es: „Man kommt nicht als Frau zur Welt, man wird es" (de Beauvoir: *Das andere Geschlecht,* S. 333). De Beauvoir argumentiert, dass die Frau vom Mann als ‚Andere' gesetzt wird, damit er sich von ihr abgrenzen kann.

> Der geschichtliche Überblick hat gezeigt, daß die Männer immer alle konkrete Macht in Händen hatten. Seit den frühesten Zeiten des Patriarchats haben sie es für nützlich befunden, die Frau in einem Zustand von Abhängigkeit zu halten. Ihre Gesetze wurden gegen die Frau eingeführt, und auf diese Weise ist sie praktisch als das Andere konstituiert worden. Diese Situation diente den ökonomischen Interessen der Männer; sie entsprach aber auch ihren ontologischen und moralischen Prätentionen. Sobald das Subjekt sich zu behaupten sucht, braucht es das Andere, das es begrenzt und negiert: nur über diese Realität, die es nicht ist, gelangt es zu sich selbst.
>
> (de Beauvoir: *Das andere Geschlecht,* S. 190)

Dass das kulturelle Weiblichkeitsbild eine bestimmte Funktion für das Verhältnis der Geschlechter hat, ist eine weitreichende und für die spätere Gender-Forschung bedeutsame Einsicht. Allerdings sitzt de Beauvoir im Weiteren ihrer eigenen, patriarchalisch geprägten Begrifflichkeit auf. In *Das andere Geschlecht* arbeitet sie heraus, dass sich der Mann als ‚Transzendenz' setze, d.h. als Geist und Bewusstsein, das im Kampf um das eigene Sein die immanenten Grenzen zu übersteigen strebe, während die Frau vom Mann als ‚Immanenz', als bewusstlose Natur konstruiert werde. Indem de Beauvoir nun von der Frau fordert, sie solle sich aus ihrem beschränkten Dasein der Immanenz befreien und wie der Mann nach Transzendenz streben, übernimmt sie die männlichen Bewertungen und Kategorien, denen zu Folge Geist positiv und Natur negativ beurteilt werden. Die Frau wird somit am Maßstab des Mannes gemessen. De Beauvoir macht da Halt, wo die spätere Gender-Forschung weiter geht, nämlich bei der kritischen Hinterfragung der als Norm betrachteten männlichen Position. Die Tatsache, dass de Beauvoir in *Das andere Geschlecht* mit zahlreichen literarischen Beispielen arbeitet, ist einmal mehr ein Beleg dafür, dass die Literatur in ihrer spezifischen Symbolhaftigkeit in besonderer Weise die kulturelle Funktion von Geschlechterkodierungen zu reflektieren in der Lage ist.

Die Vorstellung, dass Geschlechtsidentität nicht in der Biologie gründet, sondern hergestellt wird, prägt auch den Ansatz der amerikanischen Philosophin Judith Butler (geb. 1956), die eine Leitfunktion in der aktuellen Gender-Debatte innehat. Butler kommt von der Diskursanalyse (vgl. Kap. VIII. 3) her, hält Michel Foucault aber vor, den Gender-Aspekt vernachlässigt zu haben und immer noch von der Vorgängigkeit biologischer Körper, in die sich dann die Macht oder der Diskurs einschreibe, auszugehen. Butler hingegen macht geltend, dass Körper und d. h. auch Geschlechtskörper erst diskursiv, also durch das Denken, Sprechen und Handeln von Individuen, hervorgebracht werden und nicht außerhalb des Diskurses zu denken sind. Damit nimmt sie implizit in den 80er-Jahren formulierte sozialwissenschaftliche Ansätze des ‚**Doing Gender**' auf und verbindet sie mit einem auf die Sprechakttheorie zurückgehenden Performativitätsgedanken. Performative Äußerungen sind Äußerungen, die im Akt ihrer Äußerung tun, was sie aussagen, d.h. Wirklichkeit schaffen, indem sie geäußert werden, wie z.B. der Satz: „Ich taufe dich auf den Namen XY." Entsprechend geht Butler davon aus, dass Geschlechtsidentitäten durch Wiederholung von kulturellen Rollenmustern **performativ** hergestellt werden. In ihrem 1990 auf Englisch erschienenen Buch *Das Unbehagen der Geschlechter* (*Gender Trouble*) führt sie aus, dass auf diese Weise, also durch performative Praxis, die sogenannte ‚zwangsheterosexuelle Matrix' erzeugt werde. Mit diesem Begriff bezeichnet sie die gesellschaftliche Norm heterosexueller Paarbeziehungen, die andere geschlechtliche Orientierungen sanktioniert.

> Da es weder ein „Wesen" gibt, das die Geschlechtsidentität zum Ausdruck bringt oder externalisiert, noch ein objektives Ideal, das sie anstrebt, und die Geschlechtsidentität überdies kein Faktum ist, bringen die verschiedenen Akte der Geschlechtsidentität überhaupt erst die Idee der Geschlechtsidentität hervor: Ohne diese Akte gäbe es keine Geschlechtsidentität. Die Geschlechtsidentität erweist sich somit als Konstruktion, die regelmäßig ihre Genese verschleiert. [...] Ähnlich wie andere rituelle gesellschaftliche Inszenierungen erfordert auch das Drama der Geschlechtsidentität eine *wiederholte* Darbietung. Diese Wiederholung ist eine Re-Inszenierung und ein Wieder-Erleben eines bereits gesellschaftlich etablierten Bedeutungskomplexes – und zugleich die mundane, ritualisierte Form seiner Legitimation. [...] Tatsächlich wird die Performanz mit dem strategischen Ziel aufgeführt, die Geschlechtsidentität in ihrem binären Rahmen zu halten – ein Ziel, das

sich keinem Subjekt zusprechen läßt, sondern eher umgekehrt das Subjekt begründet und festigt.

(Butler: *Das Unbehagen der Geschlechter*, S. 205f.)

Weil **Geschlechtsidentitäten** nach Butler **diskursiv und performativ erzeugt** werden, können sie, dies ist die politische Botschaft, auch verändert werden. Ein Mittel auf diesem Weg ist die Travestie, d. i. die imitierende Wiederholung der Geschlechter mit dem Ziel, die diskursive Erzeugung der Geschlechtsidentitäten sichtbar zu machen und sie auf diese Weise kritisch zu kommentieren und zu verschieben. In ihrem Buch *Körper von Gewicht* (*Bodies that Matter*) von 1993 werden einmal mehr grundlegende Kategorien wie ‚Körper‘, ‚Geschlecht‘ und ‚Natur‘ in Frage gestellt.

Auch die am Eingang dieses Kapitels eingeführte Unterscheidung von ‚**sex**‘ und ‚**gender**‘, die bereits von anderen Autorinnen kritisch hinterfragt wurde, erscheint im Lichte der Butler'schen Theorie als obsolet, denn es wird deutlich, dass auch ‚sex‘, das ‚biologische Geschlecht‘ eine kulturelle Konstruktion ist. Der Blick auf das biologische Geschlecht, etwa nach der Geburt eines kleinen Kindes, ist immer schon geleitet von kulturellen Geschlechterbildern. Judith Butler ist auch zur führenden Theoretikerin der sogenannten **Queer Theory** geworden, die sich mit Fragen schwuler und lesbischer Identität auseinandersetzt, aber auch anderen geschlechtlichen Orientierungen, die sich nicht in die homo- oder heterosexuelle Matrix einfügen lassen, Raum gibt.

Es dürfte deutlich geworden sein, dass die Gender Studies längst nicht mehr mit Frauenforschung oder Feminismus gleichzusetzen sind. Im Zuge der grundsätzlichen Infragestellung von feststehenden Geschlechtsidentitäten, wie sie etwa auch im spielerischen Umgang mit Geschlechtermaskeraden, beispielsweise auf der Love Parade und ähnlichen Veranstaltungen, zum Ausdruck kommen, haben sich auch die **Men's Studies** etabliert, die nach der kulturellen Konstruktion von Männlichkeit fragen. D. h. jene ‚Norm‘, die einst zur Ausgrenzung des Weiblichen als des Anderen geführt hatte, ist inzwischen ebenfalls als kulturell konstruierte symbolische Form erkannt worden, deren ‚Wesen‘ lediglich darin besteht, sich von der unmännlichen Weiblichkeit abzugrenzen.

Der Bericht über die aktuellen Tendenzen der Gender Studies hat scheinbar weit von der Literatur weggeführt. Freilich sollte es zu denken geben, dass viele Theoretiker/innen der Gender Studies aus der Literaturwissenschaft kommen und die Geschlechterdebatte eine überaus starke Resonanz gerade in der Literaturwissenschaft hat. Dies liegt nicht nur daran, dass die Literatur mannigfaltige und historisch variable Männlichkeits- und Weiblichkeitsbilder entwirft, und, insbesondere in neueren Texten, auch uneindeutige oder ‚dritte Geschlechter‘ vor Augen stellt, wie beispielsweise in Jeffrey Eugenides' (geb. 1960) Roman *Middlesex* (2002). Aufgrund ihrer spezifischen sprachlichen Medialität, die Symbolisierungen kritisch durchleuchtet, reflektiert sie deren Zustandekommen, unterläuft sie und bietet Alternativen an, denn: Literatur beschränkt sich keineswegs darauf, Abbilder der Wirklichkeit zu produzieren, vielmehr ist sie selbst konstruktiver Teil gesellschaftlicher und kultureller Bedeutungen.

Weiterführende Literatur

Bronfen: *Weiblichkeit und Repräsentation.* **Gerhard:** *Unerhört. Die Geschichte der deutschen Frauenbewegung.* **Gnüg:** *Frauen – Literatur – Geschichte.* **Kroll (Hg.):** *Metzler Lexikon Gender Studies/Geschlechterforschung.* **Lindhoff:** *Einführung in die feministische Literaturtheorie.*

Arbeitsteil

A. Fragen und Aufgaben

1. Erläutern und problematisieren Sie die Unterscheidung von ‚sex' und ‚gender'.

2. Nennen Sie Aufgaben und Fragestellungen der literaturwissenschaftlichen Geschlechterforschung.

3. Was bedeutet ‚écriture feminine'?

4. Welche Eigenschaften werden in der westlichen Kultur dem Mann, welche der Frau zugesprochen? Bewerten Sie diese Geschlechterbilder.

5. Wie erklärt sich die Polarisierung des Frauenbilds in Literatur und bildender Kunst? Suchen Sie Beispiele.

6. Analysieren Sie das in Textbeispiel IX, 1 entworfene Weiblichkeitsbild.

7. Beschreiben Sie das Geschlechterverhältnis in Textbeispiel IX, 2.

8. Erörtern Sie im Blick auf das Textbeispiel IX, 3 die kulturelle Repräsentationsfunktion der Frau in der Sicht des dekonstruktiven Feminismus.

9. Was bedeutet ‚Geschlecht' nach Judith Butler? (vgl. Textbeispiel IX, 4)

B. Textbeispiele

IX, 1   Theodor Fontane

Aus: *Effi Briest*

Rasch und sicher ging die Wollnadel der Damen hin und her, aber während die Mutter kein Auge von der Arbeit ließ, legte die Tochter, die den Rufnamen Effi führte, von Zeit zu Zeit die Nadel nieder und erhob sich, um unter allerlei kunstgerechten Beugungen und Streckungen den ganzen Kursus der Heil- und Zimmergymnastik durchzumachen. Es war ersichtlich, daß sie sich diesen absichtlich ein wenig ins Komische gezogenen Übungen mit ganz besonderer Liebe hingab, und wenn sie dann so dastand und, langsam die Arme hebend, die Handflächen hoch über dem Kopf zusammenlegte, so sah auch wohl die Mama von ihrer Handarbeit auf, aber immer nur flüchtig und verstohlen, weil sie nicht zeigen wollte, wie entzückend sie ihr eigenes Kind finde, zu welcher Regung mütterlichen Stolzes sie voll berechtigt war. Effi trug ein blau- und weißgestreiftes, halb kittelartiges Leinwandkleid, dem erst ein fest zusammengezogener, bronzefarbener Ledergürtel die Taille gab; der Hals war frei, und über Schulter und Nacken fiel ein breiter Matrosenkragen. In allem, was sie tat, paarte sich Übermut und Grazie, während ihre lachenden braunen Augen eine große, natürliche Klugheit und viel Lebenslust und Herzensgüte verrieten. Man nannte sie die „Kleine", was sie sich nur gefallen lassen mußte, weil die schöne, schlanke Mama noch um eine Handbreit höher war.

Eben hatte sich Effi wieder erhoben, um abwechselnd nach links und rechts ihre turnerischen Drehungen zu machen, als die von ihrer Stickerei gerade wieder aufblickende Mama ihr zurief: „Effi, eigentlich hättest du doch wohl Kunstreiterin werden müssen. Immer am Trapez, immer Tochter der Luft. Ich glaube beinah, daß du so was möchtest."

„Vielleicht, Mama. Aber wenn es so wäre, wer wäre schuld? Von wem hab' ich es? Doch nur von dir. Oder meinst du von Papa? Da mußt du nun selber lachen. Und dann, warum steckst du mich in diesen Hänger, in diesen Jungenskittel? Mitunter denk ich, ich komme noch wieder in kurze Kleider. Und wenn ich *die* erst wiederhabe, dann knix' ich auch wieder wie ein Backfisch, und wenn dann die Rathenower herüberkommen, setze ich mich auf Oberst Goetzes Schoß und reite hopp, hopp. Warum auch nicht? Drei Viertel ist er Onkel und nur ein Viertel Courmacher. Du bist schuld. Warum kriege ich keine Staatskleider? Warum machst du keine Dame aus mir?"

„Möchtest du's?"

„Nein." Und dabei lief sie auf die Mama zu und umarmte sie stürmisch und küßte sie.

„Nicht so wild, Effi, nicht so leidenschaftlich. Ich beunruhige mich immer, wenn ich dich so sehe ... "

(In: *Effi Briest*, S. 8f.)

IX, 2   Friedrich Dürrenmatt

Aus: *Die Physiker*

[...]

SCHWESTER MONIKA: Begehren Sie mich?

MÖBIUS: Warum reden Sie so mit mir?

SCHWESTER MONIKA: Ich will mit Ihnen schlafen, ich will Kinder von Ihnen haben. Ich weiß, ich rede schamlos. Aber warum schauen Sie mich nicht an? Gefalle ich Ihnen denn nicht? Ich gebe zu, meine Schwesterntracht ist gräßlich. *Sie reißt sich die Haube vom Haar.* Ich hasse meinen Beruf! Fünf Jahre habe ich nun die Kranken gepflegt, im Namen der Nächstenliebe. Ich habe mein Gesicht nie abgewendet, ich war für alle da, ich habe mich aufgeopfert. Aber nun will ich mich für jemanden allein aufopfern, für jemanden allein dasein, nicht immer für andere. Ich will für meinen Geliebten dasein. Für Sie. Ich will alles tun, was Sie von mir verlangen, für Sie arbeiten Tag und Nacht, nur fortschicken dürfen Sie mich nicht! Ich habe doch auch niemanden mehr auf der Welt als Sie! Ich bin doch auch allein!

[...]

SCHWESTER MONIKA: Johann Wilhelm. Ich sprach mit Fräulein Doktor von Zahnd.

MÖBIUS *starrt sie an.* Du sprachst?

SCHWESTER MONIKA: Du bist frei.

MÖBIUS: Frei?

SCHWESTER MONIKA: Wir dürfen heiraten.

MÖBIUS: Mein Gott.

[...]

Möbius starrt zum Fenster hinaus.

SCHWESTER MONIKA: Liebster.

MÖBIUS: Geliebte?

SCHWESTER MONIKA: Bist du nicht froh?

MÖBIUS: Sehr.

SCHWESTER MONIKA: Wir müssen nun deine Koffer packen. Acht Uhr zwanzig geht der Zug. Nach Blumenstein.

MÖBIUS: Viel ist ja nicht.

[...]

SCHWESTER MONIKA: [...] Es ist dunkel geworden.

MÖBIUS: Die Nacht kommt jetzt früh.

SCHWESTER MONIKA: Ich mache Licht. Dann packe ich deinen Koffer.

MÖBIUS: Warte noch. Komm zu mir.

Sie geht zu ihm. Nur noch die beiden Silhouetten sind sichtbar.

SCHWESTER MONIKA: Du hast Tränen in den Augen.

MÖBIUS: Du auch.

SCHWESTER MONIKA: Vor Glück.

Er reißt den Vorhang herunter und über sie. Kurzer Kampf. Die Silhouetten sind nicht mehr sichtbar. Dann Stille. [...]

(In: *Die Physiker*, S. 49–53)

IX, 3   Elisabeth Bronfen

Aus: *Weiblichkeit und Repräsentation*

In vielen kulturellen Mythen – den Geschichten, die wir uns erzählen, um überleben zu können – ist die Reduktion der Frau zur ökonomischen und semiotischen Ware (wie Claude Lévi-Strauss dies für die Verwandtschaftsstrukturen vieler Völker herausgearbeitet hat) Voraussetzung sowohl für die Erhaltung existierender kultureller Normen und Werte als auch für deren regenerative Modifikation. Denn während die Diskurse der westlichen Kultur das Selbst als männlich konstruieren, schreiben sie der Weiblichkeit eine Position der Andersheit zu [...]. Die Frau repräsentiert die Grenzen, Ränder oder Extreme der Norm – das extrem Gute, Reine und Hilflose oder das extrem Gefährliche,

Chaotische und Verführerische. Die Heilige oder die Hure, Jungfrau Maria oder Eva. Als Außenseiterin per se kann die Frau auch für eine komplette Negation der herrschenden Norm einstehen, für jenes Element, das die Bindungen normaler Konventionen sprengt, und für den Vorgang, durch den diese Gefährdung der Norm sich artikuliert. Die Konstruktion der Frau als ‚das Andere' dient rhetorisch dazu, eine gesellschaftliche Ordnung zu dynamisieren, während ihre Opferung oder ihre Heirat das Ende dieser Phase der Veränderung bezeichnet. Über ihren medialen Tausch werden kulturelle Normen bestätigt oder gesichert, sei es, weil das Opfer der tugendhaften unschuldigen Frau zur Gesellschaftskritik und Läuterung dient [...], oder sei es, weil eine Opferung der gefährlichen Frau [...] eine Gegenordnung ins diskursive Spiel bringt.

(In: *Weiblichkeit und Repräsentation*, S. 418)

IX, 4 **Judith Butler**

Aus: *Das Unbehagen der Geschlechter*

Wenn die Attribute der Geschlechtsidentität nicht expressiv, sondern performativ sind, wird die Identität, die sie angeblich nur ausdrücken oder offenbaren sollen, in Wirklichkeit durch diese Attribute konstituiert. Die Unterscheidung zwischen Ausdruck und Performanz ist zentral: Wenn die Attribute und Akte der Geschlechtsidentität, die verschiedenen Formen, in denen ein Körper seine kulturelle Bezeichnung zum Vorschein bringt oder produziert, performativ sind, gibt es keine vorgängige existierende Identität, an der ein Akt oder Attribut gemessen werden könnte. Es gibt dann weder wahre noch falsche, weder wirkliche noch verzerrte Akte der Geschlechtsidentität, und das Postulat einer wahren geschlechtlich bestimmten Identität enthüllt sich als regulierende Fiktion. Daß die Geschlechter-Realität (*gender reality*) durch aufrechterhaltene, gesellschaftliche Performanzen geschaffen wird, bedeutet gerade, daß die Begriffe des wesenhaften Geschlechts und der wahren oder unvergänglichen Männlichkeit und Weiblichkeit ebenfalls konstituiert sind. Sie sind Teil jener Strategie, die den performativen Charakter der Geschlechtsidentität und die performativen Möglichkeiten verschleiert, die Konfigurationen der Geschlechtsidentität jenseits des einschränkenden Rahmens der maskulinen Herrschaft und der Zwangsheterosexualität zu vervielfältigen. Die Geschlechtsidentitäten können weder wahr noch falsch, weder wirklich noch scheinbar, weder ursprünglich noch abgeleitet sein. Als glaubwürdige Träger solcher Attribute können sie jedoch gründlich und radikal *unglaubwürdig* gemacht werden.

(In: *Das Unbehagen der Geschlechter*, S. 207f.)

Literaturverzeichnis

Werke:

Adenauer, Konrad: Erinnerungen 1945–1953, Stuttgart 1965.
Angelus Silesius: Sämtliche poetische Werke. Hg. u. eingel. v. Hans Ludwig Held. 3 Bde., München ²1924.
Aristoteles: Poetik. Griechisch/Deutsch. Übers. u. hg. v. Manfred Fuhrmann, Stuttgart ²1982 (= Reclams Universal-Bibliothek 7828), bibl. erg. Ausg. 1964.
Bahr, Hermann: Die Überwindung des Naturalismus, Dresden, Leipzig 1891.
Benn, Gottfried: Gesammelte Werke in vier Bänden. Hg. v. Dieter Wellershoff. Bd. 2, Stuttgart ⁶1986, Bd. 3, Stuttgart ⁶o. J. (1986).
Böll, Heinrich: Die verlorene Ehre der Katharina Blum, Köln 1974.
—: Doktor Murkes gesammeltes Schweigen und andere Satiren, Köln 1958.
Borchert, Wolfgang: Das Gesamtwerk. Mit einem biographischen Nachwort v. Bernhard Meyer-Marwitz, Hamburg 1959.
Brambach, Reiner: Für sechs Tassen Kaffee und andere Geschichten, Zürich 1972.
Brecht, Bertolt: Gesammelte Werke in 20 Bänden, Frankfurt/Main 1982.
Brentano, Clemens: Werke. Hg. v. Wolfgang Frühwald, Bernhard Gajek und Friedhelm Kemp. Bd. 1, München 1968.
Broch, Hermann: Die Schlafwandler. Eine Romantrilogie. 3 Bde., München u. Zürich 1931/32.
Büchner, Georg: Werke und Briefe. Münchner Ausgabe. Hg. v. Karl Pörnbacher, Gerhard Schaub, Hans-Joachim Simm und Edda Ziegler. München 1998, ⁷1999.
Bürger, Gottfried August: Gedichte von Gottfried August Bürger. Hg. v. August Sauer, Stuttgart u. Berlin 1885.
Büsching, Gustav (Hg.): Volkssagen, Märchen und Legenden, Leipzig 1812. Reprogr. Nachdruck Hildesheim 1969.
Celan, Paul: Ausgewählte Gedichte. Nachwort v. Beda Allemann, Frankfurt/Main 1968.
—: Fadensonnen. Vorstufen – Textgenese – Endfassung, bearbeitet v. Heino Schmull, Markus Heilmann und Christiane Wittkop (= Paul Celan: Werke. Tübinger Ausgabe, hg. v. Jürgen Wertheimer), Frankfurt/Main 2000.
Döblin, Alfred: Berlin Alexanderplatz. Die Geschichte vom Franz Biberkopf, Olten u. Freiburg i. Br. 1961 (aus: Werke in Einzelbänden. In Verbindung mit den Söhnen des Dichters hg. v. Walter Muschg).
Droste-Hülshoff, Annette von: Sämtliche Werke. Hg., in zeitlicher Reihenfolge geordnet u. mit Nachwort u. Erläuterungen versehen v. Clemens Heselhaus, München 1952.
Dürrenmatt, Friedrich: Die Physiker. Eine Komödie in zwei Akten. Neufassung 1980, Werkausgabe in siebenunddreißig Bänden, Bd. 7, Zürich 1998.
Eichendorff, Joseph von: Sämtliche Werke. Historisch-kritische Ausgabe. Hg. v. Wilhelm Kosch und August Sauer, Regensburg 1908ff. Bd. 1, I (= Gedichte) Regensburg o. J. (1921).
Flake, Otto: Die Stadt des Hirns. Roman, Berlin 1919.
Fontane, Theodor: Effi Briest. Mit einem Nachwort neu hg. v. Helmuth Nürnberger, München ⁹2004.

Frisch, Max: Gesammelte Werke in zeitlicher Folge. Jubiläumsausgabe in sieben Bänden. 1931–1985. Hg. v. Hans Mayer unter Mitw. v. Walter Schmitz, Frankfurt/Main 1986.

George, Stefan: Einleitungen und Merksprüche der Blätter für die Kunst. Hg. v. Georg Peter Landmann, Düsseldorf, München 1964.

Goethe, Johann Wolfgang: Werke. Hamburger Ausgabe in 14 Bdn., Hamburg 1948–1960 (Bd. I, ¹²1981; Bd. 2, 1949; Bd. 3, 1949; Bd. 4, 1953; Bd. 6, 1951).

—: Werke. Hg. im Auftrage der Großherzogin Sophie von Sachsen. 143 Bde. in 4 Abt., Weimar 1887–1919.

—: Werke. Vollständige Ausgabe letzter Hand. 60 Bde., Stuttgart, Tübingen 1827–1842.

—: Die Leiden des jungen Werthers. Studienausgabe. Paralleldruck der beiden Fassungen von 1774 und 1787. Hg. v. Matthias Luserke, Stuttgart 1999 (= Reclams Universal Bibliothek 9762).

—: Erläuterungen und Dokumente [zu] Johann Wolfgang Goethe: Die Leiden des jungen Werther. Von Kurt Rothmann, Stuttgart 1987.

—: Götz von Berlichingen mit der eisernen Faust. Ein Schauspiel. Anmerkungen v. Volker Neuhaus, Stuttgart 1993.

—: Erläuterungen und Dokumente [zu] Johann Wolfgang Goethe: Götz von Berlichingen. Von Volker Neuhaus, Stuttgart 1994.

Gottsched, Johann Christoph: Versuch einer Critischen Dichtkunst, Darmstadt 1982 (= Nachdruck der 4. Aufl., Leipzig 1751).

Grimm, Brüder: Kinder- und Hausmärchen. 2 Bde. München 1984.

Grimmelshausen, Johann Christoffel: Simplicianische Schriften. Nach dem Text der Erstdrucke hg. u. mit einem Nachwort versehen v. Alfred Kelletat, München 1958.

Gryphius, Andreas: Lustspiele I. Hg. v. Hugh Powell, Tübingen 1969 (= Gesamtausgabe der deutschsprachigen Werke, hg. v. Marian Szyrocki u. Hugh Powell, Tübingen 1963ff., Bd. 7).

—: Sonette. Tübingen 1963 (= Gesamtausgabe der deutschsprachigen Werke, hg. v. Marian Szyrocki u. Hugh Powell, Tübingen 1963ff., Bd. 1).

Handke, Peter: Die Angst des Tormanns beim Elfmeter, Frankfurt/Main 1970.

Hauptmann, Gerhart: Sämtliche Werke (Centenar-Ausgabe). Hg. v. Hans-Egon Hass (Bd. 10ff., fortgef. v. Martin Machatzke). Bd. 1, Frankfurt/Main, Berlin 1962–71.

Hebel, Johann Peter: Werke. Hg. v. Wilhelm Altwegg. 3 Bde., Zürich o. J. (1943).

Herder, Johann Gottfried: Sämtliche Werke. Hg. v. Bernhard Suphan. 33 Bde., Berlin 1877–1912.

Hoffmann, Ernst Theodor Amadeus: Fantasie- und Nachtstücke, München 1960 (aus: Sämtliche Werke in fünf Einzelbänden. Hg. u. mit einem Nachwort versehen v. Walter Müller-Seidel, mit Anmerkungen v. Wolfgang Kron und den Illustrationen v. Theodor Hosemann zur ersten Gesamtausgabe v. 1844/1845).

Hofmann von Hofmannswaldau, Christian: Gedichte, Auswahl u. Nachwort v. Manfred Windfuhr, Stuttgart 1964 (= Reclams Universal-Bibliothek 8889/90).

Hofmannsthal, Hugo von: Gedichte und Lyrische Dramen. Hg. v. Herbert Steiner, Frankfurt/Main 1963 (aus: Gesammelte Werke in Einzelbänden; 1946).

Hölderlin, Friedrich: Sämtliche Werke (Große Stuttgarter Ausgabe). Hg. v. Friedrich Beißner. Bd. 1–7, Stuttgart 1943–1974.

—: Sämtliche Werke. Kritische Textausgabe. Hg. v. Dietrich E. Sattler. 4. Bd.: Oden I, Frankfurt/Main 1984.

Horatius, Quintus H. Flaccus (Horaz): De arte poetica liber – Die Dichtkunst. Lateinisch und Deutsch. Einführung, Übersetzung u. Erläuterung v. Horst Rüdiger, Zürich 1961.

Jean Paul (Johann Paul Friedrich Richter): Siebenkäs. Hg. v. Kurt Schreinert, Weimar 1928 (= Sämtliche Werke. Historisch-kritische Ausgabe. Erste Abteilung, Weimar 1927ff., Bd. 6).

Jünger, Ernst: Werke. Bd. 1: Tagebücher I. Der Erste Weltkrieg. In Stahlgewittern, Stuttgart o. J. (1960).

Kästner, Erich: Gedichte, Köln 1959 (= Gesammelte Schriften in sieben Bänden, Köln 1959, Bd. 1).

Kafka, Franz: Drucke zu Lebzeiten. Hg. v. Wolf Kittler, Hans-Gerd Koch und Gerhard Neumann, Schriften, Tagebücher, Briefe. Kritische Ausgabe. Hg. v. Jürgen Born, Gerhard Neumann, Malcolm Pasley und Jost Schillemeit, New York 1994.

Keller, Gottfried: Sämtliche Werke. Historisch-kritische Ausgabe. Hg. v. Jonas Fränkel und Carl Helbling. 22 Bde., Erlenbach-Zürich, München 1926–1948.

Kiefer, F. J. (Bearb.): Die Sagen des Rheinlandes, Köln 1845. Reprogr. Neudruck Dortmund 1978.

Kircher, Hartmut (Hg:): Deutsche Sonette, Stuttgart 1984.

Kroetz, Franz Xaver: Michis Blut. Neues deutsches Theater. Hg. v. Karlheinz Braun und Peter Iden, Zürich 1971, S. 56–67.

Kühn, Dieter: Die Präsidentin. Roman eines Verbrechens, Frankfurt/Main 1973.

Langgässer, Elisabeth: Gedichte. Gesammelte Werke. Bd. 4, Hamburg 1959.

Lasker-Schüler, Else: Gedichte. Gesammelte Werke in drei Bänden. Bd. 1, München ²1961.

Lessing, Gotthold Ephraim: Gesammelte Werke. Hg. v. Paul Rilla. 10 Bde., Berlin, Weimar ²1968.

—: Gotthold Ephraim Lessings sämtliche Schriften. Hg. v. Karl Lachmann. Dritte, auf's neue durchgesehene und vermehrte Auflage, besorgt durch Franz Muncker, Stuttgart 1886ff. Unveränderter photomechanischer Nachdruck, Berlin 1968.

—: Werke. Hg. v. Herbert G. Göpfert. 8 Bde., München 1970ff.

—: Laokoon oder Über die Grenzen der Malerei und Poesie. In: Werke und Briefe in 12 Bdn. Hg. v. Wilfried Barner zus. m. Klaus Bohnen u.a., Bd. 5/2: Werke 1766–1769, Frankfurt/Main 1990, S. 11–321, S. 621–916.

Loewenthal, Erich (Hg.): Sturm und Drang. Kritische Schriften. Eine Sammlung theoretischer Texte, Heidelberg 1963.

Luther, Martin: Ausgewählte deutsche Schriften. Hg. v. Hans Volz, Tübingen ²1966.

Mann, Thomas: Gesammelte Werke in dreizehn Bänden, Frankfurt/Main 1974. Auch als Taschenbuch-Ausgabe Frankfurt/Main 1990.

Meyer, Conrad Ferdinand: Sämtliche Werke. Historisch-kritische Ausgabe. Bes. v. Hans Zeller und Alfred Zäch, Bern 1958ff.

Mon, Franz: artikulationen, Pfullingen 1959.

Mörike, Eduard: Sämtliche Werke. Nach dem Text der Ausgabe letzter Hand unter Berücksichtigung der Erstdrucke und Handschriften. Mit einem Nachwort v. Benno v. Wiese sowie Anmerkungen, Zeittafel u. Bibliographie v. Helga Unger. 2 Bde., München 1967–1970.

Novalis (Friedrich von Hardenberg): Werke. Hg. und kommentiert v. Gerhard Schulz, München ²1981.

Opitz, Martin: Buch von der Deutschen Poeterey. Hg. v. Cornelius Sommer, Stuttgart 1983.

Platon: Der Staat. Deutsch v. August Horneffer. Eingeleitet v. Kurt Hildebrandt, Stuttgart 1955.

Remarque, Erich Maria: Im Westen nichts Neues, Berlin 1928.

Rilke, Rainer Maria: Sämtliche Werke. Hg. vom Rilke-Archiv in Verbindung mit Ruth Sieber-Rilke. Bes. durch Ernst Zinn. 6 Bde., Wiesbaden 1955–1966.

Rückert, Friedrich: Werke. Hg. v. Georg Ellinger. Kritisch durchgesehene u. erläuterte Ausgabe. Bd. 1, Leipzig, Wien o. J. (1897).

Rupprecht, Erich (Hg.): Literarische Manifeste des Naturalismus 1880–1892, Stuttgart 1962.

Sachs, Hans: Sämtliche Fabeln und Schwänke. In chronologischer Ordnung nach den Originalen hg. v. Edmund Goetze. 6 Bde., Halle/Saale 1893–1913.

Sachs, Nelly: Fahrt ins Staublose. Die Gedichte der Nelly Sachs, Frankfurt/Main 1961.

Schiller, Friedrich: Sämtliche Werke. Auf Grund der Originaldrucke hg. v. Gerhard Fricke und Herbert G. Göpfert in Verbindung mit Herbert Stubenrauch. 5 Bde., München 1958/59, 7. durchgesehene Auflage 1984.

—: Werke. Nationalausgabe. Begr. v. Julius Petersen. Fortgef. v. Lieselotte Blumenthal und Benno v. Wiese. Hg. v. Norbert Oellers und Siegfried Seidel, Weimar 1943ff.

Schlegel, Friedrich: Kritische Schriften, München [3]1971.

Schmidt, Arno: Zettels Traum. Studienausgabe in 8 Heften, Frankfurt/Main [2]1986.

Schöne, Albrecht (Hg.): Die deutsche Literatur: Texte und Zeugnisse. Bd. 3: Das Zeitalter des Barock, München 1963.

—: Die Deutsche Literatur vom Mittelalter bis zum 20. Jahrhundert. Bd. III Barock, München 1968, 1988.

Suchsland, Peter (Hg.): Deutsche Volksbücher. 3 Bde. Textrevision v. Erika Weber. Bd. 2, Berlin, Weimar 1968.

Trakl, Georg: Dichtungen und Briefe. Hist-krit. Ausg. Hg. v. Walther Killy und Hans Szklenar, Bd. 1 u. 2, Salzburg 1969.

Urbanek, Walter: Lyrische Signaturen. Zeichen und Zeiten im deutschen Gedicht. Anthologie und Poetik des Gedichts, Bamberg [5]o. J. (Erstausgabe 1964).

Wehrli, Max (Hg.): Deutsche Barocklyrik, Basel u. Stuttgart [4]1967.

Wiechert, Ernst: Hirtennovelle, Wien, München, Basel 1956.

Wieland, Christoph Martin: Werke. Hg. v. Fritz Martini und Hans Werner Seiffert. 5 Bde., München 1964–1968.

Wolf, Christa: Nachdenken über Christa T., Neuwied, Berlin [2]1969.

Zech, Paul: Die Geschichte einer armen Johanna, Berlin 1925.

Wissenschaftliche Literatur

Adorno, Theodor W.: Noten zur Literatur I, Frankfurt/Main 1958.

Asmuth, Bernhard: Aspekte der Lyrik. Mit einer Einführung in die Verslehre, Düsseldorf 1972.

—: Einführung in die Dramenanalyse, Stuttgart 1980.

—: Stilistik, Opladen [2]1976.

Bachmann-Medick, Doris (Hg.): Kultur als Text. Die anthropologische Wende in der Literaturwissenschaft, Frankfurt/Main [2]1998, 2. aktualis. Auflage 2004.

Barner, Wilfried/Christoph König (Hg.): Zeitenwechsel. Germanistische Literaturwissenschaft vor und nach 1945, Frankfurt/Main 1996.

Barthes, Roland: L'effet de réel. In: Communications 11 (1968), S. 84–89.

—: Der Tod des Autors. In: Fotis Jannidis, Gerhard Lauer, Matias Martinez, Simone Winko (Hg.): Texte zur Theorie der Autorschaft, Stuttgart 2000, S. 185–193.

—: Die Lust am Text, übers. v. Traugott König, Frankfurt/Main [10]2002 (frz. Erstausgabe: Le Plaisir du Texte, 1973).

Baßler, Moritz (Hg.): New Historicism. Literaturgeschichte als Poetik der Kultur. Mit Beiträgen von Stephen Greenblatt, Louis Montrose u.a., Tübingen, Basel [2]2001 (Erstausgabe Frankfurt/Main 1995).

Beauvoir, Simone de: Das andere Geschlecht. Sitte und Sexus der Frau. Übers. v. Uli Aumüller und Grete Osterwald, Neuausgabe, Reinbek b. Hamburg 2004, [9]2007 (frz. Erstausgabe: Le Deuxième Sexe, 1949).

Behrmann, Alfred: Einführung in die Analyse von Prosatexten, Stuttgart 1967.

Best, Otto (Hg.): Theorie des Expressionismus, Stuttgart 1976.

Blumensath, Heinz (Hg.): Strukturalismus in der Literaturwissenschaft, Köln 1976, 2007.

Bovenschen, Silvia: Die imaginierte Weiblichkeit. Exemplarische Untersuchungen zu kulturgeschichtlichen und literarischen Präsentationsformen des Weiblichen, Frankfurt/Main 1979.

Brackert, Helmut, Jörn Stückrath (Hg.): Literaturwissenschaft. Ein Grundkurs, Reinbek b. Hamburg 1992, 2000.

Bronfen, Elisabeth: Nur über ihre Leiche. Tod, Weiblichkeit und Ästhetik. Übers. v. Thomas Lindquist, verbess. Neuausg., München 2004 (engl. Erstausgabe: Over Her Dead Body. Death, Femininity and the Aesthetic, 1992).

—: Weiblichkeit und Repräsentation. In: Hadumod Bußmann, Renate Hof (Hg.): Genus. Zur Geschlechterdifferenz in den Kulturwissenschaften, Stuttgart 1995, S. 409–445.

Buckle, Henry Thomas: Henry Thomas Buckle's Geschichte der Civilisation in England. Deutsch v. Arnold Ruge, Leipzig u. Heidelberg [6]1881 (engl. Erstausgabe 1857).

Butler, Judith: Das Unbehagen der Geschlechter. Übers. v. Kathrina Menke, Frankfurt/Main 1991, 2007 (engl. Erstausgabe: Gender Trouble, 1989).

—: Körper von Gewicht. Die diskursiven Grenzen des Geschlechts. Übers. v. Karin Wördemann, Frankfurt/Main 1997, 2007 (engl. Erstausgabe: Bodies that Matter, 1993).

Chiellino, Carmine (Hg.): Interkulturelle Literatur in Deutschland. Ein Handbuch, Stuttgart, Weimar 2000, [2]2007.

Cixous, Hélène: Weiblichkeit in der Schrift. Übers. v. Eva Duffner, Berlin 1980.

Comte, Auguste: Rede über den Geist des Positivismus. Französisch/ Deutsch. Übers., eingel. und hg. v. Iring Fetscher. Hamburg [2]1966 (frz. Erstausgabe 1844).

Culler, Jonathan: Dekonstruktion. Derrida und die poststrukturalistische Literaturtheorie. Übers. v. Manfred Momberger, Neuausgabe Reinbek b. Hamburg 1999 (engl. Erstausabe: On Deconstruction. Theory and Criticism after Structuralism, 1982).

Danneberg, Lutz: Zur Theorie der werkimmanenten Interpretation. In: Barner, König (Hg.): Zeitenwechsel, S. 313–342.

Derrida, Jacques: Die différance. In: Ders.: Randgänge der Philosophie, hg. v. Peter Engelmann, übers. v. Gerhard Ahrens u.a., Wien [2]1999, S. 31–56.

—: Grammatologie. Übers. v. Hans-Jörg Rheinberger, Hanns Zischler, Frankfurt/Main [9]2004 (frz. Erstausgabe: De la Grammatologie, 1967).

Dilthey, Wilhelm: Der Aufbau der geschichtlichen Welt in den Geistes-Wissenschaften. In: Ders.: Gesammelte Schriften, Bd. 7. Hg. v. Bernhard Groethuysen, Stuttgart, Göttingen [2]1958, S. 79–291 (zuerst 1910).

—: Einleitung in die Geisteswissenschaften. Versuch einer Grundlegung für das Studium der Gesellschaft und der Geschichte. Hg. v. Bernhard Groethuysen, Leipzig, Berlin 1922, S. 1–408 (= Gesammelte Schriften, Bd. 1) (zuerst 1883).

—: Das Erlebnis und die Dichtung. Lessing – Goethe – Novalis – Hölderlin, Göttingen [15]1970 (zuerst 1906).

—: Die Geistige Welt. Einleitung in die Philosophie des Lebens. Zweite Hälfte. Hg. v. Georg Misch, Leipzig, Berlin 1924 (= Gesammelte Schriften, Bd. 6).

Eco, Umberto: Zeichen. Einführung in einen Begriff und seine Geschichte. Übers. v. Günter Memmert, Frankfurt/Main [13]2004 (ital. Erstausgabe: Il Segno, 1973).

Erhart, Walter, Britta Herrmann (Hg.): Wann ist der Mann ein Mann? Zur Geschichte der Männlichkeit, Stuttgart 1997.

Erlich, Victor: Russischer Formalismus, mit einem Geleitwort v. René Wellek. Übers. v. Marlene Lohner, Frankfurt/Main 1987 (engl. Erstausgabe: Russian Formalism, 1955).

Escarpit, Robert: Das Buch und der Leser. Entwurf einer Literatursoziologie, Köln, Opladen 1961 (franz. Erstausgabe Paris 1958).

Felman, Shoshana: Weiblichkeit wiederlesen. Übers. v. Elfriede Löchel, Hans-Dieter Gondek, in: Vinken (Hg.): Dekonstruktiver Feminismus, S. 33–61.

Fiedler, Leslie: Überquert die Grenze, schließt den Graben! Über die Postmoderne. In: Wolfgang Welsch (Hg.): Wege aus der Moderne. Schlüsseltexte der Postmoderne-Diskussion, Berlin [2]1994, S. 57–74.

Foucault, Michel: Die Ordnung der Dinge. Eine Archäologie der Humanwissenschaften. Übers. v. Ulrich Köppen, Frankfurt/Main 2003 (frz. Erstausgabe: Les Mots et les Choses, 1966).

—: Archäologie des Wissens. Übers. v. Ulrich Köppen, Frankfurt/Main [3]2002 (frz. Erstausgabe: L' Archéologie du Savoir, 1969).

—: Was ist ein Autor? In: Schriften zur Literatur. Hg. v. Daniel Defert und Francois Ewald unter Mitarbeit von Jacques Lagrange. Übers. v. Michael Bischoff, Hans Dieter Gondek und Hermann Kocyba. Auswahl und Nachwort von Martin Stingelin. Frankfurt/Main 2003, S. 234–270.

—: Die Ordnung des Diskurses. Inauguralvorlesung am Collège de France – 2. Dezember 1970. Übers. v. Walter Seitter, Frankfurt/Main u. a. [6]1997, [9]2005 (frz. Erstausgabe: L'Ordre du Discours, 1971).

Frenzel, Elisabeth: Stoff- und Motivgeschichte. In: Deutsche Philologie im Aufriß, Bd. 1, Sp. 281–332 (erweitert als Bd. 3 der Grundlagen der Germanistik, Berlin [2]1974).

—: Stoffe der Weltliteratur. Ein Lexikon dichtungsgeschichtlicher Längsschnitte, Stuttgart 1962.

Fügen, Hans Norbert (Hg.): Die Hauptrichtungen der Literatursoziologie und ihre Methoden. Ein Beitrag zur literatursoziologischen Theorie, Bonn [5]1971 (1. Aufl. 1964).

Fügen, Hans Norbert (Hg.): Wege der Literatursoziologie. Neuwied, Berlin 1968.

Gadamer, Hans-Georg: Wahrheit und Methode. Grundzüge einer philosophischen Hermeneutik, Tübingen [6]1990 (Erstausgabe 1960).

Geertz, Clifford: Dichte Beschreibung. Beiträge zum Verstehen kultureller Systeme. Übers. v. Brigitte Luchesi, Rolf Bindemann. Frankfurt/Main [11]2003 (engl. Erstausgabe: Thick Description. Toward an Interpretive Theory of Culture, 1973).

Geiger, Heinz, Hermann Haarmann: Aspekte des Dramas, Opladen 1978.

Genette, Gérard: Strukturalismus und Literaturwissenschaft. In: Blumensath (Hg.): Strukturalismus in der Literaturwissenschaft, S. 71–88.

Gerhard, Ute: Unerhört. Die Geschichte der deutschen Frauenbewegung. Unter Mitarbeit von Ulla Wischermann, Reinbek b. Hamburg 1990, [6]1996.

Gnüg, Hiltrud: Frauen – Literatur – Geschichte. Schreibende Frauen vom Mittelalter bis zur Gegenwart, Stuttgart 1999 (zuerst 1985).

Göttert, Karl-Heinz: Einführung in die Rhetorik. Grundbegriffe – Geschichte – Rezeption, München [3]1998 (Erstausgabe 1991).

Greenblatt, Stephen J.: Grundzüge einer Poetik der Kultur. In: Ders.: Schmutzige Riten. Betrachtungen zwischen Weltbildern. Übers. v. J. Gaines, Berlin 1991, S. 107–122 (engl. Erstausgabe: Towards a Poetics of Culture. In: H. Aram Veeser [Hg.]: The New Historicism, New York, London 1989, S. 1–14).

—: Verhandlungen mit Shakespeare. Innenansichten der englischen Renaissance, Frankfurt/Main 1993 (deutsche Erstausgabe 1990; engl.: Shakespearean Negotiations. The Circulation of Social Energy in Renaissance England, Oxford 1997, engl. Erstausgabe 1988).

Greiner, Norbert, Jörg Hasler, Hajo Kurzenberger, Lothar Pikulik: Einführung ins Drama. Handlung – Figur – Szene – Zuschauer. 2 Bde., München 1982.

Grimminger, Rolf (Hg.): Hansers Sozialgeschichte der deutschen Literatur. Bd. 3. Deutsche Aufklärung bis zur Französischen Revolution 1680–1789, München [2]1984.

Groddeck, Wolfram: Reden über Rhetorik. Zu einer Stilistik des Lesens, Basel, Frankfurt/Main 1995, [2]2008.

Grübel, Rainer: Formalismus und Strukturalismus. In: Heinz Ludwig Arnold, Heinrich Detering (Hg.): Grundzüge der Literaturwissenschaft, München [4]2001, S. 386–408.

Hall, Stuart: Kulturelle Identität und Diaspora. In: Ausgewählte Schriften, Bd. 2: Rassismus und kulturelle Identität, Hamburg [3]2002, S. 26–43, [4]2008.

Hansen-Löve, Aage A.: Der Russische Formalismus. Methodologische Rekonstruktion seiner Entwicklung aus dem Prinzip der Verfremdung, Wien [2]1996 (Erstausgabe 1978).

Hauff, Jürgen, Albrecht Heller, Bernd Hüppauf, Lothar Köhn, Klaus-Peter Philippi: Methodendiskussion. Arbeitsbuch zur Literaturwissenschaft. 2 Bde., Frankfurt/Main 1971.

Henkel, Arthur, Albrecht Schöne (Hg.): Emblemata. Handbuch zur Sinnbildkunst des XVI. und XVII. Jahrhunderts, Stuttgart, Weimar 1996.

Irigaray, Luce: Das Geschlecht, das nicht eins ist. Übers. v. Eva Meyer u. a., Berlin 1979 (frz. Erstausgabe: Ce sexe qui n'est pas un, 1977).

—: Speculum. Spiegel des anderen Geschlechts. Übers. v. Xenia Rajewsky, Gabriele Ricke u.a., Frankfurt/Main 1980, [6]1996 (frz. Erstausgabe: Speculum. De l'Autre Femme, 1974).

Inglis, Ruth A.: Das Verhältnis von Literatur und Gesellschaft in objektiver Betrachtung. In: Texte zur Literatursoziologie. Ges. u. hg. v. Hans-Dieter Göbel, Frankfurt/Main, Berlin u. München [2]1972, S. 55–66 (zuerst in: American Sociological Review 3 [1938], S. 526–533).

Jakobson, Roman: Linguistik und Poetik [1960]. In: Poetik. Ausgewählte Aufsätze 1921–1971. Hg. v. Elmar Holenstein, Tarcisius Schelbert, Frankfurt/Main [3]1993, S. 83–121 (engl. Erstausabe: Selected Writings, vol. 3: Poetry of Grammar and Grammar of Poetry, hg. v. Stephen Rudy, 1981).

—: Der Doppelcharakter der Sprache und die Polarität zwischen Metaphorik und Metonymik. In: Anselm Haverkamp (Hg.): Theorie der Metapher, 2., um ein Nachwort zur Neuausgabe und einen bibliographischen Nachtrag ergänzte Aufl., Darmstadt 1996, S. 163–174.

—: ‚Les Chats‘ von Charles Baudelaire. In: Blumensath (Hg.): Strukturalismus in der Literaturwissenschaft, S. 184–201.

Jauß, Hans Robert: Literaturgeschichte als Provokation, Frankfurt/Main 1970, [11]1997.

—: Alter Wein in neuen Schläuchen? Bemerkungen zum New Historicism. In: Ders.: Wege des Verstehens, München 1994, S. 304–323.

Kayser, Wolfgang: Das sprachliche Kunstwerk. Eine Einführung in die Literaturwissenschaft, Bern [20]1992 (Erstausgabe 1948).

—: Kleine deutsche Versschule, Bern u. München [5]1957 (1. Aufl. Bern 1946).

Kittler, Friedrich A.: Aufschreibesysteme 1800/1900, München [4]2003 (Erstausgabe 1985).

Kloepfer, Rolf: Poetik und Linguistik, München 1975.

Klotz, Volker: Geschlossene und offene Form im Drama, München [7]1975 (1. Aufl. 1960).

Kohlschmidt, Werner/Mohr, Wolfgang (Hg.): Reallexikon der deutschen Literaturgeschichte. (Begr. v. Paul Merker und Wolfgang Stammler.) 2. Aufl. neu bearb. u. unter redaktioneller Mitarbeit v. Klaus Kanzog sowie unter Mitwirkung zahlreicher Fachgelehrter (Bd. 4 v. Klaus Kanzog und Achim Masser). 4 Bde., Berlin [2]1958–1984 (1. Aufl. 4 Bde., 1925–1931).

Kolier, Hermann: Die Mimesis in der Antike, Bern 1954.

Korff, Hermann August: Geist der Goethezeit. Versuch einer ideellen Entwicklung der klassisch-romantischen Literaturgeschichte. 4 Bde. u. Registerband, Leipzig 1923–1957.

Kremer, Detlef: Literaturwissenschaft als Medientheorie, Münster 2004.

Kroll, Renate (Hg.): Metzler Lexikon Gender Studies/Geschlechterforschung, Stuttgart, Weimar 2002.

Kurz, Gerhard: Metapher, Allegorie, Symbol, Göttingen [5]2004 (Erstausgabe 1982).

Laermann, Klaus: Was ist literaturwissenschaftlicher Positivismus? In: Zur Kritik literaturwissenschaftlicher Methodologie, S. 51–74.

Lämmert, Eberhard: Bauformen des Erzählens, Stuttgart [2]1970 (1. Aufl. 1955).

Lausberg, Heinrich: Elemente der literarischen Rhetorik. Eine Einführung für Studierende der klassischen, romanischen, englischen und deutschen Philologie, München [5]1976 (1. Aufl. 1949).

Lindhoff, Lena: Einführung in die feministische Literaturtheorie, Stuttgart, Weimar [2]2003.

Link, Jürgen: Das lyrische Gedicht als Paradigma des überstrukturierten Textes. In: Helmut Brackert, Jörn Stückrath (Hg.): Literaturwissenschaft. Grundkurs 1, Reinbek b. Hamburg 1981, S. 192–219 (Kurzversion: Elemente der Lyrik. In: Helmut Brackert, Jörn Stückrath [Hg.]: Literaturwissenschaft. Ein Grundkurs, 8. Aufl., Reinbek b. Hamburg 2004, S. 86–101).

—: Literaturanalyse als Interdiskursanalyse. Am Beispiel des Ursprungs literarischer Symbolik in der Kollektivsymbolik. In: Jürgen Fohrmann, Harro Müller (Hg.): Diskurstheorien und Literaturwissenschaft, Frankfurt/Main 1988, S. 284–307.

Loewy, Ernst: Literatur unterm Hakenkreuz. Das Dritte Reich und seine Dichtung. Eine Dokumentation, Frankfurt/Main 1990.

Man, Paul de: Allegorien des Lesens. Übers. v. Werner Hamacher und Peter Krumme, mit einer Einleitung v. Werner Hamacher, Frankfurt/Main [4]1994 (Teil I von: Allegories of Reading. Figural Language in Rousseau, Nietzsche, Rilke, and Proust, New Haven, London 1979).

Markwart, Bruno: Geschichte der deutschen Poetik. 5 Bde., Berlin u. New York 1959–1971.

Marquard, Odo: Über die Unvermeidlichkeit der Geisteswissenschaften. In: Apologie des Zufälligen. Philosophische Studien, Stuttgart 1986, S. 98–116.

Marx, Karl: Frühe Schriften. Hg. v. Hans-Joachim Lieber und Peter Furth. 2 Bde., Darmstadt 1962–1971.

—: Über Kunst und Literatur. Auswahl und Redaktion: Manfred Kliem. 2 Bde., Frankfurt/Main, Wien 1968.

—: Über Literatur. Ausgew. u. hg. v. Cornelius Sommer, Stuttgart 1979.

Marx, Karl, Friedrich Engels: Über Literatur. Ausgew. u. hg. v. Cornelius Sommer. Stuttgart 1971, 1979.

McLuhan, Marshall: Die magischen Kanäle, Dresden, Basel ²1995 (engl. Erstausgabe: Understanding media. The extensions of man, 1964).

Meyer, Theo (Hg.): Theorie des Naturalismus. Stuttgart 1973.

Monaco, James: Film verstehen. Kunst, Technik, Sprache, Geschichte und Theorie des Films und der neuen Medien. Mit einer Einführung in Multimedia. Dt. Fassung hg. v. Hans-Michael Bock, übers. v. Brigitte Westermeier und Robert Wohlleben, Reinbek ⁵2004, ¹⁰2008 (engl. Erstausgabe: How to Read a Film. Movies, Media, Multimedia, 1977).

Ottmers, Clemens: Rhetorik, Stuttgart, Weimar 1996.

Paech, Joachim: Literatur und Film, Stuttgart, Weimar ²1997.

Paul, Otto, Ingeborg Glier: Deutsche Metrik, München ⁸1970 (1. Aufl. 1961).

Petersen, Julius: Die Wissenschaft von der Dichtung. System und Methodenlehre der Literaturwissenschaft. 2. Aufl. mit Beiträgen aus dem Nachlaß. Hg. v. Erich Trunz, Berlin 1944.

Petersen, Jürgen H.: Erzählsysteme. Eine Poetik epischer Texte, Stuttgart 1993.

—: Mimesis – Imitatio – Nachahmung. Eine Geschichte der europäischen Poetik, München 2000.

Pfister, Manfred: Konzepte der Intertextualität. In: Ulrich Broich, Manfred Pfister (Hg.): Intertextualität. Formen, Funktionen, anglistische Fallstudien, Tübingen 1985, S. 1–30.

Plachta, Bodo: Editionswissenschaft. Eine Einführung in Methode und Praxis der Edition neuerer Texte, Stuttgart 1997.

Plumpe, Gerhard (Hg.): Theorie des bürgerlichen Realismus. Eine Textsammlung, Stuttgart 1985.

Pütz, Peter: Die Zeit im Drama. Zur Technik dramatischer Spannung, Göttingen 1970.

Quintilianus, Marcus Fabius: Institutionis oratoriae libri XII/Ausbildung des Redners. Zwölf Bücher. Hg. u. übers. v. Helmut Rahn, 2 Bde., Darmstadt ³1995.

Rathmann, Thomas (Hg.): Texte, Wissen, Qualifikationen. Ein Wegweiser für Germanisten, Berlin 2000.

Riha, Karl: Literaturwissenschaft als Geistesgeschichte. Ein historisch-kritischer Exkurs. In: Žmegač, Škreb (Hg.): Zur Kritik literaturwissenschaftlicher Methodologie, S. 75–94.

Rothacker, Erich: Einleitung in die Geisteswissenschaften, Tübingen 1920.

Rüdiger, Horst/Koppen, Erwin (Hg.): Kleines Literarisches Lexikon. Bd. 3: Sachbegriffe. In Fortführung der von Wolfgang Kayser besorgten 3. Aufl., Bern, München 1966.

Said, Edward W.: Orientalism, London et al. 1995 (Erstausgabe 1978).

Saussure, Ferdinand de: Grundfragen der allgemeinen Sprachwissenschaft. Hg. v. Charles Bally, Albert Sechehaye unter Mitwirkung v. Albert Riedlinger, übers. v. Herman Lommel, mit einem Nachwort v. Peter Ernst, Berlin, New York ³2001.

Scherer, Wilhelm: Aufsätze über Goethe, Berlin ²1900 (1. Aufl. 1886).

—: Geschichte der deutschen Literatur, Berlin 1883.

—: Zur Geschichte der deutschen Sprache, Berlin ²1878 (1. Aufl. 1868).

—: Kleine Schriften zur neueren Litteratur, Kunst und Zeitgeschichte. Hg. v. Erich Schmidt, Berlin 1893 (= Wilhelm Scherer: Kleine Schriften. Hg. v. Konrad Burdach und Erich Schmidt, Bd. 2).

—: Vorträge und Aufsätze zur Geschichte des geistigen Lebens in Deutschland und Österreich, Berlin 1874.

Schleiermacher, Friedrich: Hermeneutik und Kritik. Hg. u. eingel. v. Manfred Frank, Frankfurt/Main [4]1990.

Schlüter, Hermann: Grundkurs Rhetorik, München 1974.

Schücking, Levin L.: Soziologie der literarischen Geschmacksbildung, Bern, München [3]1961 (1. Aufl. 1931; frühere Fassung 1923).

Schuster, Peter-Klaus: Theodor Fontane: „Effi Briest" – ein Leben nachchristlichen Bildern, Tübingen 1978.

Staiger, Emil: Grundbegriffe der Poetik, München 1971 (zuerst: Züric 1946).

—: Die Zeit als Einbildungskraft des Dichters. Untersuchungen zu Gedichten von Brentano, Goethe und Keller, Zürich [3]1963 (Erstausgabe 1939).

—: Die Kunst der Interpretation. Studien zur deutschen Literaturgeschichte, Zürich [5]1967 (Erstausgabe 1955).

Stammler, Wolfgang (Hg.): Deutsche Philologie im Aufriß. Unter Mitarbeit zahlreicher Fachgelehrter. 3 Bde., Berlin [2]1957–1962 (1. Aufl. 1952–1957).

Stanzel, Franz: Theorie des Erzählens, Göttingen 1979.

Stempel, Wolf Dieter, Jurij Striedter (Hg.): Texte der russischen Formalisten. Russisch-deutsch, 2 Bde., München 1969 und 1972.

Sternsdorff, Jürgen: Wissenschaftskonstitution und Reichsgründung. Die Entwicklung der Germanistik bei Wilhelm Scherer. Eine Biographie nach unveröffentlichten Quellen, Frankfurt/Main 1979.

Strich, Fritz: Deutsche Klassik und Romantik oder Vollendung und Unendlichkeit. Ein Vergleich, Bern [4]1949 (zuerst 1922; Vorwort v. 1949).

Stuckert, Franz: Die Entfaltung der deutschen Dichtung im 19. Jahrhundert. In: Deutsche Vierteljahrsschrift für Literaturwissenschaft und Geistesgeschichte, 16 (1938), S. 376–400.

Taine, Hippolyte: Honoré de Balzac. Essay, Leipzig o. J.

—: Geschichte der englischen Literatur. Bd. 1: Die Anfänge und die Renaissance-Zeit. Bearb. u. mit Anmerkungen versehen v. Leopold Katscher, Leipzig 1878 (frz. Erstausgabe. 1864).

—: Philosophie der Kunst. Aus dem Französischen übertragen v. Ernst Hardt, Jena [2]1907 (frz. Erstausgabe 1865).

Trunz, Erich: Nachwort zu Die Leiden des jungen Werther, aus: Johann Wolfgang von Goethe: Werke. Hamburger Ausgabe in 14 Bänden. Bd. 6: Romane und Novellen I. Textkritisch durchges. v. Erich Trunz, komment. v. Erich Trunz und Benno von Wiese, München 1982, S. 542–565.

Über die Aufgaben der Zeitschrift für deutsche Literaturgeschichte. In: Weimarer Beiträge 4 (1958), S. 133–137.

Ueding, Gert, Bernd Steinbrink: Grundriß der Rhetorik. Geschichte, Technik, Methode, Stuttgart, Weimar [3]1994, [4]2005 (Erstausgabe 1976).

Unger, Rudolf: Aufsätze zur Prinzipienlehre der Literaturgeschichte, Berlin 1929.

Viëtor, Karl: Deutsche Literaturgeschichte als Geistesgeschichte. In: Publications of the Modern Language Association of America, 60 (1945), S. 899–916.

Vinken, Barbara (Hg.): Dekonstruktiver Feminismus. Literaturwissenschaft in Amerika, Frankfurt/Main [2]1995.

—: Dekonstruktiver Feminismus – Eine Einleitung. In: Dekonstruktiver Feminismus, S. 7–27.

Walzel, Oskar: Analytische und synthetische Literaturforschung. In: Germanisch-romanische Monatsschrift 2 (1910), S. 257–274 u. 321–341.

Wegmann, Nikolaus: Diskurse der Empfindsamkeit. Zur Geschichte eines Gefühls in der Literatur des 18. Jahrhunderts, Stuttgart 1988.

Weimar, Klaus (Hg.): Reallexikon der deutschen Literaturwissenschaft. Gemeinsam m. Harald Fricke, Klaus Grubmüller u. Jan-Dirk Müller, Berlin, New York 1997ff. (3 Bde.)

Weinrich, Harald: Für eine Literaturgeschichte des Lesers. In: Merkur 21 (1967), S. 1026–1038.

Welsch, Wolfgang: Transkulturalität. Zur veränderten Verfassung heutiger Kulturen. In: Irmela Schneider, Christian W. Thomsen (Hg.): Hybridkultur. Medien, Netze, Künste, Köln 1997, S. 67–90.

Wiegmann, Hermann: Geschichte der Poetik. Ein Abriß, Stuttgart 1977.

Wilpert, Gero v.: Sachwörterbuch der Literatur, Stuttgart ^{8}2001 (1. Aufl 1955).

Wölfflin, Heinrich: Kunstgeschichtliche Grundbegriffe. Das Problem der Stilentwicklung in der neueren Kunst, München ^{5}1921 (1. Aufl. 1915).

Žmegač, Viktor (Hg.): Methoden der deutschen Literaturwissenschaft, Frankfurt/Main 1971.

Žmegač, Viktor und Ždenko, Škreb (Hg.): Zur Kritik literaturwissenschaftlicher Methodologie. Frankfurt/Main 1973.

Abbildungsverzeichnis

Personenregister

Sachregister